新闻与传播学译丛·国外经典教材系列

媒介伦理学
问题与案例（第8版）

Media Ethics
Issues and Cases （8th Edition）

[美] 菲利普·帕特森 （Philip Patterson）
李·威尔金斯 （Lee Wilkins） 著

李青藜 译

中国人民大学出版社
·北京·

"新闻与传播学译丛·国外经典教材系列"
出版说明

"新闻与传播学译丛·国外经典教材系列"丛书，精选了欧美著名的新闻传播学院长期使用的经典教材，其中大部分教材经过多次修订、再版，不断更新，滋养了几代学人，影响极大。因此，本套丛书最大限度地体现了现代新闻与传播学教育的权威性、全面性、时代性以及前沿性。

在我们生活于其中的这个"地球村"，信息传播技术飞速发展，日新月异，传媒在人们的社会生活中已经并将继续占据极其重要的地位。中国新闻与传播业在技术层面上用极短的时间走完了西方几近成熟的新闻传播界上百年走过的路程。然而，中国的新闻与传播学教育和研究仍然存在诸多盲点。要建立世界一流的大学，不仅在硬件上与国际接轨，而且在软件、教育上与国际接轨，已成为我们迫切的时代任务。

有鉴于此，本套丛书书目与我国新闻传播学专业所开设的必修课、选修课相配套，特别适合新闻与传播学专业教学使用。如传播学引进了《大众传播效果研究的里程碑》，新闻采访学引进了《创造性的采访》《全能记者必备》，编辑学引进了《编辑的艺术》等等。

本套丛书最大的特点就是具有极强的可操作性，不仅具备逻辑严密、深入浅出的理论表述、论证，还列举了大量案例、图片、图表，对理论的学习和实践的指导非常详尽、具体、可行。其中多数教材还在章后附有关键词、思考题、练习题、相关参考资料等，便于读者的巩固和提高。因此，本丛书也适用于新闻从业人员的培训和进修。

需要说明的是，丛书在翻译的过程中提及的原版图书中的教学光盘、教学网站等辅助资料由于版权等原因，在翻译版中无法向读者提供，敬请读者谅解。

为了满足广大新闻与传播学师生阅读原汁原味的国外经典教材的迫切愿望，中国人民大学出版社还选取了丛书中最重要和最常用的几种做双语教材，收入"高等院校双语教材·新闻传播学系列"中，读者可以相互对照阅读，相信收获会更多。

中国人民大学出版社

献 词
Dedication

献给埃米、安德鲁、米兰达和乔舒亚
四个同样聪明，如今已长大成人的孩子
你们给予我们的
超过我们给予你们的

序言 >>>>>>
Foreword
媒介伦理学

克利福德·G. 克里斯琴斯（Clifford G. Christians）[1]

苏格拉底的谐趣智慧和敏锐思想吸引了遍布古希腊全境的门徒。他们前往学习，并用可以译为"他的思维"的方法进行讨论。苏格拉底将雅典人关于泥土、空气、火和水的讨论转化成人类的美德，从而为西方哲学与伦理学建立了新的学术中心（Cassier，1944）。

但是有时候，他的无情辩论也会无果而终。有一次，他和哲学家希庇亚斯（Hippias）[2]就真理和谬误的区别进行辩论。希庇亚斯筋疲力尽，决定认输，但是最后他反驳道："我不同意你的观点，苏格拉底。"接着这位统治者得出结论："我也不同意我自己，希庇亚斯……我走上了歧途，忽上忽下，从来没有得出一致的观点。"苏格拉底承认自己太聪明，以至于将自己都骗了。因此苏格拉底成为喜剧诗人乐于攻击的靶子毫不奇怪。I. F. 斯通（I. F. Stone）[3]把这种才能比作"才智非凡的鲸鱼在深海里舞动"（Stone，1988）。

苏格拉底和他的忘年交美诺（Meno）曾经辩论过美德是否可以教授。在"经常在众多听众面前滔滔不绝地谈论这个主题"之后，美诺渴望多学一些。但是他抱怨说："你在拿我练习魔术和巫术，而且肯定对我施了咒语，直到我陷入绝望无助……你确实就像人们在

① 克利福德·G. 克里斯琴斯，传播学教授，活跃的媒介伦理学家。美国伊利诺伊大学厄巴纳分校传播研究学院主任。除《媒介伦理：案例与道德推理》（*Media Ethics*：*Cases and Moral Reasoning*）第九版外，还与人合著了《大众传播的责任》（*Responsibility in Mass Communication*）第三版、《好新闻：社会伦理与新闻界》（*Good News*：*Social Ethics and the Press*）、《传播伦理与普适价值观》（*Communication Ethics and Universal Values*）。他还主编了《大众传播的批判研究》（*Critical Studies in Mass Communications*），并在包括《媒介发展》（*Media Development*）在内的数个期刊的编辑委员会中任职，同时还担任《媒介伦理现代化》（*Media Ethics Update*）的顾问主编。本书的注释均为译者注。
② 希庇亚斯（? —前490），雅典僭主（前528/527—前510）。他保护诗人和手工艺者，雅典在其统治下非常繁荣。
③ I. F. 斯通（1907—1989），美国另类新闻工作者、杂志主编，生于费城，曾为自由派报纸当记者。曾任《I. F. 斯通周刊》（*I. F. Stones Weekly*）（后改为双周刊）发行人兼主编。政治态度比较激进，言论大胆，曾积极撰稿和著书反对麦卡锡主义，反对美国人卷入朝鲜和越南战争，为黑人及其他少数族裔呼吁应有的权益。退休后学希腊语，著有《苏格拉底的审判案》（*The Trial of Socrates*）。

海中遇到的黄貂鱼一样。任何人在任何时候碰到它，都会被它麻醉，而这似乎就是现在你对我所做的事。我的思想和我的嘴唇简直都麻木了。"

哲学并不是语义游戏，尽管有时候它的特性使一般公众产生这样的认识。《媒介伦理学：问题与案例》并没有批判哲学是过分的自主推断。本书作者不会鼓励那些嘲笑哲学就是狡猾的修辞学的人。实际上，本书的关键问题有些与众不同，那就是哲学探讨的笛卡儿模式（Cartesian model）。

现代哲学的奠基人勒内·笛卡儿（René Descartes）①宁愿独自工作。17 世纪初的巴黎风生水起，但是有两年的时间，当笛卡儿躲起来研究数学时，连朋友也找不到他。人们甚至可以猜到他书桌上的座右铭："离群索居的人是快乐的。"想象一下他撰写《沉思录 2》（Meditations II）的条件。欧洲三十年战争（Thirty Years' War）②使得社会到处都动荡不安。西班牙人劫掠法国的省份，甚至威胁到巴黎，但是笛卡儿却远远地躲在荷兰的一所公寓里。哲学思索所需的宁静对他来说至关重要，以至于听说伽利略遭到教堂谴责，他便收回了自己对自然科学的相同观点。作为一种抽象的事业，哲学需要一种远离日常事务的冷静氛围。

当然，总有人诋毁笛卡儿宏伟的系统论述。大卫·休谟（David Hume）③并不从那些观点出发看待哲学，他相信情绪是道德的基础。对于索伦·克尔凯郭尔（Søren Kierkegaard）④来说，抽象的伦理系统只是没有支撑的纸币。卡尔·马克思（Karl Marx）坚称，我们要改变世界，而不仅仅是解释世界。但是没有人比笛卡儿绘制的现代哲学地图更具有决定性，而他严格的追问模式也在总体上限定了这一领域的参数。

本书采用了斯蒂芬·图尔明（Stephen Toulmin）⑤提出的历史视角：

> 合法性遭到批评家质疑的哲学总是具有最初由勒内·笛卡儿在 17 世纪创立的传统……（这些）争论被引向一种不寻常的哲学化风格——一种以理论为中心的风格，从永恒的、普遍的意义看，它提出了哲学问题，并设计了对问题的解决方法。从 1650 年起，这种不寻常的风格就被用来限定特别的哲学议程（1988，338）。

① 笛卡儿（1596—1650），法国哲学家、自然科学家、解析几何的奠基人。他提出"我思故我在"，其哲学基础是灵魂和肉体，"思维"实体和"广延"实体的二元论，主要著作有《几何学》《方法论》《哲学原理》等。

② 欧洲历史上第一次大规模国际战争，以 1618 年 5 月 23 日的捷克人民起义为起点，以 1648 年 10 月参战各方签订《威斯特伐利亚和约》告终。战争的结果是欧洲领土被重新分割。法国夺得欧洲霸权；瑞典巩固了在波罗的海的地位；德意志的经济遭到严重削弱；葡萄牙脱离西班牙独立；荷兰和瑞士的独立得到确认。它结束了自中世纪以来"一个教皇，一个皇帝"统治欧洲的局面，神圣罗马帝国在事实上已不复存在。

③ 大卫·休谟（1711—1776），英国哲学家、历史学家和经济学家，著有《人性论》《人类理解研究》《英国史》等。

④ 索伦·克尔凯郭尔（1813—1855），丹麦哲学家，存在主义哲学的先驱人物，主要作品有《非此即彼》《日记》等等。他被公认为存在主义的精神之父。

⑤ 斯蒂芬·图尔明，英国哲学家，著有《科学的哲学导论》（The Philosophy of Science: An Introduction）、《推理导论》（An Introduction to Reasoning）等。

17世纪的哲学家不考虑独特性、适时性、地方性和口语性。这就使将近一半的哲学议程被排除在发展之外。的确，正是那些被忽略的议题——我称之为"实践哲学"——在更为人所熟悉的"以理论为中心的"另一半主题日趋衰落的今天显示出新鲜的生命迹象（Toulmin，1988，338）。

本书有助于摧毁纯哲学与应用哲学之间长达3个世纪的屏障，有助于恢复实践关怀在哲学领域本身的合法地位。对于图尔明来说，伦理学的主要中心已经从研究转向床头，转向刑事法庭、工程实验室、新闻编辑室、工厂和少数族裔街区。没有人要求道德哲学家将职责移交给当今社会机构中的技术专家，但是却要求他们在当代竞争条件下更新议程。

所有人都具有理论生产能力。批判性地思考、反映事物特点是我们的共同特性。本书在传播学教室中培养这种反映并将其扩展到媒介实践的中心。如果思想像一块肌肉，本书就提供了一种锻炼养生法，以加强它的系统反应能力和道德识别力。它排除了那些会导致道德困境的无目的的论争，而遵循实践哲学的最佳传统，将讨论锁定在现实生活中的难题上，同时又将讨论推向问题的实质，并将适当的理论引入决策过程。它设法使学生能够自主进行道德判断，正如古语所说："授人以鱼，不如授人以渔。"

《媒介伦理学：问题与案例》在对高等教育具有战略意义的时刻出版发行。自从19世纪末以来，伦理问题已经作为整体的课程从哲学系统中分离出来。在最近10年中，正在恢复元气的实践哲学参与了一场革命，在这场革命中，职业伦理学重新出现在课程中。本书支持这一普遍现象，并将讨论把独立的课程推向传播学教室的所有成员中。

就此而言，本书代表了一种建设性的意见，对当前关于高等教育有何使命的讨论做出反应。职业伦理学长期以来面临着两难困境，大学被赋予了职业训练的责任，而当时恰好处在它对科学的自然主义价值观感到厌恶的时刻。如今，人们可以将它视为一个拥有广阔地平线的平原，在这里，出色的技术可以自由驰骋，但是学生却难以准确表述生活的哲学。正如詹姆斯·凯瑞（James Carey）总结的那样：

> 与大部分美国公共机构一样，高等教育机构近来一直表现不

xv

① 索尔斯坦·维布伦（1857—1929），美国经济学家、社会评论家。《有闲阶级论》（*The Theory of the Leisure Class*）是他最重要的作品，确立了他社会评论家的重要地位。在该书及此后的作品中，维布伦激烈批判自由放任的经济学和大企业在形成现代社会和文化中的影响。

② 厄普顿·辛克莱（1878—1968），美国小说家、随笔作家、剧作家和短篇小说作家。他 15 岁开始给一些通俗出版物写文章，靠稿费维持生活；1902 年参加社会党；1906 年写成最著名的作品《屠场》（*The Jungle*），揭露了芝加哥肉类加工行业肮脏的生产环境，出版后大获成功，为他赢得了国际声誉，并促成关于食品加工规范的法令的通过。此后 30 年间，他继续创作揭露资本主义社会黑暗面的长篇小说。此外他还积极参加政治活动，1934 年曾作为民主党候选人参加州长竞选。

③ 特雷莎嬷嬷（1910—1998），原籍阿尔巴尼亚，天主教修女，大半生在印度致力于救济穷人，曾获诺贝尔和平奖。

佳，并正遭受目标混乱、过分自大和确实令人担忧的贪财的折磨（1989，48）。

在索尔斯坦·维布伦（Thorstein Veblen）①的《美国的高等教育》（*The Higher Learning in America*，1918）和厄普顿·辛克莱（Upton Sinclair)②的《正步走》（*The Goose Step*，1922）中同样猛烈的批评如今明显令人难以忽略。但是，《媒介伦理学：问题与案例》并不仅仅要争取更好的大众教育，或是对价值观进行复议，它通过向有思想的学生提供更开明的道德理念来加强传播学课程。自从孔子出现以来，我们已经理解了点燃一烛胜于诅咒黑暗的道理，或用特雷莎嬷嬷（Mother Teresa)③的话说，我们每次喂世界一口。

前言

Preface

媒介伦理学

代表诸位作者和助益者

菲利普·帕特森

在浏览本书时，你会注意到它的特点——文本、插图、案例、图片——都代表了作者曾经做过的选择。我认为指出省略了什么和保留了什么以及为什么这样选择一样重要。我将从省略了什么开始，以你将在本书中学到什么结束。

第一，你会发现本书中没有对媒体的攻击。对媒体的攻击已经够多了，此外，这么做太容易了。本书不是设计来控诉媒体的，而是设计来训练未来媒体从业者的。如果我们总是唠叨媒体过去的道德错误，唯一能从中学到的就是将来我们能够做些什么来防范类似事件发生。

第二，你会发现本书中没有结论——书的末尾没有，每个案例后面也没有。至今还没有人为媒介的伦理困境写过结论性的篇章，因此我认为这种做法并非我们首创。

那么，本书中有什么呢？

第一，你会发现关于媒介伦理的多样的、最新的、经过课堂检验的案例汇编。来自多家机构和媒体的作者向本教材贡献了真实和假设的案例，以帮助学生为他们在将要涉足的任何媒介领域中会遇到的伦理状况做准备。我们相信，案例研究对于研习伦理来说是至关重要的教学手段，本书就反映了我们认为最有效的方法。

第二，将这些案例汇总在一起，并提供处理它们的哲学基础。虽然本书始终在内容上有意保持简明，但是仍然要向学生介绍相关的伦理理论，因为当案例用于教学时，往往会导致"伦理困境"，这些理论有助于消除这种困境。

第三，你会发现附在每一个案例后的问题中都有固定的讨论题。案例后的问题是由每个案例的作者撰写的，其指导思想是它们要像同心圆。最中心的圆——微观问题——仅仅着眼于正在探讨的案例以及它反映的困境。下一个圆——中观问题——着眼于案例与语境的关系，有时会将事实稍作改变以观察做出的决定是否一致。最抽象的层次——宏观问题——着眼于诸如真理、平等、责任和忠诚等主题。如能使用得当，在任何情况下，这些问题都可以在一堂课的时间之内将讨论从个别引向普遍。

本书既可以用作媒介伦理学课程的主教材，也可用作新闻写作、媒介与社会、广告与公共关系以及新闻摄影等课程的伦理部分的补充教材。本书对喜欢在课堂上运用苏格拉底式教学法的教师颇有裨益，亦可作为讲授课程的资料来源。

发生在一节课上的一件轶事对本书使用的方法做出了很好的注解。在一次特别激烈的案例分析之后，一名学生举了最后一次手。我将她叫起来，她问道："那么，什么是答案呢?"我对她的问题感到诧异，同时让我感到诧异的是我还没有现成的答案。我开了个玩笑，用我的方式把这个问题避开了：我问她，她是需要一个开头字母"a"大写的"答案"（Answer），还是一个小写的"答案"（answer）。如果今天她提出这个问题，我的回答将有所不同。我会告诉她，答案在她心中，但是，不经过系统的学习和频繁地与这些问题打交道是得不出合理的答案的。

这就是本书的内容。所有的章节都将系统地引导你学习已对这些问题进行了数个世纪探讨的哲学。一个个案例将使你身临其境地与工作中可能遇到的问题打交道。这种理论与实际相结合的方法或许不能使你找到"答案"（The Answer），但是可能帮你找到"你的"答案。

第8版新增案例

《媒介伦理学：问题与案例》第8版包括29个新案例，其他内容也已更新。以下是由对这些案例有个人见解或兴趣的学者和从业人员撰写的更新内容。①

第1章 包括开篇的4个新的情景，每个都有不同的伦理抉择范例。

第2章

《我能引用自己的话吗?》，查德·佩因特，东新墨西哥大学；

《新闻与透明性标准》，李·威尔金斯，密苏里大学；

《NPR、〈纽约时报〉和中国的工作条件》，李·威尔金斯，密苏里大学；

《陷入"战争地带"》，迈克·格伦德曼、罗杰·森克森，詹姆斯麦迪逊大学；

《默多克的困境》，李·威尔金斯，密苏里大学。

第3章

《一家慈善机构的失职》，菲利普·帕特森，俄克拉何马基督教大学；

《YELP赋权消费者还是敲诈小企业?》，李·威尔金斯，密苏里大学；

《广告背后的真相：俄勒冈州更换广告》，李·威尔金斯，密苏里大学；

《赞助、原罪和公关：界限在哪?》，劳伦·培根·布伦盖斯，科罗拉多大学斯普林斯分校；

《〈1频道〉：学校中的商业主义》，罗莎琳·奥斯本，密苏里大学，菲利普·帕特森，俄克拉何马基督教大学。

第4章

《这到底是谁的脸谱页面?》，埃米·西蒙斯，密苏里大学；

《苏格拉底会怎么做? 希拉里·克林顿的消失》，李·威尔金斯，

① 中国青年政治学院新闻系研究生翻译了本书部分章节的案例，由李青藜最终校对统稿。具体分工如下：戴安妮，第二、第四章案例；李森，第三章案例；陈浩，第五章案例5-1、5-2以及第七章案例；宋侨雪，第六章案例。

密苏里大学。

第5章

《安德森·库珀算不上私密的生活》，李·威尔金斯，密苏里大学；

《脸谱：你应当选择退出还是加入？》，李·威尔金斯，密苏里大学；

《政治与金钱：什么是隐私，什么不是？》，李·威尔金斯，密苏里大学。

第6章

《有关事实的真相："政治事实网站"》，李·威尔金斯，密苏里大学；

《维基解密》，李·威尔金斯，密苏里大学；

《控制室：文化和历史在新闻报道中至关重要吗？》，李·威尔金斯，密苏里大学。

第7章

《谁需要广告？》，李·威尔金斯，密苏里大学；

《Netflix：没有那么迅速……对用户愤怒的反应》，李·威尔金斯，密苏里大学；

《新闻外包》，李·威尔金斯，密苏里大学；

《资金募集的透明性：美国公共广播公司的标准》，李·威尔金斯，密苏里大学。

第8章

《详细记录的自杀案例》，菲利普·帕特森，俄克拉何马基督教大学；

《我首先做什么？》，李·威尔金斯，密苏里大学。

第9章

《新闻第一，事实第二》，李·威尔金斯，密苏里大学；

《你的就是我的：新闻集成的伦理》，查德·佩因特，东新墨西哥大学。

第10章

《〈寻找小糖人〉：艺术再发现》，李·威尔金斯，密苏里大学；

《鲍勃·科斯塔斯和杰里·桑达斯基：体育是娱乐还是新闻？》，李·威尔金斯，密苏里大学；

《众包一本书：约翰·莱勒、鲍勃·迪伦和非虚构真相》，菲利普·帕特森，俄克拉何马基督教大学。

致谢 ›››››

Thank
媒介伦理学

我们面临的伦理困境要求有一个"道德指南针"来帮助我们在生活的崎岖道路上找到方向。我的指南针是早年由父母赠予的，它已经工作了40多年。没有什么礼物比它更好，我感谢父母在为把我放在今天这个位置上所发挥的作用。

这一类书不是靠个人努力就能完成的，本书当然也是许多人努力工作和鼓励的成果。从一开始，本书的每一位作者就一直愉快地共同工作着。卢·霍奇斯（Lou Hodges）、克利夫·克里斯琴斯（Cliff Christians）、拉尔夫·巴尼（Ralph Barney）、杰伊·布莱克（Jay Black）、德尼·埃利奥特（Deni Elliott）和其他人在本书成书的各个阶段都耐心地听取了意见并提出了建议。多年来，我有幸参加了由波因特研究所（Poynter Institute）、自由论坛（Freedom Forum）和内布拉斯加大学（University of Nebraska）主办的各种关于伦理学的研讨会。鲍勃·斯蒂尔（Bob Steele）、埃德·兰贝思（Ed Lambeth）、史蒂夫·卡利什（Steve Kalish）和罗伯特·奥迪（Robert Audi）帮助我在教学中继续有关伦理学的学习，我对他们感激不尽。

特别感谢新闻事业伦理与卓越基金会（Ethics and Excellence in Journalism Foundation）和麦格劳-希尔公司的高等教育分公司

（McGraw-Hill Higher Education），它们准许本书在这一版使用那些照片和插图。最后，我还要感谢我的妻子琳达（Linda）和我的孩子们——埃米（Amy）、安德鲁（Andrew）和乔舒亚（Joshua），我爱你们。

菲利普·帕特森

① 迈克尔·约瑟夫森，美国伦理学专家。他创办了非营利的约瑟夫森伦理学学会（Josephson Institute of Ethics），并在哥伦比亚广播公司开办了广播评论节目，强调美德的重要性，教育人们如何生活得更合乎伦理。

伦理学专家迈克尔·约瑟夫森（Michael Josephson）①在发表公开演说时，先请在座的听众想出他们认识的道德最高尚的人，也就是那些以自己的为人和言行为他人设定了道德标准的人。让本书的读者了解我所想到的这样的人是公平合理的。

第一位是我的母亲，她的女儿只是部分地继承了她的博爱和慈悲。第二位是我的父亲，他是我见过的最讲原则的人。第三位是我的继母卡丽（Carrie），她一直竭力爱护她嫁入的这个家庭——她的可敬行为远超过康德提倡的责任感。我的论文指导教师，同时也是我的朋友吉姆·戴维斯（Jim Davies）帮我确认了人与政治之间的道德联系。我过去在科罗拉多大学（University of Colorado）的同事拉斯·谢恩（Russ Shain）、史蒂夫·琼斯（Steve Jones）、休·奥布赖恩（Sue O'Brien）、里萨·帕姆（Risa Palm），同我在密苏里大学（University of Missouri）的同事一样都证明这种联系是极具人情味儿的。他们还乐于倾听——这是极少被提到的另外一个合乎伦理的行为。巴里·哈特曼（Barrie Hartman）和博尔德（Boulder）的《每日镜头》（*Daily Camera*）的采编人员都是了不起的事实核查者。

xxii

② 美国麻省贝弗利市（Beverly）的一家社区中心所在地。

我还曾接受了理性的帮助。我曾参加过数个旨在教授我伦理学的会议。黑斯廷斯大楼（Hastings House）②、甘尼特（Gannett）、波因特研究所和内布拉斯加大学都尽它们最大的努力在这一领域教育了我。与这些努力相关的人值得一提。在他们中间，埃德·兰贝思、特德·格拉瑟（Ted Glasser）、德尼·埃利奥特、卢·霍奇斯、克利夫·克里斯琴斯、马丁·林斯基（Martin Linsky）、罗伊·彼得·克拉克（Roy Peter Clark）、唐·弗赖伊（Don Fry）、沙伦·墨菲（Sharon Murphy）、史蒂夫·卡利什、罗伯特·奥迪和斯蒂芬·J. A. 沃德（Stephen J. A. Ward）给我的帮助最大。你会发现在以后的内容中，他们中的很多人被多次提到。他们都在我的理性思想中占有特殊地位。

我还要向以下这三部分人致谢。

　　首先，感谢过去32年来我在密苏里州立大学和科罗拉多州立大学的学生，他们在伦理学方面教会我的远比我教会他们的要多。他们和我一起直面书稿的各个部分。在本书的每一页都能清楚地看到他们的问题和见识。

　　其次，感谢莫琳·斯帕达（Maureen Spada），没有她，这本书根本就不会存在，更别说这样好读了。有时编辑就像朋友，而你于我二人远不仅是朋友。

　　最后，还要感谢米兰达（Miranda）和戴维（David）——我的女儿和我的夫君，为了那些微笑、拥抱、初稿的阅读、讨论、倾听、建议、关于使用书名的经验、影片，以及所有其他构成家庭的一切。特别感谢戴维，你是任何作者渴望拥有的最锲而不舍的特许编辑（permission editor）。爱你们，谢谢你们。没有你们，我一事无成。

李·威尔金斯

简要目录

目 录

第1章

伦理抉择导论

学完本章后，你应当能够：

◇ 认识到新闻职业伦理学的必要性。

◇ 建立一个伦理抉择的模式。

◇ 辨明适用于大众传播各种境况的五项哲学原理。

 做出伦理抉择

情景1：你在一家刚起步的新闻组织实习，这个组织的商业模式是从各种各样的媒体收集有关特定新闻的广播报道，加以编辑，补充在演播室制作的介绍性评论，然后把成品打包卖给那些既没有员工也没有设备生产高质量、有深度的广播或网络节目的媒体。你把制作原创报道的媒体汇总起来，你的组织会准确无误地付款给它们。尽管打包节目有时包括来自博主、国内广播媒体评论员和其他渠道的视频和评论，但是大部分情况下还是从国际新闻来源汇编而成的。这个新成立的组织如今已经运行三年；它已经达到了资本化目标，虽然订户数量不算多，但是拥有诸如《赫芬顿邮报》（*Huffington Post*）这样的网络媒体。你的部分工作是帮助制作组织所出售的打包节目。但是，你还负责在网上搜索哪些网站提及了你的组织正在汇总的新闻报道话题。你被告知，一旦发现这样的网站，就要针对网站内容精心制作一条表示赞扬的回复，回复中必须包含来自你所在新闻组织的类似内容。你被指示不得在这些讯息中泄露你的身份——这家新闻组织的一名雇员。你该怎么办？

情景2： 按照纪录片导演乔希·福克斯（Josh Fox）的说法，一切始于2009年他收到的天然气公司的一封信。这封信提出以每英亩4 750美元的价格购买他位于马塞勒斯（Marcellus）页岩顶部的土地上钻探天然气的权利［福克斯从父母那里继承了宾夕法尼亚州（Pennsylvania）的米兰维尔（Milanville）的19英亩土地，包括他出生的那幢房子］，该处属天然气富矿。该公司使用的钻探方法称为高压水砂破裂法，在油、气行业称为"液压破碎法"（fraking）。福克斯称自己对此过程或其潜在的金融和环境影响一无所知，于是将这封信作为报道、拍摄和制作纪录影片《气田》（*Gasland*）的动机。这部影片在2010年获奥斯卡最佳纪录影片提名。基于第一人称、报道观点鲜明、使用手持摄像机拍摄、剪辑粗糙的《气田》深具政治影响，在敦促若干个州规范液压破碎法的过程中发挥了作用。《气田》是福克斯的第一部纪录片，在片首，福克斯猜测为什么那么多普通人愿意和自己谈论对液压破碎法的体验。他说："我猜如果你手里拿着摄像机，你就知道自己在做什么。"随着《纽约时报》（*New York Times*）"纪录片对页"（Op Docs）的问世和许多媒体频道第一人称、观点鲜明的报道的出现，在制作依赖于这些似乎是新的信息收集技巧的纪录片或新闻影片时，"知道自己在做什么"要遵循什么规则？

情景3： 你为一家代表制药巨头PharMedCo的公关公司工作。这家制药公司有一种草药，在欧洲成功地用于降低血压。PharMedCo想要在美国出售此药，正在策划一次重要的全国性推广活动，这会给你的公司带来巨额报酬。它希望使用"第三方战略"，雇用医疗领域的主要意见领袖，通过热烈讨论植物制品的优点来营造一种热闹气氛，帮助人们熟悉这个词，但是他们不会直接推出PharMedCo的新草药。在进行研究时，你发现一则几乎不为人所知的信息：这种草药如果与另一种非处方药合用，可能会遭到滥用以获得高潮体验。你将此信息告诉了PharMedCo，但是它让你继续工作，不要告诉第三方专家，因为这些人可能打退堂鼓，甚至警告公众。你该怎么做？

情景4： 你在另外一个州休假自驾游时险些成为一场致多人死亡的车祸的牺牲品。你和朋友们没有受伤，但是在警察和其他救援人员到达之前你们就在现场。这场车祸的主角是一辆被改装过的厢式货车，车里乘坐了15人，都没有系安全带，因为安全带和座位本身都已经被拆掉了。有些乘客从厢式货车里被甩了出来，其他人被困在车下面。你受过一点急救训练。救援人员起初无法应对那么多的伤者和他们严重的伤势，于是请求你帮助照顾伤势最轻的人。你照做了，在此过程中听到警察和医疗人员之间的谈话，说那些货车里的人都是移民，每天由那些把他们带到这个国家的人驱车送到离家 50 多英里的一家制造厂工作，这类车祸——比大部分车祸都更致命——在这个地区、这个移民群体中已经不是第一次发生了。你深深地震惊于自己看到的一切，但是两天后，你回到家，意识到你目击的这场车祸是一个重大新闻报道的潜在"提示"。这个报道可能是怎样的？你怎样或者你能否说服报纸主编给你时间和资源，调查你本人也承认的发生在另外一个州的悲剧？

两难处境中的两难处境

以上情景都是两难处境——它们代表没有唯一（或简单）"正确"答案的伦理问题。解决两难处境是伦理学的工作。这不是一个容易的过程，但是伦理困境是可以预见并进行准备的，而且我们还拥有伦理学理论财富——其中一些已有几世纪之久——去支持你的最终选择。在本章以及全书，你将得到理论和工具的武装，以解决因大众媒介工作而产生的两难困境。

最后，你将拥有工具，而非答案。答案必须来自你的内心，但是你的答案应当建立在其他人已经写过和体验过的信息基础之上。此外，你还将经常被迫在没有任何其他人的深刻见解的帮助下解决每一个伦理问题。获得这些工具还会帮助你避免每一个伦理困境演化为"窘迫的伦理"——那种没有最佳选择、每个人的选择都同样正当的感觉 ［见本章德尼·埃利奥特（Deni Elliott）的随笔］。

伦理规约会有所帮助吗？事实上所有的媒体协会都有伦理规约，但是它们都有局限。例如，职业新闻工作者协会（Society of Professional Journalists）的伦理规约可以被解读为在上述情境中，既可以揭示信息，也可以扣押信息，而这两种行为是截然相反的。这并不是说规约无用，只是指出依赖于规约的不足。

尽管我们并不摈弃规约，但是我们相信你会在本章介绍的古今哲学家的著作中找到更为普遍适用的帮助。

本书，或任何伦理学文本，教授的东西应当超越一套规则。它应当给予你技能、分析模式、词汇表以及那些曾经面对过这些选择的人的深刻见解，从而建立起你的伦理选择并赋予其正当性。

有些作者称伦理无法教授。有人称，伦理随情境而变。因为每一条讯息都独一无二，所以除了日常生活之外，没有学习伦理的真实途径。它争辩道，伦理是你的内涵，而非你的行为。尽管阅读有关伦理学的著作确实不能保证你在工作中表现得合乎伦理，但是，关于伦理的思考却是每个人都可以获得的技能。

虽然大众传播的每个领域都有其独特的伦理问题，但是关于伦理的思考是一致的，无论你是靠写作广告文本为生，还是吃讯闻写作这碗饭。关于伦理的思考并不必然使艰难的选择更加容易，但是，随着实践，你的伦理抉择可以变得更为一致。无论你涉足的是大众传播的哪一个领域，从事的工作是记者，还是战略传播专家，或是广告文案人员，一个一以贯之的伦理方法都同样能够改进你的工作。

伦理与道德

当代职业伦理学围绕这些问题展开：

● 我有什么义务（duties），对谁有义务？

● 我承担的义务反映了什么价值观？

伦理学将我们从"我做事的方法就是这样的"和"人们一直是这样做的"这个世界中带到了"这是我应该做的"和"这是合乎理性的行为"这个王国中。从这个意义上说，伦理学是"应然之谈"。产生于义务和价值观的问题可以以不同的方式来回答，只要它们彼此一致。例如，一个新闻工作者和一个公关从业者可能对一个报道的真相看法不同，因为他们对自己的义务看法不同，也因为他们各自的职业有着不同的价值观，但是如果他们在本职业的"应然"规则之下工作，就都可以合乎伦理地行事。

此处对"伦理"（ethics）和"道德"（morals）做区分很重要。"伦理"是建立在某些得到普遍接受的准则上的理性过程，而"道德"是宗教领域的用语。例如，《十诫》（*Ten Commandments*）是犹太教与基督教传统中共有的道德体系，犹太教学者将贯穿在《圣经·旧约》（*Bible's Old Testament*）中的这些规则加以研究扩充，形成了一部厚达 1 000 多页的宗教卷集《塔木德》（*Talmud*）①。佛教的八正道②提供了类似的道德框架。

但是"道德体系"不是"伦理"的同义词。*当一个道德体系中的各种因素相互冲突时，伦理就开始起作用了*。与其说伦理解决的是对与错的矛盾，不如说解决的是同样令人信服（或同样令人厌恶）的选项之间的矛盾，并必须在二者之间做出选择。伦理往往是关于好和更好或糟和更糟之间的选择，而非对与错之间的选择，这主要属于道德领域。

当道德体系中的各种元素相互冲突时，伦理原则就可以帮助你做出艰难的选择。哲学家西塞拉·博克（Sissela Bok）③指出，专业人士可以通过学习而在工作中做出正确的伦理抉择。对她的这一思想进行描述之后，我们将简略地评议几条伦理原则。

① 《塔木德》是关于犹太人生活、宗教、道德的口传律法集，全书分为《密西拿》（*Mishnah*）及其注释篇《革马拉》（*Gemara*）两部分，为犹太教仅次于《圣经·旧约》的主要经典。

② 八正道，佛教用语，指正见、正思维、正语、正业、正命、正精进、正念、正定。

③ 西塞拉·博克，哲学家、作家，曾任普利策奖委员会委员。其父为瑞典学者、1974 年诺贝尔经济学奖获得者冈纳·默达尔，其母为 1982 年诺贝尔和平奖获得者阿尔瓦·默达尔。

关于伦理学

伦理这个概念来自希腊人，他们将哲学世界分为相互独立的几个学科：美学（*Aesthetics*）研究美，以及人怎样才能不仅仅基于主观评价来分析美；

认识论（*Epistemology*）研究认知，讨论学习的构成和何为可知；伦理学（*Ethics*）研究何为善，既研究个人的善，也研究社会的善。有趣的是，这个词的词根意为"风俗"或"习惯"，从而强调伦理学的行为根源，它源远流长，不断助益着前进中的社会。希腊人既关注社会的德行如自由，又关注个人的美德如坚韧、正义、自制和智慧。

两千年后，伦理学逐渐意味着学习在一系列选择中做出理性的决定，所有这些选择可能在道德上都是站得住脚的，但是有些选择更加正当。在此，*理性*（*Rationality*）是关键词，因为希腊人认为人们应当能够向他人解释自己的伦理决定，而合乎伦理地行事可以被展现为一种理性的决定，对于这一点，现代哲学家也予以确认。对于需要公开做出选择的媒介从业人员来说，解释自己的伦理选择是重要的能力。在面对愤怒的公众时，"当时这样做似乎是对的"对个人而言令人尴尬，而且在伦理上是令人不满的解释。

 ## 博克模式

博克在《撒谎：公共与个人生活中的道德选择》（*Lying：Moral Choice in Public and Private Life*）一书中介绍了她的伦理抉择框架。博克模式基于这两个前提：其一，我们必须对不得不做出伦理决定的人心怀同情；其二，维持社会的信任是基本目标。在这两个前提下，博克提出，任何伦理问题都可以分三步进行分析。

第一步，问问自己的良心，什么是"正确"的行为。你对这一行为有什么感觉？

第二步，寻求专家的意见，了解是否有其他方式可以替换会带来伦理问题的行为。顺便说一句，专家可以是健在的，也可以是已故的——可以是你信任的一位制片人或主编[①]，也可以是你仰慕的一位哲学家。*是否还有其他专业上可以接受的方法，既能达到同样的目标，又不会造成伦理问题？*

第三步，如果可能，与争论中的各方一起进行一次公开讨论。这些人中既包括直接卷入争议的人如记者或其消息来源，也包括非直接卷入的人如读者或媒体老板。如果无法将他们集中起来——大部分情况下是这样的——你可以在脑海中假想一场谈话，将这些角色一一展开。这场谈话的目的是发现，*其他人对于你计划的行为如何反应？*

让我们通过以下情景来看一看博克模式是如何运作的。在这一部分，读完案例之后，运用博克推荐的三个步骤做出决定：你会报道这则新闻吗？

5

① 此处主编一词对应的英文为 editor。Editor 一词在我国的字典中都译为"编辑"，但是在美国新闻界，editor 并非我们一般所理解的那种只负责组稿、排版的编辑，而是担负着分派记者工作、策划选题、统稿的工作，非资深记者不足以担当此任，因此，本书将 editor 全部译为"主编"。

有多少新闻适合刊登？

① 又译为联合公益基金会。它是美国民间最大的公益性、非营利组织，在美国已有 80 多年的历史。它支持的事业包括从流浪者庇护所到帮助贫困者立业，再到为残疾人、老人提供热食，以及支持各种儿童和青少年的活动等等，覆盖非常广。

② 美国于 1976 年制定的法律，又译为《阳光下的政府法案》（Government Under Sunshine Act）。它规定，一切行政会议（指联邦政府中由二人以上组成的采用委员制而不是首长制的行政机关会议），除法定的例外，一律公开举行。会议至少提前一周向公众公开发出会议通知，会议召开时公民可以旁听，会议结束时公开会议记录，不得在会议外做出决策（某些情况除外）。该法的要点是将行政行为的过程公开。

在你的社区，"联合劝募协会"（United Way）①是主要的慈善机构之一。还有不到两个星期，一年一度的募捐动员活动就要开始了。但是，在一次深夜举行的、没有记者出席的董事会会议上，执行董事辞职了。虽然这个机构不受《公开会议法案》（Open Meetings Act）②的约束，但是你能够从一位在董事会任职的消息来源那里了解到大部分消息。

根据她的说法，该执行董事用一份伪造的工作时间记录单从该机构领取了报酬，而实际上当时他离职去参加一位大学室友的葬礼了。"联合劝募协会"董事会对他缺席一事作了调查并要求他辞职，理由是他对自己的缺席撒了谎，尽管大部分人同意，假如他提出来，他们是会给他带薪假期的。

"联合劝募协会"准备发表一个简短的声明，表彰该执行董事的工作，同时遗憾地接受他的辞职。该执行董事也会发表一个简短的声明，为自己的离职找一些其他理由。一位主编安排你报道这一新闻，他不知道你已获知的额外信息，但是要你去"看一看此事（辞职一事）是否别有内情"。

你致电董事会中自己的消息来源，作为朋友，她请求你不要发表这一破坏性的消息，因为它会妨碍"联合劝募协会"正在进行中的一年一度的募捐活动，还会因为"联合劝募协会"的诚信受到打击而在今后影响对社区中有需要的人群提供服务。你会见了该执行董事。他说，他已经参加了另外一家非营利机构的面试，如果你发表了这一报道，就会毁了他未来的就职机会。

你怎么办？

分析

博克的第一个步骤要求你首先*询问自己的良心*。这样做的时候，你会意识到你碰到问题了。你的职责是讲述真相，这意味着向读者提供你所发现的所有事实。同时，你还负有更大的职责，就是不要伤害你的社区，而将这一新闻无一遗漏地刊登出来显然会造成短期的伤害。显然，你的良心对此左右为难。

你进行到第二步：*变通之法*。你简单地报道辞职声明，假设那个人不会进一步造成伤害，就这样随他去吧？你报道全部事实，但是引用董事会成员的发言，保证这种事不会再发生，假设这样做你就重建了公众对该机构的信任？你将报道压到募捐活动结束后才发表，然而如果这个消息像流言一样在镇里传播开来，你就会面临失去读者信任的风险？问题再次出现：变通的方法的确存在，但是都有代价。

根据博克模式的第三步，你要尝试与所有当事人进行公开的伦理对话。你可能无法在截稿期的压力下让各方来到新闻编辑室。你可以代之以一场各方讨论的想象。这样的讨论可能是如此进行的：

执行董事："我认为辞职足以惩罚我犯的任何错误，你的文章会损害我另谋他职。它真的会伤害我的妻子和孩子，而他们什么错事也没做。"

记者："可是，难道你不应该在你决定伪造工作时间表之*前*就想到这些吗？这是一则好新闻，我认为公众应当了解处理他们捐款的人是什么样的人。"

读者甲："等等。我是公众，而我已经厌倦了你们报纸所关注的那些坏消息。这个人在社区里所做的都是好事，而且我看不出属于穷人的钱落到了他的哪一只口袋。我们为什么不能读一些好消息调节调节呢？"

读者乙："我不同意。我买这份报纸恰恰是因为它刊登这类报道。正是这样的报道使政府、慈善机构和所有人保持警觉。"

发行人："你的意思是发挥看门狗的功能。"

读者乙："没错。如果它让你烦恼，别读就是了。"

发行人："我真的不想用我们拥有的权力伤害人们，但是如果我们不刊登这样的报道，而事后人们发现我们扣押了这个消息，我们的可信度就被毁了，我们就别在这一行干了。"［对消息来源］"你是不是要求不公开发表这个消息？"

消息来源："不。但是我从没想到你们会在报道中用它。"

记者："我是一名记者。我以报道我的见闻为生。你认为我会怎样处理它？这样的报道使我得以养家糊口。"

执行董事："那么这就是你我的职业问题了，你是这个意思吧？瞧，这里并没有人提出指控，但是如果你的报道发表了，我看上去就会像一个罪犯。这公平吗？"

发行人："如果报道不发表，我们就是失信于社区。这公平吗？"

贫困的母亲："公平？你们还想谈论公平？如果捐款少了，你们受损失吗？不会，但我会。这对你们而言只是一篇报道，但它会影响我和我家的生计。"

谈话可以继续，也可以发表其他观点。你想象中的谈话多少会比上面的例子复杂一些，但是通过讨论，应当可以得到支持一个伦理选择的理性依据。

在运用博克的伦理抉择模式时要注意两个问题：第一，在做出最后决定之前要将三个步骤一一完成，这一点很重要。我们大部分人仅仅会在询问过自己的良心之后便草率地做出伦理选择，博克指出这样做是错误的，因为它会导致许多不成熟的道德思考。第二，如果你不具有任何预见伦理问题的千里眼，那么最佳方案是在写作之前（而不是在写作达到高潮时）就进行第三步所概述的伦理对话。

例如，一位广告文案撰稿人可以进行这样一场讨论，探讨从伦理上来说，广告文案是否可以隐瞒关于某产品存在的潜在伤害的免责声明。一位记者早在现实中被要求隐瞒某个令人尴尬的人名或事实之前就可以进行这样的讨论。因为在你选择的这个职业中，这种两难困境出现的可能性很大（上述例子有据可查，它发生在本书作者之一的第一个工作日），如果早在问题发生之前，你在随意的气氛中和信得过的同事进行过讨论，或是自问自答过，你的答案就是现成的，而且更富有逻辑。本书选择的案例在一定程度上能够预测你在工作中遇到的两难处境，并从现在就开始进行这种伦理讨论。

伦理抉择指南

自古希腊以降，哲学家们一直在努力总结一套准则或指南以指导伦理选择。在诸如上述伦理困境面前，你需要一些原则来帮你在相互冲突的意见中做出抉择。虽然有不少原则效果斐然，但我们仅评述其中的五个。

亚里士多德的中庸之道

① 马友友，大提琴演奏家，在法国出生的华裔美国人，曾获得多项格莱美奖。马友友为多部电影配乐，其中包括李安导演的《卧虎藏龙》。

② 马娅·安杰卢，目前美国文坛上最走红的黑人女诗人。作为社会活动家、演员、剧作家、作家和诗人，她是在媒体上出现最多的美国黑人之一。

③ 乔治·卢卡斯，美国电影剧本作家、导演、制片人，以创作太空幻想六部曲《星球大战》《帝国反击战》《绝地归来》《星战前传Ⅰ：魅影危机》《星战前传Ⅱ：克隆人的进攻》《星战前传Ⅲ：西斯的复仇》著称，曾与史蒂文·斯皮尔伯格合作拍摄印第安纳·琼斯系列片。

④ 史蒂文·斯皮尔伯格，美国电影导演、制片人。他拍摄的《大白鲨》《E.T.外星人》《侏罗纪公园》和印第安纳·琼斯系列片，均获得极大票房成功。影片《紫色》《辛德勒的名单》则涉及严肃题材。

亚里士多德认为，幸福（happiness）——有的学者翻译成"良善的生活"（flourishing）——是人类最高的善。亚里士多德所说的良善的生活，是指通过设立他称之为践行"实践理性"的高标准来提升一切行为。

亚里士多德认为实践理性的运用取决于那些理解希腊人所称的"美德"并在生活和工作中将其展现出来的个人。这样一个人就是"phrenemos"，或具有实践智慧的人，是通过日常行为表现出卓越伦理的人。对于亚里士多德来说，最高的美德是公民资格，公民资格的最高形式体现在政治家身上，也就是在日常行为中充分发挥实践智慧，以至于将其从技艺升华到了艺术的政治家。在当代语言中，我们或许把"phrenemos"视为在任何一个方面表现杰出的人——大提琴演奏家马友友（Yo-Yo Ma）①、诗人马娅·安杰卢（Maya Angelou）②、电影制片人乔治·卢卡斯（George Lucas）③和史蒂文·斯皮尔伯格（Steven Spielberg）④。他们都是在专业领域中表现优秀的人，拓展了我们关于事物可能性的看法。

良善的生活这个观念引导亚里士多德提出人们合乎道德地行事，其道德基础来自其伦理系统，而不仅仅是简单地遵循规则。他的伦理体系如今被称为*美德伦理学*（*virtue ethics*）。美德伦理学的源头有两个：行为本身的性质和实施行为的人的道德特征。从亚里士多德的观念来看，合乎伦理地行事需要：（1）你必须（通过运用实践理性）知道你在做什么；（2）为了达成良善，你必须纯粹为了行为本身而选择行为；（3）行为本身必须来源于坚定、不变的品质。

这并不是在拓展亚里士多德的框架，断言学习伦理学的方法之一就是挑选英雄，然后按照你认为他们会采取的行为去努力塑造自己的个人行为，最终形成自己的职业品质。一位亚里士多德学派的人很可能在做伦理抉择时，将这位英雄当作专家请教。询问我的英雄在特定情形下将会如何行事是伦理分析的有效形式。但是，诀窍是要谨慎地挑选你的英雄，而且不能简单地模仿你过去见到的行为，而是要经过自己的思考。

那么，什么是美德呢？*美德存在于过分与不足这两个极端之间*，简而言之，这就是亚里士多德哲学的"中庸之道"，如图 1.1 所示。例如，勇敢是蛮勇和怯懦的中间值。但是要决定你自己的中间值，就要运用实践智慧，按照高标准行事，并且要与坚定、连贯的品性特征相一致。

1993 年其拍摄的反映纳粹屠杀犹太人惨剧的《辛德勒的名单》获奥斯卡最佳导演、最佳影片等 7 项大奖。1999 年因表现二战的力作《拯救大兵瑞恩》，他再度获奥斯卡最佳导演奖。

不可接受的行为 （不足）	可接受的行为	不可接受的行为 （过分）
怯懦 ·················	勇敢	················· 蛮勇
无耻 ·················	谦虚	················· 羞怯
吝啬 ·················	慷慨	················· 浪费

图 1.1　亚里士多德的中庸之道

因此，事实上，美德的中间地带并不是一个对每个个体都相同的线上一点。反之，正如图 1.1 所示，它是随个体而变的行为范围，作用在于避免令人讨厌的极端。坦率是一个很好的例子，说明美德主要视情形而定——在某种情况下过于迟钝的行为在另一种情况下则意味善良。想象两个人看到有人落水：一个目击者不会游泳，但是跑得快；而另一个人很会游泳，但是跑得慢。那么，对于一个人来说是怯懦的行为，对另一个人来说就是蛮勇。每个人都可以表现出勇敢，但是方式不同。

对中庸之道的探寻暗示着个人行为并非彼此互不相干，而是形成了一个整体，品行良好的人应当以这个整体为追求目标。伦理学的美德理论并不以结果为导向。相反，它以动因为导向，在伦理学的美德理论中，正确的行为是追求美德并加以实现的动因的结果。正如亚里士多德在《尼各马可伦理学》（*Nicomachean Ethics*）所写："我们通过实践来学习一种艺术或手艺，当我们习得之后，它就会成为必做之事：例如，男人通过修建房屋成为建筑者，通过演奏竖琴成为竖琴演奏者。同理，我们通过行公正之事而成为公正之人，行有节制之事而成为有节制之人，行勇敢之事而成为勇敢之人。"

在人心不古的今天，亚里士多德的美德伦理学观念已经被许多行业重新发现。正如肯尼思·伍德沃德（Kenneth Woodward，1994）在发表于《新闻周刊》（*Newsweek*）的一篇题为《"何为美德?"》的文章中所说，对美德的呼唤今天仍然具有重大意义：

> 但是，在政客们将美德纳入他们最近的选举年度口号之前，得和当代哲学保持高度一致。尽管我们呼唤美德，但却生活在一个道德相对主义的时代。按照主导的道德哲学流派，启蒙带来的怀疑主义已经将所有对与错的观念弱

化成了个人口味、感情偏好或文化选择的问题……根据这种道德相对主义，"美德伦理学"的提倡者们争辩说有些个人选择在道德上高于其他个人选择。

康德的绝对命令

伊曼纽尔·康德（Immanuel Kant）最为著名的绝对命令（categorical imperative）有两种最常见的解释方式。第一种称，一个个体在采取行动时，应当假设一个人为自己做出的选择能够成为普遍规律。第二种声称，你采取的行动应当将每个个体视为目的，而永远不要仅仅将其视为手段。康德将这两个准则称为"绝对"命令，意味着对它们的要求具有普遍性，不能屈从于条件因素。很多读者都会看出康德对绝对命令的第一种思考和《圣经》中金箴的相同之处：待人如待己。二者对于义务的关注非常相似。

康德的伦理学理论基于这样的观念：与其说道德力量存在于行事的人身上，不如说存在于行为本身。这一伦理学理论与亚里士多德的伦理学理论不同，因为他把何为伦理的观念从行为人转移到了行为本身。这并不意味着康德不相信道德品质，而是意味着人们可以基于义务感而做合乎道德的事，即便他们的品质可能会使他们倾向于不这样做。

康德认为，一个行为只有出于义务，在道德上才是正当的——心理动机无关紧要——并且在康德的道德世界中有两类义务。严格义务一般是消极的：不谋杀，不失信，不撒谎。不严格义务更积极：帮助他人，发展某人的才能，表示感激。康德没有花费时间定义这些观念，但是哲学家们一般都会称，严格义务（例如不伤害人）比不严格义务（如提供帮助）更具有道德上的强制性。

有些人争辩说，在康德的伦理推理中，结果并不重要。我们宁可轻松一点读康德。虽然康德的观点是，一个行为的道德价值并不取决于其结果，但是那些结果并不是无关紧要的。例如，一位外科医生试图通过一种实验的方法来拯救一个病人，这或许是道德的，但是做出是否要运用这种方法的决定还要考虑到治愈的可能性。康德原则的架构允许我们从我们的错误中学习。

根据康德的思想，检验一个行为是否道德要看它是否具有普遍性——它是否适用于每一个人。例如，在康德的绝对命令之下，新闻工作者无法要求什么特权，比方说为了获取新闻而撒谎或侵犯隐私的特权。如果认真对待康德的观点，它就会在你做出某些伦理抉择的时候提醒你放弃什么——真实、隐私以及诸如此类的东西。

功利主义

① 杰里米·边沁

最初由英国人杰里米·边沁（Jeremy Bentham）①以及稍后的约翰·斯图尔

特·密尔（John Stuart Mill）^①在 19 世纪提出的*功利主义（utilitarianism）*将当时尚属新奇的观念引入了伦理讨论的视野：*行为的结果是决定行为是否道德的重要因素。*按照功利主义的观点，为了更多人的利益而伤害一个人可以被视为是道德的。例如，抱着为社会提供更广泛的善的希望而进行的调查性报道，其方法从伦理上来说是正当的，即便其结果可能伤害到正被报纸或广播电视报道的那些个人。

功利主义的吸引力在于它和西方思想高度契合，尤其是在人权方面。哈佛的伦理学家阿瑟·戴克（Arthur Dyck，1977，55）写到密尔时这样说：

> 他的观点是，行为的对与错是由其结果决定的……他对于何为最善的独到理解基本上是何者带来了最大的幸福或是最小的痛苦，等等，愉快多于痛苦的最佳平衡就是最大多数。

功利主义的好处是，它提供了一个原则，基于这个原则可以辨识和判断对与错、解决争端、确定例外。功利主义的计算还使得戴克所说的"福祉的量化"成为可能，促使政府能够做出决定，创建利益大于伤害的更有利的平衡。

由于关注行为的结果，功利主义完成了始于亚里士多德的圆圈（见表 1.1）。亚里士多德创立的中庸之道关注行为*者*，康德的绝对命令关注行*为*，而密尔的功利主义哲学关注结果。

表 1.1　　　　　　　　　从亚里士多德到密尔：伦理学焦点的变化

哲学家	著名观点	普遍的理解	强调
亚里士多德	中庸之道	美德存在于两个极端之间	行为者
康德	绝对命令	你的选择可以成为普遍规律，将人视为结果，而不仅仅是手段	行为
密尔	实用原则	行为正确与否是由它对理想的结果所做的贡献决定的	结果

功利主义已经浓缩成"为最多数的人谋求最大的善"的伦理哲学。这个简练的短语对功利主义理论的总结相当潦草，而且还导致了对这个原则的过分机械的应用：累计善的数量，减去伤害的数量。如果得到的数字为正，则该行为就是合乎道德的。但是，功利主义在得到正当应用时并不机械。

为了公平地评价功利主义理论，就必须将它置于历史环境中去理解。密尔写作的时候正处于启蒙运动的更迭期。当时民主的原则刚刚新鲜出炉，还未经检验，普通人能够向那些掌权者坦率地表达自己意见的想法也新颖独特。密尔所认为的功利主义是一种深刻的社会伦理；密尔是第一批承认全社会的善在伦理推理中占有一席之地的人之一。

密尔就是哲学家们所称的*算计的享乐主义者（valuational hedonist）*。他主张，快乐——和不痛苦——是道德的唯一内在目的。密尔进一步认为，一个行为的正确在于它对普遍的快乐所做贡献的比例。反之，一个行为的错误在于它对普遍的不快乐或痛苦发挥的作用的比例。功利主义可以是微妙而复杂的，因为同一个行为可以让一些人快乐，但造成另一些人的痛苦。密尔坚持应当对两

（1748—1832），英国哲学家和法学家，功利主义伦理学的代表。他认为利益是行为的唯一标准和目的，每个人关心自己的利益，就会达到"最大多数人的最大幸福"，主要著作有《道德及立法原理导论》《责任论或道德科学》等。

① 约翰·斯图尔特·密尔（1806—1873），英国哲学家、经济学家和逻辑学家、实证论者和功利主义者，主要著作有《逻辑体系》《政治经济学原理》《论自由》《功利主义》等。

11

12

类后果同时进行评估，这个行动后果难测，但却迫使相互竞争的涉利各方对各自提出的要求进行讨论。

在功利主义理论看来，谁的快乐都不比其他任何人的快乐更可贵，毫无疑问也不比所有人的快乐更可贵——无论是质还是量都是平等的。在民主社会，这一概念格外重要，因为它和特定的社会、政治目的高度一致。在应用中，功利主义能够削弱根深蒂固的利己主义，但是如果应用不当，实际上还会助长社会的自私自利。

功利主义还暗示，道德问题是客观的、经验的，甚至在某种意义上是科学的。功利主义推动了一个普遍的伦理标准，每个理性的人都可以借以做出判断。但是，功利主义也是最为人诟病的哲学原则之一，因为太难精确预测一个特定行为的所有后果。不少哲学家还曾争论，一个人对善的计算致使任何功利主义的算式从根本上就有错误倾向。

然而功利主义是一个强大的理论，太多人完全仰仗于它。一旦走上极端，计算善这一行为就可能导致伦理僵局，因为涉利各方都有看似平等的强烈呼求，在其中进行取舍绝非易事。如果草率行事，功利主义可能会使应用者偏向于短期利益，而短期利益往往与合乎伦理的选择的本质背道而驰。

多元价值理论

① 威廉·戴维·罗斯（1877—1971），英国理性主义道德哲学家，功利主义的批评者。他提出一种建立在直觉知识而非自然主义基础上的"认知非限定主义"（cognitivist nondefinitism）。

哲学家威廉·戴维·罗斯（William David Ross，1930）①的伦理学理论建立在下面这样的信仰之上，在我们的伦理抉择中，总有一种以上的伦理价值观同时"竞争"优势地位，他著作的标题体现了这种张力：《正当与善》（*The Right and the Good*）。伦理学家克里斯托弗·迈耶斯（Christopher Meyers，2003，84）这样评价这种张力：

> 正如本书标题所示，罗斯区分了*正当*与*善*。后者是指一种在所有行为中都体现出的客观却难以定义的品质。它是可见而非可行之物。另一方面，*正当*，意指行为。一个对的行为由受到正确理由驱动并经过仔细思考的人实施。但是，并非所有对的行为都能产生善。

就确认善与正当之间的竞争这一点而言，罗斯有别于只提倡一种终极价值观的康德和密尔。罗斯认为，如果特定的道德选择环境平等，那么这些他称之为责任的相互竞争的伦理主张就是平等的。进一步说，是高度的个人责任感，而不是结果，才能加重这些责任的道德分量。

罗斯提出了这些义务类型：

（1）*忠实*的义务，基于自己曾有过的或明或暗的承诺；

（2）*赔偿*的义务，因为过去的错误行为；

（3）*感激*的义务，建立在他人过去的行为上；

（4）*公正*的义务，因为在分配幸福或快乐时，需要保证公平和有益；

（5）*仁慈*的义务，因为在这个世界上，确实有一些人的境况能在我们的帮助下得到改善；

（6）*自我改进*的义务，因为我们确实能够改善自己的条件；

（7）一个消极的义务：*不伤害*他人的义务。

我们再推荐两种额外义务，它们可能暗含在罗斯罗列的条目中，但是没有得到明确表述：

（1）说*真话*的义务，*诚实*（这可能暗含在忠实中）；

（2）*教养*的义务，帮助他人达到某种程度的自尊和成就。

罗斯的义务类型学对于那些必须经常平衡相互竞争的角色的专业人士很有效。它还将一些积极的社区和亲友优先的观念带入了伦理推论中，这有助于平衡许多主要以权利为基础的西方哲学理论传统。

和康德一样，罗斯将自己的义务分为两类。当然义务（*prima facie duties*）是那些由于行为本身的特性而显得正确的责任。专有义务（*duty proper*）是那些在特定环境下极其重要的义务。从当然义务到达专有义务要求你考虑伦理学家所说的*道德相关差异*（*morally relevant differences*）。但是，罗斯警告道（1988，24）：

> ……没有理由期望因我们的义务所在而实施的任何行为都相同，并且出于同一个理由。为什么两种环境或一种环境不具有不同的特征呢？这些不同特征中的任何一个都会促成某个特定行为以履行当然义务。

我们用罗斯的一项当然义务为例：守信。作为一名记者，你在工作。你已经与市长有约，要讨论你所在社区的年终特别报道。在驱车前往市政厅的途中，你经过了一场严重的车祸现场，还看到一个小孩子沿街茫然地徘徊。如果你停下来帮忙，肯定会迟到，可能还不得不取消约会。这样做你就会失信。

但是这种行为合乎伦理吗？

罗斯大概会说，因为这种情况的特定方面与一项当然义务的实现有关。你运用了辨别力。你知道你对市长的承诺相对来说是次要的诺言。你的新闻机构不会因为采访推迟而受到伤害，你的举动使你实现了当然义务中的仁慈、避免伤害和教养。如果这个采访更加重要，或是车祸不太严重，道德相关因素就会有所不同。罗斯的多元价值观理论比起绝对的规则体系来说可能较难应用，但是它反映了我们做伦理抉择的方式。

罗斯的多重义务观念"有助于解释为什么我们在失信时感到不自在，即使我们这样做实属正当。我们不自在是因为我们确实破坏了一项当然义务，即便我们履行了另一项义务"（Lebacqz，1985，27）。

14

经典的伦理学理论强调诸如个性、选择、自由和义务等概念，从而着重赋予了个人和个人行为以理性因素。但是当代政治学指出了这种方法中的理智缺陷。考虑一下环境。对于许多环境问题，人们做出恰当的个人选择是可能的——今天我开车——这些抉择共同导致环境恶化。我做出开车（或者购买一辆混动车）的个人抉择没什么关系；但是许多个人抉择结合在一起，其影响就非同小可，不仅会作用于一代，而且会作用于后世。

这类全社会性的问题是现代政治和商业活动的标志，起源于政治理论的社群主义（communitarianism）试图为面对这些问题提供指导。社群主义回到亚里士多德的"城邦"概念——或社群概念——并赋予它道德分量。至少从生物学的意义上，人们的生命是从两人社群开始的。社群主义哲学将这种生物学的开端扩展成一种哲学世界观。"社群主义认为，人们彼此之间都有某些无法逃避的权利要求，除非以人性为代价，否则不能拒绝这些要求。"（Christians，Ferré and Fackler，1993，14）社群主义称，在遇到政治和社会议题时，社群利益高于个人利益，但并不会践踏个人利益。

社群主义关注个人伦理抉择的结果，其分析视角是其对社会的潜在影响。将社群主义应用于新闻业时，你拥有一个"致力于公正、契约和赋权的"产品，"真正的社群以公正为标志；在强大的民主政体中，勇敢的言论动员人们采取行动……在规范的社群中，公民不仅仅是从外在的束缚中解脱出来，而且被赋予了变革社会的权利"（Christians et al.，1993，14）。

社群主义主张，社会公正是占主导地位的道德价值观。虽然社群主义者承认过程的价值，但是他们一样关心结果。历史充斥着导致恶果的"善"的过程。例如，1933年，民主选举导致德国的领导权移交给了由希特勒领导的少数党。包含了五分之三条款（即非裔美国人相当于一个欧洲人的五分之三，根据这样的人口计算法确定每个州在美国参议院应有的代表人数）的美国宪法是通过民主程序撰写和采纳的。社群主义认为，个人行为创造更公正社会的能力是衡量其正当性的恰当手段，而其结果则是计算的一部分。

社群主义思想允许伦理学讨论将诸如利他主义、仁爱等价值观与诸如说真话和忠诚之类更加传统的问题置于平等的位置上。事实上，诺贝尔奖——博弈论的获奖作品已经实证地证明，社群的基石之一——合作，带来了理想的结果，而人们曾认为这样的结果只有通过竞争才能实现（Axelrod，1984）。当考虑到"未来的影子"时，合作就格外强大。这个"未来的影子"就是我们意识到在可见的未来，我们将遭遇自己所做的抉择的后果以及它们对他人的影响。

社群主义对自己的一般命题缺乏简明的总结。但是，一个社群主义社区的任何概念都始于这样一个事实，即作为自我理解的一部分，它的成员还包括他们在社区中的成员资格。"对于他们来说，社区描绘的不仅是他们作为公民拥有什么，而且是作为公民他们是什么；他们不仅选择了一种关系（就像在一个自愿加入的协会中），而且发现了一种依恋；不仅仅是一种特征，而且是构成他们身份的要素"（Sandel，1982，150）。社群主义社区更像家庭，而不是城镇。

社群主义认为，新闻业不能将自己与政治和经济体制分开，因为它是其中的一分子。社群主义思想使它可以追问当前的实践（例如新闻的传统定义）是否为一个社区自我发现、自我学习及其最终的自我变革提供了好的机制。

社群主义推理使新闻工作者能够理解自己作为机构的角色，并以共享的社会价值观为标准评价自己的表现。例如，新闻编辑室的格言"哪里有流血哪里就有新闻"可能促进报纸销量或吸引观众，但是它也可能描绘一个错误的社区印象并威胁到最脆弱的成员。社群主义并不禁止犯罪报道，但是要求提供语境以帮助观众或读者决定是否需要采取行动。

像一位社群主义者那样思考并不仅仅是弱化新闻媒体之间的竞争，它还为新闻提供了一个新的议程。强奸报道应当包含关于地方强奸救助中心的动员性信息。政治报道应当关注议题，而不是赛马般的选情或是个人丑闻，报道应当足够充分以便全体知情的公民投出理智的选票。许多作者已经将社群主义哲学与公民新闻运动联系在一起。但是，和社群主义哲学一样，公民新闻实践尚未被主流社会接纳。

 ## 伦理"科学"

21 世纪的生活改变了大部分人思考问题的方法，例如什么构成事实，什么对道德的必然性产生影响，什么又不产生影响。但是，由于其明显的不确定性和矛盾，伦理学理论相对于科学似乎居于次要地位。人们开始关注伦理学时，他们就像在科学中寻找"答案"一样在为伦理困境寻找"答案"。结果，与科学知识表面上具有的确定性相比，异想天开的伦理选择给伦理学投上了一道不公正的光芒。

我们愿意从科学与伦理两个方面为你提供对"事实"的不同概念。在过去的百年中，科学以及科学知识表面上的确定性已经经历了巨大的变化。在爱因斯坦之前，大部分受过教育的人相信弗朗西斯·培根爵士（Sir Francis Bacon）曾经精确地、连续地描述过的物理世界的基本行为和法则。但是培根错了。20 世纪的科学调查对各种各样的物理现象进行了探索，揭示了新的关系、新的知识领域和新的未知领域。在过去的百年中，科学真理的"确定性"已经从根本上发生了改变，在这个世纪，人类有足够的理由期待类似的变化，特别是在纳米技术领域。尽管我们倾向于模糊科学与确定性的边界，但是这二者毕竟不是同义词。

16　　　我们可以将科学世界中的根本变化与道德理论的发展进行对比。亚里士多德的著述写于 2000 多年前，但仍然足以荐之于当代。功利主义和康德的方法也同样如此——它们都经受了数百年的批评。当然，新的道德思想已经出现例如女性主义理论，但是，与其说这种论述从根本上改变了已成为过去的道德理论，不如说它以其为基础。伦理哲学家仍然在进行基本的讨论，但是这些讨论基本上都倾向于深化以前的思考，而不是去"证明"以前的思考不正确。此外，从全球视角对伦理学进行考察揭示了一些惊人一致的领域。例如，我们意识到，没有一种伦理体系认为谋杀是道德的行为，或认为在正常情况下，撒谎、欺骗和盗窃是人类应当采取的行动。

　　　从这个角度上看，伦理思考比科学思想更加具有连贯性。普通人在对比伦理和科学的时候，倾向于认为伦理易变、缺乏系统、因人而异。科学严格、讲求证据、与一种外在现实有某种联系。我们想要指出，这种特征描述产生于对科学与伦理历史的短期见解。我们认为，作为一个领域，伦理学在思想上的连贯性至少与科学的发展是一样的。尽管它往往无法得到量化，但它严格，具有系统特性，并且与经常被现代人描绘为科学思考的专门领域的现实有联系。

【推荐书目】

Aristotle. *The Nicomachean ethics*.

Bok, Sissela. 1978. *Lying：Moral choice in public and private life*. New York：Random House.

Borden, Sandra L. 2009. *Journalism as practice*. Burlington, VT：Ashgate.

Christians, Clifford, John Ferré, and Mark Fackler. 2011. *Ethics for public communication*. New York：Oxford University Press.

Gert, Bernard. 1988. *Morality：A new justification of the moral rules*. New York：Oxford University Press.

Mill, John Stuart. *On liberty*.

Pojman, L. 1998. *Ethical theory：Classical and contemporary readings*. Belmont, CA：Wadsworth Publishing Co.

Ross, W. D. 1930. *The right and the good*. Oxford, England：Clarendon Press.

 第 1 章　随笔

案例与道德体系

德尼·埃利奥特（Deni Elliott）

南佛罗里达大学圣彼得堡分校（University of South Florida-St. Petersburg）

　　　案例研究是伦理讨论的极佳手段。它们的重要力量包括帮助讨论者：

（1）理解伦理抉择的复杂性；

（2）了解做出艰难抉择的语境；

（3）关注选择一种而非另一种行动的结果；

（4）学习怎样和何时和解、怎样和何时忍受不同意见。

但是，案例研究遭到误用时，这些重要力量就变成了它们的致命弱点。案例研究是伦理讨论的手段，但却不是它的最终目的。伦理讨论的目标是教会讨论者如何"执行伦理"。也就是说，将过程教给他们，这样他们就能够实践和提高自己必不可少的抉择能力，从而对眼前的问题做出理由充分的反应。

如果讨论达不到这个目的，往往是因为目标已经被一个或更多的有关媒介案例讨论的迷思笼罩在迷雾之中：

迷思 1：每一个观点都同样有效。

错。最好的观点（结论）是那个经过对事实和理论的明智分析后最受支持的观点（结论），是最全面地提出某个案例的道德相关因素的那一个（Gert，1988）。一个行动如果可能导致某人遭受任何一个有理智的人都希望避免的不幸（例如死亡、伤残、痛苦、失去自由或欢乐），或者如果这是一种通常会带来罪恶的行动（例如欺骗、食言、作弊、不遵守法律或无视责任），那么它就存在道德相关因素。

迷思 2：因为我们无法找到一个共同的答案，所以没有正确答案。

在一个伦理案例中，可能存在好几个可以接受的答案，但是同时也存在许多错误的答案——很多被群体一致认可的途径其实是不可接受的。当讨论者开始感到绝望，怀疑还能否共同找到一个或几个正确答案时，就是对小组中就越轨行为的讨论所达成的所有共识进行反思的时候了。

迷思 3：即使你提出"这样做合乎伦理"，也几乎没什么人在乎，因为人们最终都会从自我利益出发行事。

任何由社会支持的机构——制造厂商或媒介公司、医疗中心等等——都要提供某种配得上那种支持的服务。不论这种服务是什么，只关注短期利益（例如赚钱）的从业者或公司都不会长久。伦理学与自由市场的实用主义一样，不允许忽视消费者和整个社会的期望。

下面的方针可以用作伦理讨论的导向图。在穿越不熟悉的领域去往个人的终点时，它们是有帮助的。它们也有助于绕过前面讨论过的迷思。在讨论一个案例时，注意是否提出了这些问题：

（1）该案例的相关道德因素是什么？

（a）得到提议的行动是否会带来某种不幸例如死亡、残疾、痛苦、失去自由或机会，或失去欢乐，即任何有理性的人都要规避的不幸？

（b）得到提议的行动是否是那样一种行动例如欺骗、失信、作弊、违法、违反职业或角色限定的责任，即通常会导致罪恶的行动？

（2）如果得到提议的行动是以上描述的情况之一，它的实施是否用于避免或惩罚更为严重的罪恶？

（3）如果是这样，是由特定情况下的行为人来防止或惩罚这样一种罪恶，还是由其他人或业内人士担当这个角色更合适？

（4）如果行为人从头至尾参与了该行动，他是否认为任何其他人都应遵循该规则，而允许自己成为规则的例外？（如果是这样，那么该行动就是明智的，而非道德的。）

（5）最后，一位理性的局外人是否会赞同导致伤害的理由？新闻工作者是否已准备好并有能力对得到提议的行动进行公开陈述、解释和辩护？或者一位更加超脱的新闻工作者已经准备好写一篇揭露文章？

第 1 章　案例

▌ 案例 1-1　如何阅读一个案例研究？

菲利普·帕特森（Philip Patterson）

俄克拉何马基督教大学（Oklahoma Christian University）

观看下方的照片会触动你的情绪。这是一个女孩儿一生的最后时刻（较年幼的那个幸存下来）。从技术上说，这是一张好照片——或许是一生只有一次的拍摄。但是，当你了解到这张照片的"幕后故事"，就会产生重重问题，真正的讨论开始了。这就是案例作为了解媒介伦理的方式所具有的美。

资料来源：www.stanleyformanphotos.com Pulitzer Prize 1976. Used with permission.

就这个案例来说，你应当知道这个背景。六月的一个下午，《波士顿先驱报》（Boston Herald）摄影记者斯坦利·福曼（Stanley Forman）接到一个电话，报告本市一个老城区发生了火灾。他到达后，跟着直觉跑到那排房屋后面的小巷子里。就在那里，他看到一个 2 岁的小女孩和她 19 岁的教母站在 5 楼的防火梯上。一辆消防车已经把消防云梯升起来准备救援。一名消防员在房顶上，眼看就要把女孩子们拉到安全的地方。接着就听到一声巨响，防火梯垮塌了，女孩子们坠落到地上。福曼从他 135 毫米的镜头中看到了全过程，并在两个女孩子坠落时拍摄了四张照片。

这个案例研究有好几个可能的角度。你可以讨论内容的残酷真实。你可以把这个因素考虑在内，即 24 小时之内，波士顿市采取行动改善了对市里所有防火梯的检查，而美国全国的相关组织都使用这些照片敦促类似的行动。你可以谈论福曼的独具慧眼和勤奋推进了这篇报道，使其未止步于其他媒体错过的领域。你可以批评他拒绝拍摄坠落后的女孩子们。你可以争论为什么普利策委员会（Pulitzer Prize）将最高奖项授予这张照片，并将这个事实纳入考量：几十年以来，超过一半的各类"年度照片"获奖作品都是关于死亡或者即将死亡的。你可以争辩《波士顿先驱报》是否从女孩们的死亡和受伤中获利，以及一旦目击了这场悲剧，福曼的角色是什么。你也可以思考，当这张照片被剥离了语境而风行于网络时会发生什么。

20

你可以谈论所有这些问题或者其中任何一个，或者想象出其他问题。这就是案例研究之美——你可以去到它引领你去的地方。从这个案例出发，你可以争辩内容的意味、媒介经济学（"有流血就有新闻"）、个人义务对专业义务，等等。

或许你会希望来一个角色扮演。或许你会问自己，如果康德或密尔是主编会怎么做，或者一个社群主义者是否会同意为了结果（更安全的防火梯）而使用这一手段（那张照片）。或许你会因为在晨报发表这样令人不快的内容而谈论"早餐测试"，这张照片是否通过了测试，或者这一测试是否应当存在。或者是何种价值观指引报纸发表了这张照片，并令普利策奖委员会授予其奖项。

本学期，你可以不局限于本书中的案例研究——你可以找到你自己的案例。你周围充斥着可敬的媒介行为案例和成问题的媒介行为案例。而且，相当坦率地说，好人是不会同意将一些案例中的行为归类的。好的案例不仅在当前带来好的讨论，而且在你毕业后进入就业市场也如是。

那么，开始吧，讨论吧，辩护吧。

第2章
信息伦理学：
寻求真相的职业

学完本章后，你应当熟悉：

◇ 启蒙运动和实用主义的真相建构。

◇ 理论发展和对客观新闻报道作为职业理想的若干批评。

◇ 为什么"获得"新闻的真相可能与报道新闻的真相一样重要。

◇ 如何建立一套属于你自己的新闻伦理价值观。

 导论

每一种传统职业都宣称拥有一条哲学的中心原则。法律等同于正义，医学等同于提供救援的责任。新闻事业也有一个崇高的理想：传播真相。

但是传播真相这一理想是有问题的。我们往往认为真相是一种稳定的商品：它既不会日新月异地改变，也不会在一个社区的成员之间存在太大差异。但是，真相的概念在历史上一直在发生变化。自古以来，人类始终承认，真相的定义可能千差万别。自从柏拉图将生活的"真相"比作物体投映在山洞墙壁上的影子以来，人们一直在与真相的本质纠缠不清。今天，虽然我们接受某些文化"谎言"例如圣诞老人的存在，但我们也谴责其他谎言例如逃避收入税或编造就业经历。大部分时候，我们知道界限在哪儿，至少在我们面对面交往时是这样的。

不断改变的媒介受众加剧了这一问题。如果一个职业以印刷和传播真相为己任，那么在面对面的交往中，明白无误的事实就会在多种多样的读者和观众群中产生不同的理解。一度易于被接受的观点如今面临争论。讲述真相不仅是拥有优良道德品质的问题，而且是要求学习如何识别真相，以及如何在传播的时候将歪曲程度降到最小的问题。

22

变化的真相观

在苏格拉底时代之前的希腊有一个传统，认为真相——*alethea*①——包含人类记忆中的一切。记忆将真相从驶往忘川河（*Lethe*）即遗忘之河的所有经历中挑选出来（Bok，1978）。将真相和记忆联系在一起是口语文化的本质，口语文化要求信息能被记住并重复，以免遗忘。讯息往往以歌或诗的形式重复，这意味着累积的观点和知识得到了鲜活或真实的保存以传之后代。荷马②的《伊利亚特》（*Iliad*）和《奥德赛》（*Odyssey*），或《圣经》的《旧约》中的许多内容都发挥了这项功能。

正如表 2.1 所示，一旦文字和观点开始被书写下来，真相的这种口语观念就逐渐遭到了摒弃。然而，随着电视及诸如 YouTube 这样的互联网亲戚的出现，这种观念再次引起人们的注意。电视和 YouTube 使观众得以直接倾听总统的讲话，而无须等待转述。当我们在电视或电脑屏幕上看到某一事物时，我们会认为它与现实基本吻合。"眼见为实"这个格言提醒我们，真相始终与画面紧密相连，真相的口语概念以一种蛰伏的知识形式存在了成百上千年，而今技术使"看见"全世界的现场事件成为可能。

当古希腊人将真相与记忆联系在一起的时候，柏拉图第一个将真相与人类的理性和才智联系起来。在《理想国》（*The Republic*）中，柏拉图将真相等同于完美的世界，人类只有通过间接的途径才能到达这个世界。按照柏拉图的观点，椅子有一种完美的形式——但是那种完美的椅子在现实中并不存在。人们想到椅子的时候，想到的是与完美的椅子相似的东西，就像椅子被火光照亮投映到山洞墙壁上的影子一样。柏拉图认为，真相只有对人类的才智来说才是可知的——它既无法触及，也无法检验。我们生活在山洞里。

柏拉图关于山洞的比喻对西方的思想产生了深刻影响。接下来的数个世纪，思想家们对柏拉图的观点坚信不疑。中世纪的神学家相信只有上帝或教会才能

① 希腊文，意指真相、真理。

② 荷马（约公元前 9—前 8 世纪），古希腊游吟盲诗人，著史诗《伊利亚特》和《奥德赛》，其生平及著作情况众说纷纭，成为"荷马问题"。

① 约翰·弥尔顿（1608—1674），英国诗人、政论家。长篇诗歌《失乐园》《复乐园》及诗剧《力士参孙》对18世纪的诗人产生深刻影响。1644年为争取言论自由撰写了《论出版自由》，成为新闻出版界争取自由的思想武器。

揭示真相。宗教改革的理性传统集中在普通人是否可能在不借助牧师或国王帮助的情况下探知真相。大约200年之后，弥尔顿（Milton）①提出，在最终真相逐渐浮现的过程中，应当允许不同的真相观念同时存在（见表2.1）。

表 2.1 真相哲学的进程

出处	真相等于
古希腊	被记住并流传下去的东西
柏拉图	存在于完美的世界的东西
中世纪	国王、教会或上帝所说的话
弥尔顿	浮现于"观点的市场"的东西
启蒙运动	可以检验、复制并普遍适用的东西
实用哲学	通过个人的理解过滤过的东西

23

　　弥尔顿是启蒙运动思想的先驱，现代新闻事业则从启蒙运动思想中借鉴了真相观念。启蒙运动从世俗的观点来看待真相，与教会分离，并发展了今天仍然得到认可的真相的"对应理论"。对应理论称，真相应当与某些外在的事实或观察资料相符。人类的感觉是通过才智调动起来的，启蒙运动的真相观念与运用这些感觉所能够感知到的东西联系在一起。真相掌握了事物的本质，它能够被获知，并且能够被重复。

　　这种启蒙运动的真相观对于科学方法来说必不可少。真相日益与被书写下来的、可以运用经验检验的、能被人类感觉感知的事物相联系。启蒙运动的真相观不会因人而异或因文化而异。唯有真相才适于书写，因为书写与真实、准确和重要的联系在一起。

真相与客观性

　　这种启蒙运动的真相观是新闻客观性理想的基础。虽然客观性的定义不少，但是最低限度是，它要求新闻工作者将事实与意见区分开来。客观性是一种获知的方式，将人类感觉与事实，然后是知识相联系。客观性也是一种信息收集的过程（Ward，2004）。新闻工作者认为，客观性就是拒绝个人偏见影响他们报道的事实或报道的方法。正是在新闻业中，所有的事实、所有的人都得到平等看待，并被认为同样值得报道。文化、个人的使命感、个人和组织的感觉和观点都不存在于客观新闻报道中。启蒙运动的真相观使客观性被视为可以达到的理想。

　　但是，客观性在20世纪初期成为一种职业标准，哲学并非唯一的原因，甚至不是最重要的原因。早期的美国报刊并不是真正的大众报刊，其大量财政支持都来自政治广告，并公然以政治党派报道吸引大部分读者。随着美国在19世纪末的城市化进程，发行人意识到，要想说服潜在的广告主，其广告会被看到，就得确认他们的出版物能得到阅读。而政党出版物无法保证这一点，因为其强烈的观点会冒犯潜在的读者。20世纪之交的发行人需要的是建立在启蒙运动原则上的产品，这一原则认为事实就是事实，而不论是谁在阅读。观点被驱逐到特别的版面上。事实和观点都可以围绕着广告（Schudson，1978）。

标准的客观性理想出现在一个有利的时机。20 世纪初的大众报纸深陷在黄色新闻的腐烂泥潭里。捏造的报道比比皆是，报纸大战血肉相见。客观性是净化新闻工作行为的良好方法，在它的一套标准中，似乎没有一条在过去曾经存在过。它符合启蒙运动的文化预期，即真相是可知、可确定的。而且它还确定，新闻栏目的读者会长时间地浏览广告而不生气。

这种启蒙运动的真相观与民主和民主所强调的理性的政府也是相容的。能够一起推论的人们可以就如何管理自己得出某些共同"真理"。信息对政府来说必不可少，因为它允许公民仔细审视政府。只要真相是可确定的，政府就能运转。依据这种观点，*信息为社会同时提供了润滑剂和黏着剂*。公民和政府都需要信息以继续合理地运行。信息以及信息按照某种基本的方式符合真相的观念承载了巨大的希望。

20 世纪的实用主义者——最引人注目的是美国的约翰·杜威（John Dewey）①、乔治·赫伯特·米德（George Herbert Mead）②、查尔斯·桑德斯·皮尔斯（Charles Sanders Pierce）③ 和威廉·詹姆斯（William James）④——对启蒙运动的真相观提出了挑战。他们坚称，真相取决于它受到怎样的调查和调查由谁实施。另外，他们反对只存在一种恰当的调查方法的观点——例如，科学的方法。实用主义者借鉴了爱因斯坦的见解，争辩说真相和物质一样是相对的。

实用主义者提出，知识和现实并不是由意识和学识的进化之河规定的，而是由*其结果*规定的。现实本身根据心理、社会、历史或文化的不同而变化。另外，现实被定义为可能的东西，而不是某种固有的东西（柏拉图的观点）或由唯一的观察方法决定的东西（启蒙运动的观点）。实用主义在 20 世纪的美国找到了舒适的家园。在实用主义的指导下，真相丧失了其大部分普遍性，但是它与美国的民主个人主义价值观达成了惊人的一致。很快，实用主义渗透到了文学、科学和某些行业如法律。

实用主义向客观性提出了挑战。新闻团体刚刚将客观性奉为圭臬，文化就采纳了更为实用的真相观念。这种冲突点燃了对客观性的批评。一些问题浮现出来。如果真相是主观的，它能否被一个冷漠、客观和超脱的记者报道？这样的记者存在吗？真相的建构是否取决于语境？

后现代哲学［见《黑客帝国》（*The Matrix*）］将这些问题引申到逻辑学的范畴，提出真相的概念缺乏意义。后现代主义认为，语境几乎意味着一切，也就是说，意义不可能脱离语境而存在，这直接否决了建立在事实基础上的新闻业，这种新闻业假定，不论语境为何，事实就是事实。

最近这 40 年还给这一问题增加了另外一重复杂性：信息爆炸。事实和真相

① 约翰·杜威（1859—1952），美国哲学家、教育家。在哲学方面发展了"实用主义"，自称其哲学为"工具主义"，认为真理是人类用以解决问题的工具，应随问题的变化而变化，最后走向经验主义。
② 乔治·赫伯特·米德（1863—1931），美国社会学家。他自称社会行为主义者，认为"行动"是人在特定环境下的全部反应。他在世时未出版过一本书，其思想主要由人际管道传播，但在去世后由学生根据听课笔记整理出版的《心灵、自我与社会》一书，却引起学术界的广泛兴趣，特别是 20 世纪 60 年代后，学者们纷纷从哲学、心理学、社会学、社会心理学、伦理学、语言学、传播学等角度和层面对他进行研究和挖掘，并给他戴上了思想家、社会学家、社会心理学家、实用主义带头人、"传播学鼻祖"的桂冠。
③ 查尔斯·桑德斯·皮尔斯（1839—1914），美国实用主义的创始人，当代符号语言学的奠基者。他生平涉足的专业领域非常广泛并均有论述，被称为美国"原产的最多才多艺的知识分子"。
④ 威廉·詹姆斯（1842—1910），美国心理学之父，知名的实用主义哲学家。他在心灵与宗教领域的研究极为特别，是"美国心灵学研究会"的主要创立者，终其一生都在探讨超个人的心理现象与超心理学，认为人的精神生活有不能以生物学概念解释的地方，可透过某些现象来领会某种"超越性价值"，并强调人有巨大的潜能尚待开发，人的意识只有很少一部分为人所利用。他在 1890 年的著作《心理学原理》有助于对心理学领域的界定。

从全球的各个角落迅速向我们涌来。如今，互联网已经去除了客观性在财务上的必要，而使运作一个党派媒体重新成为赚钱的行当，特别是一个虚拟媒体。虽然客观报道仍然是一个标准，但它并不是唯一的标准。与美国有线电视新闻网（CNN）的收视率相比，微软全国广播公司（MSNBC）和福克斯新闻（Fox News）的收视率的成功可能表明党派媒体可以获利。随着诸如《赫芬顿邮报》这样既有文字又有图片，集成自多种新闻源的博客的大规模出现，一种与众不同的真相观念正在浮现——哲学家们称其为真相的融合或集成理论。根据这种观点，真相的发现并非通过任何单一的调查方法，而是取决于哪一组事实形成了一幅连贯的关于事件和观点的头脑画面，而这些事件和观点是通过多种多样的方法调查得到的。

融合新闻——使用声音、图片和文字来报道新闻——是对真相的集成理论和对互联网、个人电脑的技术可能性做出的职业反应。当然，融合新闻需要积极的受众。通常的情况是，我们被可用的信息淹没，而没有花费时间和精力去理解。向读者和观众讲述真相已成为一个复杂的行业，正如西塞拉·博克指出的：

> 然而，讲述"真相"不仅是一个道德品质问题，它还是一个对于真实情况的正确认识和严肃思考的问题……因此，讲述真相必须经过学习。任何一个认为讲述真相完全取决于道德品质，并认为如果这一点无可非议，那么其余都是儿童游戏的人听到这种说法都会感到吃惊。但是，简单的事实是伦理学不能疏离现实，因此，学习如何评价现实的持续过程就成为伦理行为的必要成分。（Bok，1978，302-303）

26

《黑客帝国》：对真相的后现代检验

"你是否曾经有过这样的感觉，即不确定自己是醒着还是仍在做梦？"

"是的，总是这样……对我来说，听起来就好像你需要拔掉插头，老兄……休息一下？"

于是尼奥（Neo）下到兔子洞的旅程开始了［就像刘易斯·卡罗尔（Lewis Carroll）[①] 的《爱丽丝漫游仙境》（*Alice in Wonderland*）］，在那里，现实是不折不扣颠倒的。一位电脑奇才、默默无闻的遗传变种尼奥——在墨菲斯（Morpheus）对他潜在价值的提醒中醒悟过来——真的拔掉了插头，将自己从电脑虚拟现实中分开。在那里，人类是电池，服务于统治着这个世界的机器。大部分人对于现实的了解仅止于一个电脑密码，它由人工智能发明并从婴儿时期就以电子形式插入他们的中枢神经系统。尼奥正是那个具有击垮和战胜该电脑密码能力的人。

《黑客帝国》为以电脑统治信息时代的潜能为素材的时髦影片设立了早期

[①] 刘易斯·卡罗尔（1832—1898），英国儿童文学作家、数学家，真名 C. L. Dodgson，主要作品有《爱丽丝漫游仙境》《镜中的世界》等。

标准。该影片也很时尚。其实，基努·里维斯（Keanu Reeves）和卡丽-安妮·莫斯（Carrie-Anne Moss）所穿的长长的黑色军用防水上衣奇异地预兆了哥伦拜恩高中的枪手①所穿的服装。基于漫画书现实的特效和布景设计产生了一种超现实的幻觉，就像影片超自然的暴力内容产生的效果一样。

除了刺激之外，该影片为通向真相的后现代途径提供了可行的讨论。

后现代主义是实用主义的逻辑产物。后现代主义并未提出，真相随接收者、发送者或语境的不同而有所不同，而是认为真相——如果它确实存在的话——是不可知的。就像影片开头的尼奥一样，那些认为自己了解真相的人发现他们的"现实"只不过是虚假的意识，建立在无效的假设上，在混乱的环境中不断变化。

后现代主义反对真相的对应理论概念，也反对柏拉图的理想，即真相只有作为一种智力的建构才是可知的。在后现代主义中，被揭示出来的真相并不存在，而市场生产的观点是胡言乱语。在影片中，梦境是真实的，而现实千变万化，绝对不是它看上去的那样。控制以电脑程序的形式（程序员和已编好的程序都可以改变它）存在，而死亡以生物废料的形式存在。

大部分新闻工作的努力在拒绝这种后现代的思维方式，理由是人性的本质自身就对后现代主义的前提提出了无可辩驳的挑战。其他人已经注意到，后现代主义过于轻易地跌入了唯我论的陷阱——这种观念认为，一个人的个人思想和感觉之外的事物是不可能被了解的。

虽然传统理论和理论家可能反对后现代主义，但是当代文化自身有时却完全接受墨菲斯所说的"真实的沙漠"。如果后现代主义是恰当的世界观，是否意味着新闻工作者和劝服行业从业人士应当放弃他们的工作或他们工作的古老基础？

我们不这样认为。

尼奥和墨菲斯还是必须行动。他们学习以新的方式思考，但是他们的行为仍然以他们的信仰为中心，即人类的独立、思考并与他人建立联系的"正确性"。甚至在这种后现代的幻象中，伦理思考仍然占有一席之地。毕竟，尼奥的目的就是摧毁一个矩阵，从而使人类可以做出自主抉择。

① 哥伦拜恩高中（Columbine High School），美国科罗拉多州中产阶级小镇利特尔顿的一所高中。1999 年 4 月 20 日，该校两个学生持枪杀害了 13 人、打伤了 20 多位老师和同学后饮弹自杀，成为轰动一时的悲剧。

究竟是谁在发言？

实用主义对客观性的评论引发了人们对"谁在写作新闻"这个问题的关注。新闻工作者——主要是男性、白种人、受过良好教育、属于中层到上层阶级——经常被要求报道他们生活中不曾经历过的事件和问题。斯蒂芬·赫斯（Stephen

① 斯蒂芬·赫斯，美国布鲁金斯研究所（Brookings Institution）的高级研究员，研究领域包括选举、媒介、政治运动、政党、政治学、白宫组织等。

Hess，1981）①注意到，从其社会经济地位的角度来看，新闻工作者（特别是美国东部的"精英"媒体）看上去非常像他们所报道的有名或有权的人，而不像他们应当成为的写作的人。对全美的新闻集团所做的研究显示出类似的结果（Weaver，Beam，Brownlee，Voakes and Wilhoit，2007）。新闻工作者往往比他们产品的受众收入高，受过更好的教育。

27

在过去数十年中，几乎每个职业新闻组织都明确地发展起旨在吸引和挽留女性和少数族裔的计划，但是只取得了渐进的、零星的成功。各种少数派团体一直缺乏接近信息发动机的途径，从宗教原教旨主义者（有些已经建立了自己的广播电视网）到少数族裔（他们发现自己既不能成为媒介所有者，也不能成为媒介管理者）都是如此。对他们来说，新闻就是关于中产阶级白人的，为中产阶级白人而写的。甚至2008年选出了美国第一位非裔美国人总统也没有改变媒介报道"普通"少数团体的方式，雇用和报道少数团体的努力在传统上始终缓慢和零散。

21世纪初，全世界的报纸读者人数和电视观众人数都在持续下降。新闻工作者个人和他们为之工作的公司应当怎样挽救时势尚不清楚。但是随着人口统计学把我们从一个以白人为主的文化变成一个以非白人为主的文化，大众媒介，尤其是报纸，发挥的作用将越来越小，除非新闻工作者找到令他们大部分新读者感兴趣的报道方式。在整个变化中，获胜者是互联网（包括报纸网站）和聚焦于名流而非公共事务的杂志（Thorson，Duffy and Schumann，2007）。传统新闻工作者面对着公开反抗的受众，却没有明确的战略去重新获得广告商想要的"眼球"或是公民参与所需的公众注意。

眼见并非为实

② 沃尔特·李普曼（1889—1974），美国专栏作家。第一次世界大战期间任陆军部长助理，并协助威尔逊总统起草"十四点计划"，筹备凡尔赛和平会议，战后任《纽约世界报》社论版主编。1931年开始为《纽约先驱论坛报》的《今日与明日》专栏撰稿，拥有大量读者，并因此获得两次普利策奖。另著有26本书，包括《舆论学》和《公共哲学的复兴》。

80多年以前，新闻工作者沃尔特·李普曼（Walter Lippmann，1922）②说："在极大程度上，我们并不是先看到，再定义，而是先定义，再看到。"他又补充道，我们倾向于挑选出我们的文化已经为我们规定好的东西，然后按照我们的文化为我们刻画好的形式去感知它。

在一项经典研究中（Rainville and McCormick，1977），一位失明的纽约新闻学教授称，他可以通过对足球运动员详细的体育评论推断出他们的种族。白人运动员被描述为智力过人，而非裔美国人运动员则是体力超群。在一个重头脑轻体力的文化中，非裔美国足球运动员成了刻板成见反复侮辱的对象——而所有这一切都以赞扬的语气表达出来。即便这项研究距今已有多年，这些刻板成见的趋势在今天的体育播报中仍在延续，这些体育播报将有些运动员描述为"聪明的"，而将有些运动员描述为"健壮的"。前者，这一素质是通过努力获得的；而后者，这一素质是通过基因获得的。

妇女、年长者、同性恋群体都做过研究并得出了类似的结论。他们的结论是，虽然新闻工作者坚持自己是客观的，但是他们（与他们的读者和观众一样）在信息中携带的东西确实改变了他们的所见，继而改变了他们做出的报道（Lester，1996）。文化也会产生影响，在本章第三个案例研究中我们要请你思考这个问题。

在《哥伦比亚新闻评论》（*Columbia Journalism Review*）题名为《客观性再思考》（Rethinking Objectivity）的封面文章中，作者布伦特·坎宁安（Brent Cunningham，2003）说："客观性可以引领我们走向通往真相之路。客观性给懒惰报道以借口。如果你已经临近截稿期，而所有的材料就是'报道双方'，那么这往往就够好了。"坎宁安指出，一项研究对美国广播公司（ABC）、哥伦比亚广播公司（CBS）和美国全国广播公司（NBC）在 2003 年的冲突之前发表的 414 条伊拉克报道进行了分析，发现除了 34 条之外，其他报道均来自白宫、五角大楼或国务院。结果："官方真相"成为被接受的真相，只有最勇敢的新闻工作者才敢背弃。蒂莫西·克劳斯（Timothy Crouse）[①] 在他经典的大选实录《跟车的小伙子》（*The Boys on the Bus*）中阐述了同样的现象——主流之外的报道得不到奖励，被弃置不用。

E. J. 迪翁（E. J. Dionne，1996）称新闻界有其内在的矛盾。它必须中立，然而又要勇于调查。它必须超脱，然而又要产生影响。它必须不偏不倚，但又要锋芒毕露。这些冲突使得客观性实际上不可能界定，实践起来甚至更难。

28

① 蒂莫西·克劳斯，美国作家，曾是新闻工作者。《跟车的小伙子》全面而详细地审视了 1972 年的总统大选。

定义和构建新闻

新闻反映了一定的文化价值观和职业标准。在一项经典研究中，社会学家赫伯特·甘斯（Herbert Gans，1979）[②] 对事件在《新闻周刊》（*Newsweek*）和哥伦比亚广播公司如何成为新闻进行了研究，结果发现，几乎所有的新闻报道都反映了这六种文化价值观：（1）族裔中心主义；（2）利他主义的民主；（3）负责任的资本主义；（4）个人主义；（5）强调对社会秩序的需要和维护；（6）领导地位。这些占统治地位的价值观帮助新闻工作者决定哪些报道可以得到印刷，什么事件可以得到播报，也就是传播学者所说的"架构"（Framing）。

甘斯称这些价值观为媒介的"类意识形态"。他补充说："新闻并不是那么保守主义的或者自由主义的，而是改革主义的。"研究者詹姆斯·凯瑞（quoted in Cunningham 2003）说正是这种类意识形态导致了对媒体有自由主义偏见的指控，"任何一个进入新闻业的人都有点儿改革者的倾向，而改革者总是要让保守者们不舒服"。

甘斯认为，关于那些成功地采纳了这些文化价值观的中产阶级和上层阶级

② 赫伯特·甘斯，出生于德国的美国社会学家、教育家。1940 年移居美国并加入美国籍。他研究美国社会中的少数族裔和亚文化群体，《都市乡民》一书对第二代意大利裔美国人进行了研究，指出种族观念深深植根于人们的思想。其他作品包括《人民和规划》《大众文化与高雅文化》《决定何为新闻》《针对贫民的战争》等。

29

人士的新闻素材决定了美国的新闻"预算"。虽然甘斯关注的是美国的新闻业，但是其他学者已经注意到同样的现象，他们称其为在国际报道中的*"国外事务国内化"*（*domesticating the foreign*）（Gurevitch，Levy and Roeh，1991）。为美国媒体工作的新闻工作者以美国人能够轻易理解的文化措辞讲述国际事件，但这样做也牺牲了准确性。例如，对英国或以色列大选的例行报道使用了赛马中的比喻，但是这两个国家都采用议会体制，且执政联盟很普遍，所以谁赢得了赛马并不特别重要。

包装报道： 新闻作为大规模制造的产品

讲述一个"好故事"的目的也引发了其他伦理问题，尤其是那些聚焦于包装从而突出戏剧化和人情味的问题。当所有的媒介渠道——从报纸到纪录片再到娱乐节目——都聚焦于条理分明地讲故事和为了吸引受众兴趣而对震撼故事的渴求时，这些问题就愈演愈烈。当前的研究表明，叙事是难忘的，但是新闻叙事并不总是清晰的，从中浮现的事实可能既混乱又矛盾。

包装的驱动催生了一个职业，这个职业重视对"大事件"报道的发现和第一个到场。很少有消费者意识到这一点，但是新闻每天都被"大规模制造"，无疑就像家具、汽车或是你最喜欢的快餐店的食品一样——而这个过程往往是一团混乱。新闻工作者每天对着一个空空的电脑屏幕开始工作，而印刷时间或播出时间正默默逼近。他们的一天结束于一篇印刷报道、一组视频新闻或是一张网页——或者往往是三者的合体。而给这种固有的截稿期增添紧张感的是对公正、全面、准确以及最重要的"有趣"提出的挑战。完整的行业——特别是公共关系或"战略传播"——已经出现，帮助新闻工作者在截稿期前包装他们的日常报道。

① 迈克尔·穆尔，美国独立纪录片导演、作家，他提倡社会民主，以讽刺和幽默见长。2003 年因探讨美国枪支问题的影片《哥伦拜恩的保龄球》获奥斯卡最佳纪录片奖。2004 年拍摄《华氏 911》，审视美国政府，特别是小布什总统在"9·11"恐怖袭击后的表现，以及布什家族和本·拉登家族之间的关系。

寻找大事件的需要意味着新闻工作者已经错过了一些重要的素材，因为它们不是事件，而是连接过去和未来的历史进展。例如，像女权运动（Mills，1989）、民权运动和反越战运动这样的重大社会进步都没有受到报道，直到这些运动的领导人发起了诸如静坐示威和游行示威这样能供媒体报道的大事件。导演迈克尔·穆尔（Michael Moore）① 从 1989 年的影片《罗杰与我》（*Roger and Me*）开始自己的职业生涯，他说，自己之所以拍摄这样一部关于通用汽车公司在他的家乡密歇根州弗林特进行裁员而导致的灾难的影片，是因为他"没有在银幕或电视机荧屏上看到过表现我们这种人的生活的影片"（Smith，1992）。

对"占领华尔街"运动及其类似抗议的报道是最近的例子，体现了传统媒体在发现素材方面的"迟钝"，以及在面对一个缺乏组织化结构以提供现成的媒介途径、正式发言人、惯例化事件的群体时的迷惑。在面对美国政治候选人的报道时也存在同样的情况，这时，媒体做出"报道谁"的决定，基于"谁正在被报道"，这可够奇怪的。

对大事件的过分关注也影响了科学报道，于是科学就经常被报道为一系列的发现或一个个的"第一"，而不是一个发现的过程（Nelkin，1987）。我们读到的关于新治疗方法的报道往往缺乏必要的前后联系——例如政治的、经济的——来对最新的研究结果进行解释。内尔金（Nelkin）说，"新希望"和"无望"是一对双生戏剧，驱动了大部分科学报道。美国前副总统、诺贝尔奖获得者阿尔·戈尔（Al Gore）[①]的纪录片《难以忽视的真相》（*An Inconvenient Truth*）就是一个例子，它把 50 多年的科学制作成一个"事件"，就是为了促成公众讨论。

当缺乏主编们追求的简单"契机"时，其他素材就会被错过或误报。例如，当成千上万人在印度的博帕尔（Bhopal）因工厂事故而失去生命时，报道完全聚焦于事件，而非导致灾难的社会经济学的、科学的和政治的原因。相反，新闻报道聚焦于图片友好（picture-friendly）的事件（Wilkins，1987）。1986 年切尔诺贝利（Chernobyl）发生核灾难，这场灾难被查尔斯·佩罗（Charles Perrow）[②]在其同名著作中称为"普通事故"，但是对相关新闻报道进行深度审视后，发现报道反映了美国优越、俄国低劣的刻板成见，而没有着眼于科学和风险（Patterson，1989）。《华盛顿邮报》（*Washington Post*）关于沃尔特里德陆军医疗中心（Walter Reed Army Medical Center）状况的普利策获奖报道是最近的例子：这个素材是在失望的老兵及其家人多次和该报联系之后才得到报道的。

诸如土壤表层腐蚀、气候变化和废物处理这样进展缓慢的灾难，因其特性在历史上没有得到充分报道。像美国永久性下层阶级的扩大这样的没有与特别事件联系起来的现象，多年来没有得到报道，直到出现一个合适的新闻契机。例如，始于 2008 年的大衰退提供了一个必要事件，使公司和银行欺诈这样的复杂报道进入更大的新闻议程。在以事件为导向的新闻业，选举成了赛马，有些人"一马当先"，"其他群马"在每一次新的民意测验中都在努力缩小距离。但是把选举当作竞赛进行报道未能关注政策问题，而这是民主选举的题中应有之义。

"包装新闻"现象在一些影片中得到记录，从经典的《头版》（*The Front Page*）[③]，到后来的《跟车的小伙子》（Crouse，1974）和著作《大鱼吃小鱼》（*Feeding Frenzy*）（Sabato[④]，1992）。所有的作品都强调了放肆的新闻实践（journalistic excesses）和对独立思考的不情愿，这一点同时困扰着启蒙哲学家和实用主义哲学家。它们还揭露了一个极易受操纵的体制，特别是在新闻编辑室雇员们退缩的时候。这种不愿意离开"包装"去报道突破性新闻的心理导致新世纪以来一些最热的政治新闻率先在不存在机构压力的网络上被报道。

① 阿尔·戈尔，美国政治家，曾于 1993—2001 年担任副总统。戈尔任副总统前，曾在美国国会众议院（1977 年至 1985 年）及美国国会田纳西州参议院（1985 年至 1993 年）任职。他的父亲亦曾任三届国会参议员。其后成为一名国际上著名的环境学家，由于在全球气候变化与环境问题上的贡献受到国际的肯定，因而获得了 2007 年度诺贝尔和平奖。

② 查尔斯·佩罗，耶鲁大学荣誉退休教授，社会学家，主要研究大型组织对社会的影响。1999 年出版《普通事故》，提出普通事故理论，指出在复杂的、紧密联系的体制中，事故是无可避免的。

③ 《头版》（1928）是由本·赫克特和查尔斯·麦克阿瑟创作的喜剧。故事发生在芝加哥一法院记者室，一个记者们认为无辜的人被处以绞刑的前夕。该剧在百老汇上演后轰动一时，后来多次被改编为电影。

④ 拉里·萨巴托，美国政治学家，弗吉尼亚大学政治学中心的创始人、教授。他的口号是"政治是美好的"。他经常在媒体中分析政治形势，从而缩小了学术界和民间对美国民主制度和政治进程的重大问题看法的差距，被称为"美国最受欢迎的政治学教授"。《大鱼吃小鱼》对美国新闻界与政治的关系进行了深刻的分析，已成为此领域被引用最广的必读书。

① 《知情人》或译为《惊爆内幕》，1999 年出品的美国影片，反映烟草行业和新闻界的斗争。
② 西摩·赫什，美国当代最著名的调查性报道记者，普利策奖获得者。以揭露美军在越战时滥杀无辜平民的"美莱大屠杀"调查性报道一举成名。其后他写的每一本书，包括描述基辛格滥用权力的《权力的代价》，揭发以色列秘密发展核武器的《参孙的选择》等，都是惊爆内幕的畅销书。
③ "前摄"指回忆时先知资料较后知材料占优势。
④ 《科尔伯特报告》，美国脱口秀节目，2003 年开始播出，收视率很高，由斯蒂芬·科尔伯特（Stephen Colbert）主持。主持人言辞辛辣、语速快、音量大、富有激情，站在共和党的立场，以反讽的手法达到搞笑的效果。
⑤ 所谓的"超级政治行动委员会"是一种在选举中的活动社团，它被要求不能和被选举的政党发生直接联系，但是可以无限募集资金并使用，类似于一种独立的支持候选人的社团。
⑥ 皮博迪奖是美国国家广播电视协会（National Association of Broadcasters）文化成就奖，由美国商人、慈善家乔治·福斯特·皮博迪于 1940 年创办，奖励美国广播电视台、广播电视网、网络媒体、制作公司和个人在公共服务方面的优秀作品。

31

新闻工作者还一直受到被起诉的威胁。影片《知情人》（*The Insider*）①讲述了一次诉讼如何影响对大烟草业的批评报道的故事，这个故事是虚构的，然而还是以事实为基础。西摩·赫什（Seymour Hersh）②率先在越战中对美莱村屠杀（My Lai massacre）所做的报道（这篇报道最终出现在《纽约时报》上）迟迟未被发表，因为其他记者没有做出类似的报道。大约 30 年后，赫什又在《大西洋月刊》（*The Atlantic*）中率先报道了臭名昭著的伊拉克阿布格莱布监狱（Abu Ghraib prison）事件，然而直到哥伦比亚广播公司播放了虐囚影像后，这一丑闻才得到全美的严肃关注。

真相并不仅仅是事实的收集。事实与事实之间互有关联，构成了一个更大的整体。然而对美国的各个机构、科学与技术、政治和社会运动的分析报道却不多见。更为普遍的是——特别是在有线新闻台——邀请持冲突观点的两方或更多方，分配给他们少到无法讨论眼前问题的时间，然后袖手旁观，让白热化的唇枪舌剑代替报道。如果大众媒体的角色不仅是详细报道事件和议题，而且还要明晰它们之间的关系，那么，仅仅将持冲突观点的发言者汇总在电视节目中是否足够？或者我们还需要做得更好？

斯蒂芬·赫斯（Stephen Hess，1981）曾指出，新闻工作者的报道应当更像社会科学，而不是讲故事。甘斯（Gans，1979）则为明确表达某一特殊观点的新闻进行辩护。如果读者和观众被提醒，要注意那些挑选新闻的人的世界观（就像他们在政党报刊时期的所作所为一样），他们就能更好地从上下文中理解新闻。其他学者赞成分析式的、前摄③的（proactive）、有语境的新闻，而不是轶事式的、被动反应的、孤立的新闻。从实际水平来看，在职的记者和主编坚持新闻工作者个人应当更深刻地认识自己的偏向性并做出校正。

如今，越来越多的证据——既包括轶事，也包括学术研究——冲击着客观性的核心，表明从理性上来说，我们生活在实用主义的时代，但是从专业的角度来说，我们似乎无法发展一个有效的理论来代替启蒙运动的真相观。于是，主流媒体日益遭到轻视，特别是年轻受众的轻视。对他们来说，真相更像是《科尔伯特报告》（*The Colbert Report*）④中的一个环节，而不是正在衰落的广播网夜间新闻联播的报道。2012 年，《科尔伯特报告》因报道了超级政治行动委员会（Super PAC）⑤对选举的影响而获得皮博迪奖（Peabody Award）⑥。

论欺骗的伦理

对一个看重真相的职业来说，向主编撒谎究竟是否符合伦理？向读者撒谎？向自己本身就可能是撒谎者的消息来源撒谎？撒谎有不同的层次吗？为了获得采访机会而恭维某人和编造引语或照片一样是严重犯规吗？扣押信息和撒谎一样吗？如果你只能得到报道的一方说辞，你会发表它吗？观点和新闻混杂，如今有影响吗？

各种规模的媒介都面临着可信性危机，包括轰动一时的《今日美国》（*USA Today*）和《纽约时报》丑闻，它们都以头版社论道歉和多个版面撤回收场。《纽约时报》事件始于一个 27 岁的记者杰森·布莱尔（Jayson Blair），他编造或者部分编造了 40 多篇报道。他从《纽约时报》辞职后，该报发表了整整 4 版更正，记录了在布莱尔报道中发现的每个错误。《纽约时报》的更正清楚地表明，《纽约时报》未能更早纠正这一问题的部分原因是布莱尔的种族。布莱尔是非裔美国人，他得到雇用部分原因是《纽约时报》的多样性计划。他在该报的导师，执行主编豪厄尔·雷恩斯（Howell Raines）和同为非裔美国人的总编辑杰拉尔德·博伊德（Gerald Boyd）是他最坚定的支持者。最终，这二位都在事件余波中辞职。尽管《纽约时报》否认种族是布莱尔获得提升的原因，布莱尔本人却并未否认。

普利策获奖记者里克·布拉格（Rick Bragg）也发表了多篇主要来自特约记者的报道，但却没有在《纽约时报》中给他们署名，此事被公开后他也从《纽约时报》辞职了。甚至，他的一些以非纽约电头发往报社的报道是在飞机上或是旅馆房间里写作的，在这些地方，布拉格发挥更多的是改写编辑的作用，而没有做真正的现场报道。布拉格说《纽约时报》知道他的行为，而且这种行为在本行业很普遍。这个解释和布莱尔事件中耳熟能详的解释是一致的，消息来源没有因不准确的报道而向《纽约时报》投诉，*是因为他们感到虚构报道就是新闻业的做事方式*。对新闻业的这种怀疑的看法威胁着新闻工作者的可信性，而可信性是这一职业最重要的财富。

那么，新闻工作者如何感知欺骗？对调查记者和主编（Investigative Reporters and Editors，IRE）的成员进行的一项研究提供了对该职业思想的一些深入了解（Lee，2005）。新闻工作者关于欺骗的思考基于一个连续统一体。在其一端，拒绝向读者、观众和听众撒谎几乎是一致选择。IRE 成员将这种谎言视为最严重的违背职业伦理的行为之一。在另一端，接受调查的 IRE 成员中有一半以上说他们赞成为了获得采访机会而恭维消息来源，即便那种恭维是虚情假意的。

新闻业的错误：无可避免和傲慢自大

在新闻业，混淆真相与欺骗是误差问题。报道中不经意的差错比比皆是。一位特约事实核查员（Hart，2003）在《哥伦比亚新闻评论》中写道，在为《哥伦比亚新闻评论》这本显赫的新闻业监督出版物核查事实的 3 年里，她从未见过一篇没有错误的报道。她致电其他出版物的事实核查员后，发现文章有错误是惯例，而非例外。

但是，错误与编造不同，它并不意味着缺乏追求真相的精神。有些，或

32

者大部分差错是理解的问题，但是其他则是彻底的事实错误。阿里尔·哈特（Ariel Hart）在她的文章《准确性幻象》（Delusions of Accuracy）中说，听到新闻工作者骄傲地说从没出过错或是比《纽约时报》在布莱尔文章中发现的错误要少是"可怕的，最主要的原因是它鼓励了准确性幻象"。

有一个问题，似乎受众成员对媒体非常疏离，以至于他们不去自找麻烦纠正我们的差错，更糟糕的或许是他们认为编造对于新闻工作者来说是工作需要，正如《纽约时报》的读者明显表现出来的那样。"新闻工作者确实常常出错，但是我想我们不会——或不能——自我承认，因为差错这个提法是如此耻辱……因此，差错需要去耻辱化，或者反耻辱化，并需要得到相应的处理。对待它们应当像对待语言错误那样。"哈特指出。

在同一项调查中，"遗漏"这个谎言——例如向读者、观众，也包括主编和老板扣押信息——被认为相比在报道中编造事实或是编造全部报道而言是较轻微的问题，后者几乎遭到一致谴责。IRE成员在涉及国家安全问题时更倾向于扣押信息。这些新闻工作者还说有些谎言是正义的；如果谎言能救人一命或是避免伤害消息来源，他们就赞成撒谎。

接受调查的新闻工作者还指出，有一些外部因素会影响到这些判断。广电新闻工作者比纸媒新闻工作者更能接受隐蔽拍摄和更改视频，尽管随着更多纸媒新闻工作者通过报社网站获得更多视频经验，这种差别可能正在改变。此外，那些在竞争激烈的市场中工作的新闻工作者比自认为所处环境不那么激烈的新闻工作者更倾向于接受欺骗。新闻工作者越富有经验，就越不会接受任何形式的欺骗。最后，这项调查揭示，新闻工作者担心的是，如果报道被发现存在伦理失察，这种报道方式就会对新闻叙事的可信性和新闻工作者报道后续故事的能力产生影响。

向撒谎者撒谎合乎伦理吗？扣押信息和撒谎相同吗？如非如此，在什么情况下撒谎是恰如其分的？如若相同，可以以何种伦理理由为这种行为辩解？西塞拉·博克（1978）曾经就向撒谎者撒谎撰写过生动的文章。她认为，这样一种行为提出了两个问题：这个谎言是否服务于更大的社会的善？撒谎这种行为是否意味着作为专业人士，我们愿意反过来被人欺骗？

博克提出，大部分时候，当我们撒谎时，我们希望具有"搭便车者"的身份——得到撒谎的益处，而无须承担别人向自己撒谎的风险。换言之，一些新闻工作者可能相信，为了得到素材而向一个骗子撒谎是可接受的，但是作为新闻工作者，他们又痛恨任何消息来源向他们撒谎，不论其动机为何。

撒谎是获得并保持权力的一种方法。那些掌权者往往认为自己有权利撒谎，因为对于什么处于危险之中，他们的了解比普通人更深刻。在危急关头撒谎（例如防止恐慌）和向敌人撒谎（例如保护国家安全）就是两个例子。在这两种情况下，新闻工作者都会或积极主动或不知内情地参与欺骗。新闻工作者有权利以公众的知情需要为借口，用自己的谎言反驳这样的欺骗吗？当报道真相也就是为了防止恐慌或对国家安全的威胁而编造的谎言可能会带来这些恶果时，新闻工作者是否还有责任去报道？

那么，这就是"遗漏对委托"（omission versus commission）的问题。前者，这个谎言意味着真相的某些部分被随手遗漏了；后者，这个谎言意味着有意说假话。博克指出，真正无恶意的谎言在某些情况下可能情有可原，但是所有形式的撒谎都必须经得起公正和相关性的考验。根据康德的绝对命令，无恶意的撒谎者也必须接受别人对自己撒谎。甚至，向撒谎者撒谎也有其错误的一面，正如博克在她的《撒谎》（Lying）一书中指出的：

> 最终，参与欺骗的人可能会得到较差的评判，其可信度也会降低，尽管他们希望这种欺骗能得到相互理解。但是，如果向一个想要撒谎的人撒谎最后也一样会造成伤害，那么这种平衡可能就会改变；这并不是由于向撒谎者撒谎的人是一个撒谎者，而是由于他所造成的威胁。（Bok，1978，140）

通过互联网进行报道使得经由遗漏方式撒谎这个问题具有了新的紧迫性。在大部分情况下，以电子手段通过新闻组、聊天室或其他公共讨论方式收集信息时不表明自己的记者身份被认为是存在问题的。新闻工作者遭到质疑时会指出，最高法院已经规定互联网上的消息传递是公共的。当大部分参加讨论的人头脑中没有法律标准，却期待着面对面的互动中存在着以道德为基础的关系时，伦理问题就出现了。伦理思索使新闻工作者难以做出选择。

对互联网和有线电视的内容进行报道引起了另外一系列问题。新闻工作者应当怎样揭穿互联网谣言？媒体保有的传统智慧认为重印或重播谣言都会使谣言加剧。但是，人们似乎相信他们在互联网上看到的东西，无论它们多么难以置信。在新奥尔良（New Orleans）报道卡特里娜飓风的新闻组织面对横扫该市的谣言做出了一系列艰难的新闻决定。在某些情况下，他们选择印刷或播出那些在网络世界流传的谣言，并说明自己无法证实。同样的问题在截然不同的报道中继续困扰着新闻工作者，例如迈克尔·杰克逊（Michael Jackson）的死讯、印度的恐怖袭击，或是各种各样同时针对官员和新闻工作者的骗局。另外一个同样严重的挑战是如何对待来自有名的消息来源提供的假信息。报道选举的新闻工作者经常面临内容可疑然而又具有新闻价值的信息，因为信息是由候选人陈述的。在某种程度上，称某人为撒谎者似乎是最不客观的新闻。但是，当事实表明一个消息来源在撒谎——即便那个消息来源对讲述真相所持的标准和新闻工作者不同——那么，哪一种职业机制可以被用于控制非新闻工作者消息来源的陈述？我们将在案例 6-1 请你解决这个问题。

合乎伦理的新闻价值观

35

大部分大众媒介课程会介绍一系列用于定义新闻的特性。它们大部分包括接近性、时效性、冲突性、结果性、显著性、罕见性、变化性、具体性、行动性和个性。此外可能还有这样一些观念，如神秘、戏剧化、冒险、庆祝、自我提高，甚至伦理等。这样的列表虽然对初学新闻者有帮助，但是不太可能帮助你决定如何合乎伦理地讲述新闻。

我们建议你将你对新闻的定义从新闻学拓展到伦理学的新闻价值观。这些价值观反映了一个献身于真相的职业中所固有的哲学张力。如果新闻价值观的建构以伦理推理为基础，我们就认为以下因素将受到新闻工作者和他们所在组织的强调：

准确（Accuracy）——使用恰当的事实和正确的词汇，并交代事情的来龙去脉。新闻工作者在建构报道时需要尽可能的独立。他们需要意识到自己的偏见，包括那些他们从习得的职业标准、社会阶级、性别和种族中"继承"而来的偏见。

证实（Confirmation）——撰写经得起新闻编辑室内外严格考察的文章。媒介伦理学家桑迪·博登（Sandy Borden）称新闻为"证实的学科"，这个概念反映了在某些复杂的新闻局面中，获取真相甚至真相的一部分是多么困难。

坚韧（Tenacity）——当一个报道重要到足以要求个人和组织额外努力时，要认识到这一点。坚韧驱动新闻工作者尽可能向深处挖掘，而不介意他们被分配到的是什么任务。这一点也与组织有关，因为在经费太少或企业账本底线占主导地位的环境下，个人的作用是有限的。此外，新闻组织要信任进行独立报道的新闻工作者，而不是指望他们担任包装的一部分。

尊严（Dignity）——给予报道对象尽可能多的自尊。尊重每一个人，不论这个报道是什么，或这个人在报道中扮演什么角色。尊严使新闻工作者个人得以认识到，新闻采集是一个协作的事业，包括主编、摄影师、设计师和广告销售人员在内的每一个人都发挥着自己的作用。

互惠（Reciprocity）——己所不欲，勿施于人。新闻事业总是被定义为"为最小公分母写作"。互惠要求尊重读者。它还抛弃了新闻事业是一种慈善的专制主义这样的观念——"我们要告诉你们我们认为对你们有好处的消息"——并认识到，在发现重要事实并从中找寻意义的过程中，新闻工作者和他们的观众、读者是伙伴。

足量（Sufficiency）——拨给重要问题足够的经费。从个人角度来说，足量就能意味着彻底，例如，在开始写作之前核实每一点事实中的人和文件。从组织角度来说，它意味着拨给新闻采集过程足够的经费。事实上，由于互联网的出现，每个媒体都在遭遇读者或观众人数的减少，这可能是当前媒介生态的中心议题。

公平（Equity）——为所有牵扯到有争议的问题中的人寻求正义，并平等地对待所有的消息来源和报道对象。公平设想了一个有着多种观点的复杂世界。公平要求所有的观点都应当得到考虑，但是并不要求所有各方都同样紧迫地得到建构。公平将"让报道的双方发言"这一新闻标准扩大到了"让报道的各方发言"。

社区（Community）——重视社会凝聚力。从组织的角度看，社区感就意味着媒介和拥有媒介的集团需要将自己视为公民，而不仅仅是"利润中心"。从个人的角度看，它意味着首先从社会利益的角度评价报道。

多样性（Diversity）——公平、恰当地报道受众中的所有阶层。似乎有压倒性的证据表明新闻组织"看上去"不像它们报道的这个社会。管理部门可以通过改变雇佣方式来部分地弥补这个问题，同时新闻工作者个人也可以学习"多样性思考"，而不管他们个人继承的传统是什么。

2011 年，美国公共广播公司（Corporation for Public Broadcasting，CPB）决定将一个伦理学视角的新闻价值观——透明——作为其新的标准和实践政策的基础。我们将在本章的一个案例研究中请你审视这个伦理学新闻价值观的影响及其与我们列出的其他价值观的联系。无论如何，没有哪个伦理学新闻价值观列表应当被视为是无所不包的。它们共同提供了一个框架，在这个框架中，新闻工作者可以在知情的情况下做出伦理选择。

【推荐书目】

Bok，Sissela. 1978. *Lying：Moral choice in public and private life*. New York：Random House.

Gans，Herbert. 1975. *Deciding what's news：A study of CBS Evening News，NBC Nightly News，Newsweek and Time*. New York：Pantheon.

Jamieson，Kathleen Hall. 1992. *Dirty politics*. New York：Oxford University Press.

Lippmann，Walter. 1922. *Public opinion*. New York：Free Press.

Plato. *The republic*.

Weaver，David H.，Randal A. Beam，Bonnie J. Brownlee，Paul s. Voakes，and G. Cleveland Wilhoit. 2007. *The American journalist in the 21st century：U. S. news people at the dawn of a new millennium*. Mahwah，NJ：Lawrence Erlbaum & Associates.

【在线案例】 www. mhhe. com/mediaethics8e

"Columbine：News and community—A balancing act" by Lee Wilkins

"The doctor has AIDS" by Deni Elliott

"Taste in photojournalism：A question of ethics or aesthetics" by Lou Hodges

"Reporters and confidential sources" by Steve Weinberg

"Rodent wars and cultural battles：Reporting hantavirus" by JoAnn M. Valenti

"Too many bodies，too much blood：A case study of the 'family-sensitive newscast'" by Bill Silcock

37

"Nine days in Union：The Susan Smith case" by Sonya Forte Duhé

"SARS：The bug that would not go away" by Seow Ting Lee

"The spouse is squeezed：A South Carolina TV reporters' attempt to conceal her source" by Sonya Forte Duhé

第2章　案例

案例2-1　我能引用自己的话吗？

查德·佩因特（Chad Painter）

东新墨西哥大学（Eastern New Mexico University）

2012年8月19日，密苏里州参议员候选人托德·埃金（Todd Akin）在接受圣路易斯电视台 KTVI-TV 采访时说，"合法强奸"不会使女性怀孕，因为女性的身体能以某种方式排斥非自愿的受孕。根据《国家评论在线》（*National Review Online*）的一篇文章，共和党总统竞选人米特·罗姆尼（Mitt Romney）立即谴责了托德·埃金的言论，认为该言论是"具有侮辱性的、不可宽恕的、完全错误的"，并且是"无礼的、毫无价值的"。

然而罗姆尼真的这么说了吗？

之所以提出这个问题，是因为据《纽约时报》撰稿人杰里米·彼得斯（Jeremy Peters）说，政府和竞选官员通常只有在引语获得批准的情况下才会接受记者采访。《时代》（*Time*）媒介批评家詹姆斯·波尼沃泽克（James Poniewozik）写道，引语批准（quote approval）指的是记者同意将其引语发送给消息来源，让其"编校、删除生动的隐喻，口语化的，甚至只有轻微挑衅意味的任何语言"。

彼得斯写道，罗姆尼和他的竞选顾问几乎对任何谈话都要求引语批准，记者引用他五个儿子中的任何一个的话时也需要得到他的新闻办公室的批准。巴拉克·奥巴马（Barack Obama）总统、他的主要谋士以及几乎所有他在芝加哥和华盛顿的中层助手都采用引语批准这一规范。

据彼得斯所言，包括《纽约时报》、《华盛顿邮报》、路透社（Reuters）、彭博通讯社（Bloomberg）、《名利场》（*Vanity Fair*）和《国家杂志》（*National*

Journal）在内的主要媒体都同意在报道政治新闻时接受引语批准。（在名人新闻和部分特定类型的体育新闻中长期存在引语批准这一问题重重的传统。）波尼沃泽克认为记者默许引语批准的原因之一在于如果某一记者不接受这一条件，将可能被接受这一条件的记者抢得独家新闻。第二个原因在于记者通常难以拣选政客及其主要谋士的思想。最后，彼得斯采访过的每个记者都说引语的意思并没有被改变，通常情况下改动都是细微而无关紧要的。

许多记者会对消息来源进行准确性检查，以确保从某个消息来源处得到的引语和信息准确无误。有些出版物也会要求做准确性检查。然而，引语批准和准确性检查却相差甚大。

要求引语批准确实是记者和政客们争夺权力和控制的斗争。新闻是对现实的构建（Gulati, Just and Crigler, 2004），它取决于新闻组织和社会中其他机构、利益集团或团体间的关系（Baldasty, 1992；Shoemaker and Reese, 1996）。有关政治选举的新闻就是记者、主编和老板作为一方，而候选人、竞选活动员工和政党活动家作为另一方，两者之间不断进行的协商——或者权力斗争（Gulati et al., 2004）。新闻媒体需要稳定、可靠的一手新闻素材（Herman and Chomsky, 2002）。由于这种对新信息的持续需要，所以新闻工作者日益依赖消息来源，这种依赖使得消息来源能够控制报道的措辞。

38

政客及其竞选活动成员也有能力控制并转移新闻界穷追不舍的注意力。萨巴托（2000）认为正是由于总统大选期间新闻业的攻击使候选人惧怕记者，因此变得越来越遮遮掩掩。这导致政客限制新闻界的接近，除非情况受到高度掌控（Sabato, 2000）。最终，这种对情况的高度掌控就是政客只有在其知道任何引语都可以被删除或者修改时才同意接受采访。

微观问题：

（1）公民需要知道候选人和政客关于某个议题的看法。然而为获取这些信息，记者们应该舍弃些什么呢？

（2）在政客或其顾问美化或者修改引语后获得的信息有多大的可靠性？

（3）某些特定种类的新闻，例如科学新闻或者财经新闻，采用这一惯例是否可能更被接受？为什么？

中观问题：

（1）引语批准是针对报纸新闻工作者的。是否应当有一个诸如视频批准这样的东西？它们二者的道德相关差异在何处？

（2）当记者发的稿子采用了引语批准时，是否应当告知他们的读者？科瓦奇和罗森斯蒂尔（Kovach, Rosentiel, 2007）认为新闻业的首要职责是报道真相，记者首先应该对公民忠诚。新闻工作者应该诚实地向读者汇报（Associated Press, 2012），并应该公开不可避免的冲突（Society of Professional Journalists, 2012）。

（3）引语批准与真相之间有什么关系？

宏观问题：

（1）建立在社会责任基础上的媒介是以"言论自由是积极自由"这一理念为前提的（Nerone，1995）。言论自由的道德权利并非无条件的（The Commission on Freedom of the Press，1947），而是一种保障人们在道德上行善的权利（Neron，1995）。记者同意引语批准引发了争论：记者究竟是服务于公众利益还是政客们的利益？你如何回答这个问题？

（2）公民新闻这个理念是如何影响引语批准这个概念的？是如何影响政客们和公民"即兴交谈"的意愿的？

案例 2-2　新闻与透明性标准

李·威尔金斯（Lee Wilkins）

密苏里大学（University of Missouri）

39　　　从很多方面衡量，对于美国公共广播公司（CPB）和它在广播业的左膀右臂——美国全国公共广播电台（National Public Radio，NPR）而言，2010 年和 2011 年都是情况非常糟糕的两年。美国公共广播公司因其媒介议程被视为"自由的"而饱受茶党和一些共和党人攻击。国会威胁要削减它 3.2 亿美元的财政支持，倘若真这么做，那么 50% 的公共广播和公共电视台（它们中大部分分布在小型市场）将陷入财政危机。与此同时，从 2008 年持续至今的经济大衰退也造成了财务损失，受众募集资金的行动以及公司资助也遭削弱。

财政并非唯一的问题。近年来发生了一系列极具争议的事件。NPR 的胡安·威廉斯（Juan Williams）同时也在福克斯新闻担任评论员，福克斯新闻播出了他对穆斯林的评论后，NPR 将他解雇，最终 NPR 的高层执行官埃伦·韦斯（Ellen Weiss）不得不辞职以平息风波，正是这起事件拉开了这一系列争议事件的帷幕。仅仅几周后，曾就职于《纽约时报》、时任 NPR 总经理的薇薇安·席勒（Vivian Schiller）也因一卷有关这一组织的高级筹款员罗恩·席勒（Ron Schiller）（和薇薇安·席勒没有关系）的录音磁带被发布到网上而被迫辞职。在录音带里，罗恩·席勒称一些国会里的共和党员，特别是茶党成员是种族主义者、异教徒和反智主义者。席勒还说，就长远来看，没有国会的财政支持，NPR 和 CPB 反倒会更好。因这起事件，薇薇安·席勒和罗恩·席勒双双出局。

这些事件都发生于 NPR 取得一系列专业成就之际，包括听众超过 2 700 万人，这一人数超过了收看电视网和有线新闻的受众人数，以及获得了所有的专业大奖。

CPB 最近一次修改编辑和组织标准是在 2005 年，但 2009 年开始发起了一个长达数年的计划，打算更新这些标准，并将其应用到 CPB 工作的方方面面——从节目筛选到募集资金，再到新闻制作。更新这一套标准的目的是将最佳实践告知公司全员。经理们希望通过这些一致的标准加强与受众和出资人（包括国会）之间的联系。这些新标准于 2011 年 6 月开始采用，可通过网站进行查看（http：//www.pbs.org/about/editorial-standards/）。其实从很多方面而言，这些标准和那些自创始之初即贯穿于该组织的标准并无两样。

有些新标准同样适用于受众熟知的 NPR。这些标准是建立在 NPR 新闻规范框架之上的，并且承认以下这些原则：公正、准确、平衡、对公众的回应（问责）、勇气和争议、内容大于技术、尝试和创新、探索有意义的主题，以及被认为不专业的行为的部分、不可接受的生产方式、NPR 社交媒体的使用，特别是将它当成新闻来源的时候。规范准则的第三条是客观性标准，对此，新标准的制定人是这样将其与透明性联系在一起的：

> 除此之外，作为一个被认为是客观的工作，它应当达到某种程度的透明性。广义上来讲，透明性意味着受众应当能够知晓制作人是如何把素材拼凑在一起的。例如，总体而言受众不仅应该知道消息来源是谁，还应该知道为什么选择这些消息源，其中是否暗藏潜在的偏见。再如，如果制作人面对一个特别艰难的编辑决定，他们知道这个决定会产生争议，他们就应该考虑解释为什么做出这个决定，以便使公众得以理解。同样，制作人应该考虑向受众解释为什么有些问题没法回答，包括为什么即使秘密消息来源可靠，制作人仍会允许消息来源保持匿名。透明性的精神意味着，如果制作人已经达成了某些结论或者某些观点，公众就应当能够看到证据，从而能够理解该观点是如何达成的。透明性隐含着一个激励人心的观念，即受众可能会欣赏他们可能并不赞同的内容，并从中学习。

> 意见和评论与新闻和分析有所不同。当一个节目、一个片段、数字材料或者其他内容致力于表达观点或者评论时，透明性原则就要求这些内容同样被清晰注明。任何没有阐述相悖立场、仅有一方观点的文章都应当被视为观点，并且应该说明观点来自谁。

> PBS 发布的任何内容都不能允许为了宣传而故意操纵经筛选的事实。

个别媒体——包括电视和广播——可以决定是否采用这些非强制性的标准。

微观问题：

（1）是否有一些记者和他们的信源间达成的某种协议会因透明性标准而被破坏？

（2）是否有一些记者的某类活动会受益于透明性标准，比如决定报道什么新闻？

（3）要求新闻过程的透明是否会徒劳地增加记者的工作量？

（4）透明性是否最好被视作客观性的一部分？

中观问题：

（1）任选一家媒体的新闻，并评估它哪些方面符合而哪些方面不符合 CPB 的规范准则？

（2）你认为 CPB 的哪些价值信条本质上是一贯的或者相悖的？是否能把这些标准应用到你的最佳实践中去？

（3）你认为对于大部分受众成员而言，标明是新闻还是观点是否有必要？如果是诸如囧司徒的《每日秀》（*The Daily Show*）①这样的娱乐节目呢？

宏观问题：

（1）美国的纳税人是否应该为 CPB 这样的媒体机构提供资金？（现在先回答这个问题，然后读完第 7 章后再看你是否同意自己的这个观点。）

（2）至少从 CPB 的专业规范里，你认为它在新闻内容里坚持的真相的定义是什么？

41

① 《每日秀》的主持人是乔恩·斯图尔特，美国电视节目主持人，喜爱他的中国观众把他的姓名翻译成囧司徒。他主持喜剧中心的新闻讽刺节目《每日秀》，主要是用搞笑的形式讽刺新闻事件和人物，在年轻人中广受欢迎，并连续获得过多次艾美奖。

▌案例 2－3　　NPR、《纽约时报》和中国的工作条件

李·威尔金斯（Lee Wilkins）

密苏里大学（University of Missouri）

2012 年 1 月 6 日，芝加哥大众传媒公司（Chicago Public Media）的《美国生活》（*This American Life*）主持人艾拉·格拉斯（Ira Glass）播报了一段 39 分钟的节目，内容是关于中国代工厂的工作环境问题。

这个报道的内容大部分援引自同一个人——迈克·戴西（Mike Daisey），他详细叙述了自己在参观中国的一家富士康（Foxconn）工厂时的所见和通过翻译的所闻。富士康公司是流行的苹果手机和苹果平板电脑的元件供应商。戴西详细叙述了富士康的工作环境，还说有工人在生产过程中中毒了。

不到一个月后，《纽约时报》就发表了一系列关于苹果公司中国代工厂工作环境的调查性报道（http：//www.nytimes.com/2012/01/26/business/ieconomy-apples-ipad-and-the-human-costs-for-workers-in-china.html? pagewanted＝all）。

"戴西和苹果代工厂"迅速成为《美国生活》最受欢迎的播客，下载量达到了 88 万次。行为艺术家戴西成了名人、苹果公司批评者，接受数不清的采访谈论他的经历。面对这样的宣传，苹果公司做出了回应，宣布它将第一次允许第三方调查中国代工厂。

NPR 市场记者罗布·施米茨（Rob Schmitz）也在中国花了大量时间，并在那里报道工厂工作环境。他也收听了戴西的节目，但他对 NPR 的老板说，节目中的有些事实并不真实。因此，他被批准进行独立报道。

不到三个月后，格拉斯播出了如下撤回声明（http：//www.thisamericanlife.org/blog/2012/03/retracting-mr-daisey-and-the-apple-factory/）：

我有一个糟糕的新闻。我们得知，我们在一月报道过的戴西先生关于苹果公司中国代工厂的新闻里存在着很大的编造成分。我们撤回这则新闻，因为我们不能保证它的真实性。这并不是我们委托报道的新闻，它只是迈克·戴西自称的独角戏《史蒂夫·乔布斯的痛苦与狂喜》（The Agony and the Ecstasy of Steve Jobs）的节选，其中他说到他曾拜访苹果的中国代工厂。

公共广播节目《市场》（Marketplace）驻华记者找到了戴西在中国深圳期间聘请的翻译。这名翻译否认了戴西在舞台上和在我们节目中说的很多内容。本周的《美国生活》我们将用整整一个小时来详述《戴西先生探访苹果工厂》这期节目中出现的错误。

42

在节目播出之前进行的事实核查中，戴西先生欺骗了我和《美国生活》的制片人布赖恩·里德（Brian Reed）。这并不能成为我们犯错的借口，我们不应该将该内容广播出去。最后，再次重申，这确实是我们的错误。

对富士康工厂的后续检查确实发现它存在很多违反工作环境协议的地方。在随后接受采访时戴西说，虽然他的指控中有某些内容是编造的，但对苹果的控诉总体上是"真实"的。

微观问题：

（1）施米茨的主编供职于《美国生活》的同一家播出机构，解释他为什么决定去找自己的主编请求重新调查这一新闻。

（2）下载戴西最初的报道和《纽约时报》的调查性报道。检查每则报道的信源。在"知道"和"陈述"真相中体现了什么原则？

（3）艾拉·格拉斯的撤回声明在伦理上是否站得住脚？为什么？

中观问题：

（1）很多驻外记者并不会说当地的语言。当记者个人并不理解谈话中的词汇时会给报道带来什么风险？他们的"帮手"，例如翻译，在这种报道中提供的协助是否应该署名或在播报中提及？

（2）什么新闻规范使戴西的陈述如此令人相信？在其他的调查性报道中，你怎么看待这些规范？

（3）《纽约时报》从没撤回过关于该问题的任何报道。用本章梳理的新闻伦理价值观评价《纽约时报》报道和戴西作品的不同。

宏观问题：

（1）记者该如何对待向他们撒谎的信源，特别是当谎言被拆穿之后？艾拉·格拉斯在撤回声明中的表现是否合乎伦理？

（2）即使迈克·戴西讲述的事实是错误的，他有做对的地方吗？整体的报道是否"真实"？在回答这个问题时，你运用的真相定义是什么？

案例 2-4　客观性报道何时成了不负责任的报道？

西奥多·L. 格拉瑟（Theodore L. Glasser）

斯坦福大学（Stanford University）

43

地方日报记者阿曼达·劳伦斯（Amanda Laurens）昨天下午 4 点在市长办公室参加了一次记者招待会并进行了报道。市长本·亚当斯（Ben Adams）宣读了一份声明，指控一位市议会成员埃文·迈克尔斯（Evan Michaels）是为杀虫剂产业工作的"收费撒谎精"。市长在记者招待会上说："市议员迈克尔斯故意歪曲某些杀虫剂对本地区所产鸟类的影响的事实。迈克尔斯先生，"市长接着说，"名列在一家地方杀虫剂厂家的工资单上。"因此他对农药对鸟类生命的影响的观点"是必然受左右的"。

记者招待会大约于下午 5：15 结束，离下午 6 点的截稿时间不到 1 个小时。劳伦斯迅速联系市议员迈克尔斯，了解他对市长所做的声明的反应。但是迈克尔斯除了说亚当斯市长的指控"完全是一派胡言"和"有政治动机"之外拒绝置评。劳伦斯将市长的指控和市议员的驳斥都写进了报道，然后提交给主编。劳伦斯的主编认为该报道公正、平衡，便于第二天早晨发表在头版。

市长对他看到的报道很满意。他认为，劳伦斯既报道了他的指控，又报道了迈克尔斯的驳斥是专业而负责的表现。市长认为，其他任何报道方法都会违背客观新闻事业的原则。市长一直相信，新闻界最重要的职责之一就是为公开论战提供一个不偏不倚的论坛，而他和市议员之间的交火就是一场真正的公开论战。市长认为，决定谁对谁错不是新闻工作者的职责，最好把这个工作留给读者来做。

相反，市议员迈克尔斯怒不可遏。他给主编写了一封严厉的信，指责该报没有头脑、不负责任。"这则报道可能是公正、平衡和准确的，"他写道，"但是那不符合实际。"他从来没有就杀虫剂对鸟类生命造成的影响撒过谎，而且他"从来没有名列在任何一家杀虫剂厂家的工资单上"。他写道："负责的记者将不仅仅诚实地报道事实，还将报道有关事实的真相。"迈克尔斯说，就此事而言，该记者应当在有时间独立调查市长的指控之前不予报道；如果该指控被证明如迈克尔斯所坚持的那样无价值，那么就不应当进行任何报道。迈克尔斯补充说，假如一定要报道，"还应当有一篇关于*市长撒谎*的报道"。

背景：杀虫剂对鸟类生命的影响成为地方问题已有近一年的时间。该社区中有一部分人支持亚当斯市长的立场，认为某些杀虫剂有害，并支持地方立法，限制或禁止使用这些杀虫剂。其他人支持市议员迈克尔斯的立场，认为杀虫剂对鸟类生命产生影响的证据不明确，在任何人提出立法之前，还需要更多的科学研究。他们争辩说，杀虫剂是有用的，尤其是对需要保护庄稼的地方农民来说更是如此，而且由于它们产生有害影响的可利用证据不确定，因此他们认为市议会不应当寻求进一步限制或禁止它们的使用。围绕杀虫剂问题以及城市在控制其使用的过程中扮演的角色问题已经发生了一系列口头较量，市长亚当斯和市议员迈克尔斯之间的交火是最近的一场。

微观问题：

44

（1）劳伦斯没有对市长指控市议员迈克尔斯的说法进行独立调查就提交了报道，她这样做对吗？

（2）该市长认为劳伦斯没有试图判断一场公开论战中的双方谁对谁错，而是提供了对双方公正而平衡的报道是负责的表现，他这样认为正确吗？

（3）该市议员认为劳伦斯仅仅关注诚实地报道事实而忽视"有关事实的真相"是不负责任的表现，他这样认为正确吗？

中观问题：

（1）在报道公开论战时，简单地进行准确而公正的报道就足够了吗？对事实公正而准确的报道可能对有关事实的真相不公平，这有关系吗？

（2）客观报道的实践与负责的新闻事业这个理想相悖，它是否因此使记者疏离了他们报道的本质？

（3）如果记者充当的是其读者的耳目，如何能期望他们报道超出他们所见所闻的东西？

宏观问题：

（1）事实与真相如何区分？新闻工作者应当为哪一个负责？

（2）如果新闻工作者知道一个事实不是真的，他们是否有义务与读者分享这个了解到的情况？如果他们与读者分享了这个情况，他们能否在报道中称自己是客观的？

（3）在一个媒介数量超过以往任何时期的年代，为客观性角色辩护或是抛弃它。

案例 2-5 陷入"战争地带"

迈克·格伦德曼、罗杰·森克森

（Mike Grundmann and Roger Soenksen）

詹姆斯麦迪逊大学（James Madison University）

硕大的标题——"战争地带"赫然出现于一系列纵火、破坏公物、被警察用防爆装置拘捕的醉醺醺的学生的图片之上。这是一场失控的春日联欢节（Springfest），它是弗吉尼亚的詹姆斯麦迪逊大学每年期末考前的街区派对。弗吉尼亚活动不过是美国各地在大学校园里举办的春日仪式之一。艾奥瓦州称其为"维纱"①，年复一年，这个活动不止一次变得不可收拾。在科罗拉多大学的类似活动中，超过 1 万人前去吸食大麻。

2010 年，由于脸谱（Facebook）上的预告，很多来自其他州的学生和非学

① Veishea 音译。

生赶到了弗吉尼亚大学校园参加春日联欢节。2010 年人数激增，大概有 8 000
人，据《邮报》（*Post*）报道，这个数字是上一年的四倍，而且，这个"街区派
对"（Block Party）开始失控。《微风》（*The Breeze*）是一份双周刊学生报纸，
它的两名摄影师拍下了数以百计的活动照片，并且在人群越来越放肆地涌向附
近社区时继续拍摄。

　　据《邮报》报道，校长林伍德·H. 罗斯（Linwood H. Rose）在接下来的
周日给所有 18 500 名学生都发了一封邮件。"你们的集体行为让你们的母校蒙
羞，败坏了我们的声誉，"他写道，"没有人反对在一个美丽的春季周末找点
乐子，但是在公共场合酩酊大醉、破坏公物、威胁他人的安全则是不可接受
的结果。"

　　混乱发生后第 5 天，地方首席检察官——玛莎·加斯特（Marsha Garst）
称，参与者和警察都受到了攻击。为了找到可能已经逃脱警方追捕的犯罪者，
加斯特办公室的工作人员要求《微风》报纸的主编凯蒂·西斯德尔（Katie
Thisdell）和指导老师交出所有未刊发的照片，以便辨认和逮捕嫌疑人。但是两
人都拒绝了，理由是报纸不能够成为法律的武器，而必须保持独立。

　　次日，加斯特和学校的警察队长还有其他的官员带着搜查证突袭了新闻编
辑室。他们威胁说，如果不交出所有春日联欢节的照片，则要没收所有可能藏
有照片的电脑、相机、手机和其他设备。据《华盛顿邮报》报道，此次被查收
的照片超过 900 张。

　　西斯德尔根据学生新闻法律中心（Student Press Law Centre）的建议行事，
他拒绝交出照片，引用联邦《隐私保护法案》（Privacy Protection Act，PPA）
作为保护，该法保护报纸免于这种搜查，除非被法庭起诉。1980 年，在加利福
尼亚州成功地在主编反对的情况下搜查了新闻编辑室之后，联邦《隐私保护法
案》得到通过。有趣的是，这起案子同样发生于一所大学的校园——斯坦福大
学，当时学生们有一些关于校园暴乱的照片，而他们拒绝将其交出。

　　然而，这个国会法案并没有使加斯特退缩，她仍旧下了最后通牒。无计可
施的西斯德尔最终无奈地交出了所有照片。

　　西斯德尔和她的指导老师对该地区的新闻媒体发出预警，这一报道引起美
国全国的瞩目，包括《华盛顿邮报》发表的一篇指责加斯特的社论。《微风》也
继续提供有关它自己的后续报道，但没有与此事件直接有关的人员的参与。州
检察长肯·库奇内利（Ken Cuccinelli）在一次市镇演讲中被问及如何评论加斯
特的行为。他说自己支持他们。

　　学生新闻法律中心提供的免费律师最终用联邦《隐私保护法案》的条款说
服加斯特把照片递交给中立的第三方，以此推动进一步的谈判。

　　律师建议西斯德尔：你可以坚持你的原则、拒绝上交任何照片，但是如果

遇上了保守法官占多数的情况，那就存在法庭判决和搜查令完全匹配的风险；或者，你也可以和加斯特谈判，交出少量拍到了加斯特正在追踪的嫌疑人的照片。

西斯德尔、她的指导老师以及摄影师考虑了两种选择可能面临的后果。如果拒绝则可能面临着报纸倒闭，公众对包庇罪犯的指责，以及周复一周、月复一月或者年复一年的上庭。而如果选择妥协则可能使日后的检察官更加为所欲为，伤害《微风》的新闻声誉，并且丧失潜在的重要信源。

西斯德尔决定妥协并最终交出 20 张照片以换取讨价还价的筹码。加斯特公开向《微风》道歉，她说她后悔吓到了学生记者，以后会按法律办事。

微观问题：

（1）最初检察官并没有恐吓主编要求交出照片，主编本该如何回应这种请求？为什么？

（2）西斯德尔做了一个务实的决定，因为没有人员和工具的新闻编辑室是"不可接受的"。这个务实的决定同时也合乎伦理吗？两种理由的不同之处在哪儿？

中观问题：

（1）如果一开始主编拒绝上交照片是正确的，那么后来她上交了部分照片也一样正确吗？从伦理的角度而言，这种转变有合理的解释吗？

（2）这家报纸警告其他新闻媒体当心碰到自己的困境时存在什么伦理问题？由这家学生报纸发出的预警是否强化了学生媒体的刻板形象，即在和公共官员打交道时，学生运营的媒体比传统媒体弱势？

（3）该报报道自己的新闻有什么伦理问题？当报道的事件或多或少地涉及自己时，有哪家媒体能够做到客观？

（4）在报道像"春日联欢节"这样的活动时，媒体鼓励参与者夸张愤怒的行为表现以获上镜，这是否有过错？当电视增加了"表演行为"发生的可能性时，它们是否具有道德义务低调处理这种暴力事件？

宏观问题：

（1）回顾第 1 章中罗斯罗列的义务类型学，当执法部门要求获取只有新闻媒体才有的信息时，新闻媒体是否有责任帮助执法部门？

（2）新闻编辑室允许自己被用作法律的武器，这其中暗含了什么？

（3）如果公众指责你的新闻机构包庇罪犯，是否值得为了坚持新闻独立原则而付出这个代价？

（4）这家媒体最终还是为了得到警方的欢心而与其合作，你如何反驳这种说法？

案例 2 - 6　默多克的困境

李·威尔金斯（Lee Wilkins）

密苏里大学（University of Missouri）

这个事件也许已经开始成为"监督看门狗"（Watching the Watchdog）的例子。《卫报》（*Guardian*）记者尼克·戴维斯（Nick Davis）花了两年时间坚持调查以鲁珀特·默多克（Rupert Murdoch）旗下的《世界新闻报》（*News of the World*）为首的英国小报新闻界是否用一些不道德的手段报道新闻。戴维斯特别调查了留在手机里的语音信息是否被利用来获取信息（大多数英国人会使用手机）。一般情况下这种行为是违法的。2005—2007 年间的一项调查显示，只有名人、皇室成员和政客们一直是电话黑客的攻击对象，而黑客攻击都由同一名记者实施。英国新闻界的其他媒体放弃了这个新闻，而公众似乎并不关心。

48

默多克不断地构建他的媒体帝国，包括入股英国盈利最多的天空电视台（BSkyB）。同时，默多克还收购了美国的《华尔街日报》（*Wall Street Journal*），在他已经拥有多家报纸，包括最引人注目的兼具新闻和娱乐产业的福克斯电视网（Fox network）的美国版图上又增加了一笔。

戴维斯供职的《卫报》是一份非同寻常的出版物。《卫报》属于一家信托公司，它并非传统的以盈利为目的的公司，它的新闻典范地位是一个相对较新的现象。《卫报》规定职员搭乘公共交通去报道大部分新闻，该报自身每年都会进行一次伦理审查并发表其结果，内容包括该报对环境的影响和作为当地社区的公民的角色。英国的媒体市场大部分集中于伦敦，《卫报》和默多克旗下的出版物——包括小报和传统报纸，激烈竞争。

2011 年 7 月，戴维斯报道说，不止一个记者用电话监听获取新闻，并公布了那些常见的、似乎得到认可的嫌疑人。在阿富汗（Afghanistan）服役的士兵家人和 2007 年伦敦地铁爆炸案受害者的语音信箱都被窃听，最恶劣的是被谋杀的英国女生米利·道勒（Milly Dowler）的语音信箱也被窃听。事实上，根据戴维斯的报道和后续的调查，道勒的语音信箱不仅仅被窃听，而且还被更改，这造成了她被谋杀后她家人依然觉得她还活着的错觉。戴维斯接下来的报道显示涉案的记者曾贿赂苏格兰场（Scotland Yard）以获取新闻。愤怒顷刻爆发：主要的广告商撤销了在《世界新闻报》上的广告投放，很多其他的广告商威胁要采取同样的行动。2011 年 7 月 10 日，这份 168 岁高龄的老报出版了它的最后一期。大概 200 名记者失业。鲁珀特·默多克的儿子、继承人詹姆斯·默多克（James Murdoch）承认，这份报纸的名声已经被"错误行为"不可挽回地"玷污了"。

2011 年 7 月 13 日，在所有政党的支持下，英国议院打算就是否要求默多克取消收购天空电视台的决议安排时间进行辩论，但就在预定时间的几个小时，默多克宣布他放弃举牌天空电视台。尽管如此，下议院仍然全体通过了这项决议。7 月 16 日至 7 月 17 日，默多克就丑闻和它带来的影响向英国公众发布了一整版致歉书。在接下的 8 月，新闻集团的附属公司无线一代（Wireless Generation）失去一份和纽约州共同开发建立一个信息系统以追踪学生表现的无投标合同。纽约州审计主任托马斯·迪农波利（Thomas DiNupoli）说，该公司的丑闻和个人的不法行为使纽约州将标给予无线一代"站不住脚"。

老默多克的政治影响力触及大西洋两岸，但他的影响力在英国达到巅峰。在窃听丑闻爆发之际，一位前默多克公司员工正任职英国首相戴维·卡梅伦（David Cameron）的首席通信官（communication chief）。

在议会之前有人致电默多克父子。他俩都承认了窃听确实存在，但两人都用不同方式否认丑闻源于腐朽的企业文化，并否认这种文化会导致大面积违反媒介伦理和法律事件的发生。鲁珀特·默多克宣称他受到了蒙蔽。目前，高层辞职正在席卷默多克新闻帝国，包括为默多克效力多年的韦斯·欣顿（Wes Hinton），他曾任道琼斯公司（Dow Jones）首席执行官、《华尔街日报》发行人。欣顿曾在议会作证说，并没有任何证据显示窃听事件不是个别记者的私人行为。

但是随着丑闻的持续发酵，很明显默多克旗下的其他新闻组织使用了类似的新闻收集策略。美国联邦调查局（FBI）开始调查是否有美国公民的手机曾被监听，特别是"9·11"爆炸的受害者可能是潜在的目标。

大约 1 年后，一份英国的判决裁定，默多克并不是一个应当被允许在英国拥有或者收购媒体的"恰当和合适"的人。同时，默多克的公司受到多项有关丑闻的指控——默多克帝国花费了 100 万英镑才摆平它们。截至本书撰写之时，已经有超过 30 位的默多克员工或前员工被逮捕。2012 年 11 月，英国首相卡梅伦、前首席通信官布鲁克斯（Brooks）和戴维·库尔森（David Coulson）被指控向一名公职人员行贿，这也是目前为止由丑闻引发的最严重的指控罪名。如果想获取最新事件进展，请访问 http://www.guardian.co.uk/media/phone-hacking。

鲁珀特·默多克被称为最后的传媒巨头。对他和他的商业行为的指责可以与美国黄色新闻高潮期的约瑟夫·普利策（Joseph Pulitzer）和威廉·伦道夫·赫斯特（William Randolph Hearst）相媲美。他们都被指责建造了缺乏伦理根基的媒介帝国。纽约州立大学奥尔德韦斯特伯里分校（State University of New York at Old Westbury）新闻学教授卡尔·格罗斯曼（Karl Grossman）指责默多克建立了史上"最不守诚信、最没有原则、最腐败"的新闻帝国，罔顾新闻业的公众服务职责。同时，他还抨击默多克在他最近的收购中改变了新闻编辑室文化，包括《华尔街日报》。2011 年 7 月《新闻周刊》引用了默多克的一名高级行政官的话：

　　　　这个丑闻和由此带来的一切都不可能发生在别的地方，只能是在默多克的轨道上。《世界新闻报》窃听事件遍及整个行业。不是别人，正是默多克创造并建立了这种新闻编辑室文化，即不择手段地获取新闻、穷追猛打、摧毁竞争、以目的为手段辩护……最终，种瓜得瓜、种豆得豆。如今默多克成为了他亲手培育的文化的受害者。他罪有应得，正是他的高官们鼓励并纵容违法和电话窃听。

2012 年 7 月，新闻集团的执行官们决定把公司拆分为两部分：第一部分专门致力于报纸，包括《华尔街日报》；第二部分致力于收益远大于第一部分的广播电视和娱乐业，包括福克斯新闻。在同一个月，鲁珀特·默多克收回了他对控制两个公司的多个董事会的支配权。

虽然有些人总是指责默多克个人，但是另一些批评家指出，互联网每周 7 天、每天 24 小时的竞争性新闻本质造就了这种氛围，监听不仅被容忍，而且被鼓励。这些批评家指出，隐藏的相机、潜伏在网站上、发布未经事实核查的报道——这一切都是为了增加点击量——仅仅是轻微地违法，但是在名人效应驱动下的全年无休新闻圈内，其结果可就不是轻微地违背伦理了。

微观问题：

（1）电话监听是不合法的，但是它是否是不合乎伦理的呢？为什么？

（2）你怎样或者你能够怎样为戴维斯报道主要竞争对手这件事辩护？

（3）大多数的电话监听案件，从未出现过受害人说过通过监听电话所收集到的消息是不真实的。这是否是新闻工作者获取真实信息的一种方式？

（4）对比电话监听和本章中所提到的其他调查性报道记者和主编用到的具有欺骗性质的方式。从伦理角度而言，哪些方面一样，又有哪些方面不一样？

中观问题：

（1）竞争在"监督看门狗"这个概念中起了什么作用？当媒体监视社会中其他主要行业时，这种看法是否适用？

（2）是否是新闻圈全天候无休息的本质——和互联网有时具有的蛮荒状态——鼓励了新闻工作者们游走于人们可接受度的边缘？如果你的答案是肯定的，那么哪些法规或者指南或者培训能够使当代新闻工作者站在伦理疆界"正确"的这一边？

（3）根据这个案子，你如何回应那些"所有新闻工作者都会使用一切手段去获取新闻"的说法？

宏观问题：

（1）一个民主的政府应该如何制定政策使媒体公司所有人按伦理行事？

（2）评价"合乎伦理的新闻编辑室文化"这个概念，并比较《卫报》和《世界新闻报》的文化。什么造成了这种伦理差异？

（3）推动社会的协调合作是大众传媒作为一种机构存在的意义之一。然而，一直以来新闻工作者都在质疑鲁珀特·默多克曾经拥有过的这种合作和政治影响力。分析你认为的在最合乎伦理的大前提下，作为一种机构的大众媒介和有权势的政治及经济机构之间的关系。读完第 6 章后再回过头来看你是否改变了主意。

第3章

战略传播：为客户鼓吹是否意味着与消费者为敌

学完本章后，你应当熟悉：

◇ 新的技术如何引出老的伦理问题。

◇ 平衡和认知失调的说服理论以及它们在说服中的角色。

◇ 详细的 TARES 测试，用于评价单个讯息的伦理。

◇ 为什么媒体和公共关系之间的关系既具象征意味，又充满紧张。

 伸出双手，打动某人

本书的大部分读者是 20 岁出头的年纪，在大学教育中，除了追寻某事之外，最常追寻的是某人。你们中间很多人在网上寻找朋友和终生伴侣——而且越来越多地使用诸如 eHarmony 这样的网站。这家网站和其他类似网站的访客支付订阅费，完成各类个人简介，然后被连接到可能的对象。非虚拟的世界和被称为化学反应的人类活动似乎就由此开始了。

没有涉及多少伦理问题——直到你了解这类网站真正的赚钱之道。它们并不完全通过自己广而告之的配对服务赚钱，实际上更主要的方式是将网络跟踪器（cookie）附在订户的电脑上，然后出售那些信息——主动以个人简介的形式提供给寻求特定人群的市场营销人员，例如，特定年龄或特定收入、有着特定喜好和厌恶的人。网站出售的那些电子列表——你肯定同意其目的是用于配对服务——就可以让市场营销人员将特定类型的讯息以电子方式在他们选定的时间推送给你，他们从事的这一个行业如今被称为"行为营销"（behavioral marketing）。

除了网络跟踪器这样的技术之外——你可以发现并从你的电脑中删除——市场营销人员还越来越多地将网络信标（Web beacons）放置在你的机器里作为追踪程序的一部分，而普通用户既无法发现也无法删除网络信标。虽然市场营销人员永远不知道你的具体身份——换言之，你的名字——但是就销售目的来说他们对你的了解已经足够，从你喜欢小猎犬而非猫，到你最喜欢的音乐人是坎耶·韦斯特（Kanye West），不一而足。

这就是*战略传播*的美丽新世界，或是从业者们过去所说的广告和公共关系的无缝对接。

战略传播和新闻一样，正面临一个新的经济现实：不再成功的商业模式。过去的成功案例——电视或印刷媒介上的娱乐或新闻内容被设计出来，将受众交给广告商——如今问题日益凸显，因为人们发现了前所未有的方式来逃避说服性讯息，无论这种方式是使用数字录像设备，还是跳过广告，或是在网上"免费"获取新闻，战略传播从业者都被迫寻找新的方式，好为他们的讯息获得"眼球"或是使人们按照预期去消费。战略传播从业者还面临一个现实，就是积极的受众——受众不仅购买产品和服务，而且希望能够公开评价那些服务和产品。几十年来，"控制讯息"始终是广告和公共关系的一部分，如今这些以受众为基础的产品和服务措施给"控制讯息"的努力增加了新的维度。一度习惯于购买广告专家意见的公司也在尝试用户生产的广告内容——这种尝试绕开了整整一个行业。

这些新奇的方式导致了严峻的个人伦理问题——曾经似乎主要属于新闻工作者领域的问题。有些学生曾经说："我进入广告业是因为我不喜欢强迫人们和我谈话，而且我不必考虑侵犯他人隐私的问题。"如今他们面临的决定是，是否以及如何使用以计算机为基础的技术来精确地做这些事——只不过这一次是促进各种产品和生活方式的销路。

例如，在 2012 年夏，一家旅游网站 Orbitz 宣布，它将给苹果用户"显示"比使用个人电脑登录该网站的用户更加昂贵的旅店选项。原因是，据统计，拥有苹果的人收入更高，并倾向于预订更为昂贵的旅馆。通过电子方式获取关于用户的信息并推断关于家庭收入的某些信息，大部分美国人认为这一"事实"

相当私密——营销的方式发生了改变。并不是说电脑本身而是说与之相伴的信息是私密的。虽然这样的方式可能被视为一种聪明的营销选择，但是它也导致了令人不安的隐私和公平问题。用学生的那套话来说，电脑在和 Orbitz 谈话，然而它的主人并不知道，也没有许可，它谈论的内容可能是相当私密的。所有这一切都是为了预订旅馆房间。Orbitz 的所作所为仅仅揭示了新闻工作者和战略传播者所共有的诸多伦理问题中的一个。

新媒介生活中的这些事实也并没有削弱长期以来对说服的深刻批判，即说服性讯息本身的特质——简短、高度形象、有意模糊——极度依赖于刻板成见、编造真相、美化消费主义，这一切都以社区为代价，而且作为一个机构，在很大程度上对非说服性内容造成了扭曲。绕开说服性讯息的轻松还对广告业最为显著的辩护词之一提出了挑战：在诸如美国这样的发达民主社会中，没有广告业提供的资助，就不可能开展广泛的政治对话。对于那些进入说服行业终端的人来说，新的经济现实凸显了对伦理进行清晰思考的需要。

53

技术：是有求必应屋，还是价值体系？

由于技术使得某些行为成为可能，因此，诸如行为营销或以销售为目的的数据挖掘带来的问题显现出来。这些行为大部分需要电脑具有巨大的数据处理能力，它们也给从业者提出两种不同的方式来对技术本身进行思考。

第一条路径将技术等同于效率。那些赞同这一思想流派的人称，技术本身并不带来伦理问题，伦理问题产生于技术如何被应用。想一想《哈利·波特》（*Harry Potter*）中的有求必应屋（the room of requirement）。在该系列第 5 卷《哈利·波特与凤凰社》（*The Order of the Phoenix*）里，当哈利和他的朋友们需要一个练习魔法特别是抵御黑魔法的场地时，无意中碰到了有求必应屋。（显然邓布利多教授在他的学生时代"发现"了这个屋子，当时他迫切地需要一个"便壶"。）有求必应屋总是装备整齐以满足寻找者的需要。邓布利多和后来哈利·波特对这个屋子的使用都出于"良好"目的。

但是，在第 6 卷《哈利·波特与混血王子》（*Harry Potter and the Half-Blood Prince*）中，有求必应屋却服务于一个邪恶的目的。马尔福（Malfoy）使用这个屋子修好连通柜，让食死徒（death eater）进入霍格沃茨（Hogwarts）杀害邓布利多。这个屋子本身无可指责，它只是一种有效地服务于那些使用者的方式。伦理选择的可能存在于使用者的意图而不是这个屋子的存在本身。

第二条路径称，任何技术都隐含着价值观。想一想你现在正在使用的技术：书写的文字和印刷机。书写重视什么？如本书第 2 章所述，它重视真相的特定定义；它重视证据的特定标准，例如，书写的文件和来源对它们而言是重要的；

它重视组织人类社区和把经济价值加诸某些行为之上的特定方式。书写行为和印刷机技术使得许多当代人类社区成为可能，但是那些社区极为重视某些价值，同时极力贬低另一些。

法国技术哲学家雅克·埃吕尔（Jacques Ellul）[①]明确提出，根据这种观点，技术的核心是价值体系，在做出采取何种技术的任何决定之前必须理解这一套价值体系。不理解隐含于技术之中的价值可能会导致意外的后果，有些后果相当可怕。

成为一名有竞争力、合乎伦理的从业者并不要求你解决这个深刻的哲学之争。但是它确实要求你承认这一哲学之争的存在，并清晰地思考，在要求效率的过程中，你是否忽略了重要的价值问题。

考虑受众：　从说服理论到哲学人类学

心理学家率先开始通过刺激-反应模式尝试了解说服过程。这个早期的行为主义方法使许多人相信媒介可以产生"皮下注射"或"魔弹"的效果，将一个刺激/讯息传递给毫无抵抗的受众。这些研究者被称为"强大效果理论家"。1938 年 10 月 30 日，奥森·韦尔斯（Orson Welles）[②]的《星球大战》（*War of the Worlds*）[③]播出后在公众中造成的大恐慌，以及两次世界大战中的成功宣传为他们提供了理论支持的例子。

但是，人类的很多行为都难以用刺激-反应模式预测。后来，传播理论家聚焦于认知心理。这些学者并没有将说服当作对足够的刺激做出的简单反应来进行分析，而是建立了理论，说明人们的思想以及他们带入说服情境的一切是如何帮助解释说服的。根据这些理论，人们奋力达到认知平衡。简单地说，当所有的信仰、行为、态度和关系都和谐一致的时候，我们感到最舒服，理论家称这种状态为"对称"。

因为这些理论强调人们在自己的生活中努力达到认知平衡的倾向，所以它们以"平衡理论"著称于世。一个人只有在其态度、信息和行为都和谐一致时才能达到平衡。利昂·费斯廷格（Leon Festinger，1957）[④]创造了"认知失调"（cognitive dissonance）这个术语，来描述讯息和行为产生冲突和不愉快的信号的状态。想想这个例子：知道吸烟的危害，但却仍然选择吸烟，这就产生了典型的大脑-行为失调，消除这种失调的愿望是强烈的，有时强烈到会影响购买行为、投票习惯——至少有时是这样的。

广告商们就使用这种理论。在广告一开始，打破一个消费者的平衡，然后许诺通过购买一种产品来恢复平衡。例如，一则广告的开篇场景可能暗示，你的头皮屑使你遭到社会排斥，接下来的文案许诺，如果你使用了正确的洗发露，

① 雅克·埃吕尔（1921—1994）是当代最有影响的技术哲学家之一，他一生写了 43 部著作和 1 000 多篇文章，其中《技术社会》《技术秩序》《宣传》《政治的幻觉》《技术系统》等著作在学术界都产生了很大的反响。

② 奥森·韦尔斯（1915—1985），美国电影演员、导演。早年是广播节目主持人，1938 年由他制作的广播剧《星球大战》播出时，许多未听到开头的听众真以为火星人入侵新泽西州，惊恐万状，造成大恐慌。在这一轰动事件后他跻身好莱坞，身兼编、导、演三职，其处女作《公民凯恩》至今仍被视为最伟大的影片之一。

③《星球大战》或译为《火星人入侵地球》。

④ 利昂·费斯廷格（1919—1989），美国社会心理学家，以其认知失调理论而广为人知。师从德国心理学家库尔特·卢因（Kurt Lewin），并深受其场论和群体动力学思想的影响。第二次世界大战后，费斯廷格在把社会心理学推向严格的实验学科方面起到了重要作用。1957 年他发表了自己最为著名的作品《认知失调理论》。他的追随者把他的思想和方法带到了战后的欧洲并广为传播，产生了重要影响。

54

55

就会被社会接受。

平衡理论还解释了为什么说服性讯息有时相当有效，而其他时候又无足轻重。某个问题没有后果、平衡不缺，于是就没有销量。这种聚焦于个人的路径还为广告做出了最根本的、可行的辩护，也就是古罗马的短语——*caveat emptor*——"购者自慎"。广告的制作者不愿意为他们的工作承担责任，学院派的研究给了他们一部分借口：如果你不能证明某事已经产生了效果，那么要求你为其承担责任就是不合理的。甚至联邦贸易委员会（Federal Trade Commission）也允许"广告中存在吹捧，但是不能有欺骗"——不过它从未告诉你它打算在哪划出界限。

人类学家主张，人的理性与日常经验、语言和象征并存于同样的立足点上。文化和我们的个人经验使理性达到平衡（Wilkins and Christians，2001）。如果哲学人类学是正确的，那么以"购者自慎"为基础建立起来的对广告的伦理分析在道德上就站不住脚。

反之，广告的伦理目标应当是对不同的利益相关者赋权——从有购买需求的人、有销售需求的人、居住在被商业和税金维持的社区的人，以及最后依靠被广告支持的新闻去参与民主的公民。

人类作为文化的创造者和象征物的积极使用者这个概念如果成为为受众考虑的伦理基础，那么就可以期望广告从业人员在以下框架中工作：

- 客户和公众需要给"他们的行为一个好理由"的信息（Koethn，1998，106）。这个理由不应当是武断的，而且应当能够帮助人们支持一种行为，而不是其他种。
- 广告并不仅仅提供专家意见，它还应当鼓励正在进行中的讨论，这样人们就可以探索：可供选择的事物在何时是可靠的，实用知识（常识）在何时更具优势？
- 广告和新闻一样，可以帮助培养出一个乐于思考的社区，包括消费者社区。正如超级碗（Super Bowl）比赛的结果成为人们次日工作时的讨论对象一样，它的资助者，即富于创造性的广告，往往也同样是社会经验的一部分。
- 广告应当严肃地承担起我们生活中的文化角色。这就意味着广告必须真正地反映组成我们文化的多种声音。
- 广告应当对我们生活中的组织所扮演的角色做出评论。广告可以传递历史和背景问题，但是一定要做得准确，并结合语境。

如果这些一般准则成立，就让我们来研究一个测试广告的伦理表现的具体框架。

推敲讯息：一个系统的测试

原创的 TARES 测试是一个问题清单，每一条说服性讯息的创作者都应当询问自己以决定讯息的伦理价值（Baker and Martinson，2001）。TARES 测试的灵感来自广告和新闻都具有的"象征形成"功能，而公共关系从业者已经将倡导这个重要因素加入到公共关系讯息的伦理评估中。倡导意味着"理解和重视组织内外公众的感受"（Grunig，Toth and Hon，2000）。倡导还意味着将那些感受传播给其他公众，这一努力变得越来越复杂，因为它涉及与多方利益相关者的关系，而"这个世界越来越多样，得到互联网赋权并被互联网相连接的公众越来越活跃"（Fitzpatrick and Bronstein，2006，x）。

那些支持倡导模式的人争辩说，战略传播从业者生产的任何误导性信息终归都会被媒介把关人自我修正或被观点的市场自动改正。那些反对倡导模式的人则在两个阵地上争辩。首先，他们指出，倡导太容易变异为歪曲和谎言。其次，他们认为，"传播操纵"（spin）会损害许多事业——从商业到政府规划——的长期健康，而诚实、及时的沟通则能为其提供更好服务，即便会付出短期损失的代价。

> 当然，公共关系从业者并不享受"第四等级"的特殊地位。事实上，与"公共"利益相比较，作为"特殊"利益的代表，他们和他们的客户以及雇主在司法与伦理问题相交之处得到的保护较少。公共关系从业人员必须同时考虑两个问题：与传播自由相伴的特殊义务是否得到履行，以及在有效的自我规范缺失的情况下，政府是否可能介入，从而对从业者不负责任的行为问责。（Fitzpatrick and Bronstein，2006，16）[原文斜体]

为了帮助你思考由说服带来的伦理问题并得出结论——特别是在这个大部分从业者被要求将传统的广告和公关融为一体的战略传播世界里，我们已经通过一种以伦理为基础的特别讯息测试将这两个领域的路径联系起来。

这个测试的第一个要素——T——代表**真实性**（truthfulness）。以图像和语言表达的主张是真实的吗？如果讯息所传播的只是真实信息的一部分（许多广告都是这样做的），这样的省略是不是一种欺骗呢？反过来说，如果一则广告满足了人们对真实信息的发自内心的需要，那么，即便是一些事实被省略掉了，它也会通过这个测试。用于传达这个讯息的技术是掩盖还是有助于揭示那些主张的真相？此外，从业者应当能够向客户核实客户所说的真实性，而且他们应当给受众提供信息，使其能够核实针对公众的讯息中所包含的主张的真实性。

关于说服伦理详细的 **TARES 测试**	
T 这个广告主张**真实**吗？（Truthful）	E 传者和受者**平等**吗？（Equity）
A 这个主张**可靠**吗？（Authentic）	S 这个广告有**社会**责任吗？（Socially）
R 这个广告**尊重**受者吗？（Respect）	

57   ① 一种谷类食品。

Cheerios①的电视广告强调食用 Cheerios 是有益于心脏的生活方式的一部分，这就能轻易通过 TARES 测试的第一个要素。人们的确得吃东西，这则广告提供了所需的信息。这则广告还省略了一些信息——例如，有益于心脏的生活方式的其他组成部分，或其他早餐麦片也能满足这些需要这一事实。但是省略掉的信息并不会导致成熟的消费者做出错误的假设和糟糕的选择。

此外，在危机时刻告知真相能检验公共关系从业者最重要的职业原则，例如在一位特别客户的长期保健中成为一名倡导者，而非对手。这一领域的历史表明，"即便真相会造成伤害也会告知公众"这种行为，体现出公共健康和安全比短期利润更为重要，如此行事的公司和机构往往能够长远获利和生存。

详细的 TARES 测试的第二步——A，代表**可靠性**（authenticity）——与第一步密切相关。可靠性意味着，重要的不仅仅是做正确的事，而且"要以正确的态度来做"（Pojman，1999，158）。我们将这个观念与真实性这个概念联系在一起。首先，在可以获得产品或服务的范围内，是否真的需要这种产品？其次，给消费者提供的购买该产品的理由，其呈现方式是否同样会促使想出并撰写该讯息的那个人采取购买行为？简而言之，你是否信服你自己关于广告产品使用和质量的论证？

此处使用的可靠性与公开紧密相连，它是公共关系讯息的重要标准。公开的伦理结果是不同公众之间产生信任。"有道德的公共关系从业者直率而诚实，他们建议客户和雇主采取以公开、透明原则为基础的负责的传播策略"（Fitzpatrick and Bronstein，2006，13）。公开还要求提供谁为讯息付费、谁从其成功中获利的信息。直接针对消费者的药物广告——一度被法律禁止——往往无法通过测试的这一部分。

以一组为帮助老年人或体弱者生活得更加独立而设计的产品的战略传播讯息为例。尽管有些此类产品——例如，音控开灯装置——看上去不比高科技玩具了不起，但是任何一个人，如果他有坐轮椅的祖父母，或因患风湿性关节炎这样的疾病而致残的兄弟姐妹，甚至是正因腿部骨折而无法动弹的年轻人，都很容易理解对这类装置的需要。

58

其他诸如扩展保健设施或是补充现有保险计划的广告试图聚焦于人类独立生活的渴望。但是，如果为了强调这一点而在广告讯息中将老年人定型为衰弱的、无助的、虚弱的，或容易恐慌的，或者如果为了销售产品而通过恐惧诉求打破健康人的平衡，就没有如实反映 65 岁以上的老年人的真实生活。这种基于对初退休者的不真实的刻板成见制作的广告缺乏可靠性。TARES 测试要求重新思考广告中的具体诉求，少一些恐惧和刻板成见，多一些信息。对于创作人员来说，这种转变易于实现。同样重要的是，更为新颖的方法可能卖出更多的产品。

测试中的 R 代表**尊重**（respect），此处指尊重那些即将接收说服性讯息的人。不过，作为一种想迅速通过这一测试要素的方法，广告从业者自问"我是否愿意为这则广告内容承担全面、公开和个人的责任？"或许是恰当的。

以最近的"反对驾驶中发送短信"公共服务运动为例。这一运动始于一则广告，其内容是录制于车内的真实车祸及其灾难性后果。这则作为纪录片录制的广告本身由欧洲一个政府制作并在 YouTube 上得到病毒式传播，即便如此，该运动仍因其"恐吓"策略而饱受批评。但是，尽管该运动基于恐惧这一情感策略，它依然为劝阻驾驶中发送短信提供了合理原因。尽管这则广告由政府机构制作，其情感诉求还是为尊重人类生命提供了证据。

详细的 TARES 测试中的 E 代表**平等**（equity）。我们将平等提炼成如下概念：讯息的接收者与广告的创作者是在同一水平的运动场上吗？或者说，为了正确解释广告，这个人必须是非同寻常地见多识广、聪明伶俐或反应灵敏，并且毫无偏见吗？对于公关从业人员而言，平等意味着**接近权**（access），它从民主社会的言论自由角色中获取道德力量。自由的人是自治的道德行动者，长期以来，哲学家坚持这必须是伦理选择的基础，而获取信息的途径使个人参与观点市场的能力得以平等。

想一想埃克森美孚石油公司（ExxonMobil）的这则企业形象广告——质朴的景色、壮丽的日落和一艘油轮。这则广告称，美孚发自内心地关心环境，因此建造了有着双层船体的油轮。虽然美孚的宣称——它建造了双层船体的油轮——的确是事实，但是要正确理解这则广告却需要回顾最近的历史。在单层船体的油轮"埃克森瓦尔迪兹号"（Exxon Valdez）①在阿拉斯加触礁并泄漏了大量原油，导致了一场最严重的环境灾难之后，国会要求美孚和其他所有石油公司都建造双层船体的油轮。这则形象广告要想生效，靠的是普通人不了解或无法接触到法律对企业行为的要求。实际上，这则广告体现了（实际上依赖于）创作广告的人和消费者之间对知识的不平等拥有。它在平等这个概念上不及格。同样，如果航空公司自夸顾客服务中的某一点，而这一点实际上是由国会制定的《乘客权利法案》（Passenger Bill of Rights）强制要求的，那么它就是依赖于顾客的无知或健忘，为法律规定的行为得分。

最后，来看详细的 TARES 测试中的 S。这则广告承担**社会责任**（socially responsible）了吗？这可能是该测试中最难的部分，原因很简单：广告从业人员对许多团体负责，包括他们的客户、他们的工作机构、消费者、看到广告但不一定购买的人，还有整个社会。

① 埃克森美孚石油公司的油轮，1989 年 3 月 24 日在阿拉斯加的威廉王子海湾触礁，泄漏了 1 100 万加仑的原油。

因为本书强调社会伦理学，所以我们建议以如下方式解读 TARES 测试的这一部分：

- 如果每一个有财力购买这一产品或服务的人都产生了购买行为并使用了它，社会作为一个整体会得到改善吗？记住，娱乐和自我完善都是有价值的社会目标。
- 如果社会中有一些团体会像广告所说的那样从使用该产品中受益，是否会有其他团体受到该产品的严重伤害？有办法保护它们吗？
- 这则广告会增加还是减少普通人对说服性信息的信任？
- 这则广告是否真诚而严肃地体现了企业的责任感，表明企业既要赚钱，又致力于改善人类的生活和增进人类的福祉？

对于公关从业人员来说，社会责任也可以被定义为**过程**，即公关倡导是阻碍还是有益于观点市场发挥积极作用。一个平等的过程既鼓励使用公关信息撰写新闻报道的记者也鼓励必须依靠这些报道做出部分决定的使用这些信息的各种受众。

运用社会责任概念能使你以合乎伦理的方式思考电视播放安全套广告的决定。2000 年，以青少年为目标受众的电视网 MTV 决定播放这类广告。更加传统的电视网没有这样做。你认为哪个决定更合乎伦理？为什么？社会责任观念和民主功能过程在你的分析中有地位吗？

或者尝试这个两难处境。在所有关于全球变暖的讨论中，有一个较为热烈的环境副议题——蚊子传播登革热，这是一种痛苦的疾病，但是完全可以通过控制蚊子来预防。当世界气候中一度的变化就会导致更广阔的纬度地区孳生携带疾病的蚊子时，"第一世界"是否有权利鼓吹消耗能源可以带来舒适？

详细的 TARES 测试是一个苛刻的测试。但是我们相信，提出这些问题，尤其是在制作一则广告的过程中提出这些问题，同样可以促成更优秀、更具创意的作品，并在这个资本主义市场中获得回报。TARES 测试还可能有助于广告从业人员警告他们的企业客户避免会对整个社会同时也对自己造成严重的长期伤害的广告。

广告的特殊问题： 脆弱的受众

大众媒体中的广告面向数量巨大、类别不同的受众。针对某个群体的广告往往被另一个群体看到。其结果有时滑稽可笑，有时甚至有点儿尴尬，比如当避孕或个人卫生产品广告进入黄金节目时间的时候。

60

但是，在骆驼香烟的"乔·骆驼"（Joe Camel）广告中，这种目标受众和实际受众之间的"混淆"是有意为之的。几年前，在内部文件表明烟草业的目标受众是未成年的吸烟者，而销售数字证明了其成功之后，这家烟草公司同意从杂志和户外广告中撤掉卡通形象代言人"乔·骆驼"。

在其他情况下——例如啤酒业——不存在这种禁令。为成年人制作的广告常常被未到法定饮酒年龄者看到，他们的确会记住这些吸引人的广告，记住广告中所表现的喝酒是一种与快乐的美好时光相联系的东西。甚至年幼的儿童也对百威啤酒（Budweiser）①一度使用过的会讲话的牛蛙和其他富于创造性的啤酒广告有所了解。这些广告在一个大部分成年酗酒者报告说他们喝第一杯酒时尚未成年的社会中播出。

① 百威啤酒，一个著名的国际性啤酒品牌，1852 年诞生在美国的圣路易斯（Saint Louis）。

是否存在应当得到特别保护，以免受到广告讯息侵害的特定类型的受众？美国法律对此做出了肯定的回答，尤其是在涉及儿童的情况下。因此，美国对以儿童为目标受众的广告——从周六早晨的电视节目到广告商可能利用的各种角色——进行了一系列法律约束。原因是儿童与成年人不同，人们认为他们无法进行道德自律。他们无法对广告进行正确的推论，所以为了保护他们，美国社会已经接受了一些对商业言论的约束。

但是，当目标受众为成年人中的某些群体例如少数族裔消费者时，这个问题就变得更加含混不清了。很难确切地指出广告主是何时开始积极地讨好少数族裔消费者的。布鲁克斯（Brooks，1992）引述 1940 年《商业周刊》（*Business Week*）里的一篇文章为证，这篇文章报道说，洛杉矶建立了一个组织，为想保护非裔美国消费者身份的广告主提供指导。令人惊讶的是，这些行业受到警告，不得在其广告中使用诸如"头儿""小子"②和"黑鬼"③的词语。相反，这些广告主被敦促，在提到与其他购物者购买同样物品的非裔美国消费者时，要用"黑人"④一词。

② 原文为"boy"，常为白人对非白人仆役的称呼。
③ 原文为"darkey"，含有贬义。
④ 原文为"Negroes"。

美国正在成为一个没有少数族裔的国家，当少数族裔受众拥有了购买力时，讨好他们的切实努力就开始了。如今，拉美裔是美国最大的少数族裔。非裔美国消费者的购买力如今超过了 3 000 亿美元。亚裔美国人市场也在稳步增长。

但是，反映这种日益明显的人口现实的广告却相对较少，以这一部分市场为诉求对象的广告有时容易引起麻烦的刻板成见或遇到其他困难。例如，雷诺兹烟草公司（R. J. Reynolds Tobacco Company）⑤斥资数百万美元开发了一种以非裔美国人为目标消费者的香烟，并在非裔美国人社区放置广告牌以广而告之，不料，当消费者愤怒地知悉雷诺兹的计划时，该公司只得撤回这种产品。

⑤ 美国第二大烟草公司，仅次于菲利普莫里斯公司。它隶属于美国内比斯克集团，美国的每四根香烟中就有一根出自雷诺兹公司。它的主要品牌有云丝顿、萨勒姆、多拉尔和骆驼等。

针对少女的杂志很少反映青春期的生理事实。研究表明，沉浸在广告形象中的女性较难接受自己的身体。她们也这样看待自己的面部特征。学者们注意到，即便在以非裔美国人为目标受众的杂志中，美女的理想形象也是小鼻子、薄嘴唇、浅肤色的白种人。非裔美国女性单单没有在这些广告中看到过自己。

文化研究学者指出，这些不断被重复的形象是"日积月累的"。于是，文化本身开始不假思索地接受这种事实上只是一种对性别或种族的刻板成见，最终，这种刻板成见成了"常理"。

没有几位学者指出过，少数族裔中的成年人也需要保护，以免受到广告的侵害。他们指出的是，滥用消费者和广告主之间的信任的广告会造成各种后果。在短期内，产品可能滞销，并成为整顿的对象。从长远看，冷嘲热讽和社会的不信任与日俱增。人们感到自己正在遭到利用，即使他们无法明确地解释自己是如何被利用的。购买者可能学着对广告本身保持警惕，而不是利用广告来帮助自己做出更好的决定。

新闻业和公共关系：最典型的斗争

① 爱德华·L. 伯奈斯（1891—1995），美国公关业和宣传业的先驱，被称为"公关业之父"，他最著名的公关活动是1929年为推销烟草而发起的女性吸烟运动"自由火炬"。他的著述颇丰，其中，《舆论的结晶》和《宣传》是公关领域早期的重要著作。伯奈斯被《生活》杂志评选为20世纪影响力巨大的100名美国人之一。

公共关系在19世纪末成为一个职业，当时，新闻制造者企图寻找一种方法，让过去的新闻把关人不再简单地用新闻通稿报道他们的故事，而是精心制作成宣传噱头［例如爱德华·L. 伯奈斯（Edward L. Bernays)①在20世纪早期为女性吸烟者设想的"自由火炬"游行］。公关从业者为客户提供了免费接近受众的途径，又为报纸发行人提供了"免费"新闻。

尽管新闻工作者和公共关系从业者之间偶有敌意，但他们实质上是共生关系——二者谁也无法离开对方而生存。离开若干公关消息来源，没有哪家新闻组织大到足以收集所有的当天新闻。商业版充斥着关于盈利、新的产品线和人事变动的新闻通稿，都由非媒体雇用的作者提供。假如没有新闻通稿，报纸的旅游、娱乐和美食板块实际上根本不会存在。另一方面，媒体为想要宣传的机构提供了极其重要的受众。

既然有共同需要，为什么这两个职业有时还会发生争执呢？问题主要来自两个职业各自如何定义新闻。对于公关行业来说，没有突发新闻就是新闻价值之所在。安全运行且没有裁减任何雇员的电厂、按照预算运作且提供所需服务的非营利组织、连续15个季度支付股息的公司都标志着一切运行顺利，是制作公众应当倾听的报道的素材。对于新闻工作者来说却相反。电厂只有在威胁到公众安全时才是新闻，雇员们只有在携带枪支去上班时才最具新闻价值，而不是他们在过去30年间每天都出勤。

普通的新闻消费者很少观察到这种不断的反控制斗争，然而却受其影响。我们应当如何评价一个职业：它以说服为目的，然而其方法看上去与传统说服不同，或以阻止信息扩散为目的，因为这种信息可能损害已被制作出来的幻象。由于破坏了被公众视为可靠的、独立、真实的新闻讯息，战略传播从业者是否正在破坏其讯息的最重要的内容载体？说服难道不需要用新闻的对立面来获得成功吗？

最近，共生关系的焦点围绕着"协同增效"这一概念，换言之，就是消费者应当从不同的消息来源处接受多重讯息，从而增进销售或是公众对特别议题的感知。协同增效的伦理核心是"独立"这一概念——对于报道新闻的记者来说如此，对于既需要新闻也需要说服性讯息来做出独立决定的消费者来说也是如此。当前，战略传播和新闻业面临的经济压力已经加剧了有关独立的拉锯战。当代研究表明，特别是在那些既拥有新闻也拥有娱乐产业的公司，协同增效的考虑正在对软新闻节目的内容产生影响（Hendrickson and Wilkins, 2009）。

市场的和道德的

假设你是著名的百老汇制作人乔·派普（Joe Papp）①——20世纪70年代中期，百老汇的制作非常出色，你认为如果普通的纽约人可以免费观看经典作品会锦上添花。于是，公园里的莎士比亚诞生了。每年夏天，纽约市公共剧院都会在中央公园进行免费的户外莎士比亚演出，其资金来自纳税款的补贴。纽约人需要做的就是排队——有时很长——取票。

进入克雷格列表（Craigslist）②，为你排队的服务费用是每小时125美元。突然，免费票不那么免费了。纽约并不是唯一一个你可以雇人排队的地方。华盛顿特区有一个被Linestanding.com③点燃的行业，代理人会为美国最高法院的辩论或国会听证会的座位替人排队。无家可归者常常受雇操此业。当然，如果你想挪到迪士尼世界队伍的前面，只需要多付一些票价钱。或者，如果你想在某些大都会区域的高容量车道（high-occupancy lane）④开车——而又没有拼车的优势——你可以为此特权付费，即便你的车里除了你别无他人。

这有什么不对？在市场经济，商品和服务易手，没有人真正受到伤害。他们会吗？在公园里的莎士比亚演出这个例子中，纽约首席检察官（后来的州长）安德鲁·科莫（Andrew Cuomo）向克雷格列表施压，要求停发这种广告，指出出售本来是免费的戏票剥夺了纽约人政治共同体中一项极不平常的利益。

哈佛政治哲学家迈克尔·桑德尔（Michael Sandel）认为，为观看阿尔·帕西诺（Al Pacino）⑤扮演夏洛克（Shylock）而排队的机会是不应当出售的。在2012年出版的畅销书《金钱买不到什么：市场的道德界限》（*What Money Can't Buy：The Moral Limits of Markets*）中，桑德尔指出，本世纪，经济语言——确切地说就是一切都在市场上交易、一切都受到物质刺激的鼓励——不仅排挤了道德思考，而且有时还改变了我们关于好的生活意味着什么的概念，也即亚里士多德所说的真正良善的生活。桑德尔争辩说，无论是给获得好分数的孩子奖励金钱，还是给从体育馆到国家公园再到新生儿等一切事物命名的机会，再到出卖从血液到肾脏的一切，生活中总有些位置和领域不属

① 乔·派普（1921—1991），美国戏剧制片人、导演。派普在纽约市中心创办了公共剧院，其中有很多小剧场，派普在那里组织全年的戏剧和音乐演出。

② 创始人克雷格·纽马克（Craig Newmark）于1995年在美国加利福尼亚州的旧金山湾区地带创立的一个大型免费分类广告网站。该网站上没有图片，只有密密麻麻的文字，标着各种生活信息，是个巨大无比的网上分类广告加BBS的组合。克雷格列表是一个免费自由平台，所有信息的发布都是自由和免费的，对于恶意信息的监控，网站主要依赖的是客户的反馈。这是一个良性循环，网站的反馈越及时，人们就越信任该网站，也就会有越多的人自愿向该网站汇报他们发现的虚假信息。

③ 专门帮人排队的网站。

④ 美国的交通管理中将仅供运载至少某一规定乘客数的车辆通行的车道称为高容量车道。

⑤ 阿尔·帕西诺，美国著名戏剧、电影演员。1971年，他出演了他的成名作《教父》。之后连续四年获得奥斯卡最佳男主角或最佳男配角提名。1993年，他凭借在电影《闻香识女人》中的演出获得第65届奥斯卡金像奖最佳男演员奖和当选第50届金球奖剧情类最佳男主角。2007年，他获得美国电影学会颁布的终身成就奖。2012年被授予美国国家艺术勋章。

于市场。

　　桑德尔注意到两种对"一切皆可成为商品"这一思想的反对理由。其一是公正观念，这在雇人为免费票排队这一例子中得到凸显。有钱人往前排，莎士比亚也会反对的（毕竟，他为那些负担不起昂贵座位、只能坐廉价座位的观众写过笑话），桑德尔肯定是反对的。插队就是不公正。此外，它是强制性的——纽约市民并没有许可那些替排队者把"免费"票出售给出价最高的人。但是，他们无力改变这个正在兴起的系统，除非他们成为不情愿的参与者。

　　第二种反对一切都以市场论之的思想始于市场激发腐败的可能性。这种反对思想并无新意。在罗马天主教会，僧侣放纵支付金钱以求得对罪恶的宽恕，这就是一种腐败，也是500多年前宗教改革的原因之一。很简单，上帝和宽恕不能够也不应当被购买——即便它们待价而沽。正如桑德尔指出的，你可以购买体育纪念品甚至是一个体育运动队，但你无法买到的是在世界职业棒球赛中打出一个本垒打或者在超级碗比赛中获得决胜触地得分的真实体验。点球成金能帮你做的就是这些，而体验是不对等的。

　　在生活的许多领域，金钱都无法激发出更好的行为。受金钱激励为慈善机构筹款的学生筹到的钱款比那些没有受金钱激励的学生筹到的钱款少。瑞士一个社区的公民志愿让他们的社区成为一个核废料仓库的所在地。但是，当同一个问题呈现在他们面前附带着经济诱惑时，他们却拒绝了同样的提议。传统经济学家倾向于认为，诸如利他主义、慷慨、团结和公民责任这样的品质是稀缺之物。桑德尔认为，这些品质就像一块肌肉：反复使用，才会壮大。它们提示了良善生活的观念，而当市场语言取代了道德语言，我们关于良善生活本身的概念就遭到了贬低。腐败和堕落是市场思想无法满足人类真正所欲和所需之物的第二种理由。

　　桑德尔在自己的著作中总结如下："一度出现于棒球场的阶级混合体验的消失对仰视的人和俯视的人来说都是损失。类似的事情发生在全社会。在不平等日益加剧的时代，市场化一切意味着富人和普通人的生活差距越来越大……民主并不要求绝对平等，但是它确实要求公民在公共生活中相互分享……因为这样我们才能学习协商并容忍我们的普遍差异，才能逐渐关心普遍的善。"（Sandel，2012，203）

　　战略传播中的当代教育强调的是"如何"——消费者行为的、目标市场营销的、战略策划的和协同增效的。这些是重要的职业技能，但是它们却最常得到市场逻辑和功利主义思想的滋养。同样重要的是"目的"。是什么正在被市场化？这种吸引力是否腐蚀或贬低了我们关于良好生活的概念化理解？对于创造性战略传播来说，看到市场逻辑以外的技能恰恰和技巧一样至关重要。

说服和责任

霍奇斯（Hodges，1986）说，职业责任的观念可以被总结为一个问题：我准备好回应谁？换言之，我的教育和我的经验使我能够做什么、为谁承担责任？询问一个战略传播从业者："你准备好回应什么？"对方可能回答："为一个客户回应危机"，或者"为一个客户引起有利的媒体注意"，或者"为我的客户促成越来越多的销售"。但是，还有更重大的责任。

霍奇斯进一步陈述，责任来自三个源头。第一，*指定的*（*assigned*）责任，例如雇员对雇主。第二，*约定的*（*contracted*）责任，例如每个党派都同意承担并履行一些责任。第三，*自愿的*（*self-imposed*）责任，即个体道德行动者出于每个个体与生俱来的理由而承担责任。我们的论点是，合乎伦理的公共关系不仅要履行对雇主或出资客户的指定或约定责任，还要回应自愿责任的伟大呼唤。这些自愿责任可以包括诸如对真相的责任和对公共的善的忠实这样的概念。战略传播从业者承担的自愿责任越多，这一职业就越合乎伦理，因为从业者将他们的个人的善视为公共的善的同义词。

【推荐书目】

Baker，S.，and D. Martinson，2001．"The TARES test：Five principles of ethical persuasion." *Journal of Mass Media Ethics*，16，Nos. 2 and 3.

Fitzpatrick，K.，and C. Bronstein，eds. 2006. *Ethics in public relations：Responsible advocacy*. Thousand Oaks，CA：Sage.

Hodges，Louis. 1986．"Defining press responsibility：A functional approach." In D. Elliott（ed.），*Responsible journalism*.（pp. 13-31）. Newbury Park，CA：Sage.

Leiss，William，Stephen Kline，and Sut Jhally. 1986. *Social communication in advertising：Person，products and images of well-being*. New York：Methuen.

O'Toole，John. 1985. *The trouble with advertising*. New York：Times Books.

Sandel，Michael. 2012. *What money can't buy：The moral limits of markets*. New York：Farrar，Straus and Giroux.

Schudson，Michael. 1984. *Advertising：The uneasy persuasion*. New York：Basic Books.

【在线案例】 www. mhhe. com/mediaethics8e

"A case of need" by Deni Elliott

"Exxon's whipping cream on a pile of manure" by JoAnn M. Valenti

"A sobering dilemma" by Beverly Horvit

"Superman's Super Bowl miracle" by Renita Coleman

"The plagiarism factory" by John P. Ferré

"Handling the media in times of crisis：Lessons from the Oklahoma City bombing" by Jon Hansen

"Public relations role in the Alar scare" by Philip Patterson

"Endowment or escarpment：The case of the faculty chair" by Ginny Whitehouse

"The gym shoe phenomenon：Social values vs. marketability" by Gail Baker

"Taking it for a spin：Product samples in the newsroom" by Philip Patterson

"Breaking through the clutter：Ads that make you think twice" by Fritz Cropp

第 3 章　案例

案例 3 - 1　一家慈善机构的失职

菲利普・帕特森（Philip Patterson）

俄克拉何马基督教大学（Oklahoma Christian University）

65　　　苏珊科曼乳腺癌基金会（Susan G. Koman for the Cure）是一家全球性组织，致力于治疗乳腺癌，对公众进行乳腺癌教育并且救助那些已经确诊患乳腺癌的患者。在运行 30 多年的时间里，该组织已经募集了将近 20 亿美金。它的签名活动，苏珊科曼乳腺癌基金会竞赛，吸引了包括活动家、幸存者和志愿者在内的人士，他们共同打造了全美众多慈善活动中规模最大的一个。自 1982 年以来，该组织在其所选择的乳腺癌研究领域里已经成为一个备受信任的品牌。

2012 年 2 月，苏珊科曼乳腺癌基金会领导层宣布将终止与一家女性健康机构"美国计划生育联盟"（Planned Parenthood）的长期合作关系。美国计划生育联盟向全球范围内的客户提供生殖健康服务、性教育以及相关信息。在美国，该组织的 800 家服务中心每年服务将近 500 万客户。根据其公布的信息，1/5 的美国女性在一生中至少有一次会到访该服务中心。每年每 100 万例乳腺检查中就有近 3/4 的检查是该组织提供的。该组织提供的健康服务中 3％是流产或者流产转诊服务。这使得该组织与许多宗教团体以及保守分子关系紧张。

在苏珊科曼乳腺癌基金会做出这一决定之前，美国计划生育联盟已经被宣布面临国会调查，以确定该组织是否使用联邦基金资助人工流产。（正如其他多项国会质询一样，这一指控历时已久，但一直为美国计划生育联盟所否认。）在国会质询期间，苏珊科曼乳腺癌基金会宣布暂停资助美国计划生育联盟——当时其每年共计资助美国计划生育联盟 68 万美元。

苏珊科曼乳腺癌基金会的决定迅速引发多方的强烈反应。儿童作家朱迪・布卢姆（Judy Blume）是其中一个，她公开谴责苏珊科曼乳腺癌基金会："苏珊・科曼（慈善的代名词）不应该屈服于威逼与恐惧。很可惜该组织有负盛名。"其他的批评之声也在国内四起。

几天以后，苏珊科曼乳腺癌基金会的领导人为他们的行为道歉并且恢复资助美国计划生育联盟。在公开道歉之后，该组织的政策负责人卡伦·汉德尔（Karen Handel）辞职。汉德尔曾经竞选佐治亚州长但最终落败，从那时起她一直是人工流产和美国计划生育联盟的直言不讳的批评家，很多媒体认为她的辞职并不是出于自愿。无论如何，在她的辞呈以及后续的采访中，汉德尔说虽然自己在这个决定中起了作用，但是该组织董事会以及高层都支持她的这项决定。

在之后的几个月时间里，执行副主席、首席营销官卡特里娜·麦吉（Katrina McGhee），全球网络副主席南希·麦格雷戈（Nancy Macgregor），联盟战略与规划总监乔安娜·纽科姆（Joanna Newcomb）全都辞职了。该组织的签名活动——5 000米竞走是该组织资金募集的重头戏——的负责人称，活动参与度已经下降了30％（Wallace，2012）。

接下来，根据美联社报道，在2012年8月，主席利兹·汤普森（Liz Thompson）、创始人及首席执行官南希·布林克尔（Nancy Brinker）双双辞去她们在科曼的职位，使得当年的辞职人数升至7位数（Wallace，2012）。布林克尔为了纪念死于乳腺癌的妹妹苏珊·G.科曼（Susan G. Koman）在1982年建立了这个慈善组织。她说，在辞任首席执行官之后，她仍将继续为这个已经成为美国全国最大的乳腺癌基金会的慈善组织筹集资金。

两位高管的辞职声明并未提及此前与美国计划生育联盟之间的问题。

微观问题：

（1）像苏珊科曼乳腺癌基金会这样的慈善组织有责任回应捐助者关于其政策以及与其他组织合作关系的评论吗？

（2）普通的捐助者们知道自己的钱可能用到那些他们不支持的机构当中吗？当捐助者捐钱后，他们是否有权利去影响他们的钱被使用的方式？

（3）如果最初终止资助的决定获得了苏珊科曼乳腺癌基金会董事会的支持，为什么汉德尔还要辞职？

（4）苏珊科曼乳腺癌基金会发言人本来应该对那些正在报道其决定以及后续的高管辞职事件的记者们说些什么？对于捐助者们又该说些什么呢？

中观问题：

（1）苏珊科曼乳腺癌基金会在主要由共和党人支持的国会质询期间做出终止与美国计划生育联盟合作的决定，随后又恢复资助美国计划生育联盟的决定是出于政治目的的考量吗？

（2）如果你是一个集团的发言人，你是否会不假思索地同意它的所有举措？你会像汉德尔一样辞职吗？为什么？你对人工流产行为的看法与你所做的决定有关系吗？

66

宏观问题：

（1）这次争议涉及了两家美国最大的女性健康慈善组织。这些慈善组织的大部分资金来源于大集团的捐助。鉴于此，你如何看待一开始的时候苏珊科曼乳腺癌基金会反对美国计划生育联盟的行动？对苏珊科曼乳腺癌基金会后来态度的改变你又如何看待？

（2）给像苏珊科曼乳腺癌基金会这样的组织捐款是可以减税的。这在多大程度上给了政府管理它们的权利？

▍案例 3 - 2　YELP① 赋权消费者还是敲诈小企业？

① 美国最大的点评网站，2004 年，YELP 在旧金山起步。2012 年 3 月 2 日登陆纽交所，共发行 715 万股普通股。按照 15 美元的发行价计算，YELP 融资额为 1.07 亿美元，目前市值为 60 亿美元。

李·威尔金斯（Lee Wilkins）
密苏里大学（University of Missouri）

67

在过去十年当中，旧金山的杰里米·斯托普尔曼（Jeremy Stoppelmen）萌生了一个创意，就是利用那些发生在社交媒体上的事情为消费者在网上赋权。如果你觉得某个地方的商家不错，或者你觉得某个商家对你失礼了，让你的朋友知道吧。YELP 承诺让全世界都知道这些信息。

从 2005 年到 2010 年大约 5 年的时间里，YELP 主导了一个网站种类——现在谷歌也涉足此业——那就是允许消费者发布他们对地方商铺未经过滤的观点，这些商铺包括酒店、商店以及其他的各类地方服务。网站及其内容都非常成功且具有影响力。如果得到积极评价，那地方的商铺就特别兴旺；如果是负面评价，那么它们就会受到重创。YELP 的效仿者们包括订阅服务商安吉名单（Angie's List）。在某种程度上，YELP 就是旅行者非常熟悉的萨加特评级（Zagat ratings）的网络版，萨加特评级以书籍或杂志的形式遍布全世界的许多城市。YELP 最初的商业模式并不允许除了消费者个人之外的任何人在其网站上发表观点。

但是，当 YELP 将给地方企业排名的能力赋予消费者个人的时候，就陷入了批评四起的局面，并最终招致法律起诉。小企业主纷纷起诉 YELP，称消费者在该网站上发布的评论是根据哪些公司在该网站投放了广告而受到操控的。在 2010 年的一个起诉案件中，加利福尼亚州长滩一家兽医诊所起诉 YELP，称 YELP 上发布有错误及诽谤性的评论，而且 YELP 拒绝提供帮助，反而要求这家兽医诊所每月支付 300 美元的广告费用来隐去或者移除该评论。

YELP 传播副总裁提供了一份声明回应该诉讼：“依托我们可信的内容，YELP 为数百万消费者及商家提供有价值的服务。这些指控是绝对不成立的，因为在 YELP 上投放广告的很多商家既有消极评价，也有积极评价。这些商家意识到这两种反馈都能提供真实可靠和有价值的信息。”

但是，随着 YELP 的逐渐成熟，它也决定必须找出一种方法让地方的商家可以在网上对评论进行回复。从 2009 年 4 月开始，它允许小企业主公开回应评论，很大一部分原因在于地方商家们要求在其网站上有更多不同声音。YELP 的首席运营官杰夫·多纳克（Geoff Donaker）提到这些回应，"只要它通过一个文明的方式完成，它对消费者和商家来说就都是有利的"。

总体而言，地方的商家们是欢迎这个机会的。《纽约时报》引用洛杉矶塔特酒店（Tart）老板彼得·皮卡塔吉亚（Peter Picataggia）的话说，虽然他的员工私下里基本上会对每一条 YELP 的评论进行回复，但是他欢迎这个公开回应的机会。

这些商业模式的调整在另一个方面产生了显著的作用。2012 年 3 月，YELP 的股票可供投资者买卖了——用经济学术语来说就是"首次公开发售"（IPO）。这次股票发行是成功的，3 个月以后，YELP 的股价在 15 美金的发行价的基础上每股涨了 6 美金。

微观问题：

（1）当那些在地方企业有过糟糕体验的公众讲述真相或者准确报告发生了什么事的时候，他们的伦理责任是什么？

（2）那些看到这些评论的人有什么伦理责任？

（3）从伦理角度而言，商家是否应该被允许私下或者公开对批评进行回应？

（4）从伦理角度而言，商家是否有责任去监督"网络"环境中对其商铺的评价？同样的责任是否适用于消费者？

（5）同样的思考是否适用于 Ratemyprof. com 这样的网站？像 Ratemychurch. com 这样的网站呢？

中观问题：

（1）那些开发了这类网站的人负有何种伦理责任去确保批评和赞扬都是真实且文明的？

（2）这类网站应不应该向地方商铺提供广告？从伦理角度区分 YELP 及其相似网站与安吉名单（Angie's List）之类网站的政策。

（3）在萨加特上被评论的商铺很少要求更正或者是回应的机会，为什么 YELP 以及其他的类似网站有所不同呢？

（4）这些网站如何确保负面评论不是竞争对手"植入"的？

宏观问题：

（1）对此观点进行评价：一个网站既需要积极的评论，又需要消极的评论来提升其真实性。

（2）为一家地方企业制定一个公关或策略沟通方案，特别是针对这家地方企业该如何回复积极和批评性的网络评论的问题。

（3）消费者个人撰写这种评论的时候是否和记者或者是策略沟通专业者一样受到基于伦理期望的束缚？如果答案是否定的，那消费者评论的伦理期望是什么？为什么他们有别于那些"行业里"的专业人士？

案例 3 - 3　广告背后的真相：俄勒冈州更换广告

李·威尔金斯（Lee Wilkins）

密苏里大学（University of Missouri）

69

　　2010 年开始，俄勒冈州彩票采用了一则广告宣传活动标语——"每一块美金中的 97 美分将返还俄勒冈州"。在接下来两年时间里，印刷广告的标语有时甚至会更详细。2012 年，一则在《俄勒冈人报》（*Oregonian*）上的广告称："97 美分代表每一年将有超过 5 亿美金返还俄勒冈州，用来创造就业，支持学校、州立公园以及流域管理。"

　　和其他许多州一样，在 20 世纪 80 年代，俄勒冈州选民通过了一项宪法修正案，批准发行彩票。俄勒冈州发行彩票是在 1984 年经济衰退时通过的，支持者们希望彩票收益可以帮助俄勒冈州扭转经济状况。同时选民们特别指出，他们希望通过各种各样的投票表决方式决定怎样用钱。从一开始，彩票官员们说已经支付了超过 190 亿美金的奖金，以及超过 70 亿美金用于支持选民们特定的活动。法令特别指出，至少 50％的彩票收益将被用于奖金，而用于行政支出的费用不得超过总收益的 16％。

　　彩票历来是备受争议的。总统托马斯·杰斐逊（Thomas Jefferson）[①]视之为一种无痛征税的手段。当代官员们指出，因为赌博是如此常见，将之合法化与规范化以确保机制公平是非常重要的。各州也可以用彩票收益来填补预算漏洞。出于各种各样的原因，批评家们一直反对彩票，理由从对这种"运气游戏"的道德指责到基于从赌博中获取收入的公共政策的考虑——这并非长久之计，因为此举将压力从传统纳税人转到赌博者的身上，而每一年赌博者们对州资金所做的贡献是不稳定的。简言之，批评者们认为，依靠彩票收益来支持如教育或者是环境保护这样重要的公共项目是一个太大的赌博。

　　俄勒冈州的彩票变成了一项非常重要的收入来源。该州是为数不多的不征收销售税的州；与邻州相比，俄勒冈州的财产税和收入税都相对要高。但是，不征收销售税——俄勒冈州拒绝了很多次在全州范围内征收销售税的提议——该州本身持续性的收入来源就比其他大多数州要少。和其他州的彩票产业一样，俄勒冈州的彩票得到强力行销，而且称该州从彩票中获利的说法一直以来都是市场营销的一部分。

　　2012 年 6 月，彩票业决定逐步淘汰其用了两年的营销项目。原因是"俄勒冈政治真相"（PolitiFact Oregon）对该项目的真实度评价是"彻头彻尾的谎言"（pants on fire）[②]。"彻头彻尾的谎言"的评价并不只是质疑该项目声明的真实性，它也暗示这些声明本身是极端荒谬的。

　　据《俄勒冈人报》报道，彩票广告的声明是基于运算得出的，其中包含着

---

① 托马斯·杰斐逊（1743—1826），美国第三任总统（1801—1809），同时也是美国《独立宣言》的主要起草人，美国开国元勋之一，极具影响力。除了政治事业外，杰斐逊同时也是农业学、园艺学、建筑学、词源学、考古学、数学、密码学、测量学与古生物学等学科的专家，又身兼作家、律师与小提琴手，也是弗吉尼亚大学的创办人。许多人认为他是历任美国总统中的智慧最高者。

② "pants on fire"选自英国童谣中的一句"liar, liar, pants on fire"，意为"彻头彻尾的谎言"。PolitiFact 的"真实性测量仪"（Truth-O-Meter）量表共六个刻度分别为真实，基本真实，部分真实，基本失实，失实，荒谬（荒谬，该结论不仅未基于事实，而且很荒谬）。参考链接：http://www.southcn.com/nfdaily/media/cmyj/49/content/2014 - 09/12/content_108368452.htm。

所谓的"制造"——在这个过程中，赌徒的原始资金比如 20 美元被加到玩家的"奖金"上比如 10 美元，最终产生了 30 美元的收入，即便这 10 美元奖金甚至没有在系统中存在过。同时，该声明假设所有赢家都来自俄勒冈州（不可能）而且那些赢家会在俄勒冈州内消费掉所有奖金（同样不可能）。来自密尔沃基郊区波特兰的民主党人、州议员卡罗琳·托梅（Carolyn Tomei）称，所有的奖金都没有返还到州里。"我看着广告在想：'公众应该从中带走什么呢？'如此一来人们会对彩票业感受良好，但这有什么意义吗？"

在俄勒冈政治真相的评级推出之后不到一周的时间，"97 美分项目"就被暂停使用了。彩票业发言人查克·鲍曼（Chuck Baumann）向《俄勒冈人报》表示，彩票业将采用一个新的营销项目，但仍然认可 97 美分这样一个数字。

微观问题：

（1）什么类型的广告声明应该被俄勒冈政治真相这样的组织检验？为什么？

（2）指出玩俄勒冈彩票是杰斐逊所说的无痛税收的一部分会不会更加真实可信？这样一种包含关系可能导致什么后果？

（3）你认为那些买俄勒冈州彩票的人们是否意识到自己缴了额外的税？这重要吗？在由俄勒冈州政府规范并且经过投票通过的彩票一事上，让买家意识到这个问题是一个恰当的伦理标准吗？

（4）你觉得这则广告及其声明是否具有欺骗性？让当地人对彩票感觉良好这件事本身合乎伦理吗？

中观问题：

（1）在准备广告语和声明的时候，广告主们常常用一些被称为是创造性模糊的手法。广告中的声明是否应该像新闻中的信息一样以事实为依据？

（2）产品和服务的广告是否应该像支持政府活动的广告一样服从同样的详细检查？

（3）俄勒冈州彩票对称其为"彻头彻尾的谎言"这一评价的回应是否恰如其分？

宏观问题：

（1）在支持像公共教育这样重要的事情的时候，彩票业是一个恰当的机制吗？

（2）为地方彩票行业策划一个你认为合乎伦理的营销活动。

▌案例 3-4　赞助、原罪和公关：界限在哪？

劳伦·培根·布伦盖斯（Lauren Bacon Brengarth）

科罗拉多大学斯普林斯分校（University of Colorado at Colorado Springs）

对非营利组织来说，赞助是复杂却至关重要的工具。来自营利世界的赞助为非营利组织的运作和发展提供了重要资金，然而也是有代价的。例如，考察一下以盈利为目的的凤凰城大学（University of Phoenix）和一个管理当地"开启大脑"（Head Start）服务以及为贫困孩子提供免费幼教的非营利组织吧。

在采访该非营利组织的传播经理时，我问他是否感觉到社交媒体赋予了该组织在社区当中提供新闻生产的功能。他确认了这一点，并且认为该组织不仅是一个新闻生产者，而且该组织在运用社交媒体上的成功会带来新的资金来源。但是有些新来的资金已经带来了棘手问题。

比如，营利机构凤凰城大学的捐助包括一项交换条件，即该非营利幼儿园要推广性地提及该大学，并给予该大学推广机会。比如，幼儿园在脸谱和推特上发布的关于其年度筹款早餐会的帖子中要提到凤凰城大学是主要赞助方，从而为其做推广。此外，在早餐会上，该非营利组织为凤凰城大学主持了一个"网吧"，鼓励与会者登录该"网吧"并告诉其他人他们参加了这个活动。

在过去几年中，凤凰城大学的本地员工志愿去该幼儿园，参加诸如给孩子读书、为孩子提供由学校供给的"识字袋"和书籍等活动。两个组织的关系促使该幼儿园令凤凰城大学在角逐一项"开启大脑社团"之模范社团/社区合作伙伴关系奖时获得提名并获奖。

同时，凤凰城大学也因其高昂的学费和迎合低收入学生这样一个趋势而受到批评，这些低收入学生离开学校时总是留下一大笔债务，既没有工作前景，也没有获得学位。因为学生获得大量的联邦财政资助，毕业率已经受到政府的严格审查（Gramm，2012）。

另外，对凤凰城大学的批评还强调了其对兼职教师的依赖以及强迫学生在传统高等教育的一半时间内完成课程体系的做法（Dillion，2007）。2009 年，两名检举人针对该校的招生政策提起了《虚假陈述法案》（False Claim Act）诉讼，该校因此支付了 7 850 万美元用于和解。官员们说，该大学面向那些被传统学校忽视的半工半读的学生，以此反驳流传甚广的批评。

由于在全美国受到广泛的批评，加上负面的公众形象，凤凰城大学的招生经历了大幅下降。凤凰城大学 2012 年的第三季度报告显示，其学位招生平均下降 15%，入学新生下降 8%。阿波罗集团（Apollo Group，凤凰城大学的经营者）2012 财年第三季度净收入下降 9.2%，但该集团仍然有 33 亿美元的收入。

微观问题：

（1）如果低收入的半工半读学生构成了凤凰城大学学生群体的大部分，那么这种关系是如何引发潜在的伦理冲突的？

（2）非营利组织与营利组织应该合作吗？

（3）非营利组织推广其赞助方的合适条件和尺度在哪里？

（4）营利组织与非营利组织合作希望获得什么？

（5）为了获得营利组织的资金，非营利组织愿意牺牲什么呢？

中观问题：

（1）赞助与广告有何不同之处？

（2）许多营利性公司鼓励员工志愿贡献时间和金钱给各种各样的地方和各大全国性组织。如果有的话，营利组织期望从中获得什么呢？

宏观问题：

（1）政治如何影响到赞助关系和推广方式的适当性（比如，美国奥运代表队接受拉尔夫劳伦公司提供的中国产的服装）？

（2）社会责任如何影响赞助关系的适当性（比如，百威啤酒赞助一所重要大学的车尾野餐会）？

（3）非营利组织应该怎么做，才能更充分地调查想赞助它们的营利组织的历史和行为？

（4）第 6 章讨论的是"企业公民"这个角色是一个能对账本底线有积极影响的因素。你是否相信诸如本案例中描述的这种赞助对"良好"的企业公民的概念有所贡献？动机重要吗？

案例 3-5　企业责任：为善者诸事顺？

克里斯汀·雷斯克（Christine Lesicko）

密苏里大学（University of Missouri）

有环保意识是时下热点。为了绿色环保，顶级水净化系统制造商碧然德（Brita）推出了一个活动网站，意在影响人们不要再使用塑料瓶装水。

这个网站（filterforgood.com）的内容包括塑料瓶废弃物的统计数据、一个可以履行的承诺以及那些履行这一承诺的人节省了多少个瓶子的数据。该网站还纳入了 NBC 减肥真人秀节目《最强减肥者》（The Biggest Loser）以及在哪里购买碧然德产品的链接。该网站还推广乐基因（Nalgene）可回收瓶子、以环境保护为目的的自行车赛以及一个大学资助项目。

该网站包含的事实如下："2006 年，美国使用了 500 亿个矿泉水瓶，填埋了 380 亿个瓶子，相当于 9.12 亿加仑石油。"该网站报道称："我们使用瓶装水浪费掉的能源足够提供给 19 万个家庭使用。"

如果网站访客选择承诺减少浪费塑料瓶，他们就会获得优惠券以及更多关于碧然德净水系统的信息。访客还可以购买一个"方便包"，其中包含一个滤好乐基因（Filter-For-Good Nalgene）水瓶、10 条水晶闪亮（Crystal Light）①的便携饮料冲剂、酷爱牌（Kool-Aid）和乡村时光牌（Country Time）饮料，以及其他的奖品和优惠券，从而帮助他们更加环境友好（eco-friendly）。

碧然德的活动明显没有隐瞒其与主办方的附属关系。然而，《纽约时报》的一篇新闻文章指出，碧然德的母公司高乐氏（Clorox）并未回收使用过的过滤器，这就意味着没有有效的方式回收它们。创建 TakeBacktheFilter.org② 的贝丝·特里（Beth Terry）指出："为了放弃瓶装水，你必须使用其他的不可循环的塑料制品。"

① 美国饮料冲剂品牌。

② 回收过滤器的网站。

该网站向高乐氏呼吁发起一个过滤器收集和回收项目以便循环利用。该网站还指出："虽然有独创性的欧洲碧然德 GmbH 公司（European Brita GmbH Company）已经创建了一个滤芯回收计划，但是高乐氏还没有运行这种滤芯回收或再利用项目。"TakeBacktheFilter.org 赞扬了高乐氏的作为，但是也指出它的项目本身就是一个含蓄的讽刺。

微观问题：

（1）那些开展这个碧然德活动的人是否应该在向公众公布之前，先调查滤水器能否被回收这一问题？

（2）新闻记者是否应该调查这类活动，并且报道他们的发现？

（3）这一践行企业社会责任的努力与其他活动有何相同与不同——比如用酸奶瓶盖子来交换企业对乳腺癌研究的捐助？

中观问题：

（1）用扩展版 TARES 测试来评价碧然德活动。

（2）根据扩展版 TARES 测试，对瓶装水的需求——这在过去的美国并非寻常——进行评价。

（3）在某种程度上，消费者是否应该将他们的购买决策建立在这样的努力之上？

宏观问题：

（1）假设有这么一款环保型的尿不湿，为它发起的活动可采取什么概念？从社群主义哲学的角度看，这是怎样的一个活动？从功利主义角度看呢？对比案例中的活动，这类活动在哪些方面相似？在哪些方面又不同？

（2）透明性这一概念是否适用于企业社会责任？如果是，是怎样的？如果不是，为什么？

（3）在这个案例及类似案例中，战略沟通的专业人士应该对谁忠诚？为什么？

案例 3-6　我刚才看到的是苹果电脑吗？
美国与国外电视网中的植入式广告对比

菲利普·帕特森（Philip Patterson）
俄克拉何马基督教大学（Oklahoma Christian University）

迈克尔·斯科特（Michael Scott）是 NBC 的艾美奖获奖喜剧《办公室》（The Office）中的小丑式人物，办公室经理。一个普通的周五，他出现在办公室，让倍感震惊的员工查看他穿着新李维斯（Levi's）牛仔裤的臀部。在广受欢迎的 ABC 电视剧/喜剧《绝望主妇》（Desperate Housewives）中，加布丽埃勒［Gabrielle，由伊娃·朗格利亚（Eva Longoria）扮演］急需现金，于是在车展上为别克君越（Buick LaCrosse）做车模，也为床品公司做模特。已经停播的

《美国梦》（*American Dreams*）描绘了 20 世纪 60 年代的美国生活，像金宝汤罐头（Campbell's Soup）以及福特野马跑车（Ford Mustang）这样的美国标志物都被编进了这部剧里。

74

对此，好莱坞称之为"品牌整合"（brand integration）。而批评者们——其中有些恰恰是使用植入式广告的剧作者——则认为它更糟。但是不管怎样，这种现象正愈演愈烈。根据尼尔森媒介研究（Nielsen Media Research）的数据，在 2004—2005 的电视季期间，超过 10 万件实体产品出现在美国电视网中（年增长 28％）。PQ Media（Manly，2005）调查显示，这产出了 18.8 亿美元（年增长 46％）。广告代理商们已经设立植入广告部门。研究组织纷纷出现，以承担测量广告植入效果的任务。而美国电视节目似乎有个无法满足的胃口。

"事实上，这些品牌是我们生活的一部分。既然这些品牌出现在这些电视环境中，那为什么不容它们好好表现呢？"出品《办公室》的公司首席执行官本·西尔弗曼（Ben Silverman）表示（Manly，2005，A14）。

然而，并不是每个人都满意。2005 年，在纽约"广告周"的一次会议上，当座谈小组讨论电视节目中的品牌整合状况时，电视编剧们在外抗议。他们的不满包括：他们想要在如何植入产品方面获得更多发言权，并且不可避免的，他们还要求从将产品写入剧本所产生的利润中获得分成。

大多数人认为这一举动是生存手段之一。基于广播及其"肥皂剧"的经验，原创的电视节目被冠以赞助商的名字（例如高露洁喜剧时间以及德士古星剧场），观众们别无选择，只能观看广告。尽管商业广告在头 50 年的时间里对电视产业起到了推动作用，但是，遥控器的出现和近年来的硬盘数字录像机已经使消费者能够避开那些商业广告，而电视节目正是因那些商业广告才得以免费。

"10 年前的广告模式在今天已然不适用，"华纳兄弟电视集团（Warner Bros. Television Group）的主席布鲁斯·罗森布拉姆（Bruce Rosenblum）说，"如果我们无法满足广告商的胃口，将信息以一个全新的方式传递给观众，那么我们就注定只有一个过时的模式。"（Manly，2005，A14）

然而，对于欧洲那些由政府资助的电视台而言，植入式广告仍然是一个棘手的问题。

在 BBC 2005 年版的《神出鬼没》（*Spooks*）一剧中，苹果电脑的标志出现在这部剧的前几集中，然后在接下来的剧集中被删除了，因为英国纸媒指责称，BBC 的电视节目为了换取金钱以及其他帮助，让苹果电脑以及其他品牌的标志出现在节目中，此举违反了 BBC 的规定。在德国，公共广播台 ARD 被发现已经连续数年播出充满非法植入式广告的节目后，多人遭到解雇（Pfanner，2005）。

并不是每一个欧洲国家都有这样的禁令。在奥地利，公共广播台奥地利广播集团（ORF）每年在其节目中播出超过 1 000 个植入式广告，从而获得大约

2 400万美元的资金，补充其大约10亿美元的预算。奥地利广播集团表示，允许植入式广告实际上是对无论如何都要发生的事情进行了规范。"如果你不规范它，它也会存在——在一个灰色地带。"奥地利广播集团首席经济官亚历山大·拉贝茨（Alexander Wrabetz）说（Pfanner，2005，A15）。

BBC并没有宣布任何更改植入式广告禁令的意图，但是即便如此，在其内部仍有不同选择。一位BBC执行官在接受《国际先驱论坛报》（*International Herald Tribune*）的采访时非正式地表示："回到50年代，我们把每个东西都称作极致（Acme），或者用贴纸盖住所有的品牌名。如今世界上没有一家电视公司能做到这样。观众也并不买账。"（Pfanner，2005，A15）

最后，植入式广告成功与否仍然取决于其与情节的契合度。据目前供职于麦迪逊大道（Madison Avenue）的《美国梦》创作者乔纳森·普林斯（Jonathan Prince）称："我们的工作就是让品牌的融合有效到能够引发共鸣，但是……要润物细无声，以免招致反感。"（Manly，2005，A16）

微观问题：

（1）就你个人而言，是否愿意回到那个用"极致"这样一个虚构的名字来隐藏产品真正的品牌名称的年代？

（2）相比将产品插入节目情节造成的侵略性而言，将诸如名牌电脑这样真正的产品带入电视节目所产生的真实性是否更加重要？

（3）正如你父母和祖父母观看30秒的商业广告就是他们为免费收看电视节目付出的"代价"一样，植入式广告是你观看免费电视节目的"代价"吗？

中观问题：

（1）诸如《新闻周刊》这样的新闻杂志常常就"妇女健康"等问题出版页数众多的特刊，而特刊中所有的广告都是那些能够改善女性健康状况的产品。你认为这种做法与电视节目中植入式广告的做法有何区别？

（2）将广告植入戏剧和喜剧的剧本中与植入与其完全不同的电视真人秀中是否有所不同？

（3）电视节目中的植入式广告与冠名赞助体育馆或大学保龄球比赛以获得免费在新闻中被提及的机会，这二者有什么不同？新闻主播是否应该避开这些场所和活动的公司名称？

（4）新闻节目结束时滚动播出主持人的服装赞助商，这属于植入式广告吗？这是否会损害新闻的客观性？说明你的理由。

宏观问题：

（1）如果用户在观看免费电视时，以"转换频道"和"录像"两种方式来跳过商业广告，如果植入式广告不能带来保持节目免费所需的收入，这个媒体会怎么样？如果免费电视被淘汰，这对美国又将产生什么样的影响？

（2）在"有效性"与"冒犯性"之间努力"走钢丝"，你对植入式广告会提出什么建议？

（3）本案例中拉贝茨的论点是否合乎伦理？请将该论点与本章中 TARES 测试的五个标准进行比较，并探究它是如何与其匹配的。

案例3-7　旁观者视角：多芬的真美营销战

布兰迪·赫尔曼-罗斯（Brandi Herman-Rose）
密苏里大学哥伦比亚分校（University of Missouri-Columbia）

2005 年夏，联合利华（Unilever Corporation）旗下的多芬（Dove）在英国发起了一场真美（real beauty）活动。这次营销活动最初是为了推销诸如紧致乳液这样的护肤品，后来却发展成为一个只追问"真美由何构成"的公益广告和推广。

由于以六个完全非传统的模特为号召，多芬营销活动吸引了大量媒体的关注。她们的服装尺寸从 6～14 号不等，且有着不一样的体型。有些有文身，有些大腿十分粗壮。多芬将这些模特鼓吹为有着"真实的美"的"真实的女性"。

你可以在以下这两个网站上观看这场仍在持续的营销活动的一些广告：www. Dove. com，或者 www. Campaignforrealbeauty. com。

这些广告以六名身着不加装饰的白色文胸及内裤的女性为主角。她们都是二十岁左右。她们来自不同种族，有着不同的体型和体态。有一位大腿上有着很大的文身。她们身高不一。有一位是纯正的白种人，其余的有着卷发。

女性的形象被印在大型广告牌和印刷媒体上，问人们每一位女性的特点。一位印有九十五岁女性的广告牌上印着两个词"皱纹还是美妙？"，另一个广告牌上身材丰腴的女性在镜头前笑得很灿烂，她的广告词是"超重还是出众？"，每一个广告的主角都不是传统广告的模特形象。每一幅海报也都问及她们究竟是应该被给予正面评价还是负面评价。

在多芬护发产品的电视广告上，女性带着相同的金色头巾走在街上。在一个指定的地点，这些女性拿下假发，露出她们的卷发、直发、金发、棕发或者黑发。这个广告在多个国家上映，强调在每一位女性独一无二的发型中发现美。

其他公司已经尝试在它们的广告中展示真实的女性，但却没有收获像多芬真美营销活动一样的认可度，也没有提升产品销量。那么，多芬是如何想出这个点子的呢？真美营销活动是多芬推动的，还是多芬的广告代理商奥美（Ogilvy and Mather）的功劳？

多芬的真美营销活动是对来自阿根廷、巴西、加拿大、法国、意大利、日本、荷兰、葡萄牙、英国和美国的 3 200 名女性的研究成果。调查发现，只有 2％的女性认为自己"美丽"，另外 5％认为自己"漂亮"，只有 9％的女性认为自己"有吸引力"。

为了这项调查，多芬雇用了壹战略（StrategyOne）与市场舆论调查国际

（MORI International）来确保这个研究符合国际研究协会（global research association）的标准和守则。此外，多芬聘请杰出的独立思想家与学术机构来进行研究设计和数据分析。最后，多芬确保了这个研究不提及它们自己的品牌或者母品牌联合利华，也确保参与者对研究的赞助者不知情（Lagnado，2004）。

多芬这个公司将自己的全部成功绑定在女性行为和观念上，在女性观念体系的研究中投入非常大。在一篇名为《美的真相》（The Real Truth about Beauty）的报告中，研究者称：

> 女性对于美的全心投入不是那种可随意打发的问题。该研究结论性地表明，如今女性看待美和她们看待世界一样重要，甚至更具有决定性。为了让所有关于美的观点民主化并得到普及，女性渴望沿着她们看待美的方式，对那些理想进行重新定义与扩展。我们与在影像作品和印刷作品中看到的那些有限、狭隘、受限制的体型和身材渐行渐远。（Etcoff，Orbach，Scott and D'Agostino，2004）

真美营销活动于 2005 年夏天在英国发起，获得了英国媒体的广泛报道，也同样吸引了美国及世界其他媒体的关注。这场全球营销活动毁誉参半。

www.brandchannel.com 网站的自由撰稿人艾丽西亚·克莱格（Alicia Clegg）在英国开展真美营销活动之后写道："通过展示多样的肌肤与体型，多芬广告提供了一个所有人都渴望的关于美的民主化视角。同时，该活动也隐含了一个道德目的，那就是消费主义的伦理问题。"（Clegg，2005）

尽管多芬得到了不少正面评价，但是仍有人认为该活动使用的市场营销策略无外乎是一个深藏不露的企图，令女性感觉到自己不完美。"一些人认为，该广告仅仅只是多芬赚钱的伎俩，它一边鼓吹女性的自信，一边售卖紧致霜来迎合她们的不安全感"（Marchese，2005）。还有一些人（Gogoi，2005）指出，这场"真女性"营销活动成功的唯一原因就是过去几年真人秀节目的流行。

当对抗其他美妆产品的营销活动时，多芬的所作所为显然大相径庭。多芬的两个主要竞争者玉兰油（Olay）和杰根斯（Jergens）发起的品牌活动着重表现了长腿清瘦的女性摆出性感的姿势，在多芬的指导思想下，奥美避免了这样的选择。

多芬的营销活动在英国得到了更加正面的反馈。美国公民对护发产品的广告反响良好，但是让美国女性认为超重的女性一样美丽还是一件很困难的事情。

微观问题：

（1）该广告是否代表着一种"杀出一条血路"的尝试？

（2）如何利用本章中提出的 TARES 测试评估该广告？

（3）真实性在促使消费者购买那些会让他们看起来比真实状态"更好"的产品时扮演了什么样的角色？

中观问题：

（1）请评价这一观点：多芬营销活动被称赞为典型的合乎伦理的广告案例。

（2）刻板形象——特别是关于美女的刻板形象——在这则广告中发挥了什么作用？从伦理角度而言，对刻板形象的这种使用与那些刻画了传统模特的广告有何区别？

（3）该广告的创造者忠诚于何人何事？

宏观问题：

（1）检视"饮食失调"的文献。在你看来，广告在饮食失调的发展过程中扮演了什么样的角色？与其他影响因素相比，广告有多重要？

（2）地球的人口正在老龄化，多芬目前的做法算得上是聪明的营销吗？在这个营销活动中，你认为伦理思考扮演了什么样的角色？

案例 3-8　《1 频道》：学校中的商业主义

罗莎琳·奥斯本（Rozalyn Osborn）

密苏里大学（University of Missouri）

菲利普·帕特森（Philip Patterson）

俄克拉何马基督教大学（Oklahoma Christian University）

《1 频道》（*Channel One*）是为青少年——从初中到高中——设计的一档 12 分钟的新闻节目，通过卫星向全美的教室播出。在巅峰期，每天在 12 000 所学校的 350 000 间教室中，有 800 万学生收看这档节目，在全美国，这一年龄组的学生占总数的 40%。

《1 频道》是由田纳西州诺克斯维尔（Knoxville）惠特尔传播公司（Whittle Communications）的克里斯·惠特尔（Chris Whittle）于 1989 年首创的。后来，这个节目卖给了拥有《读者周刊》（*Weekly Reader*）、《纽约客》（*New Yorker*）杂志和《肥皂剧文摘》（*Soap Opera Digest*）的普里梅地亚股份有限公司（Primedia Inc.），最近又卖给了《绯闻女孩》（*Gossip Girl*）和其他被批评家称为"淫秽下流"的青少年节目的制作方合金媒介和营销公司（Alloy Media and Marketing）。

《1 频道》最初的吸引力是它给每一个订户学校的每一间教室配备一个圆盘式卫星电视天线、联网的电缆配线、一台录像机和一台电视。这些设备被无偿地提供给学校，并得到免费的安装和维护。作为回报，学校同意每天向大部分学生播出《1 频道》。

关于《1 频道》和类似节目的争论中心是广告。作为这个 12 分钟的节目的一部分，学生收看到 2 分钟的广告。这就意味着收看《1 频道》的学生们在一学年中看到了大约相当于一天上课时间的广告。

《1 频道》的支持者坚持认为，该节目提供的科技和信息是无价的，尤其是对贫困的学校来说更是如此。他们主张，短暂地接触广告就能获得科技和物质材料是值得的。但是，批评家关注的是节目的商业方面，他们坚持认为，学校应当是一个受到保护的环境。反对者争辩说，学校接受随《1 频道》而来的商业化，就是以一群无法脱逃的受众为目标对象。

华盛顿特区的一个观察组织"商业警报"（Commercial Alert）称，"《1 频道》不适合学校，因为它携带着物质主义和对孩子们有害的信息，败坏了学校的诚实，降低了学校和教师的道德权威"（Kennedy，2000，21）。最终，《1 频道》的批评者们沉默了，而该节目的拥有者继续依靠有保障的受众赚钱，每 30 秒广告收取高达 20 万美元的费用。广告主们有充分的理由支付这笔钱。他们拥有的不仅是无法逃脱的受众，还是敏锐的受众。美国儿科学会（American Academy of Pediatrics）2006 年的一项研究表明，两分钟的商业广告和十分钟的新闻相比，孩子们对前者会记得更多。《1 频道》经常抄袭 NBC 和 CBS 的内容。

2012 年夏天，波士顿的一家非营利组织童年无商业化运动（Campaign for a Commercial-Free Childhood，CCFC），要求各州取消这档 12 分钟的新闻节目，再次引发了争议。而这档新闻节目因苏丹冲突报道而获得 2005 年的皮博迪奖。该组织说，这档节目只不过是一个商业手段，使儿童受到广告的控制。CCFC 还称，《1 频道》的某些内容是存在问题的。

波士顿的这个组织给 42 个州的督学写信，敦促他们去看一看这档每天都会有成千上万名学生观看的节目的内容。除了质疑广告内容及数量，CCFC 还称，《1 频道》花时间推广自己的网站，而该网站给一个每分钟收取 7.49 美元的巫师做广告，并且推广其他含有问题内容的网站。CCFC 还称，一整天的授课时间被《1 频道》得到合同允许播出的 2 分钟广告给浪费掉了。

CCFC 的副总监乔希·戈林（Josh Golin）声称，《1 频道》网络对广告遮遮掩掩，它在教室里播放的版本和家长可能监测到的网上版本的内容并不一致。戈林说，《1 频道》始终拒绝提供 2012 年 8 月 11 日在其网站上做广告的广告主名单。

2012 年夏天，《1 频道》上的一则评论泄露出彪马（Puma）、维斯塔印刷公司（Vistaprint）与劳氏公司（Lowes）的广告，还有一个去往 URL. com 网站的链接，CCFC 称这个网站包含诸如"读者约炮自白：我男朋友的妈妈发现我给男友口交！"这样的内容。

阿拉巴马州校园督查汤米·比奇（Tommy Bice）对 FoxNews. com 说，《1 频道》的节目现在正在接受该州的检查，但他补充说，是否使用《1 频道》是各地方的决定。在地方级别上，许多区确实投票决定停播该节目。在 2011 年，《1 频道》的教室到达率从 1999 年的 44 万缩水到不足 23 万。

一家关注儿童教育且长期批评《1 频道》的观察组织职责有限公司（Obligation，Inc.）称，《1 频道》"在它的促销资料中捏造受众人数的历史由来已久"。最终，《1 频道》将其声称有"近 600 万"观众降到"近 550 万"观众。在讨论《1 频道》的问题时，职责有限公司吉姆·梅卓克（Jim Metrock）说：

> 学校不会再给《1 频道》的废话提供时间。教学时间不会再被浪费。《1 频道》上愚蠢且往往不适龄的内容已经惹怒了学校的管理者、教师、家长以及学生。对近期达成合作将努力开发小学市场的《1 频道》和白板制造商普罗米修斯（Promethean）而言，这将会是一场财政灾难。《1 频道》的螺旋式下滑正在加速。最近，《1 频道》半数的新闻主播离职，反映出其员工正在寻找出路。

微观问题：

（1）《1 频道》与卖广告的学生报纸或年鉴有什么不同？与家庭教师协会（PTA）的募资人有什么不同？

（2）《1 频道》的广告是否包含应当受到审查的类别？

（3）一个称为 ZapMe！的通讯社为学校安装计算机并维护计算机实验室，条件是学校同意每天每台电脑累计开机 4 小时，并允许 ZapMe！在它的互联网连接上安排广告。它还追踪学生的人口信息。该公司请求你所在的学区同意签署一份合同。你是写一篇揭发此行为的报道，还是写一篇表扬的社论？

中观问题：

（1）在美国生活中，是否有某些领域应当受到保护，不受商业化的侵蚀？为什么？

（2）你对《1 频道》帮助学生了解时事，尤其是艰涩的问题这个论点做何反应？

（3）CCFC 称《1 频道》"只不过是一个商业手段，使儿童受到广告的控制"。你对此做何回应？

（4）对学校来说，当地税收或者是州纳税人支持会不会是一个更好的筹款机制？或者更简单地说，学校是不是应该学会用更少的经费来办事？

宏观问题：

（1）一个信息灵通的公民社会会让民主发挥最大作用。访问《1 频道》网站，阅读一些标题。它完成任务了吗？

（2）公立学校还有哪些种类的商业主义？《1 频道》和那些商业主义有什么相同和不同之处？

（3）在强化孩子们对于广告里的产品的渴望上，尤其是当这些孩子的社会经济地位没有给他们多少机会去获得服务或产品的时候，《1 频道》要承担什么样的责任？

（4）评论本案例中梅卓克的言论，你是否同意？看几期 12 分钟新闻播报，然后论证你的观点（部分完整内容可以在 http://www.obligation.org 找到）。

第4章

忠诚：在相互矛盾的忠诚之间选择

学完本章后，你应当：

◇ 理解为什么在职业伦理学中，阐释忠诚至关重要。

◇ 了解罗伊斯对忠诚的定义，并知道这样的概念中存在至少一个主要问题。

◇ 理解为什么新闻工作者在社会中的角色使他们需要额外遵循一套忠诚原则。

◇ 熟悉并能够将波特方格（Potter Box）的判断模式用于伦理决定。

 ## 忠诚，作为社会契约的一部分

81　　　　对于媒介从业人员来说，涉及忠诚的决定例行公事地出现。当新闻工作者做出播出或不播出一则报道的决定时，他们就已经做出了向谁效忠的决定。当录音经理们取消与一位有争议的艺术家签订的合同以避免联合抵制时，他们已经选择了一种忠诚。大部分伦理决定归结于这个问题：我向谁（或什么）效忠。

在西方文化中，关于忠诚的最早讨论见于柏拉图所著的《苏格拉底的审判与死亡》（*The Trial and Death of Socrates*）（Russell，1967）。在柏拉图的《斐多篇》（*Phaedo*）[①]中，苏格拉底面对自己所受的指控，将自我辩护的基础建立在对庄严的神授真理的忠诚之上。在指控者问及他是否会停止教授哲学时，苏格拉底回答说：

> 雅典的先生们，我尊敬你们，热爱你们，但是我要服从神，而不是你们，只要生命不息，力气尚存，我就不会停止哲学实践，停止教授哲学，停止激励每一个我遇到的人……因为我知道，这是神的命令；我相信在这个国家，没有什么比我对神的服务更有益。

虽然"忠诚"这个词并没有出现在《斐多篇》的英译本中，但是作品的整个基调就是对忠诚的赞颂，此处表现为一种为信念而死的意愿。

社会契约理论家托马斯·霍布斯（Thomas Hobbes）[②]是第一位提出上帝不必是忠诚的唯一对象的重要西方哲学家。在他具有历史意义的著作《利维坦》（*The Leviathan*）中，霍布斯提出，忠诚是一种社会行为，是人们赖以形成"社会契约"的协议之核心，而社会契约是政治社会的基础。与苏格拉底不同，霍布斯承认人们可以同时具有一种以上的忠诚，在特定时间，可能被迫在其中做出选择——如今，大部分哲学家持此观点。

和苏格拉底不同，霍布斯还主张忠诚是有限度的。对统治者的忠诚止于继续这种忠诚将导致一个臣民死亡之时——自我保护的忠诚高于对统治者的忠诚。美国如何应对恐怖活动和行动的混乱是一个生动的例子，表明忠诚可以如何渗透在决定之中。

乔赛亚·罗伊斯的贡献

20 世纪初期在哈佛大学授课的美国神学家乔赛亚·罗伊斯（Josiah Royce）[③]认为，忠诚可以成为唯一有指导性的伦理原则。在《忠诚的哲学》（*The Philosophy of Loyalty*，1908）中，罗伊斯写道："我的理论是，全部的道德法都暗含在一句箴言中，'要忠诚'。"罗伊斯将忠诚定义为一种社会行为，"一个人对一种信念的自愿、实际、全心全意的奉献"。因此，罗伊斯会对不惜一切代价获取新闻、仅忠诚于自己的新闻工作者和任凭对雇主的忠诚令自己屈膝于新闻稿或年报中的真相的公关从业者进行批判。罗伊斯认为，忠诚是一种选择的行为。他指出，一个忠诚的人不会面对"哈姆雷特的选择"——或者不

① 柏拉图《对话录》的一篇。

82

② 托马斯·霍布斯（1588—1679），英国政治哲学家、机械唯物主义者，认为哲学对象是物体，排除神学，从运动解释物质现象，拥护君主专制，提出社会契约论，主要著作有《利维坦》《论物体》等。

③ 乔赛亚·罗伊斯（1855—1916），美国哲学家，绝对唯心主义的代表。他认为"绝对"是思想、理性与目的、意志的统一，主要著作有《近代哲学的精神》《忠诚的哲学》等。

拥有不做决定的从容。因为不做决定这个行为实质上就是抛弃了忠诚。

忠诚还会促成自我实现。罗伊斯把学术生涯的许多时间花费在潜心研究当时还是新观点的弗洛伊德心理学上，他就从这个角度观察忠诚。罗伊斯认为，作为一个不断实践忠诚的人，他或她将养成刚正的习惯，这些习惯会导致系统的伦理行为。罗伊斯认为，与道德发展的其他方面一样，忠诚是可以习得并被打磨的。

忠诚作为一种单一的伦理指南存在其问题。*其一*，忠诚，如果理解不完整，就会成为倾向或偏见的虚弱掩饰。*其二*，几乎没有人只维护一种忠诚，如果忠诚成为一种指导性的伦理原则，我们就得寻找一种方法以帮助人们区分相互对抗的忠诚。*其三*，在大众社会，"面对面的忠诚"这个概念已经失去了它的大部分能量。*其四*，最令人困扰的问题是，忠于一个不道德的信念是否道德，例如种族主义或性别歧视。

但是，罗伊斯提出了一种方法来决定一个特定信念是否值得人们效忠。一个值得人们效忠的信念应当与社区中其他人的忠诚和谐一致。例如，新闻工作者的忠诚应当与读者的忠诚和谐一致。广告代理商的忠诚既不应当与客户的忠诚也不应当与消费者的忠诚产生冲突。自由和无拘无束的政治讨论是现代民主和新闻业的基础，我们对它的忠诚通过了罗伊斯的忠诚测试，但是，这种忠诚也是围绕《竞选财务法案》展开的争论的核心。

罗伊斯认为，作为一种伦理原则，忠诚的真正问题并不是在不同忠诚之间难以选择，而是未能坚持恰当的忠诚："人类的弊病主要是不忠诚，而不是执迷不悟的错误忠诚"（Royce，1908）。罗伊斯注意到，有一种"超个人的"品质在人们成为社区的组成部分时表现明显。以罗伊斯对忠诚导致的伦理行为的看法，合乎伦理的行为需要一种民主合作的精神。例如，当广告代理商把自己的角色视为信息提供者——为明智的消费者提供做选择所需的信息——的时候，它们表现的是一种合乎伦理的忠诚，但是更经常的情况是，它们选择忠于账本底线，因为它们怀疑竞争对手如此行事。

罗伊斯的思想在许多方面都受到了批评。第一，一些哲学家指出，罗伊斯的忠诚概念过分简单化，采取忠诚作为道德原则可能导致对糟糕信念的效忠。例如，广告文案撰稿人抱着一定要让自己的候选人当选的思想撰写歪曲对手的电视广告片文案的行为就显示了一种错误的忠诚，即忠于一个政客，而不是忠于民主过程。同样，一个志在抢先得到新闻而不顾其完整性或准确性的记者显示的是一种希望打败竞争对手的错误忠诚。

第二，其他人已经注意到，罗伊斯并没有提供如何平衡相互冲突的忠诚的方法。诸如新闻工作者这样的媒介从业人员每天都面对着潜在忠诚的重重阻碍——真相、受众、账本底线、职业——在其中进行选择是最基本的伦理决定。其他职业，例如纪录片导演，面对同样的两难处境，必须忠于艺术的真实，与此同时，又要忠于希望有很多公众购票观看最终成品的制片人。

第三，不清楚罗伊斯的伦理思考如何平衡多数人观点与少数人观点之间的冲突。如果严格解读，罗伊斯的忠诚观念可以激发人们坚持现状或遵循多数人同意的严厉规则。例如，尽管有相反的证据，但是广告还是用老一套的观点刻画某些群体，从而使不正确的形象永存不灭。这些广告之所以起作用，是因为它们引起了多数人的兴趣，但是利用刻板成见的做法使它们排除了更为准确的印象。

但是，尽管遭到了这些批评，罗伊斯的思想还是有不少值得借鉴之处。第一，罗伊斯谈到伦理习惯的发展。第二，罗伊斯提醒我们，忠诚的基础是社会，忠诚要求我们把他人置于与我们平等的地位上。最重要的是罗伊斯的作品中传达的这种高于一切的讯息：*在进行伦理选择时，考虑你的忠诚是什么以及如何实现很重要。*

作为一种职业的新闻事业

忠诚不是一个固定的点，而是一个连续体中的范围。在《忠诚：论关系的道德性》（*Loyalty：An Essay on the Morality of Relationships*）一书中，乔治·弗莱彻（George Fletcher，1993）①确定了忠诚的两种类型。第一种是最低忠诚，"不要背叛我"；第二种是最高忠诚，"与我合而为一"。

在这两个极点之间是效忠和相应的媒介行为的可能性范围。在这个连续体中，YouTube 和《民族》（*The Nation*）②杂志的定位有所不同。

现代新闻媒介面临的问题之一是大部分美国公众赞成这样一个观念，即如果媒介不是最大限度地忠诚——与政府、军方等等合而为一——那么它们就是不忠。媒介被政客们习惯性地斥为不忠，原因往往不过是因为它们履行了看门狗的职责，而在竞选过程中这会让他们付出不菲代价。

忠诚可以与一个人的角色联系起来。角色是我们与他人打交道的身份。它给他人提供了信息，告知他人在结构确定的情况下我们会怎样行事。有些角色受到职业的限定——会计师、剧作家、主编。其他角色则没有——母亲、配偶、女儿。我们都身兼数种角色，它们帮助我们自我定义，并能预期自己和他人会做什么。

当你承担职业角色时，你就在该角色上附加了伦理责任。哲学家称，"传统上，从属于一种职业就是被纳入某些其他行业不需遵循的行为标准"（Lebacqz，1985，32），而新闻业有资格成为一种有较高行为准则的职业。

但是，在实践中，并不是所有的新闻工作者都同意此观点。霍奇斯（1986）这样描述这种差异——一位新闻工作者在被问及她如何谋生时说："我是一个新

① 乔治·弗莱彻，哥伦比亚大学法学院教授。研究美国的社会与法，著有《战争中的浪漫：恐怖主义时代的光荣与罪恶》《我们的秘密宪法》。

84

② 该杂志创刊于1865年，是美国最古老的周刊。它一直被视为美国最具权威的新闻媒介，致力于"将批判精神带入报道，并分析政治、社会、经济和艺术问题，同时保持独立"。

闻工作者。"而另外一个人则说："我为《公报》（*Gazette*）工作。"霍奇斯称，第一位说话人认识到自己作为一个从业者的职责，而第二位说话人只承认她对薪水的忠诚。可以预见，第一位说话人会忠于社会对一名新闻工作者的期望，第二位说话人就难说了。

新闻工作者和他们的老板一直在争论新闻事业是否应当被视为一种职业。专业主义的鼓吹者坚持认为，新闻工作者中的专业主义会给他们提供更多的自治、特权和财政回报。批评者则把专业化过程视为读者和观众与新闻工作者通常代表的机构疏离的过程。

尽管存在这样一些争论，我们还是能感觉到，在现代社会，新闻工作者有两个不同的核心职责。第一，他们比大部分职业更有责任讲述真相。第二，他们似乎比普通人更有义务鼓励政治参与。

哲学家们注意到，尽管伦理困境是短暂的，但角色却是持久的。角色期待从一种情况延续到另一种情况。对职业的忠诚就意味着对该职业*理想*的忠诚。对于亚里士多德来说，对一种职业的忠诚同时也意味着维护高尚的职业标准。亚里士多德的美德观念意味着，作为最优秀的电视制片人或广告经理，你可以相信自己忠于这一职业及其理想。

相互矛盾的忠诚

正如你所看到的那样，我们不再仅仅谈论单一的忠诚。我们生活的时代有着不同层次的忠诚，这产生了更多、更复杂的问题。

对相互对抗的个人忠诚和职业忠诚进行分类不容易，尤其是当一个角色所具有的忠诚与另一个角色所具有的忠诚相互矛盾之时。关于这一问题的论述很多，我们采纳了威廉·F. 梅（William F. May，2001）为大学教授的忠诚层次勾勒出的框架，但是它们也可被媒介从业人员采纳。

（1）人类共同的忠诚：

● 尊敬每一个作为个体的人。

● 诚实、真挚地与所有人沟通。

● 建造一个公正、有同情心的社会和文化环境，推进公共福利。

（2）产生于职业实践的忠诚：

● 履行媒介提供信息和娱乐的任务。

● 理解受众的需要。

● 努力加强自我与他人的职业发展。

● 避免权力和职务的滥用。

● 以维护或超越美德和能力理想的方式实施职业行为。

（3）产生于雇佣关系的忠诚：

● 遵守协议，恪守承诺，在法律框架内行事，将正当程序施予所有人。

● 不要挥霍组织的资源和公众的信任。

● 促进有同情心的、人文的职业关系。

● 鼓励建立一个种族、性别和社会经济地位多样化的社区的政策。

● 促进所有人获得倾听的权利。

（4）产生于媒介在公众生活中的角色的忠诚：

● 担当需要真相的公开机构的表率。

● 鼓励公开的讨论和争论。

● 向读者和观众解释你的职业行为。

● 为无声者说话。

● 担当社会的镜子。

　　相互矛盾的忠诚这个问题在如今的媒介雇佣现实中很明显。大部分媒介从业人员为一个企业工作。他们对企业主至少负有某种程度的忠诚。但是，这种忠诚很少涉及面对面的关系。企业要求雇员忠诚，但是很少愿意回报以同样的忠诚。令人担心的是，一个人对其组织的忠诚将促进组织的利益，但组织对其雇员却不具备同样的忠诚。这在 21 世纪头几年，当许多新闻组织（特别是报纸）即将倒闭或是面对严重经济衰退的时候格外真实。

　　但是，大部分伦理决策与对企业或对诸如言论自由、公众知情权之类的抽象概念的忠诚无关。日常的忠诚决策与你对待采访对象或广告消费者的态度有关。这样的伦理决策将互惠概念推向显著地位。简单的表述是，互惠要求忠诚不能有悖于任何一方的利益。

　　即便是在一个忠诚正在发生变化的时代，还会有一些绝不能被放弃的忠诚，例如对人类的忠诚和对真理的忠诚。事实上，在媒介伦理学中，任何情况都不能成为非人对待或扣押真相的理由。即便在你的媒体职业中，你无法预见每一种可能的忠诚冲突，但是知道你最根本的忠诚在何处也是一个避免冲突的良好开端。

86

波特方格

　　诸如在第 1 章介绍的西塞拉·博克创立的伦理决策模式可以帮助你做出伦理选择一样，在本章，你将学到第二种伦理决策模式，这一模式将忠诚与推理过程结合在一起。这个模式是哈佛大学神学家拉尔夫·波特（Ralph Potter）①创立的，被称为波特方格。运用这种模式要求你通过四个步骤来获得一个伦理判

① 拉尔夫·波特，美国哈佛大学神学院教授，20 世纪 50 年代提出"波特方格"模式，用于检验伦理决定的过程，对研究传播伦理学的学者影响很大。

断。下面的例子将帮助你熟悉这个模式。

87

在一个大约有 80 000 人口的西部城市中，有一份发行量在 30 000 份左右的报纸，你是这份报纸的本市版助理主编。你的警事记者经常报道本社区中发生的性袭击案。

尽管报纸规定不得披露强奸受害人的姓名，但是如果可以获得相关资料的话，它会例行公事地报道这类袭击的发生地点、当时的周边环境，并对袭击者进行描述。

今晚，这位警事记者正准备报道昨天清晨发生在市中心公共汽车站站台顶上的强奸案。警方报告说，那位遭到强奸的年轻女子是自愿和袭击者一起去公共汽车站站台顶的。虽然她已经 25 岁了，但是仍然住在本市的智残者教养院中。她是住在该机构的 7 名女子中的一个。

她不能描述袭击她的人，警方没有嫌疑犯。

你的记者向你询问他的报道应当包括多少细节，以及包括什么细节。

波特方格包括按顺序进行的四个步骤（见图 4.1）：（1）理解与道德相关的事实；（2）概述决定中的内在价值观；（3）运用相关的哲学原则；（4）清晰地阐述一种忠诚。你从真实情景开始到忠诚结束，按逆时针方向进行四个步骤。我们将分别考察每一个步骤。

事实 (Facts)	忠诚 (Loyalties)
价值观 (Values)	哲学原则 (Principles)

图 4.1　波特方格四步骤

第一步：理解本案例中的事实。在上述情况下，事实清楚明白。你作为报纸主编，拥有信息。你的伦理选择在于你准备发布多少信息。

第二步：概述价值观。"价值观"这个词在当代英语中已经被滥用了。人们可以认为任何事物都有价值，从他们喜爱的东西到发布的时尚报告。但是，在伦理学中，价值观的含义更为明确。从这个意义上说，你认为某种事物——一种观点或一个原则——有价值，就意味着你愿意为它放弃其他东西。作为一名新闻工作者，如果你看重真相胜于一切，那么你有时就必须为它而放弃隐私。在上述案例中，这种价值体系意味着你要发表每一个细节，因为你看重真相，愿意冒险去侵犯一个无力保护自己的人的隐私。作为一名新闻工作者，如果你既看重真相，又看重隐私，那么你可能愿意放弃一些真相，不发布所有的细节，努力去保护受害人的隐私。

价值观往往是相互竞争的，使用波特方格的一个重要因素就是诚实对待你真正看重的价值观。真相和隐私都是高尚的理想。我们大部分人看重的一个不那么高尚的理想是保住工作。新闻工作者看重的往往是率先得到独家新闻。对任何特定的伦理情景所涉及的所有价值观进行坦率的阐释，将帮助你把所面临的选择以及可能做出的潜在妥协看得更清楚。

　　第三步：哲学原则的运用。一旦你确定了自己看重的是什么，就要运用第 1 章所述的哲学原则。例如，在上述情景中，功利主义者可能会争辩说，发表一篇报道，提醒社区居民有个可怕的家伙强奸那些无力保护自己的妇女，现在他还在外游荡，这体现了最大的善。罗斯会提出，新闻工作者对读者和受害者都负有责任，在做决定之前必须衡量二者孰轻孰重。

　　亚里士多德的中庸之道会推荐一个中间立场，在发表所有细节和干脆不发表报道之间进行权衡。康德会建议，保护不能保护自己的人是放之四海皆准的原则，于是决定省略某些合理的信息。他还会主张不要利用这位女性作为你实现目的的手段——在本案中指一篇独家报道。

　　在本案例中，几种伦理原则的应用得出了一个普遍结论：报纸应当发表某种报道，但不是那种无意中披露受害人身份的报道或是将她无可救药的天真——信任陌生人——公之于世的报道。

　　但是，你应当警惕，虽然在此案例中，不同的伦理原则都能得出同一个结论，但是，即便不是大部分，许多的伦理困境却不一定能产生这样一个愉快的结果。不同的原则指向不同甚至是相互排斥的角色行为，由你来决定最终的忠诚。因此，这就是为什么波特方格要求你应用一种以上的伦理原则。如此，如果（或者当）最终的忠诚发生变化，你就能够解释其原因。

　　第四步：忠诚的准确阐释。波特把忠诚看作一种社会义务，波特方格的使用结果反映了那种伦理规范。在第四步，你要准确地阐释你可能的忠诚，并确定它们之间是否会产生冲突。在上述案例中，你可能忠实于讲述真相、忠实于社区、忠实于那位女性，以及忠实于自己的工作——这都仅仅是对初学者而言。

　　但是，你的忠诚相互之间没有严重冲突，除非你对社区需要了解的真相采取了绝对论者的观点。建议你的记者写一篇这样的报道是有可能的：讲述真相，但省略一些事实（例如，那位女性住在教养院里，有智力障碍），提醒社区居民存在危险（有一个可怕的家伙在外游荡，警方还没有捉住他），保护受害者的隐私（不披露她的姓名或住址），并允许自己为所做的工作骄傲（你讲述了真相，而没有伤害任何人）。

　　但是，波特方格的使用经常会突出忠诚之间的矛盾。在这种情况下，我们建议你参考罗伊斯的概念：你选择忠诚的对象应当能够激发与你相似或不相似的他人的类似忠诚。新闻工作者经常被指控"脱离"他们的观众或读者，我们因这一事实而备受批评。

　　我们使用波特方格的经验是，大部分伦理决定能支持你选择各种各样的忠诚——它们有时并不像我们在上面看到的那样相互排斥。但是，那些最令人困扰的决定是，一种忠诚如此强势，以至于你被迫放弃一度似乎相当重要的其他忠诚。

虽然在最初，你可能认为波特方格的逐步过程有些不方便，但是随着你对它的学习和使用，你将会熟练地运用它。以下的案例研究《皮条客、妓女和传教士》生动地阐明了在做出伦理决定时，你可能如何运用波特方格。

89

皮条客、妓女和传教士

一个位于太平洋西北沿岸的城市，大约有 15 万人口。这个城市有一家日报，你是这家日报的法院记者。大约一年前，当地警方开始打击在市区商业街工作的妓女。但是该部门试图通过逮捕皮条客而不是妓女和嫖客来限制卖淫。第一批被逮捕的人现在要受审了，你的报纸派你去报道这一新闻。

地方助理检察官在开庭陈述中告诉陪审团，为了按照州法律证明一个人有罪，该州必须首先证明那些钱来自性交易，其次，那些钱给了第三方，即皮条客，作为受保护和继续工作等的报酬。在审判的头两天，他传唤了四名年龄在 14～16 岁之间的年轻女性作证，她们承认在本市做妓女，但是却不清楚自己的收入分配。审判的第一天之后，你所做的报道概述了细节，但没有透露她们的姓名。

审判的第二天，临近结束时，检察官传唤那些被逮住付钱给那四位年轻女性中的一个或多个以发生性关系的男子作证。作证的人中有一个中年男子，他在回答有关自己职业的问题时声音细不可闻。他是本市一个相当保守的清教徒教堂的牧师。他承认曾付钱给其中一个女子，与其发生性关系。获得他的完整证词之后，那天的审判内容就很快结束了。

大约 45 分钟后，你回到办公室，准备写报道。这时新闻编辑室秘书问你能否和一位"琼斯牧师"谈几分钟。你抬头一看便意识到，你面对的这个人就是当天早些时候作证的那个牧师。在开放的新闻编辑室，他双膝下跪，声泪俱下，求你不要在报道中公开他的名字。他甚至拿出一份你写的刊登在当天早上头版上的报道，在这篇报道中，你略述了为什么没有披露那些妓女的名字。他坚持说，如果他的名字见报，他的婚姻就会完蛋，孩子们再也不会尊敬他，他还会丢掉工作。

几分钟后，报社主编明白发生了什么事，便叫你、那位牧师和新闻主编到他的办公室协商。

运用波特方格来决定你如何报道这则新闻。你的决定既反映了你选择的价值观和原则，又反映了你选择的一系列忠诚。其他人可能会有不同的选择。像波特或博克这样的论证模式并不排除差异。理想的情况是，它所起的作用是保证你的选择建立在健全的伦理推理的基础上，而且一旦有人要求，可以合理解释。

你完成之后，最终选定的忠诚将不可避免地给波特方格的第一格制造另一个事实。例如，在本案例中，如果你的决定是披露该牧师的姓名，接下来发生在该牧师身上的任何事情都是结果——被解雇、离婚，甚至可能自杀。这些结果如今就成了波特方格第一格的假设"事实"。带着这个新的"事实"，你回到波特方格的第一格，再次仔细思考。如果你决定不披露该牧师的姓名，而他的教区居民发现了他的举动，报纸就会失掉可信性。这也是将进入波特方格第一格的一个"事实"。考虑到这些附加的"事实"（尽管也是假设），你可能想再次仔细思考这个过程，看看你的决定是否会保持不变（你可能上网搜索，或者访问本书网站，阅读博德上将的故事，他被揭露在制服上佩戴的勋章并不是他荣获的之后自杀了）。无论你关于此报道的最初决定是什么，随后发生的"事实"显然在当时并不为该记者所知，而其可能性是否会改变稍后波特方格的使用？

既然你已经基于事实做出了披露该牧师姓名的决定，我们就想向你介绍附加事实。读过之后，请再次仔细思考波特方格，这一次少关注该牧师，多关注重大问题，例如影响这则新闻的写作方式和它在报纸上的发表方式的因素。这一次，请思考刻板成见的概念，思考新闻报道是如何描绘少数群体的，思考我们所说的"客观性"和"真相"究竟意味着什么。

> 随着审判的继续，你越来越清楚地认识到工作中的其他因素。你的社区成员大部分是白人，而因拉皮条被捕的人全都是非裔美国人。所有做妓女的年轻女子和作证的嫖客都是白人。就卖淫情况的现状来说，你所处的太平洋西北岸相对温和。没有报告说妓女和嫖客吸毒，也没有妓女投诉遭到肉体暴力。而且，检察官也无法让任何一名年轻女子发誓承认她们曾给过那些皮条客钱。陪审团对本案的判决是无罪。

这些新的事实是否改变了你的忠诚？它们是否改变了你看待这次审判的方式？如果确实如此，是怎样改变的？

你在各种情况下做伦理决定时，我们都推荐你同时运用博克和波特判断模式。能够成功地运用两种模式将使你更具有灵活性，也更有能力做出解释。我们还推荐，不管你用的是哪种方法，对忠诚的不知疲倦的、批判性的讨论都应当是你伦理对话的一部分。我们相信，它将使你不但能应对各种情况，而且能做出预测。

【推荐书目】

Fletcher，George P. 1993. *Loyalty：An essay on the morality of relationships*. New York：Oxford University Press.

Fuss，Peter. 1965. *The moral philosophy of Josiah Royce*. Cambridge，MA：Harvard University Press.

Hanson，Karen. 1986. "The demands of loyalty." *Idealistic Studies*，16，pp. 195-204.

Hobbes，Thomas. 1958. *Leviathan*. New York：Bobbs-Merrill.

Oldenquist，Andrew. 1982. "Loyalties." *Journal of Philosophy*，79，pp. 73-93.

Powell，Thomas F. 1967. *Josiah Royce*. New York：Washington Square Press，Inc.

【网上案例】 www. mhhe. com/mediaethics8e

"She chose before losing the choice" by Tom Lyons

"Standing behind a reporter：The CBS/*News Journal Controversy*" by John Sweeney

"The anchor as activist" by Fred Bales

"The wonderful world of junkets" by Ralph Barney

第 4 章　案例

案例 4-1　这到底是谁的脸谱页面？

埃米·西蒙斯（Amy Simons）

密苏里大学（University of Missouri）

91

　　2012 年 4 月，巴雷特·特赖恩（Barrett Tryon）加入了科罗拉多斯普林斯（Colorado Springs）的《公报》。他的工作职责是吸引更多的用户关注该报的网页版、更新突发新闻和企业报道。

　　特赖恩对科罗拉多斯普林斯的市场并不陌生。他曾在美国广播公司（ABC）的附属电视台 KRDO-TV 工作了十多年。他曾获得一项艾美奖的中型市场"最佳新闻广播"奖。同年，特赖恩任总编辑的电视台网站获得了美联社颁发的最佳网站奖。在他的电视台简历上，他被称为"KRDO. com、KRDO 的脸谱和推特页面背后的面孔"。作为那些页面背后的面孔，特赖恩每周为该电视台的网站吸引超过 200 名新粉丝。

　　如果问特赖恩他最擅长的是什么，那就是如何负责任地使用社交媒体。

　　这也是为什么他在《公报》发生的事震惊了那么多人。

　　一切始于 2012 年 6 月 12 日《洛杉矶时报》（*Los Angeles Times*）发布的一则新闻：自由通信控股有限公司（Freedom Communications Holdings Inc.）将《奥兰治县纪事报》（*Orange County Register*）和其他六家报纸卖给了一个波士顿投资集团。《公报》就是这六家报纸中的一家。

　　特赖恩把相关报道的链接放到了他的脸谱页面上，还加了一个醒目的引语，强调他的雇主的财务困难。

　　三小时后，特赖恩的老板——卡门·博尔斯（Carmen Boles）给他发了封邮件，告诉他脸谱上的帖子违反了自由通信控股有限公司的社交媒体政策，并声明《洛杉矶时报》的报道"不符合我们的信息真实标准"。不久后，在第二封邮件中，她写了这段话：

> 自由通信控股有限公司的"员工手册/保密和专有权利"政策禁止你发布诋毁或诽谤……本公司及其商业利益的言论，同时你也应该避免在社交媒体上发布可能会损害公司的信誉和名声的消息，即使是间接的。

特赖恩坚持说自己是按照第一修正案（First Amendment）给予的权利行事。他在邮件中对老板说："这是我的个人账号，而且是来自《洛杉矶时报》的一篇文章，我不会把它撤下的。"

如此的邮件往复持续了几个小时，最后博尔斯告诉特赖恩公司的人力部门将会接管这件事。特赖恩依然坚持自己的立场，他告诉博尔斯："人们只是很自然地关心会直接影响自己的事情……我觉得直接说'滚开'和使用引语之间存在巨大的差别。但是，因为我违反了公司的政策，我会对结果负责。"

2012 年 6 月 14 日，最初的帖子发布两天后，人力资源部门计划和特赖恩召开一个会议。但是，这个会最终并没有召开，因为特赖恩告诉《科罗拉多斯普林斯独立报》（*Colorado Springs Independent*）他坚持要带一个律师去。最终，自由通信控股公司让特赖恩休行政假。同时，该报的决定激起了关于社交媒体政策的伦理和合法性的争议。

几乎所有新闻组织和专业的社团机构都会制定某种社交媒体政策或指南。很多媒体甚至会将这些政策公之于众，比如 NPR、《纽约时报》，还有《罗诺克时报》（*Roanoke Times*）。大多数读起来就像是常识提示单：表明你自己的新闻工作者身份、你代表你的新闻编辑室、保证新闻来源的真实性、维护版权（给出原链接而非复制转述）、确认你发布的每件事都是公开的等等。有些媒体，比如美联社和美国报纸主编协会（American Society of Newspaper Editors）要求记者不要在社交媒体发布突发新闻，而是通过传统的渠道发布（即在媒体的网页上发布而非记者个人的脸谱页面或者博客上发布）以"保护公司机密信息不泄露"。

根据《国家劳工关系法案》（National Labor Relations Act），员工有权组织、加入工会，共同争取权利，因此这些被广泛分享的指南可能是非法的。作为对特赖恩一事的回应，Poynter.org 发表了一份美国劳工关系委员会（National Labor Relations Board）发布的备忘录，它规定以下的这些社交媒体的政策条款是违法的：

- "避免损害公司的形象和诚信。"
- "不要公开评论工作场所、工作满意度、薪酬、工时或者工作条件。"
- "不要评论法律事件，包括未决诉讼或者还在争论中的议题。"
- 指示"不要在任何公开站点上披露非公开的公司信息"。

"我真的很想强调一点——我觉得这很重要——我并不是刻意要抨击《公

92

报》、自由通信控股有限公司，以及它新的所有者——2100 信托（2100 Trust）。我并不是要做这个。"特赖恩告诉《科罗拉多斯普林斯独立报》。该报发表了一篇文章阐述特赖恩的"被离职"以及其背后原因。

"我坚持认为我所发布的内容并无任何违反相关社交媒体政策的地方，我并没有妄加评论。事实是，我只是发在我个人的账号上。新老板的一切和我利益攸关；和这个国家的其他任何人一样，如果公司被一家新公司买断了，当然要好好做个研究——不管是不是记者——审视一下这家新公司。"

2012 年 6 月 19 日，特赖恩将那篇《洛杉矶时报》的报道发布在自己的脸谱页面上两周后，自由通信控股有限公司的老板给他打电话，让他恢复原职。然而，特赖恩辞职了。他在推特上向粉丝宣布了这个决定，并提到了音乐组合苟提耶乐队（Goyte）的一首热门歌曲。

"在我意识到本地和全美国有这么多人支持我之后，我真的对为这样一个甚至还需要进行这种谈话的组织工作失去了兴趣；我们之间的对话从没有开始过——这很不幸，"他告诉《科罗拉多斯普林斯独立报》，"我希望人们从中认识到，如果你的公司确实有一个社交媒体政策，确认你了解，并且要清楚这个政策可以如何被解读或者被误读。"

微观问题：

（1）巴雷特·特赖恩是否违反了自由通信控股有限公司的社交媒体政策？

（2）自由通信控股有限公司是否有权利要求特赖恩从他的脸谱页面上撤下帖子？

（3）当雇员在社交媒体上发表关于老板的言论时，有什么风险？如果是关于竞争对手的呢？或者是一篇已经被发表过或者播出过的报道呢？

（4）特赖恩的老板一开始让他删除脸谱上的帖子时表现了一种怎样的忠诚？

中观问题：

（1）新闻组织是否应该要求员工在个人账号里也遵守社交媒体政策？

（2）评价这条社交媒体政策：不能在社交媒体爆料新闻，而应该通过传统的渠道。

（3）如果有的话，你认为哪种社交媒体帖子会严重到要开除一名新闻工作者？

宏观问题：

（1）新闻机构是否应该公开社交媒体政策以供公众审查？

（2）对于新闻工作者而言，是否存在诸如"私人"社交媒体这样的东西？以新闻工作者之名发表的任何东西是否都应该遵守所有的新闻标准？

（3）特赖恩说第一修正案赋予他在脸谱上发帖的权利，从伦理角度评价这种声明。在本案例中，第一修正案是否胜过职业忠诚？

（4）推广自己网站、鼓励员工使用社交媒体的新闻机构是否自己制造了这类纷争？如何避免这种冲突？

案例 4 - 2   苏格拉底会怎么做？
希拉里·克林顿的消失

李·威尔金斯（Lee Wilkins）
密苏里大学（University of Missouri）

照片有时会被迅速贴上标志性标签。但是，巴拉克·奥巴马总统在内阁成员的环绕中观看袭击奥萨马·本·拉登（Osama bin Laden）藏身院落的实时视频的照片在24小时之内就被贴上了标志性标签。你在看这张照片时，注意国务卿希拉里·克林顿面前的文件和其他物品都被"模糊化"了。白宫在公布该照片之前对其做了处理，它解释说是为了防止有人通过对照片本身的详细审视获取高机密信息。

图 4.2

资料来源：Official White House Photo by Pete Souza.

主要通过对在场所有人面部表情的分析，该照片的意义一直受到争议。比如，看过这张照片的许多人说希拉里是房间所有人中唯一表现出震惊的人。但是希拉里本人并不认同这种解释，她说她只是把手放在鼻子和嘴巴上以防止打喷嚏。该照片本身和突袭本·拉登藏身地行动一样，也成为了政治竞选广告的主题和2012年总统大选中讨论对外政策的潜在主题。

数不清的印刷出版物和广播媒体都刊发了这张照片。位于布鲁克林（Brooklyn）的犹太教报纸《时代报》（*Der Zeitung*）是其中之一。该报纸使用的是意第绪语（Yiddish），服务于该市一小部分极端正统的犹太社群。

在《时代报》登出的袭击本·拉登的照片中，希拉里和美国国家安全委员会（U. S. Security Council）反恐主管奥德丽·托马森（Audrey Tomason）同时

94

都从图中被修掉了。

主编称，之所以把希拉里国务卿删掉，是因为该报服务的受众都高度重视女性的谦逊庄重。

批评家反驳说，《时代报》还曾修掉过其他女性形象，因为该出版物本身对女性掌权就有意识形态上的偏见。

> "访问这些链接，阅读更多关于此报道的内容，并浏览《时代报》有争议的照片：
>
> http：//www. washingtonpost. com/blogs/blogpost/post/hillary-clinton-audrey-tomason-go-missing-in-situation-room-photo-in-der-tzitung-newspaper/2011/05/09/AFfJbVYG _ blog. html
>
> http：//www. npr. org/blogs/thetwo-way/2011/05/09/136143892/hasidic-newspaper-removes-clinton-another-woman-from-iconic-photo"

95

微观问题：

（1）浏览这两张照片。希拉里的着装是否支持为了"女性的谦逊庄重"而编辑照片的声明？

（2）简单地裁掉照片的右半部分，从而剪去希拉里和其他几个人的形象，最终得到的照片更加聚焦于总统奥巴马和副总统乔·拜登（Joe Biden）身上，你觉得报纸这样做恰当吗？

（3）因为这份报纸只服务于一小部分人群，而且从其他许多渠道都能看到未处理的照片，所以你觉得这真的那么重要吗？

中观问题：

（1）当其他报纸批评性地报道这张经过修改的照片时，它也吸引了公众更多的关注。对于《时代报》、读者、观众和听众而言，这些其他报纸扮演了什么角色？

（2）英国的《每日邮报》（*Daily Mail*）引用一名评论员的话指出："这种行为有点蠢。国务卿希拉里的着装并非不庄重。这张照片并没有对象化的意图。难道主编们没有更好的办法了吗？"《时代报》的主编该如何回应这种指责？这样一种回应可能会如何强调忠诚的概念？

宏观问题：

（1）同一事件——本·拉登之死——因为另外一个原因引起了争议：白宫拒绝提供本·拉登的尸体或者对其海葬的照片。很多国家的新闻工作者支持这种方式，然而反对者也不在少数。如果你是一名新闻工作者，如何分析白宫的方式？如果是一名战略传播从业者呢？

（2）在新闻业中，意识形态应当扮演什么角色？

（3）在战略传播中，意识形态应当扮演什么角色？

案例 4 - 3　新闻工作者的推特伦理：
　　　　　你可以和自己抢独家新闻吗？

夏洛特·贝利斯（Charlotte Bellis）

新西兰电视（TVNZ），克赖斯特彻奇（Christchurch），新西兰（New Zealand）

每个发达国家的记者都在尝试把推特作为一种报道工具。用户可以在推特上一次更新 140 个字符以内的消息，这些"推文"可以是关于自己的，也可以是发生在身边的事情。Twitter.com 显示："各个国家的人们都关注与自己密切相关的信息，并用推特第一时间获取信息——从突发国际新闻到朋友状态的更新。"CisionBlog 的一名博主撰写了一条标题为《社交媒体是记者和媒体关系从业者的虚拟名片盒》的文章。ReadWriteWeb.com 相信推特使其能够获得质量有保证的信息、发现突发新闻、进行采访并且推广其作品。波因特的一个专栏作家觉得推特搜索更新信息的功能"能够使记者更容易追踪特定领域、趋势和问题"。

然而有些人已经在质疑，推特借助的个人成分是否会导致审查缺失、不道德行为，或者记者和公民间传统界限的模糊？

2009 年 1 月，路透社编辑主任戴维·施莱辛格（David Schlesinger）在瑞士（Switzerland）达沃斯世界经济论坛（World Economic Forum in Davos）发表了推特之后，又发表了一篇博文，名为《全揭秘：推特偏离标准，还是推文创造新闻业的未来？》。在场的其他记者通过@daschles 加入了他的推特实验。他们率先报道进展、对幕后花絮发表评论，并推广他们的报道。"♯达沃斯"变成了出席记者每天的最后一个任务。任何一个推特用户都可以追踪来自这个滑雪胜地的持续评论流。

然而，《硅谷知情人》（*Silicon Alley Insider*）在一篇标题为《来自达沃斯的推特：路透社和自己抢独家新闻》的报道中把施莱辛格推上了风口浪尖。在论坛会议中，施莱辛格在自己的推特用户定位@daschles 上，已经推送了不少评论，比如"[金融投机者乔治（George）]索罗斯（Soros）——金融行业必须要萎缩一半！♯达沃斯"。又比如"索罗斯——在我们谈论经济衰退持续时长前，我们需要一个新的金融业"。《硅谷知情人》问施莱辛格："如果路透社的一名外派记者这么做，你会开除他/她吗？"

施莱辛格回答说，推特就是新闻业，但是它可能会变得危险。他说他对自己的推文打败了路透社的新闻电讯并不感到尴尬，并补充说他自己没有因为鼓励推文而摧毁路透社。"我觉得，优秀的说书人使用[微博、博客和其他社交媒体]平台展示他们的知识、途径、专业和能力是一个了不起的进步。"

在接下来的一次采访中，施莱辛格说他鼓励他的记者尝试推特，但是他明白什么样的推文会引起争议，特别是因为新闻业处于历史的"拐点"中。"……像路透社这样的公司靠抢第一赚钱，因此，由于我的行为挑战了我们自己的体

96

系和商业模式，我成了合理的攻击目标。"

"推特是如此快速发展的一个媒体，它挑战了我们固有的一些标准，比如：两双眼睛盯一篇报道。"施莱辛格说，"我们对推特是否有全新的标准呢？我们是否允许无编辑和无审查呢？"

21世纪新闻业正努力改造它自己，很多人坚信互联网所具有的瞬间及时性是新闻业赖以生存的关键所在。对于新闻工作者而言，问题是在媒介的本质要求下，他们是否应该在缺少上下文的情况下仍然通过推特尽可能快地发布消息？或者记者应该做出抵抗，先花时间搞清楚事情的来龙去脉，通过更规范的编辑审查，最后发表在更正规但同时也较缺少及时性的媒体上？

记者使用推特的另一个问题是，社交网站是为了即时的、个人的想法而创建的。推特本质上是将其自身作为向朋友吐露信息的场所，这为推文定下了个人化的基调。正如加拿大《全国邮报》（*National Post*）的科技记者、在推特上以@sirdavid著称的戴维·乔治-科什（David George-Cosh）所说，推特很容易混淆个人和专业。一个从事市场营销的人士在拒绝了乔治-科什的采访请求后发推文说："对于我来说，记者就意味着'有媒体打电话给你的时候，你立马跳起来。好!?'为什么当你打电话给我的时候我不接？报纸应该得到它们应得的。"

该记者看见了该推文并回复了六条言辞激烈的推文，包括各种直接针对该市场营销人士的咒骂语。MediaStyle. ca将@sirdavid的回复总结在这条标题里："《全国邮报》的记者在推特上彻底走下神坛。"几小时后，《全国邮报》在其主编的博客中为该记者在推特上的表现道歉。

微观问题：

（1）你认为新闻工作者在社交网络上是否应该区分开自己的职业身份和个人身份？如果你认为是的话，如何才能做到？

（2）如果你是施莱辛格的主编，你会如何回应他抢先自己的组织发布独家新闻这件事？如果是他的组织给他工资去做这件事，你觉得有关系吗？

（3）如果施莱辛格是个自由记者，你认为同样的规定还适用吗？为什么？

中观问题：

（1）推特或者互联网的出现是否改变了"独家新闻"或者客观性的本质？

（2）新闻机构或者新闻工作者个人是否应该出台政策去规范如何应对或不回应网上有关于他们或者他们工作的信息？

（3）在推特上推广一则报道是否合理？谁应该做这件事？为什么？

宏观问题：

（1）社交网络站点的个人属性是否不适合新闻业？对于新闻业而言，推特是否太短了？你的答案能够得到何种概念的支持，比如罗斯的责任理论？

（2）问问你的朋友，新闻和/或娱乐媒体谁先获得信息是否重要？你觉得报道硬新闻的新闻工作者应该怎样回应这个问题？特稿记者呢？

案例 4 - 4　人人都知道你的名字：
小市场中的报道和各种关系

金尼·怀特豪斯（Ginny Whitehouse）

东肯塔基大学（Eastern Kentucky University）

如果你的报道对象是一个人口不足 12 000 的农业城镇，那么每一个人都是消息来源。

但是对于杰茜卡·卢斯（Jessica Luce）来说，森尼赛德（Sunnyside）镇的警佐菲尔·申克（Phil Schenck）在 1999 年的万圣节晚会上邀请她外出约会以来一直不是她的消息来源。卢斯在《亚基马先驱共和报》（*Yakima Herald-Republic*）担任综合报道记者已有大约一年的时间。华盛顿州的森尼赛德镇是她走出校门后，在第一个工作岗位上报道的四个社区之一。接下来的两个月中，他们俩不时在一起消磨时光。

“我对他有兴趣，我们在一起挺开心，但是如果有人问我们之间发生了什么，我会说我们是朋友。”卢斯说。

尽管如此，有个同事对此表示怀疑。卢斯记得他说：“你不能和一个消息来源出去约会，这是新闻界最忌讳的事之一！”

《亚基马先驱共和报》有一份长达四页的伦理规约，告诫员工避免利益冲突，但是，没有明确的条文对可能导致利益冲突的个人关系做出规定。

卢斯决定悄悄地保持与申克的关系。她从来不需要申克做消息来源，也从来没有想到会出现这样的情况。

但是，申克的上司又是另一个问题。森尼赛德镇的警察局长华莱士·安德森（Wallace Anderson）曾被指控在警察局外射杀了一只巨大的蓝色苍鹭，在警察局的房间里储存爆炸物，以及具有威胁性性格。经过漫长而又昂贵的调查，安德森于 11 月辞职。

到了元旦，卢斯和申克确定他们在认真地约会。“除了几个工作上的知心朋友外，我没让别人知道我们的关系。我感到这种关系会被认为是错误的。”卢斯说，“但是我没有看出它干扰了我的工作。菲尔和我谈起工作时，不像一般的夫妻谈得那样多。我们知道这对我们不公平。”

1 月中旬，申克被任命为警察局代理副巡官，成为森尼赛德镇警察部门的二号人物，并担任官方的媒体发言人。卢斯意识到她得立即脱离森尼赛德镇的警事报道。她的主编表示同意。

“和他们谈起我的私人关系很难，我不得不将与这种关系有关的事界定在没有为自己牟利的范围内。”卢斯说。

她的本市新闻主编克雷格·特洛亚内洛（Craig Troianello）坐下来和她谈

了很久。"杰茜卡使得谈话轻松容易，因为她直率坦白。我们没有问私人问题——那与此事无关。"特洛亚内洛说，"由于她采取了前瞻性的伦理立场，我们处理起来就容易了。"

卢斯说，特洛亚内洛强调，他并不怀疑她的诚实。但是，他必须确认自己没有忽略可能会使读者感到矛盾的事。

"这是感觉和现实交锋的一个教训。"卢斯说。卢斯的报道并没有反映申克的升职，申克也从没有暗示过一则信息应该还是不应该受到报道。不管怎样，警察局长的离职使申克得到了好处。

特洛亚内洛说，他从来没有担心过卢斯的报道会违背原则，但是他想确信报纸不受质疑。"与警察部门有关的问题是新闻的第一线，"特洛亚内洛说，"人们可以把它理解成任何意思——她在保护警察局长，她企图把警察局长拉下马。那类杜撰使我很担心。"

另一方面，申克质问，在一个小城镇里，严格的利益冲突标准是否现实。"每个人都是潜在的消息来源——甚至是杂货店的售货员。我们要吃东西。如果她的丈夫或男友是个农夫，你也可以说她在推销食物。这是一个某种程度上可能不现实的理想。"申克说，"如果你不能成为一个真正的人，你如何对真正的人进行报道？"

99

卢斯说，如果她得把所有的事都重来一次，她不会把他们之间的关系当作秘密保守得那么久。尽管如此，和上司谈论自己的约会仍然不是件容易的事。特洛亚内洛说，他理解新闻工作者个人生活的复杂性，但还是宁可卢斯在元旦前，在他们两人开始约会的时候就让报社注意到这种关系。

但是，他明白这种情况的动态。"在她生活的小镇上，受过四年大学教育的人数和专业人士的人数不多。"特洛亚内洛说，"看上去似乎总会在某些时候发生某种交错关系。就像在新闻编辑室里一样，各种关系都会自然地发生。我就娶了一个审稿员。"

他们的关系一被公开（他们后来订婚了），卢斯就惊讶于社区居民和城市官员对他们的支持，包括新任的警察局长（不是申克）。"我们新闻工作者认为的伦理问题和利益冲突并不见得被公众视为伦理问题。"

但是，卢斯从没有听到过前任警察局长及其支持者对此事做出的反应。在有些场合中，城市官员曾问申克是否向卢斯或《亚基马先驱共和报》的记者泄露信息。申克简单地解释自己没有。"我每天都要处理杰茜卡想要得到的材料，"申克说，"但是我们不谈论。"

如今，卢斯报道亚基马市（Yakima）的教育信息。

微观问题：

（1）卢斯是否有责任把自己与申克的关系告诉她的主编？如果是这样，卢斯应当何时告诉他们？

（2）《亚基马先驱共和报》的主编有什么责任解释对利益冲突的预计？在伦理规约中说明那些对利益冲突的预计有必要或合适吗？

（3）如果申克在该市从事另一个职业，例如教师，伦理问题会如何改变？

（4）如果卢斯和申克只保持朋友关系，伦理问题会如何改变？

中观问题：

（1）新闻工作者生活中的哪些方面可以不公开？

（2）公众对一个伦理问题的看法是否真的中肯？

（3）新闻工作者的大部分时间花在两种人身上：消息来源和同事。考虑到这些限制，约会是可以接受和合理恰当的吗？

宏观问题：

（1）如果人们期望新闻工作者遗世独立，他们还能对社区进行有效的报道吗？

（2）伦理规约应当如何明确规定利益冲突？

案例 4-5 关于角色的问题：纪录片导演到底是朋友、记者还是娱乐行业工作者？

南希·米切尔（Nancy Mitchell）

内布拉斯加大学林肯分校（University of Nebraska-Lincoln）

1998 年，独立电影制作人戴维·萨瑟兰（David Sutherland）拍摄了一部关于内布拉斯加州（Nebraska）一对年轻农场主夫妇朱厄妮塔（Juanita）和达雷尔·布施考特尔（Darrel Buschkoetter）及其三个女儿的纪录片，他同时兼任编剧、制片人、导演，以及剪辑。这是一个非常吸引人的故事，这个家庭面临着双重困难，一方面他们正试图保住他们的农场，另一方面又要努力维系家庭完整。在这部耗费 3 年、历时 200 多个小时拍摄的纪录片中，萨瑟兰刻画出了一个家庭在经济压力中挣扎求生的故事。

100

在选择达雷尔夫妇之前，萨瑟兰面试了 40 个家庭。萨瑟兰给这一家看了他作品的示例以便让他们知道自己究竟要干什么。在拍摄的过程中，萨瑟兰和他的团队成员都未和达雷尔夫妇成为朋友。但是，萨瑟兰说，项目结束后他们成为了朋友。

这部纪录片赢得了高度的赞誉，还获得四项电视评论家协会奖（Television Critics Association）提名，包括年度最佳作品奖。同时，该纪录片还获得了 1998 年多个媒体评选的最佳电视节目奖，包括《芝加哥论坛报》（*Chicago Tribune*）、《电视指南》（*TV Guide*）、《波士顿环球报》（*Boston Globe*）。《芝加哥论坛报》的评论员史蒂夫·约翰逊（Steve Johnson）这样称赞它："近十年来最杰出的电视事件之一。《农场主的妻子》（*The Farmer's Wife*）是一部摄人心魄的作品，以无情的自然和文化景观为背景，讲述了一段凄美的爱情故事。"

　　《纽约每日新闻》（*New York Daily News*）的戴维·比安库利（David Bian-culli）说："《农场主的妻子》这部纪录片真是值得一看。它讲述了一个步入绝境但不肯轻易放弃的家庭的故事，并对它进行了诚恳、坚定的研究，使之萦绕人心、具有启示意义。"《俄勒冈人报》的罗恩·米勒（Ron Miller）写道："在本周的《农场主的妻子》之前，从来没有哪个电影制作人能如此深入地剖析美国家庭的核心，而结果又是如此使人揪心。"

　　《农场主的妻子》首播时就吸引了 1 800 万 PBS 的观众，使其成为 PBS 历史上观看人数最多的纪录片系列剧集之一。这部总共 6 个半小时的纪录片分为三部分。第一部分向观众介绍了布施考特尔，他（没有插入其他讲述者）讲述了他们所面临的困境：婚姻出现问题，因为连年干旱而面临失去农场的危险。

　　第二部分记录了他们的家庭生活、努力平衡收支的无情挑战和失去农场的危险。美国农业部（USDA）的借贷员霍伊·贝利（Hoy Bailey）告诉布施考特尔可以向所有的债主申请延期还款。纪录片中有个场景是朱厄妮塔在夜里开车前往一个债主的办公室请求两年的延期。债主里奇·库塞拉（Rich Kucera）听完了她的讲述并最终同意了她的请求。接下来的场景是达雷尔在自家的厨房里，朱厄妮塔回到家告诉他库塞拉勉强同意延长他们的协议。达雷尔表示他难以相信库塞拉如此好心：

> 达雷尔："他不是很讨厌吗？"
>
> 朱厄妮塔："不。"
>
> 达雷尔："理查德不讨人厌？这真是第一次……我简直没法儿想象那家伙是个好人。"

　　在接下来的场景中，达雷尔给霍伊·贝利打电话。这位借贷员告诉他，除了一个 100 美元的延期申请，其他的被批准了，而如果没有这个 100 美元的延期，他们会在收购中失去农场。

> 达雷尔："你的意思是 100 美元可以引发一场收购？"
>
> 霍伊："没错。"
>
> 达雷尔："你不觉得这很可笑吗？我的意思是，如果一定要这样，那我可以出去扫大街赚到这 100 美元，然后取消这次收购。"

　　最后一集描述了他们困境的解决结果。达雷尔的农场获得大丰收，但是为农场的劳作压力所折磨，而且还面临另一个挑战，即赚到足够的钱养活他的家人。达雷尔猛烈发泄之后，朱厄妮塔带着女儿离开他去了她姐姐家，但是大约一星期后，她们回来了。达雷尔寻求咨询服务，这对夫妇似乎可以保住他们农场和他们的关系。

　　萨瑟兰称他自己为"描述者"，而非一个调查性报道记者。他说他打造这部影片的手法是让人与人之间的互动来讲述故事，而不是一个解说员。他称这种拍摄手法为"第三人称，闭合式"。萨瑟兰说他没有给影片设置议程，但补充说他担心那些被拍摄的人试图利用他来推广他们的议程。

有人问他在多大程度上不干涉故事的发展，他回答说："如果某人的生活处于危机状态，我会给他钱。"萨瑟兰说达雷尔和朱厄妮塔保留农场的梦想和他本人制作一部近距离刻画社会问题的纪录片的梦想很契合。对于萨瑟兰而言，"用心和他们［拍摄对象］沟通，而非利用他们"，这很重要。

在最后一集，当朱厄妮塔离开达雷尔时，萨瑟兰并没有选择跟随她，即使得到了她的允许。萨瑟兰相信这个故事可以在其他时间、用另一种方式讲述，而他最终在他们一家团圆后找到了机会，给了这个事件一个结局。

问及该纪录片的热播是否给布施考特尔一家带来了机遇时，他们给出了肯定回答。他们就家庭农场的困境问题在国会作证、参加宣传旅行、发表演讲。萨瑟兰说布施考特尔家的女儿们获得更多自信。同时他还说这个纪录片"使我重新爱上了美国人民。他们竭尽所能地去生活。这难道还不够吗？"

微观问题：

（1）如果你是制片人，当他们需要 100 美元保住农场时，你会借钱给他们吗？如果你这么做的话，对该纪录片意味着什么？如果你没这样做，对这个家庭又意味着什么？

（2）如果你是一个同题材的深度报道记者，你对上一个问题的答案会有所不同吗？

（3）在拍摄婚姻危机时，萨瑟兰是否做出了正确的决定？萨瑟兰选择不跟随她，你觉得他的选择使情况变得更好还是更糟糕，抑或没有影响？

中观问题：

（1）拍摄了一部纪录片而获得一些个人奖项可能被解读为利用别人使自己受益。当萨瑟兰被问及如何看待这种观点时说："他们（纪录片中的拍摄对象）利用我时，我也同样生气。"请你评价这种看法。对于新闻业而言，这种紧张局面常见吗？

（2）萨瑟兰称自己为描述者而非调查性记者（给作者的邮件，2003 年 9 月 7 日）。你认为这种身份定义比作为调查性记者能够使他获得更多选择权吗？

（3）摄像机的存在是否会改变故事的发展轨迹？你认为朱厄妮塔会见债主请求延期还贷时，拍摄行为是否改变了债主的行为？这有关系吗？

（4）如果存在这种倾向，新闻工作者或者纪录片制作人什么时候可以和他们的采访对象成为朋友？

宏观问题：

（1）从客观角度拍摄一部纪录片可能吗？在做这类工作时，应该遵循什么样的行为准则？

（2）和其他娱乐形态比如真人秀或者黄金时段的电视杂志节目相比，纪录片是否应该遵循不同的伦理规范？为什么？

案例 4 - 6　利益冲突、必争之地：《纽约时报》的伦理规约

邦尼·布伦南（Bonnie Brennen）

马凯特大学（Marquette Universtiy）

2003 年 1 月，《纽约时报》打破了长期的惯例，在网站上发布了它的新伦理规约。《纽约时报》的这个决定非常重要，因为伦理规约往往在创立和应用过程中都充满争议。但是，伦理规约是人类不同历史时期的重要里程碑，它是在某些特定的社会、经济、政治环境下所产生的某些特定的社会实践。

例如，美国报纸协会（American Newspaper Guild）的成员在 1933 年制定了第一个由记者而非管理者发起的伦理规约。那份伦理规约指出，新闻业的"崇高呼唤"已遭玷污，因为雇主不断给新闻工作者施压以取得某些特殊利益而非公众利益。利益冲突集中于记者和信源之间，那份伦理规约里特别声明新闻编辑室承载了太多来自商业经营方面的压力。因此，该规约建议为了反抗来自商业的影响，新闻应当"仅仅在新闻编辑室里编辑"。

大体上，伦理规约在从业者和学者之间存在分歧。一些人坚持认为伦理规约不过就是一种广义的愿景——当需要做出具体决定时它们过于模糊而无济于事。其他人坚信这些伦理规约对于新入职的新闻工作者、摄影师以及公关行业从业者是有帮助的：它们用规则的形式提供了指导，并且能够内化为专业知识，进而随着经验深化。同时，还有人将之视为一个时代的意识形态的体现——更大程度上是超越伦理的政治和权力。

103　《纽约时报》的新规约的制定与公众对"其员工的专业声誉"的看法相联系。规约对"所有直接影响报纸内容的新闻和编辑部门员工"都适用。

该规约主要集中于利益冲突。事实上，它并没有提及准确性、公正性，且只有一句话提到了隐私权。然而，在利益冲突这部分，该规约阐述得非常具体详细。《纽约时报》规约认为婚姻关系可能对新闻报道产生影响。它也提到了驻外记者是否应该遵守所在国的伦理规范，而那些国家中大部分并不提供等同于宪法第一修正案的保护。

该规约要求员工每年公开超过 5 000 美元的通话费，禁止接受《纽约时报》所报道的任何组织的礼物、入场券、折扣或者其他的"奖励"。员工也不能入股所报道的公司，有偿写稿、改稿都是绝对不允许的。

然而，员工可以做一些没有报酬的工作，比如：为一个儿童学校的募捐活动进行公关。但是《纽约时报》禁止员工捐钱给候选人或者慈善事业、参与支

持公共活动的游行，或者在广播和电视节目中发表未在报纸上发表过的言论。当家庭成员，比如配偶参与某个活动时，《纽约时报》员工应该主动向管理阶层汇报，并且回避报道该活动。

《纽约时报》规约意在保护该报在市场中的地位。禁止员工向其他新闻工作者透露任何该报的运作、计划或政策等机密信息。这种问题适用于管理层面。如果读者问到这种问题，员工被鼓励"公开、诚实地"回答。《纽约时报》的员工还被禁止为任何存在竞争关系的媒体做自由撰稿人。"员工也不能出现在任何与《纽约时报》提供的电视或网络内容有竞争关系的广播电视节目中……随着《纽约时报》在这些新领域的不断拓展，它的直接竞争对手和客户或者潜在客户无疑将会不断增加。"

微观问题：

（1）管理层和所有者是否也应该遵守这些伦理准则，特别是对于像《纽约时报》这样具有影响力的出版物而言？

（2）为什么在考虑利益冲突这个问题时，观念比行动更重要？

（3）《纽约时报》规约是否应该包括诸多常见的新闻业议题，比如准确性、公正性和隐私条款？

中观问题：

（1）应对利益冲突的最好办法是"揭露"，你怎么看待这种观点？

（2）相对于《纽约时报》而言，小型报纸的利益冲突准则是否有所不同？

（3）《纽约时报》规约是否侵害了员工的第一修正案权利？为了从事新闻工作，新闻工作者是否放弃了作为公民的部分权益？

104

（4）是否存在这样的事例：回避一项任务令人产生不满情绪？如果发生了这种事情，新闻工作者应该怎么办？

（5）为防止利益冲突，新闻工作者是否应该被禁止加入自己孩子学校的教师家长会，比如家庭教师协会或者家长教师联谊组织（PTO）？如果是当地房主协会（local homeowners' association）呢？这些组织成为报道对象的潜在可能（比如，教师问题、房屋保护）是否会影响你的决定？

宏观问题：

（1）在新闻领域，哪些特定的历史发展可能推动这一版《纽约时报》伦理规约的发展？

（2）研究显示，由新闻编辑室制定的伦理规约比管理层制定的规约更有能力影响行为。如果《纽约时报》使用了这种路径，那么它是否可能发现诸如杰森·布莱尔这种记者的行为（布莱尔一案的细节可在互联网找到）及其虚假报道？

（3）《纽约时报》规约是否将其组织的财务健康状况与公众的信任置于同等重要的地位？你觉得这合适吗？

案例 4－7　辞职、告发还是随波逐流？

罗伯特・D. 韦克菲尔德（Robert D. Wakefield）

杨百翰大学（Brigham Young University）

任何在公共关系界干了多年的人都会面临良心危机。从业人员都受过训练，承担在机构主张和"公众利益"之间做出平衡的微妙任务（Newsom，Turk and Kruckeberg，1996）。但是这个角色会导致个人冲突，正如我碰到的这个例子。

此事发生在一个有近 40 个学校、35 000 多名学生的市内学区。它的主管因为创新的社区服务扩大理念而享誉全国，他同时也是媒体的宠儿。在他接手了一个全州范围的职务之前，我和他合作了 5 年。接替他的人性格安静、观点保守，他和他带来的管理队伍认为教育者就是受训管理这些学校的，而最好的办法就是"无为而治"。

像大部分市内学区一样，随着人们向郊区迁移，这个系统正在失去学生。在过去 10 年间，一度可以填满 4 所高中的学生人数如今只能填满 3 所高中。

有 7 名成员的学校董事会曾经考虑过关闭其中一所学校的问题，这个提议引起了学生、教职工和家长的强烈情绪，后来放弃了。但是，新的管理班子试图在那些反应和用纳税人的钱额外支持一家高中的财政消耗之间做出平衡，他们决定再次开始讨论这个问题。

105　　由于预见到骚乱的情况，新的管理人员处理此事的方式使问题更加恶化。他们不是与社区成员或学校教职工共同探讨这个问题以寻找一个双方都同意的解决办法，而是企图关起门来解决所有问题。

我是在一次与学校董事会共同参加的"研究会议"上第一次得知这个关起门来的方法的。那位新主管在刚到这个学区的最初一些日子召开过这种非正式的会议，这些会议如此令人生厌、模棱两可，以至于新闻工作者很少参加。

在这次会议召开之前，那位主管问我是否会有媒体参加。我告诉他有一位记者迟一些可能会来。会议开始的时候，我惊讶地听到他告诉董事会和几个职员："如果有一个记者出席，我就改变主题——但是今天我们准备谈谈关闭一家高中的事。"接着，他简要叙述了就此问题召开过的会议的结果，讨论了一家社区大学提出的购买那幢建筑物的提案，这样那幢大楼就不会被废弃，也不用寻求 4 位高中校长的支持。

于是，我的伦理难题开始了。我同意，因为招生问题严峻，关闭一家学校可能是最好的选择，但是我反对这个管理班子解决问题的方式。作为一名公共关系人员，我认为公共机构必须公开，让那些受到闭校影响的人参与真正的决策过程，这样最终能得到人们的长期支持，无论决定是什么。我对这种排除公众的企图感到震惊，但是我什么也没说。

关起来的门能够迅速被打开，不到一天，关于该决定的消息就泄露了。将被关闭的那家学校是本州最古老的学校之一。最近，它作为模范市内学校接受了美国教育部的奖励，但是它位于最不富裕、可能最缺乏政治力量的社区。

"研究会议"后的第二天，由于当晚安排召开一次常规董事会，记者打电话求证他们听说的消息。（最高行政长官经常会忘记，一个系统中每一个个别单位的管理人都有自己的忠诚。在此案例中，有一位高中校长中途离开了"研究会议"，通知自己的教工，他们将接受"从那家市内学校"转来的学生。流言开始了。）

接完电话，我问那位主管，他准备在董事会上说什么，他回答说："我们要讨论空间利用的需要。"我告诉他有关那些电话的事，并说如果我们对社区不诚实，我们的工作就会受到威胁。值得赞扬的是，他迅速而公开地作出了反应。晚间会议如期展开。房间里挤满了学区赞助人和媒体。预料之中的意见被提了出来。喧闹之下，人们一致认为：关闭一家传统的高中就够可怕了，而管理班子以秘密方式达成结论的做法更令人难以原谅。

对于一个年轻的公共关系人员来说，接下来几个星期的工作非常紧张。我接受媒介采访、参加脱口秀节目和各种论坛以解释情况。我还会见了数十位教师、家长和其他市民，倾听他们的评论，接受他们的建议。我不得不小心谨慎，使我的发言代表社区，而不是我自己。我曾经和一些地方记者共事多年，我给他们提供背景情况，以便他们可以寻找额外资料，而不披露我是原始的消息来源。我在这样做的时候感到轻松自在。这是个人冒险，但是那些记者从来没有辜负过我的信任。

106

两件额外的小事概括出我的伦理挣扎。第一件事发生在那次引起争议的董事会之后，当时一位最高行政官员说，社区居民对为什么要关起门来做决定有误解。我劝说他们公开。那位行政官员警告我，要我记住是谁在付我工资，他的驳斥进一步证实，这一届新领导班子的价值观和我自己的不一样。

第二件事发生在我应邀与一位被推选出来代表社区讲话的人见面的时候。我刚走进他的办公室没几步，他就对我说："你不同意你的行政部门的所作所为，对吗？"当他解释他的立场时，我报以沉默。

出于某种原因，正是这次见面使我产生了良心危机。我是辞职，告发，还是保持沉默？我要养活妻子和孩子，当时就业形势不好。我推测，我建立起的各种关系可以平息许多愤怒之情。我也相信教育的重要性。于是，我决定挺过这场危机，然后再找新工作。

这场危机之后大约一个月，董事会聘请了一位顾问，他和我一样赞成公开交流。两个星期后，四名董事会成员来到我的办公室，请求我召开一次会议。因为这四个人是董事会的主要成员，所以这种集会违反了要求此类会议公开的法律。我违反了这条法律，请他们留下来。他们说，持续的紧张局势让他们厌烦，问我作为一名公关人员认为他们应当怎样做。

对于我来说，答案直接明了。基于公共关系的基本规则和常识，我建议，他们可以重新着手做本来一开始就应当做的工作，以此来逐渐解除这种紧张局势：宣布从全市选出来的代表组成一个委员会，帮助审时度势，并达成一个决定，供董事会稍后讨论。

让我吃惊的是，这些董事会成员将此建议通报给了管理部门，我推荐的许多做法得到实施。几个月后，那所学校在泪水中关闭了。学校关闭几个星期后，我接受了一家当地公共关系公司提供的工作。

微观问题：

（1）谣言初起时，韦克菲尔德应当准备何种新闻稿或其他论据？

（2）韦克菲尔德是否应当对他所信任的记者提供不具名消息？

（3）是否存在确实不能让媒体，从而也就不能让公众知道的政府部门制定的一些决定？此案例是其中一种吗？

（4）有些针对关闭该校的抗议中存在着种族主义的潜台词，韦克菲尔德应当如何进行回应？

中观问题：

（1）韦克菲尔德是否应当"告发"那些要求他召开非法会议的董事会成员？

（2）韦克菲尔德建议董事会采取有别于该主管提出的方法，这样做是否恰如其分？

（3）过去与另一位主管共事的经历对韦克菲尔德理解社区工作产生了多大的影响？这种"工作场所"的社会化对他的伦理思考产生了什么样的影响？

宏观问题：

（1）韦克菲尔德应当忠于谁？

（2）他是否本应当将自己的个人观点告诉社区成员？

（3）怎样比较韦克菲尔德的工作与政治人物的新闻秘书的工作？

（4）不让新闻工作者了解做出政治决定的过程是恰当的吗？

第5章

隐私：在地球村
寻求独处

学完本章后，你应当：

◇ 理解隐私权和隐私需要之间的区别。

◇ 区分隐私法和隐私伦理。

◇ 理解判断力、知情权、知情需要、知情欲和亲密圈的概念。

◇ 理解具体情境之中的隐私本质，特别是在涉及社交媒体之时。

◇ 理解并应用作为伦理决定工具的罗尔斯的无知之幕。

 为什么在新千年出现隐私问题？

从任何角度衡量，2011 年作为一名新奥尔良圣徒队（New Orleans Saints）①的粉丝来说都是糟糕的一年。赢得超级碗的比赛之后不到两年，该队、该队的教练及其许多队员都成为全美橄榄球联盟（National Football League）有史以来最严厉惩罚的对象。原因是该队防守教练（后来被联盟无限期停赛）运

① 美国橄榄球队，建立于 1966 年 11 月 1 日，由于球队是在圣徒日那天建立的，1967 年 1 月 9 日球队改名为圣徒队。

作了一个"赏金系统"，圣徒队运动员因"将对方撞得因伤下场"而获得金钱奖励，特别是硬碰硬的撞击。其主要目标是受伤患过脑震荡的对方球员。

电影制作人肖恩·帕姆费伦（Sean Pamphilon）正在拍摄一个关于前圣徒队队员、患上了神经障碍肌萎缩侧索硬化症的史蒂夫·格利森（Steve Gleason）的纪录片。进行研究时，他在圣徒队更衣室里的防守队员中发现了这个赏金系统。帕姆费伦记录了防守教练格雷格·威廉斯（Gregg Williams）敦促运动员在最后决赛之前攻击一名有脑震荡史的对手。在全美橄榄球联盟调查期间，帕姆费伦不顾格利森的反对和公众的严厉批评发布了这段音频记录。格利森反对发布这段讲话，因为他不想背弃圣徒队的信任，该队一直配合纪录片的制作。

一方面是格利森，另一方面是帕姆费伦，他们二人的冲突生动地体现了当代隐私讨论的混乱特征。早些时候，隐私往往是二元的——你要么有，要么没有。如今，这个二元世界充满了灰色地带——事实上，关于这一问题，最重要的学者之一海伦·尼森鲍姆（Helen Nissenbaum）①争辩说，社交媒体和许多其他技术形式已经抹去了公共-私人的二分法。在尼森鲍姆洞察世事的论文里，隐私既不是保密权，也不是控制信息权，而是个体在不同的语境中不得不"控制……个人信息的恰当流动"（Nissenbaum，2010，127）。

这位纪录片制作人的抉择生动地诠释了她的观点。首先，如果维护重要消息来源的信任是主要目标，"私下"保存该言论的音频记录就可以被视为在伦理上恰如其分。但是，还有其他一些利益需要考虑，尼森鲍姆注意到，当代有关隐私的思考几乎都承认不同利益之间存在冲突。

这些相互冲突的利益之一当然是那些橄榄球运动员的身体健康，他们并不知道自己是"因伤下场"和硬碰硬/非法打击的靶子。另外一个是该纪录片本身的诚信。第三个显然是全美橄榄球联盟的调查，该调查有着潜在的犯罪暗示。然后，还有普通的橄榄球粉丝。他们足够机智，知道该运动本身对于运动员来说具有潜在的危险；他们也足够见多识广，知道反复脑震荡的长期后果就是无可避免地将此事从橄榄球场送进立法程序。

格利森想要维持信任——对于隐私保护来说这是重要的积极目标——这和哲学家所称的"伤害原则"产生了直接冲突。如果那段音频保密，人们就会受到伤害，就像我们在宾夕法尼亚大学看到的那样：一个前教练遭到虐待儿童的指控，但这些指控被管理者们保守秘密长达 14 年，结果受害者人数不断增加。如果帕姆费伦一直保守音频的秘密直到影片发行，他就会陷入另外的麻烦。

总之，个人的历史和受到发布该信息的潜在影响的各方扮演的职业角色阐明了学者们所称的"语境-相关信息规范"（context-relative informational norms）。和以上例子表明的一样，这种分析很难形成适合所有案例和所有偶然性的规则。但是，在你能够开始对复杂议题进行这样一种分析之前，你需要理解"隐私"这一词语的历史和内涵，以及现代文化如何理解这些重要概念的当代批评。

① 纽约大学媒介、文化、传播和计算机科学教授，该校信息法研究所所长。从社会、伦理及政治维度研究信息技术和数字媒体。

隐私作为一种法律建构

20 世纪 60 年代，已故的加利福尼亚大学伯克利分校法学院院长威廉·普罗瑟（William Prosser）[①]想出了一套分类法，隐私的现代法学观念即始于此。普罗瑟提出，数十年来隐私法始终停滞不前是因为"隐私"对于不同的人来说意味着不同的含义。由于普罗瑟所做的这一工作，如今隐私的民事侵权行为的表现可分为四个不同方面：

（1）侵扰某人的独居或独处生活，例如为了获取新闻而侵入某人的房屋或查看私人文件。

（2）公开暴露令人尴尬的个人情况，例如揭露某人与现在地位无关的不光彩的过去。

（3）把某人放在人造光（false light）之下，例如为了多卖几本书而夸大某个人物的经历。

（4）为了个人利益而侵犯某人的姓名或肖像权，例如为了销售某个产品而未经许可使用好莱坞巨星朱莉娅·罗伯茨（Julia Roberts）的肖像。

这个分为四部分的列表虽然简单易懂，但是问题仍存。并不是每个州都认同上述所有民事侵权行为——特别是"人造光"。而且，我们关于隐私的观念是动态的、变化的。一度可能令人尴尬的个人情况例如未婚先孕，如今已属寻常，比比皆是，还成为庆祝的理由。过去，名人报道中，癌症极少被提及。如今它不仅被提及，还往往被用来提高人们对疾病的认识。它甚至进入了公共政策领域，正如癌症幸存者约翰·麦凯恩（John McCain）参议员或已故的阿伦·斯佩克特（Arlen Spector）在关于美国全国健康保险改革的公开辩论中提及自己的医疗斗争时那样。同样，一个人的性取向已经成为寻常之事。但是，与此同时，一度一问即得的信息，例如学生的电话号码，或者驾照登记时留下的个人地址，如今都被 20 世纪末通过的错综复杂的隐私立法遮蔽起来。

对隐私的要求因人群不同而各异，这个问题因此进一步模糊。例如，公众人物遵从的标准与其他人不同。还存在"有限的"公众人物，甚至偶然被推入聚光灯下的"意外"公众人物。法院对公众人物的认定变化不定，使得进行报道的新闻工作者处于不利地位。正如《并无恶意》（*Absence of Malice*）[②]中的报社律师对萨莉·菲尔茨（Sally Fields）扮演的年轻记者所说的那样："他们什么都不告诉我们，直到一切为时已晚。"

如果媒体侵犯了隐私，巨额的赔偿金可以把原告造就成富翁，但却不能归还最初被侵犯带走的支配感。有趣的是，法院从未像裁定诽谤那样裁定侵犯隐

① 威廉·普罗瑟（1898—1972），1948 年到 1961 年任加利福尼亚大学伯克利分校法学院院长。普罗瑟撰写了数版《普罗瑟论民事侵权》，该书被普遍视为民事侵权法领域的领军著作。该著作至今仍被广泛使用，目前的书名为《普罗瑟、基顿论民事侵权》。

110

② 1981 年发行的美国电影。

私，理由是一个人的名誉比隐私更加珍贵。于是，法律提供的解决方法对新闻工作者和受害者来说都是令人不满的。在播出或发表之前进行伦理思考比法庭大战要好。

通过这个法律透镜，可以看到隐私思考的主要问题之一是哲学家认为在隐私和金钱之间存在误导性的关联。回顾第 3 章的讨论，一个一切都可以被市场化和金钱化的文化包含的道德意味。通过社交媒体和搜索引擎营销个人信息就是一个例子，表明在这个市场中，伦理推理减少为成本-收益分析。哲学家称，个人信息的商品化侵蚀了个人自治和真正社区的核心。虽然法律可能是一个起点，但很难说是做伦理决定的满意框架。

隐私需要

所谓的隐私权（right to privacy）一直受到广泛争论，是许多著作的主题，但是得出的结论却很成问题，因为这个术语从未出现在美国宪法中。相对较少被写作的是"隐私需要"（need for privacy）。哲学家路易斯·W. 霍奇斯（Louis W. Hodges）就隐私需要写道："没有某种程度的隐私，文明生活就没有可能。"（Hodges，1983）

霍奇斯认为，个人和社会都存在对隐私的需要。第一，我们需要隐私去发展自我感觉。康斯坦丝·T. 菲施勒（Constance T. Fischer）说，人们需要隐私去"试验"新的姿态、未来的自我等等，而不必害怕受到外人嘲笑。如果我们要成为我们希望成为的那个人，除了观察之外，我们需要一定程度的隐私去发展那个人。对成员进行认知控制的邪教能得逞，部分原因是剥夺成员任何真正程度上的隐私，并限制其成长和思考。

第二，社会需要隐私作为对抗国家权力的盾牌。随着国家获得更多公民信息，影响、控制或操纵每个人就日益容易。正是出于对国家的恐惧，才对国家权力进行限制，例如《人权法案》得以确立以保护私人生活（Neville，1980）。纵观历史，极权主义政府曾经广泛使用政府监视——几乎毫无隐私——作为主要手段，试图塑造出整齐划一的服从公民，正如奥威尔（Orwell）的《1984》的主题。第三，社会需要隐私作为盾牌，对抗诸如脸谱和其他需要大量个人信息以进入站点的互联网。

因此，虽然大部分讨论聚焦于隐私权，但是人们必须对隐私需要进行同样热烈的讨论。*隐私并非奢侈品或仁慈政府赠予的礼物。隐私是民主的必要成分。*

新闻工作者经常在法律允许和良心许可之间挣扎。这种困惑导致了大规模的伦理失误，损害了这一职业的可信度，满足了老一套的观念，即新闻工作者为获得新闻不择手段，而受众则乐于消费任何新闻工作者发布的东西。正如尼森鲍姆（2010）指出的：

> 要知道隐私并非对大多数人有吸引力，还要知道隐私一直遭到"威胁""践踏"或"侵犯"。简而言之，人们想要在隐私遭到贬抑的特定例子中辨识出道德与政治的重要性；总体来说，他们想要知道，隐私要求在何时是合理的。由于隐私权将义务与限制加之于他人，因此以非人为的方式限定这一权利至关重要。（p.72）

此处，非人为是关键——新闻工作者、战略传播从业者和他们的受众需要一些系统的方法来做出隐私决定。对于美国人来说，那种系统分析始于法律。

隐私作为一种伦理建构

隐私的伦理基础远比法律基础出现得早，它出现于其中的所有文献资料坚称隐私是我们作为人类所拥有的一种"自然权利"。隐私被视为一种需要，一种保护自己不受他人或机构行为侵犯的方法。隐私承载着支配和有限接近的观念。个人应当得到允许，支配谁可能拥有某类信息，有时还要支配那些信息出现的语境。

112

社群主义思想将隐私和社区相联系，而不是将它们视为相互竞争的两股力量。"可靠的伦理学或隐私需要根植于普遍的善，而非个人权利"（Christians，2010）。"社群主义者认为，自然状态下自给自足的'人'这个迷思在政治上具有误导性，并且是危险的。人和语言、历史、文化不可分割，这都是社会产物，不可能存在脱离社会的人这样的东西。"（Radin，1982）按照社群主义的观点，社区本身——更大的社会——受益于保护个人隐私。但是，这种保护与社区的需要之间存在某种温和的张力。根据社群主义思想，群体需求要完全服从于管制和政府，原因是社区的健康反过来支持了个人的茁壮成长。克里斯琴斯认为，对商业银行数据的控制、政府监视、对悲剧受害者的侵犯性报道是 21 世纪出现的最重要的隐私问题。尽管隐私与人类经验有关，但其概念本身却是相对的。"隐私的道德分量、其重要性和价值并不会直接因为人群中渴望或喜欢它的人数比例或者他们渴望或喜欢它的程度而缩水或膨胀。"（Nissenbaum，2010，66）或许最佳例子就是《世界人权宣言》（Universal Declaration of Human Rights）的第 12 条。

欧洲学者一方面一直把隐私和资本主义市场经济联系在一起，另一方面又将其和福利国家的干预相联系。"对于无家可归者或失业者来说隐私意味着什么？如果人们没有手段和权力去享受自由，是否还存在对隐私的思考？"（Gutwirth，

2002，52）。

技术的重要角色也影响了当代理论。学者们注意到，对于普通人来说，由个体来控制私人信息的比特和字节极难做到（有些人坚称不可能），特别是如果那个人受到了经济或政治需要的胁迫（Marx，1999）。学界之外，有人提出，在当代社会，隐私这一概念不再存在。"隐私已死"这个标题从 20 世纪 90 年代以来反复出现。1999 年，据《连线》（*Wired*）杂志报道，当时的技术开发商太阳微系统公司（Sun Microsystems）① 首席执行官斯科特·麦克尼利（Scott Mc-Nealy）称消费者隐私问题是一个"障眼法"。"不管怎样，你毫无隐私，"他说，"明白这一点吧。"

美国国家情报办公室（U. S. Office of National Intelligence）前副主任唐纳德·克尔（Donald Kerr）和麦克尼利对隐私的看法相同。2007 年，克尔和《新闻日》（*Newsday*）记者谈话时对该记者说，在一个"相互连接的无线世界里"，匿名很快会成为明日黄花。

113　　从哲学上看，隐私这个概念不能脱离社区。每个人都要承担保密的责任：个人得学会何时分享或扣押信息，社区得学会何时转移视线。法学家杰弗里·罗森（Jeffrey Rosen）指出，对社区在避免"不必要的注视"中担任的角色的关注源自《犹太法案》（Talmudic law）。

> 例如，《犹太法案》围绕着 hezzek re'iyyah（意指"看到所引起的伤害"或"被看到所引起的伤害"）已经发展出一个引人注目的教义体系。这套教义将隐私权的范围扩大，保护个人不仅免受闯入房屋的有形侵犯，而且免遭屋外邻居在共同的院落里通过窗户偷看的监视。《犹太法案》不仅保护邻里间免遭不必要的观察，也免除被观察的可能性……从一开始，《犹太法案》就承认，正是因为不确定自己是否被观察，我们才被迫过着更加克制的生活，并阻止我们在公共场合自由地发言和行事。（Rosen，2000，18 - 19）

最后这句话至关重要：担心被观察导致我们部分地封闭了自己在庆祝、哀悼或者仅仅是日常走动时的生活。该法律细致而严格。如果透过你的窗户能看到你邻居的私人院落，你就必须将你的窗户紧紧关闭。

代入媒介语境，"被看到所引起的伤害"令人头疼。对于在悲剧现场的摄影师和摄像师来说，"先拍摄、再编辑"的哲学带来的部分问题就是"被看到所引起的伤害"已经被照相机加剧了。反对脸谱的人从直觉上理解这种伤害——他们只希望自己最亲密的朋友知道自己的分手、约会等等。就像希腊人创立的哲学方法一样，隐私与我们"成为"人，并在成为人的时候保有某种尊严的能力相联系。"只有相互尊重隐私的公民才能美其名曰自己拥有神圣的尊严。"（Rosen，2000，19）

①　IT 及互联网技术服务公司，创建于 1982 年，主要产品是工作站及服务器。2009 年被甲骨文公司收购。

持续的冲突

　　但是隐私是一项复杂的事务，它并不是在每种情况下都高于其他任何权利。在实践中，隐私保护或者什么构成了侵犯隐私并不总是清晰明了。

　　格尔齐奇（Grcic, 1986）主张，隐私可以被更为紧迫的权利否定。在较为单纯的时代，侵犯隐私的权利几乎专属政府。例如，个人必须放弃对大量私人信息的控制以完成联邦和州的税收表，不能提供这种信息的人就会承担法律责任。

　　为了整个政治社区的生存，政府要求其公民提供某些私人信息。但是，这种泄密受到明确规则的管理。政府不能将你的纳税申报单交给其他利益团体，否则就是违法。从理论上说，对政府权力的这种制约使个人隐私得到某种层面的维护。

　　但是，今天，政府并不是唯一可以要求提供并接受私人信息的公共机构。银行、信贷公司、医生和律师都可以要求提供（并经常接受）各种高度私人化的信息，其中大多数容易遭到泄露。这种泄露必然是单向的。虽然为了确保得到恰当的治疗，你的医生要求你提供既往医疗史，但是如果你询问你的医生在某一外科手术过程中的成功率，她可能会感到吃惊，而且她肯定不必向你提供这样的信息。有些州有法律要求向病人提供这类信息，这种做法一直受到争议，而那些州的医生往往公开声明反对这种泄露，他们说这种缺乏语境的信息可能是欺骗性的，或者彻头彻尾是错误的。

114

　　计算机和数据库已经成为收集和储存私人信息的工具。大量出售私人信息的行业迅速出现。当你购买住房或求职时，你就会看到这种信息企业吐出大量关于你的法律和财政信息，而根据行业估计，其中出错的机会是 40%。关于什么应当保密、什么不应当保密的争议悬而未决；在今天的复杂社会中，它们只是被提出来而已。而且，甚至在消费者得到免费机会去浏览并修改自己的信用信息时，只有一小部分人会这样做，尽管这样做会得到财政好处。

　　从哲学上思考隐私促使学者们发展出隐私受到侵犯时的四种潜在伤害类型。它们如下：

- 信息伤害，例如身份被盗；
- 信息不对等，例如政府和公司在个人不知情或未经同意的情况下聚集了大量有关个人的数据；
- 信息权利侵害，例如将你的财政记录数据转交给地方报纸，却不提供恰当的语境信息；

● 侵蚀道德自治，"在没有他人批评性的注视和干涉下，形成我们自己的道德生平、反思我们的道德经历、评估和辨识出我们自己的道德选择"（van den Hoven，200，439）。

将这些类别的伤害和那些列在美国宪法里的伤害相比较，看看你是否发现在我们被数据浸泡的信息时代，哲学方法多少是令人满意的。

秘密和隐私的区别

人们倾向于将私人信息看作某种他们想保密的东西，但是这种想法混淆了隐私和秘密这两种相互关联但又各自独立的概念。

秘密可以被定义为故意屏蔽信息，以防他人获知、拥有、使用或揭露（Bok，1983）。秘密确保信息不出现在*任何*公众视野中。但是，隐私涉及决定谁将获得接近信息的途径。隐私并不要求信息永远不出现在公众视野中，而是指谁能控制将要公开的信息。

115

秘密往往承担着负面含义。但是秘密在道德上无所谓好坏。隐私和秘密可以重合，但并不相同。"隐私无须隐藏，秘密所隐藏的东西远比隐私多。一个私人花园不是秘密花园，私生活也不是秘密生活。"（Bok，1983，11）

法律给我们一个隐私伦理的有趣隐喻。在"迪特曼诉时代公司"（*Dietemann v. Time*）一案①中，法官艾伦·F. 韦斯廷（Alan F. Westin）将隐私视为控制一个人自己的"亲密圈"（circles of intimacy）的能力。在本案中，两名前《生活》（*Life*）杂志记者向迪特曼撒了谎，进入了他位于加利福尼亚的家，后来揭露他是一名没有行医执照的江湖郎中。虽然法院认为，揭露这种行为有益于社会，但是迪特曼有正当理由期待自己在家中保有隐私，并在接下来的民事诉讼中判决媒体败诉。

哲学家路易斯·W. 霍奇斯曾运用"亲密圈"的概念为新闻工作者和其他专业人员设计了一个行之有效的隐私概念。如果你把隐私看作一系列同心圆，就像图 5.1 所示，最中间的圆圈里是你和你的秘密、幻想、希望、重建的记忆和其他我们带到自己生活中的独一无二的心理"家具"。

第二个圆圈可能由你和另外一个人占据，或许是手足，或许是配偶，或许是父母，或许是室友，或许是所爱的人。你在人生中可能同时拥有若干个"你加一"圆圈，这些"你加一"圆圈的数量和特征在你成长过程中的不同时期可能发生变化。在这个圆圈里，你们分享私人信息。为了使这种关系和谐，就需要互惠互利——基于信任。

第三个圆圈包括其他与你非常亲密的人——可能是家人或朋友，也可能是

① 1971 年，时代公司旗下画报《生活》（*Life*）的记者在对骗子医生进行调查时假扮成病人，将在迪特曼家中进行的检查秘密地传到附近警车里的录音机上，并秘密地拍了照。迪特曼以侵犯隐私为由提出起诉并获胜。法院坚持，虽然新闻采集是新闻报道必不可少的部分，并受到美国宪法第一修正案的保护，但是原告的家是有理由不受新闻人打扰的场所。法院认为，隐藏的机器并不是新闻采集的"重要工具"，宣布"宪法第一修正案不是用电子手段闯入或侵犯他人住房或办公室

116　领地的执照"。

律师或神职人员。此处的关系依然基于一种信任，但是对信息的控制变得更为复杂。这个圆圈可能是在脸谱争议中的问题——发送人以为只会被少数人知道的信息被很多人知道了。这就是信息的本质。就像亲密池塘中的涟漪不断扩散一样，你的自我暴露也变得越来越彻底，越来越不私密，你逐步失去了对自己信息的控制。

运用这种模式，可以将隐私视为对那些进入你各层亲密圈的人的控制。侵犯隐私发生在你对自己亲密圈的控制与他人或公共机构角力的时候。不愿意看到自己的名字被刊登或照片被播出的强奸受害者常常谈到，在这种经历中，她们感到失去了控制，就像遭到强奸时她们感到失去控制一样。

新闻工作者有时会无意或有意地侵犯亲密圈。意识到这一概念将使你得以考量社会需要和他人的权利及需求，尤其是在遇到有新闻价值的问题时。至少在某些情况下，侵犯可以得到辩护，但是在其他情况下则不行。新闻工作者伦理成长的一部分就是知道何时应用规则、何时允许例外。

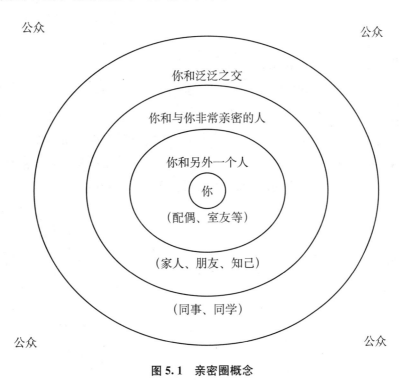

图 5.1 亲密圈概念

判断： 是否披露私人信息

心中明了隐私和秘密的区别后，有道德的新闻工作者遇到的下一个问题就是"判断"——这个词并不常与新闻业联系在一起。博克（1983，41）将判断定义为"辨别某事是否具有侵犯性和是否会造成伤害的直觉能力"。

我们都有决定要披露私人信息的时候，而明智的做法是道德成长的标志，本书最后一章将讨论这个问题。做出判断需要道德推理。一旦一个消息来源决定披露私人信息，记者就是唯一的把关人，在该信息和可能需要该信息或可能仅仅想知道该信息的公众之间做出选择。以正在报道悲剧现场的新闻工作者为例，你提出的问题都得到了答案，但是被采访者显然处于震惊之中，无法对允许这样一次采访的代价和收益做出综合的决定。事实上，在几小时内，这个家庭已经雇用了一名律师为他们发言，而你，就在此刻，进行了唯一的采访。在这样的时刻，新闻工作者被迫依靠判断来决定他是正在满足我们每个人身上的窥探欲的人，还是公民。

新闻工作者如何对待因他人的轻率带来的信息？康德的理论会建议，即便是对待这种轻率的消息来源，新闻工作者也应当像希望别人对待自己一样对待消息来源，降低这种轻率信息被发表的机会。但是，许多新闻工作者称，在实践中，所有的事情都"可供发表"，除非经过特别说明。在这种情况下，回到罗斯的首要责任列表会很有帮助。我对一个往往是脆弱的、有时是无意的消息来源负有什么责任？对好奇的读者或观众呢？对想要我的报道的（并为我的报道买单的）媒介老板呢？

回到脸谱的问题，似乎 18 岁到 22 岁的年轻人还在学习如何谨慎地发帖。在吸引了更年轻群体的 MySpace① 上，问题甚至更严重。发帖不谨慎已经导致无数问题，包括来自某些成人的性掠夺行为，甚至同伴的骚扰和网络欺凌。电视真人秀——除了真实以外它往往什么都是——几乎是教科书般的例子，表明人们为了有机会得到转瞬即逝的声名情愿忍耐或者几乎透露一切。

当知情权不够时

正如秘密和隐私容易被混淆一样，新闻工作者和公众都对"知情权"（right to know）、"知情需要"（need to know）和"知情欲"（want to know）这些概念有误解。但是，这三种概念各不相同，不能互换。

知情权是一个法律术语，往往与会议公开、记录公开法令联系在一起。这些法令是一种法律构建，而非伦理构建。新闻工作者有合法权利获得公众中的其他成员可以获得的相同信息，例如，运输危险材料穿过他们的社区。

知情权信息中会出现伦理问题。刊登新闻工作者通过合法权利获知的一切合乎伦理吗？例如，警方的报告会例行公事地记载各种犯罪案件的嫌疑人、受害人和目击者的姓名。如果新闻工作者掌握了可能造成损害的信息，例如在地方层面上损害公正审判的权利，在全国层面上损害国家安全，那么是否应当扣押这类信息？

117

① 创立于2003 年 9 月，是目前全球第二大的社交网站。它为全球用户提供了一个集交友、个人信息分享、即时通信等多种功能于一身的互动平台。经过四年的高速发展，现已拥有超过 2 亿名注册用户，并且正在以每天新增 23 万注册用户的速度继续增长。

知情需要源自哲学领域。大众媒介的功能之一是为公民提供能使他们在社会中从事日常活动的信息，不管他们的政治观点是什么。提供公众需要知道的信息，要明确新闻工作的坚韧和责任的概念。

当新闻工作者认定，公众"有权获知"一个事实时，他们的意思往往是公民"需要"这类信息，以便在日常生活中游刃有余。例如，普通公民无法查看银行记录——这些记录是被《信息自由法案》（Freedom of Information Act）特别排除在外的。但是，当政府失职之时会发生什么？想一想几年前在财政领域发生的混乱。在纽约发生的庞氏骗局（Ponzi scheme）① 使投资人损失了数十亿美元。主要的银行将数十亿美元的损失一笔勾销。主要的投资银行裹足不前。安然公司（Enron）② 成了低劣公司管理的同义词。由于这些事件发生之时会留下"大量伤亡"，因此新闻工作者有理由争辩说，为了做出明智的经济决定，公众至少需要了解关于财政机构的健康及其管理者的品格的信息。知情需要要求新闻工作者坚韧不拔，因为对于这类报道来说，法律并无用武之地。

从伦理上说，知情需要在三个概念中最具强制性。知情需要要求将他人希望保持私密的信息公之于众。知情需要还要求新闻业不仅仅投身于窥探欲。当一个论点由知情权思想引申而来时，它就将新闻工作者简单地归为伦理教条主义者：我将分毫不差地做法律允许的事。但是，当一个论点由知情需要引申而来时，它就意味着平衡力量一直得到掂量，信息公开仍然是最合乎伦理的行为。

最后，还有**知情欲**的问题，这个问题说到了我们所有这些好奇的人。对于获取和传播信息来说，知情欲在伦理上最缺乏坚实的理论基础。我们都想知道很多事——我们的邻居晚上做什么，其他人挣多少钱，在好莱坞谁和谁睡觉。虽然我们可能想知道那些信息，但是我们并不真的需要它们，而且肯定无权要求知道。

新闻工作者——特别是博主——已经成了大量"知情欲"信息的来源。一些媒介就是建立在公众对名流、罪犯甚至是普通百姓的知情欲的基础上的。约一个多世纪以前，《警察公报》（Police Gazette）就用读者想知道而其他媒体无法提供的信息吸引读者。如今，这个功能被互联网站和诸如"TMZ"③ 这样的辛迪加电视节目承担。在主流媒体中，"知情欲"印刷杂志和视觉杂志是整个行业中唯一增长的领域。

想一想 YouTube 的世界，在这里，你想要知道的一切都有可能获得。你的婚礼出了洋相？那里有全套分类。在 YouTube 及其竞争者的世界，每个人都能得到波普艺术家安迪·沃霍尔（Andy Warhol）④ 预言的 15 分钟声名。假如你需要被提醒"知情欲"市场的价值，那么看看 2006 年谷歌以 16 亿美元收购了YouTube。

① 庞氏骗局是一种最古老和最常见的投资骗局，是金字塔骗局的变体，由生活在 19、20 世纪的意大利裔投机商查尔斯·庞齐（Charles Ponzi）"发明"。庞齐于 1903 年移民到美国，1919 年他开始策划一个阴谋，骗人向一个事实上子虚乌有的企业投资，许诺投资者将在三个月内得到 40% 的利润回报。然后，狡猾的庞齐把新投资者的钱作为快速盈利付给最初投资的人，以诱使更多的人上当。由于前期投资的人回报丰厚，庞齐成功地在七个月内吸引了三万名投资者，这场阴谋持续了一年之久，被利益冲昏头脑的人们才清醒过来，后人称之为"庞氏骗局"。

118

② 安然公司曾经是世界上大型的能源、商品和服务公司之一，名列《财富》杂志"美国 500 强"的第七名，自称全球领先企业。然而，2001 年 12 月 2 日，安然公司突然向纽约破产法院申请破产保护，该案成为美国历史上第二大企业破产案。严重挫伤了美国经济恢复的元气，重创了投资者并使社会公众失去信心，引起美国政府和国会的高度重视。

③ TMZ 是美国在线旗下的一个娱乐新闻网站，创办于 2005 年 12 月。TMZ 是"Thirty Mile Zone"的英文单词第一个字母的缩写，这个地区主要就是洛杉矶地区，这里有很多名人。由此可以看出网站对名人报道的专注。

④ 安迪·沃霍尔（1928—1987）是波普艺术的倡导者和领袖，还是电影制片人、作家、摇滚乐作曲者、出版商。

受众的行为亦有影响

正如以上所述，许多最令人困扰的、导致较大隐私问题的个案——受到公众注意的信息并不是由战略传播从业者或新闻工作者提供的，而是由懂得如何使用电脑并掌握某些他们认为传播出去很重要的信息的普通人提供的。想一想堪萨斯州肖尼市（Shawnee）30 岁的马修·克里德（Matthew Creed）吧，他在 2012 年 5 月创办了网站 blabbermouthkc.com。克里德说这家网站提供社区服务，但是其内容却完全聚焦于在约翰逊县（Johnson County）被捕的人的面部照片和地址。

克里德的网站包含那些被捕者的信息，却没有关于正式被提起的诉讼或者判决的信息。有一些照片中的被捕者只是轻微违法，例如拥有烟草或者持过期执照驾车。

119

表面上，克里德利用了公开羞辱的原则。"那是最大的事，让别人注意到那些居住在他们周围的违法者，努力让那些违法者在以后采取行动之前三思。"克里德在接受美联社的采访时说。尽管美国有无数网站提供此类信息，但是克里德增加了一个新花招：支付 199.99 美元，他就会立即将名单移除，几天后移除，费用就降低到 149.99 元。"这家伙就是只靠别人的不幸牟利的秃鹰。他正在努力帮助社区这个说法是个彻头彻尾的闹剧。"约翰逊县律师杰伊·诺顿（Jay Norton）代表一些被该网站曝光的人说。

虽然克里德的公开羞辱方法或许是独一无二的市场定位，但是他凭借政府的力量（因此是由纳税人买单）将信息公之于众并通过互联网传播给更多受众这一事实并非独一无二。例如，任何聚合器（aggregator）都可以选择在网上精心创造一个传播最高法院观点的小众市场——多亏了政府，这些内容才得以免费。但是，在克里德和 blabbermouthkc.com 这个案例中，他的所作所为从哲学上来说至关重要。

一些学者指出，在这个互联网时代，一度被视为从业者专属范畴的伦理标准应当成为公开资源（Ward and Wasserman，2010）。这意味着有关重要议题例如隐私的伦理标准将通过新闻工作者、公关从业者、受众成员及其他人的公开对话达成。无论公开资源的伦理学在哲学和实践意义上是不是个好主意，它可能都是席卷当今的浪潮，网上的信息消费者就是要在交易中提供信息——不管他们是否知情。充分考虑这些迅速变化的角色所蕴含的意义需要犀利的、通晓哲学的思想。如非如此，就得接受这个事实，即诸如 blabbermouthkc.com 这样的网站反映的职业规范问题。

约翰·罗尔斯和"无知之幕"

在危急关头保持人类尊严是艰难的任务。一位最善于表达的政府社会契约理论支持者，政治哲学家约翰·罗尔斯（John Rawls）提出了一个有用的实验，帮助人们在遇到特别棘手的隐私问题时做出决定（Rawls，1971）。

罗尔斯设计的"分配正义"（distributive justice）吸取了功利主义理论的精华，同时避免了它的一些问题。它开始的前提是，正义应当等同于公正。为了达到公正，罗尔斯提出了一个他称之为"无知之幕"的实验。在此实验中，社群在做出能够影响其成员的伦理决定之前，必须在无知之幕的幕后考量不同的选项。在此幕后，每个人都平等地从"原初位置"（original position）出发。后来，罗尔斯将"原初位置"定义为社群中的每个成员在做决定时并不知道其身份地位、财务或身体状况，甚至潜力。对这一切一无所知的人如今就在其"原初位置"上。

罗尔斯指出，当以性别或社会经济地位为基础的个人差异被消除时，理性的人都会自愿做出并遵循那些决定。例如，如果问题是是否应当在空难现场拍照或采访幸存者，就可以将许多观点不同的人召集到幕后。他们中间可能有一名记者、一名摄影师、一个幸存者、一位死者家属、一个普通读者或观众、传媒的经理或老板、该航空公司的老板、一些现场医务人员、一群临时公众和其他人。在这个幕后的原初位置，没有一个参与者知道自己出去时是什么身份。于是他们的论点就不会带有来自观察角度的偏见。这些参与者将从正反两方面对公众的知情需要和受害者的隐私权进行争论，而并不知道他们出去时是记者、读者还是受害者。

罗尔斯指出，当人们在这样一个幕后开始深思熟虑时，就会出现两种价值观。我们首先采取的行动是为了个人*自由*的最大化；但是，我们也会采取行动以便*弱势*群体受到保护。我们将分别审视这两种观念。

第一，罗尔斯指出，所有人的自由都受到同样的重视。在这个幕后，新闻自由（新闻工作者所珍视的自由）和未经许可不得侵犯私生活的自由（读者所珍视的自由）是平等的。如何同时保有二者成为各种不带偏见的观点争论的议题。

第二，在此幕后，弱势群体往往受到保护。几乎没有哪个参与者会做出不考虑弱势群体利益的伦理决定，除非有强大的证据表明那样做会有益于全体中的多数。在这个幕后，参与者会被迫掂量新闻工作者作为强权公共机构代表的强权者可以给较弱者造成的实际和潜在的伤害。

在这个幕后不要求共同意见，甚至不期待共同意见，指出这一点很重要。

120

"无知之幕"的设计是为了促成伦理讨论，不能因为缺乏共同意见而阻碍这种讨论。应用无知之幕，做出伦理决定的人就能达到罗尔斯所说的"反思均衡"（reflective equilibrium）。在反思均衡的状态下，有些不平等是受到许可的。但是，这些不平等要对社会环境中大部分人的福祉做出巨大贡献。例如，如果发表一个悲剧受害者的照片能阻止类似悲剧再次发生，幕后群体就可能达成这样的共识。

反思均衡召唤罗尔斯所称的——我们"深思熟虑的道德判断"。平衡各方利益人的自由，同时又保护弱势群体，这样做顾及了对所有相关问题的考察，而这是功利主义有时做不到的。

运用知情权、知情需要、判断力、亲密圈的概念，以及罗尔斯"分配正义"的概念，你就掌握了伦理工具，可以着手去平衡针对隐私的矛盾主张。这些工具将使你能够更有效地为你的选择辩护、系统性地做出决定，并明白错误是怎样发生的。

【推荐书目】

Alderman，Ellen，and Caroline Kennedy. 1995. *The right to privacy*. New York：Alfred A. Knopf，Inc.

Bok，Sissela. 1983. *Secrets：On the ethics of concealment and revelation*. New York：Vintage.

Grcic，Joseph M. 1986. "The right to privacy：Behavior as property." *Journal of Values Inquiry*，20，pp. 137-144.

Hixson，Richard F. 1987. *Privacy in a public society*. New York：Oxford University Press.

Hodges，Louis W. 1983. "The journalist and privacy." *Social Responsibility：Journalism，Law，Medicine*，9，pp. 5-19.

Nissenbaum，Helen. 2010. *Privacy on context：Technology，policy and the Integrity of Social Life*. Stanford，CA：Stanford Law Books.

Orwell，George. 1949. *1984*. San Diego：Harcourt Brace Jovanovich.

Rawls，John. 1971. *A theory of justice*. Cambridge，MA：Harvard University Press.

Rosen，Jeffrey. 2000. *The unwanted gaze：The destruction of privacy in America*. New York：Random House.

Schoeman，Ferdinand D.，ed. 1984. *Philosophical dimensions of privacy：An anthology*. New York：Cambridge University Press.

121

【网上案例】www.mhhe.com/mediaethics8e

"Naming names：Privacy and the public's right to know" by John B. Webster

"Public grief and the right to be left alone" by Philip Patterson

"A reporter's question：Propriety and punishment" by Stanley Cunningham

"Computers and the news: A complicated challenge" by Karon Reinboth Speckman

"Honor to die for: *Newsweek* and the Admiral Boorda case" by Philip Patterson

"Culture, law and privacy: Should ethics change in a cultural context?" by Lee Wilkins

"Arthur Ashe and the right to privacy" by Carol Oukrop

"A Person of Interest" by Cara DeMichele

"Blind Justice? On Naming Kobe Bryant's Accuser after the Rape Charge is Dropped" by Patrick Lee Plaisance

 ## 第 5 章 案例

案例 5-1 安德森·库珀算不上私密的生活

李·威尔金斯（Lee Wilkins）

密苏里大学（University of Missouri）

2012 年 7 月，美国有线电视新闻网（CNN）的安德森·库珀（Anderson Cooper）确认了媒体精英圈内已经众所周知的事："事实是，我是一名同性恋者，以前是，将来也是。我对自己感到无比满意，无比自豪，同时我也很自在。"库珀将这些内容写给了安德鲁·沙利文（Andrew Sullivan），后者在自己的博客《每日野兽》（*Daily Beast*）中公开了这段陈述。

库珀承认自己是一名同性恋者这一事实对于普通的 CNN 受众来说或许会是新闻。而对于媒体世界的人而言，这根本算不上什么新闻。早在 2007 年，《出柜》（*Out*）杂志就已经将库珀列在了其发布的"美国最有影响力的男同性恋者"榜单的第二位。此前，库珀的性取向也是其他媒体，包括《纽约时报》的报道对象，但是，库珀本人却对这些报道的准确性不予置评，并表示自己不想做出任何可能有损于自己作为一名新闻工作者的中立性的事情。

尽管很多人可能会将库珀视为一位广播电视名人，但与大部分人相比，他更需要考虑隐私问题对自己作为一个人的影响和对自己职业生涯的影响。

库珀出生于 1967 年 6 月 3 日，是时装设计师、家族继承人格洛丽亚·范德比尔特（Gloria Vanderbilt）与其第四任丈夫作家怀亚特·库珀（Wyatt Cooper）的孩子。格洛丽亚·范德比尔特是媒体频繁报道的对象，而且无可否认，她一生中大部分时间在追求这种关注，包括出版多部备忘录，这些备忘录详尽披露了她的多段风流韵事。库珀的父亲在他 10 岁那年去世。

11 岁那年，库珀成为福特汽车公司的模特。回首过去，作为成年人的库珀将这第一份工作看作自己为实现从他难以想象的富裕家庭"经济独立"的一次尝试。1989 年，他从耶鲁大学毕业。一年后他哥哥从范德比尔特位于纽约的 14 层楼公寓跳楼自杀。媒体对这起自杀事件进行了密集报道，同时他的母亲以第

122

一人称的口吻对此事进行了叙述。库珀认为，正是哥哥的自杀事件激发了自己对新闻的兴趣。

1992 年，库珀开始在《1 频道》（一个在许多公立学校教室播放节目的电视频道）担任事实核查员。靠着假造的记者证书，库珀报道了缅甸的民主运动，他发自缅甸的报道最终在《1 频道》播出。随后，他又相继在索马里（Somalia）、波斯尼亚（Bosnia）以及卢旺达（Rwanda）进行了新闻报道。

1995 年，库珀成为了 ABC 新闻的一名外派记者。他在这个职位上干到 2000 年，然后跳槽去主持一档电视真人秀《间谍》（The Mole）。2001 年的恐怖袭击之后，他离开该节目，重返新闻领域。

对卡特里娜飓风的报道使库珀的职业生涯达到了一个新的高度，当时一群政治人物对州政府以及联邦政府面对灾难的反应频频做出不称职的回应，库珀和这些人当面交锋。从此，库珀被称为"未来的主播"，并且是第一位也是最著名的能够将情感融入传统报道中的新型电视新闻主播。

微观问题：

（1）库珀的性取向是新闻吗？这应当成为新闻吗？

（2）库珀是名流还是新闻工作者？

（3）他的性取向影响到他的新闻标准吗？在哪些方面有影响呢？对于哪类报道有影响？

（4）如果对于上一个问题，你的回答是肯定的，那么你的性取向是否会影响到你的新闻标准？你如何才能知道呢？

（5）如果库珀当选为政府公职人员，比如说当选为华尔街公司的首席执行官，结果会有所不同吗？

中观问题：

（1）记者通常为一些要求他们保持"脸谱热度"的机构工作。什么样的信息应当出现在这样一个专业的脸谱页面呢？

（2）库珀发自灾区的报道往往情绪激动，这样的报道是好新闻还是仅仅是好的电视节目？说明你的理由。

（3）这样的情感报道是否影响到了客观性？

123 （4）库珀曾经说过，他的母亲追逐媒体关注促使他思考另外一种成年人的生活方式。如何才能将他的言论与隐私的概念联系在一起？

（5）在主持过电视真人秀节目之后，重新获得专业的新闻立场可能吗？

宏观问题：

（1）按照你自己的理解调和透明与隐私的概念。

（2）在哲学层面上，隐私标准对于像库珀这样的人和那些被 blabbermouthkc. com 和相似网站上报道的被捕者是否有所不同？

（3）在什么样的情境（比如登机）中你情愿放弃某些隐私？为什么？这些情境如何适应在这一章提出的那种基于信息的隐私问题？

案例 5-2 脸谱：你应当选择退出还是加入？

李·威尔金斯（Lee Wilkins）

密苏里大学（University of Missouri）

对于多数大学校园里的多数学生而言，脸谱已经成为"那个"社交网站——一个结交朋友、与朋友聊天、摆脱地域的限制和父母老师的监视组建兴趣团体的地方。许多大学生每天都会多次上脸谱。

2006年9月，脸谱做出改变：一名用户圈内的任何一位成员更新了任何内容，脸谱都会自动提醒。用户被淹没在了碎片信息的汪洋大海之中。令用户更为反感的是，这些原本只是针对某个人或是针对好友圈中的某些成员的信息，却被发送给好友圈中的所有成员（Stanard，2006）。这立刻引发了用户的极大愤怒：

> 如果你不想这些信息公开，那就不要在脸谱上贴出这些信息。
>
> 这种信息供应跟现实生活中的谣言传播有什么两样呢？
>
> ……呃，或许这会说服人们不要把自己的全部生活都放到网络中。
>
> 这倒不是因为别人会看到这些信息，而是这种"广而告之"的方式使得情况变得糟糕。我并不在乎我认识的人得知我和一个女孩儿分手，但是，我不想这个消息被跨站点地进行传播，进而被所有我认识的人知晓。

脸谱的首席执行官马克·扎克伯格（Mark Zuckerberg）致歉脸谱用户，并就政策更改问题松了口。2007年，脸谱用户再次发起抗议，而这一次则是因为脸谱的一个名叫Beacon的应用程序。该应用程序会跟踪用户在外部网站上的行为，进而将有关用户行为以及购买活动的信息提供给其脸谱好友。Beacon从脸谱的信息流功能中被删除，并且用户现在可以自主选择是否允许其数据被发送给第三方应用。

针对Beacon的抗议行动之所以具有如此重要的意义，是因为这种跟踪功能就类似于网络广告经常使用的跟踪策略，而通常情况下，这又是在用户完全不知情的情况下进行的。民主与科技中心（Center for Democracy and Technology）——一家哈里斯互动/艾伦·F.韦斯廷调查公司（Harris Interactive/Alan F. Westin）——在2008年进行了一项"网络广告隐私问题"的研究，发现"59%的受访者表示，他们对互联网公司利用他们的浏览行为为他们量身定做广告和迎合他们兴趣的内容表示不满，即使他们得知这种广告提供免费服务。TRUSTe最新的一份调查也得到了类似的结论。而这些受访者几乎不可能理解这种精确定位广告已经天天在互联网中上演"。

由于用户对这种做法普遍不知情，他们就无法采取行动保护个人信息，即使他们想这么做。尽管有时候，网站和广告商为用户提供了"选择退出"的选项，但是没有几个消费者"能够成功通过令人迷惑且异常复杂的选择退出程序"。所有这些讨论所指出的是，一旦将个人的信息贴出，脸谱就会拥有这些用户信息，并出于各种动机将这些信息出售。尽管在网站的条款中，关于信息所有权的安排已经说明得很清楚，但是在 10 亿左右的网站用户中，大多数对于所有权问题及其可能带来的影响不甚了解。

想想脸谱上的隐私条款是多么令人费解！2009 年，《纽约时报》刊登了一篇文章，指导用户进行脸谱隐私设置：用户必须要通过 100 多个步骤才能对该网站上的隐私文件进行更改。脸谱自己也获知了这条讯息。次年，脸谱对其软件进行了修改，从而使用户能够更加便捷地对隐私设置进行更改。一年前需要通过 100 多个步骤才能完成的操作，现在只需要双击鼠标就可以完成。

然而，脸谱继续跨越隐私界限。2011 年，该网站推出了人脸自动识别技术，使用户能够轻易追踪脸谱好友在该网站上传的新照片——它甚至鼓励用户这样做。而且，人脸识别技术的特点是用户可以选择退出——只有在既成事实之后，用户才可以说他们想要这个功能。而那些不想要这个功能的人只有在照片被标记之后才能选择退出。

在欧洲，这一举动引发了争议。一个有权对侵犯隐私的公司进行惩罚的隐私监管组织——29 条数据保护监察团（the Article 29 Data Protection Watch Party）发起了一项调查。英国和爱尔兰也紧跟其后。英国信息专员办事处（Information Commissioner's Office of Britain）就人脸识别技术所涉及的隐私问题"正在与脸谱交涉"，该组织的发言人格雷格·琼斯（Greg Jones）告诉记者，他希望脸谱公司能够"坦诚地"告知消费者其个人信息的被使用情况。

在美国，一些出人意料的后果还在继续。2009 年，一份调查发现，有 45％的雇主在使用脸谱和推特对岗位候选人进行筛选。两年之后，微软公司的一份调查发现，这一数据或许高达 75％，尽管不断地公开警告并指出，利用社交网站筛选求职者会引发现实的歧视问题，比如年龄、性别以及种族等，而这些都可能是通过浏览用户的留言板做到的。2011 年，美国国会图书馆（the Library of Congress）宣布，自 2006 年推特公司成立以来的所有推文都将被存储入档——这将使 144 个字的评论像书本文字或是国会的记录一样长存。

125

但是，脸谱和包括手机在内的其他工具所带来的影响并不仅仅局限于信息方面：它们还对用户的心理以及身体造成影响。欧洲的一个跨国研究发现，被禁止使用电子设备 24 小时的年轻人开始在身体上、心理上以及情绪上表现出逃避的症状。通常情况下，只有上瘾才会导致这种症状。

2012 年，针对多起具有相当高关注度的网络欺凌案件，包括一些导致死亡、青少年或年轻的成年人自杀的案件，脸谱对其"家庭安全中心"（Family Safety Center）的权力进行了强化，并为用户提供关于网络暴力举报的多种新方法。同时，就在脸谱上市、向其投资人发行股票前不久，通用汽车公司从该网站上撤回了广告，表示投放在脸谱的广告并没有给其销售额带来提升。有人指出，通用汽车公司的决定是脸谱公司股票发行前景暗淡的原因之一。

围绕脸谱以及许多类似的社交网站展开的争论核心是隐私的概念。请你根据自己的经验对以下问题做出回答。

微观问题：

（1）新闻工作者应该在脸谱上收集信息并将其作为报道过程的一部分吗？如果答案是肯定的，是否有指导原则？

（2）战略传播的专业人士是否应当出于精准营销的目的而使用诸如脸谱这样的站点提供的关于个体消费者的信息？如果答案是肯定的，是否有指导原则？

（3）诸如新闻工作者和战略传播从业者这样的专业人员，是否应当与普通的脸谱用户遵循不同的规则？

中观问题：

（1）脸谱上的信息的所有权是否属于其发布者？还是属于脸谱"好友"或是属于脸谱自己？请使用伦理分析法来说明你的理由。

（2）从伦理的角度区分一个要求药物检测的雇主和一个在脸谱或推特上对一个准雇员进行检查的雇主之间的不同。

（3）将自己的所有信息从社交网站上彻底删除可能吗？

（4）从伦理的角度看，你贴在社交网络上的信息和你与朋友之间建立的联系以及他们贴在同一个网络中的信息之间是否有差别？特别是网站将信息卖给第三方的方式是否具有伦理差别？

宏观问题：

（1）隐私保护的倡议者曾经指出，所有系统，比如脸谱，都应当在一个"选择进入"的基础上进行运作，换句话说，用户必须预先同意某些信息可以被第三方得到。运用功利主义、约翰·罗尔斯的理论和社群主义来评论这种立场。

（2）如果可能，何种机构应当对社交网站的内容进行监管，尤其是针对跟踪、欺凌以及身份盗用这样的问题？

（3）与公司相比，政府将贴在脸谱以及推特上的信息存档的做法隐含哪些潜在的伦理后果？

（4）脸谱隐私政策的变化是否为公开资源的伦理学（open-sourced ethics）树立了一个典范？如果是，这种方法有什么问题？

126

案例 5-3　政治与金钱：什么是隐私，什么不是？

李·威尔金斯（Lee Wilkins）

密苏里大学（University of Missouri）

2011 年，最高法庭决定不对公司及团体向政治竞选活动的捐助金额加以限制——正如公民联合决策（Citizen's United Decision）所提及的——大多数政治权威以及学者达成共识：这种观点很有可能改变民主选举的进程。

最高法庭的这一决定重启了新闻业对报道竞选资金的强调。这种报道周而复始至少 50 年，但是，随着新规的出台，它重新具有了紧迫性。新闻业的推理一向直接明了：如果富人（本人并不参与竞选）非常乐意将数百万美元的支票送给他们支持的政客，那么公众难道不应该对这些捐助者有所了解吗？

由于最高法庭的判决并没有修改竞选资金法，因此，数目巨大、没有上限的捐资涌向了超级政治行动委员会，而法律并不要求这些掌握巨额资金的政治行动委员会报告捐献资金的来源或者数量，而候选人则必须这样做。在全美国范围内出现的竞选资金问题在州的层面、有时甚至是在地方层面也都显而易见。即使是州最高法院的法官也未能免于外部利益对他们的冲击。当一位正为连任做准备的州中级官员遇到一位拥有超级政治行动委员会资金支持的对手时，最终，资金充足的一方往往能力压一直以来都缺少资金支持的一方。

2012 年总统大选刚开始的几个月，《纽约时报》做出了如下的报道：

●亿万富翁哈罗德·西蒙斯（Harold Simmons）向纽特·金里奇（Newt Gingrich）的超级政治行动委员会捐资 100 万美元，向得克萨斯州州长里克·佩里（Rick Perry）的超级政治行动委员会捐资 110 万美元，另外他还向"美国十字路口"（American Crossroads）捐资 1 000 万美元。美国十字路口是在颇具争议的老大党（GOP）战略家卡尔·罗夫（Karl Rove）的建议下成立的支持共和党的超级政治行动委员会。

●贝宝公司（PayPal）合伙人彼得·蒂尔（Peter Thiel）自认是一名自由主义者。他向美国共和党人罗恩·保罗（Ron Paul）的超级政治行动委员会捐助了 260 万美元。

据多家媒体报道，纽特·金里奇的最大资金支持者谢尔登·阿德尔森（Sheldon Adelson）向超级政治行动委员会"赢得未来"（Winning Our Future）捐助了 1 000 多万美元。

127

●密苏里州圣路易斯（St. Louis）的百万富翁雷克斯·森克菲尔德（Rex Sinquefield）向该州的各种竞选团体捐资 100 多万美元，包括关注公共教育的活动和保守党政治候选人竞选活动。

大笔美钞进入共和党资金库的同时，巴拉克·奥巴马总统的竞选团队同样也收到了捐资：

● 服务员工国际联盟（Service Employees International Union）至少提供了 100 万美元的资金支持。

● 电影行业执行官杰弗里·卡森伯格（Jeffrey Katzenberg）捐助了 200 万美元。

美国全国和地方的商会也会支持候选人，而且通常都伴随着来自个人的大笔捐资。

这些经济实力雄厚的捐助者中，大多数因提出一些颇具争议的政治观点或是商业决定而被熟知。比如：西蒙斯就是否遵守得克萨斯州辐射垃圾倾倒的规定与环保局发生了冲突；蒂尔曾经谴责在这个福利国家冉冉上升时给予女性投票权；而弗赖斯曾经声称，女性将阿司匹林"搁在两腿之间"，它便成为一种有效的避孕工具。

当奥巴马的竞选团将捐助数额达到 100 万美元的共和党捐助者名单公布在其网站上时，曾经向米特·罗姆尼（Mitt Romney）的超级政治行动委员会捐资100 多万美元的弗兰克·范德士（Frank VanderSloot）称，奥巴马的这份名单是"敌人名单"。这个说法出于尼克松当政时期，当时确实存在这么一个名单。范德士和亿万富翁查尔斯·科赫、戴维·科赫（Charles and David Koch）两兄弟捐助了许多政治竞选团，他们表示，将他们的名字以及捐助金额进行公布的做法，使得他们遭受了攻击，同时生意也受到了影响。

2012 年 6 月 20 日，NPR 的安德列亚·西布鲁克（Andrea Seabrook）写了一篇报道，引用范德士的话说，他损失了大批客户，成为了负面报道的对象而且常常遭受恶意邮件的攻击。范德士拒绝在 NPR 的百万富翁捐助者系列片中发言——不会有任何一位捐助者愿意就这一话题接受采访——但是之前，在他的捐助行为被公开之后，他曾接受过福克斯新闻的采访来回应他的捐助行为。

或许正如预料的那样，此次关于捐助的曝光和报道成功地传到了国会。共和党人米奇·麦康奈尔（Mitch McConnell）认为，该报道侵犯了捐助者言论自由的权利。"这不亚于政府亲自将批评者们暴露在骚扰以及恐吓之下。因此，所有的保守派，确切地说，是所有的美国人都要站起来并团结一致，捍卫我们围绕着自己所信仰的信念进行组织的自由，这至关重要。"

民主党人引用保守的最高法院大法官安东宁·斯卡利亚（Antonin Scalia）记录在案的话予以还击：曝光是卷入当前政治游戏玩法的代价。

在其对百万富翁捐助者的系列报道中，NPR 也问过这些阔绰的捐助者们：为什么不愿意就这一问题接受 NPR 的采访？问题一出，万籁俱寂。

微观问题：

128

（1）大多数的美国人将钱视作隐私，比如说他们如何挣得这些钱，以及如何花费这些钱。是否应当像对待公民个人的薪水信息或是收入税收收益那样对待政治捐款？

（2）你能否运用伦理学理论为当前的政治捐款报道状况辩护？那些提供大笔捐款的人应当得到特殊对待吗？为什么？

（3）你能否运用伦理学理论为当前报道候选人向自己的政治选举活动捐出多少钱的新闻辩护？

中观问题：

（1）运用尼森鲍姆的控制信息语境流概念分析竞选资金的报道主题。

（2）关于个人政治信仰以及大大小小的捐助者意图的新闻报道是否会犯下有罪推定的伦理学错误？

（3）NPR 决定播出没有一位捐助者公开谈及其政治捐助的节目，这个决定是否正确？

宏观问题：

（1）许多新闻机构在 2012 年盈利颇丰，尤其是广播电视网及其地方附属台。新闻组织是否应当被要求报道它们的收入来源，尤其是当那些收入来自播放政治广告时？

（2）你认为美国人应当如何定义政治演说？将你的思考与秘密投票的隐私、意见市场的概念，以及你关于金钱与政治之间的关系的看法相联系。

案例 5-4　儿童、隐私以及框架：
儿童形象在反同性婚姻广告中的运用

杨柳（Yang Liu）

威斯康星大学（University of Wisconsin）

这条简短的投票倡议是，"在加利福尼亚州，只有一位男士与一位女士之间的婚姻才是合法且得到承认的"（www. votergide. sos. ca. gov 2008）。但是，它的包装存在潜在冲突。因此，在旧金山市，当一些一年级孩子的家长看到自己儿女的面孔出现在一则广告上时，他们感到无比震惊。这则广告用于推广加利福尼亚州 2008 年备受争议的"8 号提案"，该提案成功地使同性婚姻在该州被宣布为非法（www. protectmarriage. com 2008）。

该广告选取了某网站视频新闻的两个片段。然而，该视频片段起初却是《旧金山纪事报》（*the San Francisco Chronicle*）为一则新闻报道制作的。该报道描绘了 18 名学生参加他们的女同性恋老师艾琳·卡德（Erin Carder）婚礼的场面。该报道是一则特稿，对于"8 号提案"并无立场。婚礼于 2008 年 10 月 10 日举行，该报道中包含了对婚礼的描述。在这篇配有 80 秒视频的新闻报道中，孩子们的参与被如此描述，"抛撒着玫瑰花瓣和吹起泡泡……他们一边把老师围在中间拥抱，一边欢笑和尖叫"。报道指出，是一位家长提出的建议，让孩子们去参加老师的婚礼；由于每一位学生都必须得到父母的允许才能参加，所以，有两名学生未能与这些同学一起参加老师的婚礼。

然而，利用两段带有那些孩子们形象的视频，该广告想要传递的主要信息却是，"孩子们将会受到同性婚姻的不利影响，除非我们能够支持'8 号提案'"。第一段视频画面显示，孩子们围成一圈，他们的脸有点难以识别；第二段视频画面显示，一个孩子独自看向镜头。该广告中并没有出现原先的新闻报道中孩子们拥抱老师的画面。此外，广告的制作者改变了儿童的画面，使其色调比原先放在《旧金山纪事报》网站上的色调显得更暗。这则含有婚礼画面的广告只是若干支持"8 号提案"的类似广告中的一则。

看完这则广告之后，被卷入的孩子家长中有四位家长给"支持 8 号提案"运动写了一封信，要求停止播出该广告。他们的要求遭到了拒绝。《旧金山纪事报》并没有就广告中使用的素材的版权问题进行质问，也并没有要求停止播出该广告。

微观问题：

（1）你会如何评价配合这则政治广告的视频的真实性以及准确性？

（2）在该广告开始播出后的三天，法律教授劳伦斯·莱斯格（Lawrence Lessig）在接受 NPR 采访时说，法律"不应当阻止公民使用公开传播的材料的能力"。请使用伦理学的理论对该言论进行评价。

（3）涉及隐私时，儿童是否是脆弱的受众群体？

中观问题：

（1）因其简短的本质，所有的广告都致力于选择性地使用事实。请从伦理学角度评价这种广告的做法是否属于专业主流？

（2）《旧金山纪事报》对于这种出于政治目的（无论其具体议题是什么）而使用其新闻材料的行为应该做什么？

宏观问题：

（1）对于这则广告是受保护的政治言论这种观点，你会如何评价？

（2）人们一直在争论，儿童没有能力对此次婚礼中同性婚姻的政治寓意进行推理，因此他们并没有表示对同性婚姻的认可，而是仅仅表示对老师的喜爱。他们参加婚礼是不带有政治寓意的私人问题吗？请给出你的答案，并说明理由。

第6章

民主社会中的大众媒介：
恪守承诺

学完本章后，你应当熟悉：

◇ 多数针对美国媒介报道政府和选举方式的批评。

◇ 报道恐怖主义和仇恨的特殊问题。

◇ 为什么媒介应当既代表掌权者也代表无权者关注社会正义。

◇ 通过一种以伦理为基础的框架评估政治传播的所有形式。

 导论

　美国人把书面文字视为政治社会不可或缺的事物。美国宪法第一修正案陈述：

> 国会不得制定关于下列事项的法律，确立国教或禁止宗教信仰的自由，剥夺人民言论自由或出版自由，剥夺人民和平集会及向政府伸冤请愿之权利。

像约翰·C. 梅里尔（John C. Merrill，1974）这样的学者坚称，宪法第一修正案应当纯粹地被解释为对政府的限制，强调表达自由，但却贬低了相应的新闻责任观念。换言之，言论自由不仅要延伸到"主流"媒体的书面或口头言论，而且要延伸到少数群体的声音中，即便他们极其不受欢迎。

但是其他人，包括在近两个世纪前研究过我们的民主的亚历克西斯·德·托克维尔（Alexis de Tocqueville）①，认为当时的报刊对于一个珍视自由胜过社群的文化来说是必不可少的解毒剂。托克维尔说，报刊是文明的孵化器。一个世纪之后，政治哲学家约翰·杜威将这一观点发扬光大，用于描述他那个时代的大众媒介。

在《联邦党人文集》（*Federalist Papers*）中，麦迪逊（Madison）②、汉密尔顿（Hamilton）③和杰伊（Jay）④希望公民消息灵通，然后参与到政治中去。他们知道政治辩论，包括当时刊登在报纸上的政治辩论，是有党派性和倾向性的，而不是客观的，但是他们还相信，理性的人能够从这种"噪音"信息中识别真相。不受约束的传播对于建立一个新国家必不可少。公民有义务阅读此类信息，报刊有义务提供此类信息。

我们相信，这一切之中蕴藏着一个承诺，即大众媒介，无论在 1791 年还是二百多年后的今天，都要给公民提供他们所需的信息，使他们在政治社会中游刃有余。如今，这种分析被称为新闻界的"社会责任理论"。但是，由于美国当代政治系统结构变得日益复杂，承担这样一种责任越来越困难。

评估政治传播

对于生活在民主诞生之地的希腊人来说，政治艺术是神赐予的礼物，神赋予人 adios 即关注他人的有益观点，还赋予人 dike 即一种正义感，使得社会和平成为可能。在这个古代神话中，每一个人都获赠了这些礼物，而不仅仅是某些精英。所有人都可以通过在集会中讨论和争辩来实施这种政治艺术。这种直接民主的形式只在雅典存在了若干年。没有报纸，没有电视，只有面对面的讨论。希腊人称其为 polity，该词译为社区，是希腊人最高的伦理建构之一。

希腊也是最后一个实施直接民主的地方，考虑到当代的刺耳杂音，这并不那么令人惊讶。刺耳杂音并不仅指负面的竞选广告，还有伪装成有线电视中的分析节目的密集观点，还有互联网和候选人竞选网站上唾手可得的成千上万个博客，还有通向诸如脸谱这种领域的入口，还有深夜喜剧节目。

喜剧中心（Comedy Central）⑤及其他一切。皮尤慈善信托基金（the Pew Charitable Trusts）⑥的一项研究发现，在过去十年，50 岁以下的美国人中有一半是"定期地"或"有时候"从深夜喜剧节目中获取政治新闻的，接下来的研

① 亚历克西斯·德·托克维尔（1805—1859），法国政治思想家和历史学家。最知名的著作是《论美国的民主》以及《旧制度与大革命》，在这两本书里他探讨了西方社会中民主、平等、自由之间的关系，并检视随着平等观念的崛起在个人与社会之间产生的摩擦。

② 詹姆斯·麦迪逊（1751—1836），美国第四任总统（1809—1817），美国宪法主要起草人，在 1812 年美英战争中任总司令，指挥美军扭转败局，晚年任弗吉尼亚大学校长。

③ 亚历山大·汉密尔顿（1755—1804），美国联邦党领袖，美国独立战争时曾任华盛顿秘书，大陆会议代表，后成为首任财政部长（1789—1795），提出建立国家银行。

④ 约翰·杰伊（1745—1829），美国最高法院第一任首席法官（1789—1795）。

⑤ 即美国喜剧中心频道，主要播放各种幽默喜剧节目，包括脱口秀、幽默动画片、喜剧短片集等。大多数喜剧节目在呈现出色、成熟的幽默表演的同时，更加注重对严肃时事的深刻讨论。很多节目是以恶搞讽刺为主调的，使观众在开怀大笑的同时能够思考更加深层的东西。

⑥ 皮尤慈善信托基金是美国一家非营利的非政府组织，创建于 1948 年。该基金拥有超过 50 亿美元的资产，其任务是通过"改善公共政策、告知公众、激励公共生活"来服务公共利益。

究表明，最近在巴拉克·奥巴马的两次选举中存在同样的情况。但是，这些受访者也是最不可能去了解候选人基本事实的人。即便以最低水平而论，政治对于多数人来说也是通过大众媒介传递的事件。

评估所有这些政治信息对于媒介消费者和新闻工作者来说都是个问题。进一步说，随着新闻融入娱乐，而说服渗进这两个类型，在伦理分析中提供一个连贯的方法检视每一条政治讯息就必不可少。政治学家布鲁斯·A. 威廉斯（Bruce A. Williams，2009）[1]以一个由四部分组成的测试开始了这个过程，他相信，当信息与政治相关时，这个测试将帮助你做出决定：

● 第一，该信息是否**有用**——它是否为公民提供了帮助做出个人和集体决定的信息？

● 第二，该信息是否**充分**——它的深度和广度是否足以使人们做出明智的决定？

● 第三，该信息是否**可信**？

● 第四，**谁是"受众"**——古希腊人如此强调的政治上的"我们"？

① 布鲁斯·A. 威廉斯，美国政治学家、媒介研究学者。

威廉斯说，符合这些标准的信息，无论其类型或消息来源是什么，都应当被视为与政治相关、媒介传递的信息。根据这个测试，囧司徒《每日秀》或斯蒂芬·科尔伯特（Stephen Colbert）[2]的独白都应被视为与政治相关的传播，与竞选广告或调查报道毫无二致。按照这种分析，有线电视新闻节目的发展实际上远不如喜剧独白，有线电视新闻节目往往突出势不两立的观点，由几个喋喋不休的脑袋各执一词（往往捕风捉影，缺乏证据支持）。

在有线电视名人（如今是 CATO 研究会[3] 成员）塔克·卡尔森（Tucker Carlson）[4]和喜剧中心喜剧演员囧司徒之间发生的一次著名争吵中，囧司徒暗示他的节目更加可信、更具政治相关性，从而呈现出一个完整的评论类型。有趣的是，囧司徒在其他场合曾经做出过这一论述——喜剧中心实际上具有政治影响，并补充说，就个人而言，这一点吓坏了他——这让人们开怀大笑，但却尖锐地直击要害。

② 斯蒂芬·科尔伯特，美国喜剧演员、艾美奖获得者。他因为他的讽刺和扑克脸式的喜剧表演风格而在美国广为人知。

③ CATO Institute，美国自由主义智库，成立于 1974 年，总部设在华盛顿特区。

④ 塔克·卡尔森，美国政治新闻记者、福克斯新闻频道保守派评论员。

将所有的政治传播放在同一个场地上还有另外一个优点：每个讯息都可以按照同样的标准来评估。此处再次罗列威廉斯（2009）提出的四条标准：

● **透明**：受众是否知道谁在发言？在最近的选举中，随着政治行动委员会和不受选举财务规定约束的组织的崛起，这成为主要问题。这些组织极少因其主张是否完全准确而感到困扰，这在 2009 年关于医疗保险改革的辩论双方中都可以看到。

● **多元化**：媒介环境是否为多样的观点提供了机会？这些观点是存在于有平等接近途径的不同讯息之中，还是存在于一个单一的讯息之中？各方是否都能接近那些在现代相当于古希腊的面对面辩论的信息引擎？

● **真实**：讯息来源是否为他们要么直接、要么隐晦地做出的真相主张承担责任，即便这些主张并未在任何正式意义上得到严格确认？

● **实践**：对于公众参与而言，这一讯息是否鼓励了模仿、预演、准备和学习？它是否鼓励了像投票这样的行为，或者像思考问题、浏览网站、发表博客或者和邻居面对面交谈这样不那么直接的政治行为方式？这则广告或文章是赋权于民，还是加剧了主导着近来政治活动的刺耳杂音？

在单个的报道或广告层面上，威廉斯的框架是适用的。但是，媒介的角色可能还要在机构层面上进行评估，也就是多数学者所指的机构角色。在这个层面上，产生影响的不是单个的报道或广告，而是它们所有的集成。在多数研究中，对媒介角色的分析是从媒介与政权特别是与政治系统的关系这个角度展开的（Christians，Glasser，McQuail，Nordenstreng & White，2009）。在思考角色时，一定要理解在一个特定社会中，所有机构都相互影响。威权政治体制需要知晓与公民进行交流的方法，并以此维护秩序和实现控制。因此，在威权政治体制中，媒介需要遵守政权的规约，以便在组织层面上持续发挥作用。在个体层面上，最极端的做法是，宣扬政权的目标以免新闻工作者个人身陷囹圄，或者允许他们保留执照以便继续从事职业工作。

最近的研究为民主政治系统中的媒介勾勒了四个规范角色。"规范"一词的使用意味着描述媒介应当如何表现。在现实生活中，也在现实理论中，个体组织可以同时身兼多种角色。这些角色如下：

● *激进角色*：媒体为一个国家当前的政治和社会境况提供了可选择的愿景；

● *监督角色*：当公民谈论新闻媒介的看门狗功能时，他们最常想到的角色就是监督角色；

● *促进角色*：或许关于选举的新闻报道和关于候选人及公共议题的政治广告是最佳代表。新闻和广告都可以促进治理，尽管这个角色实现的好坏广受争议和有待分析；

● *合作角色*：媒介提升了对政权的看法。播出天气预报可承担这一角色，不那么温和的合作方式也可承担这一角色。

媒介反映了该国的治理方式。民主如何发展部分依赖于媒介与该民主中的其他重要机构的对话。公民、从业者和学者如何评估媒介表现严重依赖于对一个特定媒介系统的角色期待。对角色的思考提供了一套有点抽象但却肯定能够达到的标准。这些标准在不同的民主之间有所变化，但是它们贯穿于不同的国度、文化和语言。

尽管这将所有政治讯息置于一个水平之上，而且都处于以伦理为基础的运动场上，当代民主社会仍然生产了一些道德相关变量——至少在谈到新闻与说服时如此。我们将检视一些当今最获普遍认可的议题。

当选

  对于任何想要带来改变的政治人物来说，他都必须首先要当选，而在我们的大众社会中，要赢得选民就意味着要求助于大众媒介。在一个经典研究中，选民们承认他们更多地从广告而非新闻中获知候选人对待议题的立场（Patterson，1980）。考虑到现代总统选举仅在竞争激烈的州投放广告，所以许多选民很少从广告中接触到即使是有限和片面的信息，除非他们从网络上获取。对于身处非"战场"州的选民而言，他们能接触到的负面广告大部分来自有线或电视网新闻媒体的报道。

  在过去为数不多的几次总统大选中，网站变得日益重要。但是，由于它们受到候选人的控制，而且不受任何客观性或完整性的约束，所以它们也算是广告。因此，30多年前第一批研究的发现在今天仍然成立：对于大多数人来说，在大多数选举中，广告仍然是主要的信息来源。

  由于广告是选举信息的主要来源，因此对于合乎伦理的政治广告来说，出发点一定是事实准确。正如哲学家汉娜·阿伦特（Hannah Arendt）指出的，"信息自由是个笑话，除非真实的信息得到保证，而事实本身毫无争议"（Arendt，1970）。

  关于选举的新闻报道强调战略和战术，而不是相关议题的立场，这迫使希望了解候选人政策选择的选民从广告中寻求信息，而这些广告往往由其对手设计，"负面"且具"攻击性"。选民这样做的部分原因是新闻报道大大忽略了政策信息，而是侧重民意调查、谁热门谁不热门、选举资格和人品，但是往往只搜寻缺点。

  根据选举研究，当代选民可以辨别各种政治广告。比较候选人在特定议题上的立场相当于比较被视为信息丰富的广告，选民认为这些广告是政治对话的恰当部分。个人化和负面的攻击广告不包含"积极的"或"问题导向的"信息，研究发现，这些广告不受喜爱和信任。若干年前，政治广告的主体要么是积极的，要么是比较候选人立场的（Benoit，1999）。同一时间的另外一项研究表明，选民能够区分负面、比较、积极或是生平介绍的广告（Jamieson，2000）。

  在帕特森的研究（1980）和贾米逊的研究（2000）之间的那段时间里，调查结果提供了充分的证据，表明在地方、州和全国层面上制作合乎伦理的广告并获胜是可能的。但是，这股潮流已经转向，如今，在所有层面上，"趋向负面"被视为通往胜利的唯一通道。制作负面广告还有一个附加诱惑，即当负面广告在有线新闻中被没完没了地讨论，喂饱媒体渴望从竞选中得到任何新料的贪婪胃口时，候选人就得到了重复的免费曝光。

今天，广告观察（ad watches）检测政治广告中的主张是否真实和符合语境。传闻有证据表明聚焦于攻击广告和负面竞选活动的挑衅新闻会对选民了解某特定候选人产生影响。根据传媒的社会责任理论，新闻工作者的责任就是评估政治广告是否能成为合法的新闻，并公开要求候选人对由竞选团队出资制作的广告，或者在更灰色的领域由政治行动团体付费制作的广告负责，即便候选人予以否认。

在理想的情况下，政治广告是真实和理性的。使用旨在刺激受众或观众"将理智抛掷一旁"的感性论点是"对民主伦理的冒犯"（Haiman，1958，388）。但是，有时候重大议题可能具有强烈的感性内容，例如关于人工流产或移民的持续讨论。在这些例子中，这种感性和议题的融合并非不道德。历史上，极权政体一直使用感性诉求而非理性诉求去获取或者维护权力。

但是，这样的广告往往缺乏证据支持其主张。追寻政治主张背后的证据在历史上一直是新闻媒体的任务。当这种新闻不足时，沃尔特·李普曼预见的一个循环就开始了："当缺乏争论时，受到限制的表达就会导致意见的退化……较少的理性将战胜较多的理性，得以普及的观点将是那些最富激情的人所持有的最狂热的观点。"（Lippmann，1982，196）

如果政治广告确实是"特殊情况"（Kaid，1992），那么新闻工作者和他们的受众就应该要求更高的标准、更严格的规范，或二者兼而有之。虽然宪法第一修正案及其衍生财政产品为当前的问题提供了一些解决之道，但如下内容还是值得讨论的：

- 给角逐重要职位的合格候选人分配一定长度的免费时间，使候选人处于平等的位置；
- 加强州法规，反对腐败的竞选活动，并找到强制执行那些法规的方法；
- 鼓励新闻工作者停止从"赛马"角度报道竞选，而是关注问题本身和解决之道；
- 要求候选人对他们的广告和政治行动委员会或其他团体例如 Move-On. org 的广告负责；
- 教会新闻工作者对竞选的视觉影像进行解读、报道，并就此向候选人提问；
- 允许发布攻击式广告的前提是，那些广告含有发起攻击的候选人的形象；
- 驳斥由政治行动委员会制作的不公平或者不准确的广告；
- 将广告观察作为媒体竞选报道的一部分进行组织，分析广告中的遗漏、不连贯和不准确之处。

做广告需要花钱，在当代民主社会中，这意味着最有钱的候选人嗓门最大。很多人认为在政治系统中，金钱的影响无处不在，深具破坏性。提交给国会要求限制政治中金钱权力的议案在政治程序中胎死腹中，在现实世界中遭到忽视，例如以"软钱"（soft money）来代替受限资金，甚至被最高法院最近的决议放弃。

在 2012 年的选举周期中，紧随"联合公民诉联邦选举委员会"（*Citizens United v. Federal Election Committee*）的决议，最高法院实际上允许候选人的支持者——包括公司和工会——募集和无限制花费竞选资金。尽管这一影响在总统选举层面最为引人注目，但是参众两院甚至州立法机构的角逐也受到大量涌入的竞选资金的影响，而这些资金中很多来自特定立法区域的地理疆界之外的支持者。你可以争辩说金钱购买了选举，特别是在有证据表明资金最充裕的竞选活动更经常获胜的情况下。但是，你也可以争辩说金钱馈赠仅仅是选举的前兆，获得馈赠最多的候选人往往获得的选票也最多。无论是金钱带来了选票，还是人望带来了金钱，一个不变的事实是选举层次越低（州立法机关、法官等等），这些外界馈赠的影响就越大。

如何处理金钱在选举中的影响是一个重要的政策问题，但是似乎没有什么答案。政治人物和现存体系纠缠太深，以致无法客观，而本来应当调查政治金钱及其负面影响的媒体却因接受大量此类现金的行为而名誉受损。这个问题不可能在这简短的章节中得到"解决"，但是值得思考的是，民主社会中的媒介系统可能无法成为解决方法的一部分，反而会成为问题的一部分。

137

了解领导人及其品格

① 阿诺德·施瓦辛格生于奥地利，幼时练习健美，1967 年获得环球健美及奥林匹克先生头衔。1968 年到美国发展，在大学修工商管理，并开班授课、拍摄健美录像带。施瓦辛格1970 年进入影视圈，1984 年拍摄的《终结者》塑造了其冷酷的银幕形象，之后接连拍摄多部动作片。2003 年他成功竞选加利福尼亚州州长，跨入政坛。2011年 1 月 3 日卸任，任期达 7 年。卸任后的施瓦辛格重返大银幕，继续接拍电影。
② 美国 NBC 的一档深夜脱口秀节目，1954 年开播，是世界上播出时间最长的脱口秀。

今天，一个紧迫的政治议题是人们是否能够足够全面和深刻地了解任何候选人，从而形成观点。毕竟，代议制民主基于希腊的 *adios* 这一概念，即关注他人的有益观点。除了一小群内部人士，大众媒介已经成为政治信息的主要来源，包括有关品格的信息。除了为选民提供事实——这个任务通常由新闻来承担，媒体还要为公民提供理解那些事实的框架。

候选人一直灵活利用各种各样的媒体。加利福尼亚州前州长阿诺德·施瓦辛格（Arnold Schwarzenegger）①在《今夜秀》（*Tonight Show*）②中宣布参加竞选。由于新闻工作者成群结队地报道美国选举，所以在选举中几乎没有什么真正独特的政治报道（Crouse, 1974；Sabato, 1992）。但是，对于新闻工作者来说，获派报道竞选有机会获得个人声望。为广播电视网报道了获胜候选人的人几乎肯定会在接下来四年中成为驻白宫记者，通过设置白宫报道的议程，为他们的名流地位、加薪和真正的政治权力提供保证。报道美国大选的新闻工作者几乎和他们报道的候选人一样成败在此一举。

此外，新闻工作者对待领先的候选人和对待其他候选人的态度有所不同

（Robinson and Sheehan，1984）。领先者受到更加严格的审查，但是那些审查与公众关心的问题无关。当国务卿希拉里·克林顿在 2008 年竞选总统时，她的领先者身份导致有关她的报道存在微妙的性别歧视，对此几乎每个人，包括制作报道的新闻工作者都有同感。克林顿坚称她不得不在竞选中做出和对抗对手同样的努力来对抗刻板成见。

候选人和他们的收费顾问已经形成了战略，使他们要么利用领先者的身份和形象，要么弥补这方面的不足。在《命运规划局》（*The Adjustment Bureau*）一片中，由马特·戴蒙（Matt Damon）饰演的年轻英俊的候选人，在影片开头发表了败选演讲，在演讲中，他取笑自己的竞选团队花费重金雇来大批人员检查他的鞋子、领带等等。但是，这部影片提出了一个好观点：电视友善（TV-friendly）的候选人更可能得到免费的媒体报道——周日早间节目、下午五点新闻、高收视率有线新闻秀等等。候选人已经掌握了"拍照机会"（photo opportunity），对于在职者来说则是"玫瑰园战略"（Rose Garden strategy），用以保证最精心打造的候选人与选民接触的脚本运行顺利。

同时，候选人还试图打造他们的每一个行动，而媒介有权利以及责任，将"幕后"（Molotch Lester，1974）行为推到真正的候选人面前。落幕之后发生的事往往以候选人从未预料到的方式成为新闻。它往往是性丑闻或财务犯罪，重要政客精心打造并高高挂起的帷幕就此落下。新闻工作者在诸如此类的案例中面对一系列问题。仅仅因为信息唾手可得甚至准确无误，并不意味着播出或者刊印它有意义和合乎伦理。

共和国建立之时，品格的定义以亚里士多德学派的观点为准——可以观察到的习惯、美德和缺点的总和。自那以后，品格的概念已经发生了巨大改变。弗洛伊德心理学改变了那个定义，增加了动机、潜意识和关系，它们帮助我们形成了作为人的一切。新闻工作者报道的是"政治品格"：个性和公开表现在一个文化和历史环境中的交叉点。品格是动态的——它代表着处于一种环境的人的协作互动（Davies，1963）。探究他人品格的新闻工作者这样做往往是出于伦理原因，尽管这显然是对隐私的侵犯。

政治人物是强权人物。伦理学家西塞拉·博克（1978）曾指出，当涉及不平等的权力关系时，就有可能为本来不合乎伦理的行为辩护。换句话说，如果一个被调查的公众人物处于会对他人造成伤害的位置上，那么对这个人的调查就是合法的。在那些案例中，为了消除这一威胁而侵犯隐私是正当的。但是，这种侵犯也需要经过一些测试（Schoeman，1984）：

● 这种侵犯必须被置于更广阔的事实和历史环境中，而且必须包括足够的背景以提供意义；

● 揭发政治人物的私人事实应当通过传统的新闻测试，而且这些私人事实应当与公开的政治行为联系在一起，使其发表或播出在伦理上无憾

138

可击；

　　● 对隐私的侵犯必须促进更大规模的政治辩论，必须通过最苛刻的伦理测试：知情需要。

　　谨慎的品格报道可以通过这些测试。但是，新闻工作者还必须衡量对他人的伤害，特别是不想寻求公众注意的政治人物的家庭成员。在 2008 年的选举中，记者面临的伦理窘境之一就是是否报道前副总统候选人萨拉·佩林（Sarah Palin）的未婚女儿怀孕。辩论双方都有理由，但是，最终，实际上每家媒体都报道了此事，其中许多媒体做出这一决定的理由是此事已经"人尽皆知"了，这个逻辑是有问题的。

　　甚至通过了上述三个测试的报道也必须经过判断力的筛选——判断力这个词经常被用于道德发展理论。在伦理学中，判断力意味着拥有实践智慧，不将他人提供的所有信息都透露出去，即便那些事实或事件会满足许多人的偶然兴趣。新闻工作者在自己的新闻报道中保持谨慎是个难题，在候选人、他们的助手和支持者以及对手不谨慎的时候——有时候是故意的——尤其如此。判断力使主流媒体免于堕入"小报化的新闻业"或是八卦博客的天下，否则我们的新闻动机和可信性就会受到怀疑。

　　报道政治品格的记者应当对以下品格构造单元中的部分或全部有所认识：

　　● 从政者信任感的发展。
　　● 从政者本人的自尊和自重感。
　　● 从政者与权力和权威的关系的发展。
　　● 对成人的政策观点的早期影响。
　　● 从政者如何与民众建立联系。
　　● 成年期的灵活性、适应性和目的性。
　　● 历史性的时刻。

　　媒介当前报道政治品格的重点提供了最好的例证，表明在执政要求和隐私之间需要做出平衡。从来没有哪种人类文化期望它的领袖是圣人；事实上，有些文化还对绝不圣洁的领导阶层赞赏有加。在美国文化中，公仆的概念也就是政治工作一直为"政客"这个词所取代，而这个词是"骗子""说谎精"的同义词，这种讽刺性的画像在大众文化中通过偶像电影得以强化，例如《史密斯先生去华盛顿》（*Mr. Smith Goes to Washington*）或者《国王班底》（*All the King's Men*）。但是，美国人也记得，公共服务可以来自崇高的召唤，正如"9·11"悲剧中第一批响应者表现出的那样，他们中的许多人失去了生命。已故参议员爱德华·肯尼迪（Edward Kennedy）①将自己的工作描述为公共服务。这种可以追溯到雅典时期的服务被视为良好生活的标志。

139

① 爱德华·肯尼迪（1932—2009），美国参议员，第 35 届总统约翰·肯尼迪之弟，是肯氏三兄弟中最年轻的一位。自 1962 年起一直是马萨诸塞州的参议员。1969—1971 年任民主党议员领袖。他宣传自由主义，主张改革全国健康保险和税收制度。他的两个兄弟被刺后，他经常被提名为总统候选人，但其政治生涯因 1969 年 7 月的查帕奎迪克事件而受损。当时他驾驶汽车行驶在马萨诸塞州马撒葡萄园附近的一座桥上，汽车突然冲入河中，其女友玛丽·乔·科贝琴被淹死，而他被认为犯有离开现场罪。1980 年同吉米·卡特竞选民主党总统候选人时败北。1982 年宣布不再参加 1984 年总统候选人的竞选，称要在参议员的位置上恪尽职守。他在参议院供职近半个世纪，被誉为美国近代最伟大的议员，见证了十位美国总统的任期，被奥巴马称为"导师"，是传奇的肯尼迪九兄妹中最后一个男丁。

媒介的恰当角色——看门狗还是哈巴狗？

　　对民主政治的讽刺之一是，为了达成某事，你首先得获选，但是达成某事而不是获选，才是政治的主要工作。报纸版面的许多地方完全用于报道地方事务。新闻工作者在政客们选举或再选举期间对他们进行大量报道，但是在选举之间的时段却很少关注他们的政策制定。监管机构、内阁办公室和法院都不被全美国的新闻集团视为有魅力的报道领域。新闻监督团体每年发布的调查表明，报道监管领域的记者数量正在下降，这就解释了为什么媒体对诸如全球变暖的问题迟迟不报，直到前副总统阿尔·戈尔在他的获奖纪录片中将其推向风口浪尖。对州立法机关的报道逐渐减少也是一个受到多年关注的问题。

　　但是，新闻媒体，尤其是全国性新闻公司，往往通过"泄密"和准许"不公开报道"的采访而在政策制定过程中发挥作用。政治学家马丁·林斯基（Martin Linsky，1986）对"泄密"如何成为华盛顿决策过程的一部分做了描述。他说，经选举产生的政府官员和被任命的政府官员都利用大众媒介泄露一则新闻，从而探测其他人对其的反应——新闻界称这种方法是放"试探气球"。其他时候，政策制定者泄露新闻是因为他们想获得对一个信念的支持或反对。

　　有时，当一个政府雇员真的认为这个系统的工作没有服务于公众利益时，泄密就会以告密的形式出现。"水门事件"中著名的消息来源"深喉"（如今他的名字已被知晓）显然就是出于这一动机，把政府对水门闯入案件进行调查的一部分泄露给了《华盛顿邮报》的记者鲍勃·伍德沃德（Bob Woodward）和卡尔·伯恩斯坦（Carl Bernstein），他们写了一系列报道，最终导致理查德·尼克松（Richard Nixon）总统辞职。近来，关于伊拉克阿布格莱布监狱（Abu Ghraib）虐囚丑闻的信息最初是现役男女军人用电子邮件发送给新闻工作者的，他们震惊于该监狱在押伊拉克人的遭遇和军方指挥官改变该系统的不情愿或无能。

　　20 多年前，林斯基（1986）对媒介在决策过程中的角色进行了描述，并提出两个有关新闻实践伦理的重要观点，它们在今天仍然适用：第一，从事政府工作时，泄密是可以接受的方法，而政策制定者正在娴熟地利用它；第二，泄密可以改变政策过程自身的结果，许多传闻都可以支持这一结论。对于新闻工作者来说，重中之重的问题是记者、主编及其新闻组织是否应当有意识地通过参与这一泄密过程来卷入统治过程，以及假如要这样做，应当采取何种方式。近来涉及假新闻的丑闻已经导致大部分媒介在准许"不公开报道"的要求和使用此类信息时加强了管理，但是这种实践仍然十分普遍。

　　大部分伦理学家同意，媒介的首要功能是为公民提供信息，使其能在掌握足够信息的情况下做出政治选择（Elliott，1986；Hodges，1986）。媒介组织

140

① 埃德蒙·伯克
（1729—1797），爱尔兰
政治家、作家、演说
家、政治理论家和哲学
家，他曾在英国下议院
担任了数年辉格党的议
员。他最为后人所知的
事迹包括他反对英王乔
治三世和英国政府、支
持美国殖民地以及后来
的美国革命的立场，以
及他后来对于法国大革
命的批判。对法国大革
命的反思使他成为辉格
党里保守主义的主要人
物（他还以"老辉格"
自称），反制党内提倡
革命的"新辉格"。他
经常被视为英美保守主
义的奠基者。

被指望成为政府的看门狗。18 世纪晚期，埃德蒙·伯克（Edmund Burke）①在英国下议院发表演讲时，第一次将媒体称为"第四等级"（Ward，2004）。在美国，国父们在《人权法案》（Bill of Rights）中保护媒体。托马斯·杰斐逊将报刊视为公共利益的卫士，尽管在他那个时代，报刊的本质是敌对的、党派的。

有别于习俗和法律的媒介看门狗还具有"导盲犬"功能，帮助公民在政治程序中寻找道路。但是，如果媒体将政治报道成不同利益之间的不断"抢食"，新闻工作者和公民就都会对这个程序心生厌烦。政治记者 E.J. 迪翁在《美国人为什么厌恶政治》（*Why Americans Hate Politics*，1991）中指出，将新闻定义为冲突（实际上所有新闻文本都是如此）不可避免地使政治讨论沦落为尖叫比赛。而且，"9·11"之后，对政府特别是五角大楼的批评报道总是有机会被批评家们，包括许多手握重权的人贴上"不爱国"的标签。正如《控制屋》（*Control Room*）——对半岛电视台新闻的采集操作手法的深度观察——这样的纪录片揭示的那样，这个问题并不仅限于美国体制。

迪翁同意柏拉图的观点，他说民主政治虽然是一种"退化了的"政府形式，但是考虑到其基本元素是人类，所以可能是可行的最佳体制。谈及那些报道这一统治过程的人也一样。媒介批评家詹姆斯·法洛斯（James Fallows，1996，7）更进了一步。他坚持认为，新闻业对选民的冷漠、国会的停滞和以民意测验而不是以政治领导进行管理的政府负有直接责任。法洛斯在世纪之交提出的论断在今天仍然有效，他认为：

> 伤害确实还远不止于此，它威胁了我们政治体制的长期健康。主流新闻业已经一步一步地堕落，把美国的公共生活彻底描绘成一场赛马，在这场赛马中，一群不诚实的、要手腕的政客不断企图战胜另外一群。20 世纪 90 年代，美国民主的重大问题是人民几乎不信任获选的领袖或是整个致力于实现某些有价值的东西的立法机制……美国政治、社会和经济结构中的深层力量导致了如今政治生活中的大部分失败，但是令人惊异的是，媒介的态度已经发挥了重要而具破坏性的作用。

事实上，媒介批评家凯瑟琳·霍尔·贾米逊（Katherine Hall Jamieson，1992）曾建议，在涉及政治时，新闻工作者应当更新自己对新闻的定义。贾米逊认为，新闻报道可以同样以问题和各种政策观点为中心，而不是强调事件和冲突。法洛斯和其他人坚持，报道政治的权利中隐含着一个命题，即成功的管理是结果，而媒介对这一结果负有部分责任。认为政府从来不能代表公众利益、新闻工作者和媒介组织多多少少都游离于甚至可能超越政治体制这样一些愤世嫉俗的假设接近虚无主义。合乎伦理的实践将使新闻工作者和媒介消费者更认真地参与到美国民主政治体制中。

现代问题： 恐怖主义和仇恨

就其最根本而言，恐怖主义是一种传播行为，它向目标传递仇恨。学者暗示，在现代大众媒介能够放大仇恨讯息之前，恐怖主义是不可能的（或者无效的）。恐怖分子和媒介之间的关系是共生的：恐怖分子需要媒介来传递讯息，而当恐怖主义出现在新闻中时，媒介即便在谴责暴力，仍获得了收视率和增加的读者数量。同时，媒介必须扮演双重角色：过滤恐怖分子的讯息、监视政府的反应。

恐怖主义给新闻工作者提出了哲学家所称的"难题"。恐怖主义是新闻，但是新闻报道延伸了恐怖分子的终端，制造了更多相似的恐怖主义。如何打破这一怪圈，再加上有些政府实行的新闻审查制度，一直是让全世界新闻业头疼的主题。而客观性往往与这一境况背道而驰。面对某些形式的恐怖主义，例如种族灭绝，新闻工作者必须采取人道主义立场，即便这意味着放弃客观性。南斯拉夫解体之后，CNN 外派记者克里斯汀·阿曼普（Christiane Amanpour）在节目中和前总统比尔·克林顿就美国不愿卷入南斯拉夫的种族和内战展开了争论。阿曼普的观点并不孤立，在广泛讨论之后，美国和北约介入了这场冲突。

恐怖主义还给民族国家带来了严峻问题。受到攻击的国家几乎条件反射般的给其公民施加压力——特别是那些提出质疑或持不同意见者。民主国家通过法律，例如《爱国者法案》（PATRIOT Act）[①]，从而强化政府凌驾于公民之上的权力。《爱国者法案》不仅加强了政府搜查和没收（不受法庭检查）的权力，而且允许监禁恐怖主义嫌疑人，并不得对其保释或告知公众。更具灾难性之处是这一法案包含了一个条款，使新闻工作者无法获取所需的信息以评估该法案的有效性。如果真相是战争中的第一个伤亡者，那么思想和行动的独立则是恐怖主义的第一个伤亡者。

在这样的历史时刻，新闻工作者还扮演另外一个角色——有道德的目击者。伦理学家帕特里克·普莱桑斯（Patrick Plaisance，2002）提出，新闻工作者在报道诸如恐怖主义及其起因、执行和结果时，扮演的角色是"有道德的目击者"，因为这样的新闻无法在道德框架之外获得理解或报道。普莱桑斯和其他人坚称，对种族灭绝和仇恨保持超脱和客观就是宽恕它们。新闻工作者在书写 21 世纪初的历史底稿时，必须处理关于正义、社区、真相和权力这些相互冲突的需要。这种报道要求优秀的伦理思考和卓越的职业技巧。没有比二者兼得更难也更重要了。

① 《爱国者法案》，2001 年 10 月 26 日由美国总统小布什签署颁布的国会法案（Act of Congress），正式的名称为"Uniting and Strengthening America by Providing Appropriate Tools Required to Intercept and Obstruct Terrorism Act of 2001"，中文意为"使用适当之手段来阻止或避免恐怖主义以团结并强化美国的法律"，取英文原名的首字母缩写成"USA PATRIOT Act"，而"patriot"有"爱国者"之意。

142

这个法案以防止恐怖主义的目的扩展了美国警察机关的权限。根据法案的内容，警察机关有权搜查电话、电子邮件通信、医疗、财务和其他种类的记录；减少对于美国本土外国情报单位的限制；扩展美国财政部长的权限以控制、管理金融方面的流通活动，特别是针对与外国人士或政治团体有关的金融活动；加大警察和移民管理单位对于居留、驱逐被怀疑与恐怖主义有关的外籍人士的权力。这个法案也延伸了对恐怖主义的定义，包括国内恐怖主义，扩大了警察机关的管理范围。

民主社会中的社会正义

就像有一批权力精英一样，另有一些人感到被排除在政治社会之外。对美国历史有一个流行的解读，即它是权力范围逐渐扩大到越来越多样的公众的过程。但是，这个过程并不平坦，且颇具争议。所有的少数团体都努力接近政治过程，同时，因为大众传媒已经成为这一过程中重要的力量，所以他们还努力接近媒介。

143

媒介伦理学家指出，这些政治和社会的"外围团体"让大众媒介承担了更深层的责任。他们坚持，大众媒介和新闻工作者个人应当成为政治上无家可归者的代言人。媒介伦理学家克利福德·克里斯琴斯建议，"为无权者代理正义是一个有社会责任感的新闻界最重要的特征。或者，换句话说，长期以来，新闻职业是否在为那些处于社会经济基础之外的团体代言就是检验它是否履行了其职责的石蕊①试纸"（Christians，1986，110）。

这种媒介的社会责任观暗示，新闻工作者既有责任推进社区的进步，也有责任推进社区中的个人的进步。那些因经济、社会或文化的重大不同而处在社区外围的人也需要发言。

克里斯琴斯的论点可以放大到民主社会的种族、民族和经济外围团体之外。在当代民主社会，显然有些"东西"也是得不到政治发言权的。美国国境之外的环境问题、民族问题、贫困和侵犯人权都难以找到强有力的代言人。这些议题跨越了传统的政治疆界。那些受其影响的人也需要发声。

社群主义思想将社会责任提到了下一个层面。它敦促，正义应当成为做出新闻决定的伦理关键。如果正义成为美国新闻事业的基本价值观，那么媒介将以改变社会、授权公民个人以行动促进政治讨论、辩论和变化作为目标（Christians et al.，1993）。

使新闻工作者对社群主义或社会责任道路感到不快的是它们带有一种仁慈的家长制的味道。如果个体的人都具有道德高度，那么指派一个机构——这里指的是大众媒介——担任社会和政治裁判员，就会减少公民个人的道德价值。大众媒介成了某种家长，公民成了某种需要指导的任性子女。这样一种关系并不能推动政治的成熟。

虽然近来克里斯琴斯一方的学术观点占了上风，但是这种看法也不是没有风险的。如果它被人接受，就意味着美国政治体制中的大众媒介要发生彻底改变。这种改变将带来其他改变，其中有些难以预期。但是改变是我们所需要的，还是仅仅回归到严格的自由主义观点，这二者都要求精密的伦理推理。

正如托马斯·杰斐逊所说，做一名民主社会的公民并不容易——对此，新

① 石蕊是取自地衣的一种可溶于水的蓝色粉末，可随酸性增大而变红，随碱度增大而变蓝。

闻工作者很可能补充说，做一名报道民主社会的公民同样不容易。

【推荐书目】

Christians，C．，T. Glasser，D. Mcquail，and K. Nordenstreng. 2009. *Normative theories of the media：Journalism in democratic societies*. Champagne：University of Illinois Press.

Dionne，E. J．，JR. 1991. *Why Americans hate politics*. New York：Simon & Schuster.

Fallows，James. 1996. *Breaking the news：How the media undermine American democracy*. New York：Pantheon.

Fry，Don，ed. 1983. *The adversary press*. St. Petersburg，FL：The Modern Media Institute.

Jamieson，K. H. 2000. *Everything you think you know about politics…and why you're wrong*. New York：Basic Books.

Linsky，Martin. 1986. *Impact：How the press affects federal policymaking*. New York：W. W. Norton.

Madison，James S．，*Alexander Hamilton*，*and John Jay*. *The Federalist Papers*.

Ward，Stephen. 2004. *The invention of journalism ethics*. Montreal：McGill-Queen's University Press.

144

【网上案例】 www. mhhe. com/mediaethics8e

"The David Duke candidacy：Fairness and the Klansman" by Keith Woods

"Whose abuse of power：*The Seattle Times* and Brock Adams" by Lee Wilkins

"Denver's Rocky Flats：The role of the alternative press" by Lee Wilkins

"Terrorist use of the news media：News media use of terrorists" by Jack Lule

"Singapore：Balancing democracy，globalization and the Internet" by Seow Ting Lee

 第 6 章　案例

案例 6-1　有关事实的真相："政治事实网站"

李·威尔金斯（Lee Wilkins）

密苏里大学（University of Missouri）

你也许认为新闻工作者——撰写"历史首份草稿"的人——会对根据表面现象接受政治主张的事件记忆犹新。但是，在 1950 年初，来自威斯康星州（Wisconsin）的共和党参议员尤金·麦卡锡（Eugene McCarthy）站在西弗吉尼亚州惠灵市（Wheeling）的讲台上，声称自己有一份记录着 205 名共产党分子的州政府部门员工名单时，新闻机构并未进一步证实，就将此声明进行刊印。

这些新闻报道毁掉了许多人的生活和名誉，然而事实上，麦卡锡既没有这份名单，也制造不出一份来。新闻工作者了解到，事实、人们的言论和真相并不总是紧密相连。从那以后，政治记者断然不想再重蹈覆辙。

《坦帕湾时报》（*Tampa Bay Times*）的华盛顿特区分社社长比尔·阿代尔（Bill Adair）于 1997 年来到美国国会山时，尖酸的政治辩论和党派的花言巧语正在有线电视上占据全国舞台，并在美国国会越来越普遍，而他确实具有新闻工作者挖掘真相的本能。不仅如此，他感到职业的召唤促使他去帮助读者在各种各样的政治主张中辨明事实，不论这些主张由谁提出。正是在这种情况下，他创立了"政治事实网站"（PolitiFact.com）。此网站最初靠他的报纸《坦帕湾时报》[前身是《圣彼得堡时报》（*St. Petersburg Times*）]支撑，并和《国会季刊》（*Congressional Quarterly*）一起生产。

145　　事实核查本身并不新鲜。《纽约客》杂志的事实核查行为为它在新闻界赢得了很大声誉：这个并不总是完美的核查程序，让一组独立的新闻工作者在新闻刊发前核实《纽约客》报道中的事实。据阿代尔说（2012 年的私人交流），让"政治事实网站"与众不同——能让人记住并且在市场上能够成功——的是零距离真相（Truth-O-Meter）模式的开创。这种模式将一个陈述从是否完全真实到是否"裤子着火"进行图像再现，"裤子着火"引自美国人从小就知道的童谣"骗子，骗子，裤子着火"。

"政治事实网站"调查政治言论背后的真相时，将言论从真实、大部分真实、大部分虚假、虚假进行排序。阿代尔相信是"零距离真相"将他的事实核查网站与其他媒体区分开来。他自己的研究表明，大多数读者首先看"零距离真相"；很多人并不对报道和分析进行深入调查，导致他们需要对每一个结果进行排序。

其他的因素也将"政治事实网站"与其竞争者区分开来。2009 年初，该网站将"年度谎言奖"颁给阿拉斯加州前州长萨拉·佩林，因为她谎称《患者保护和平价医疗法案》（Patient Protection and Affordable Care Act）将催生死亡决定小组，由其决定美国老年人的生死。2011 年，"年度谎言奖"颁给了民主党全国委员会（Democratic National Committee），该委员会在政治广告和新闻报道中的言论表示，美国众议院批准的共和党预算将会废除医疗保险。该网站还对系列小喜剧[《周六夜现场》（*Saturday Night Live*）①]和囧司徒进行了事实核查——囧司徒本人就有事实核查员的名声。阿代尔说他并不关注哪个党派更经常撒谎（正如一些研究显示），而是关注该网站在选择要核查的主张时能否保持平衡。"政治事实网站"足够强大，以至于那些被指控撒谎的人——或甚至没有完全说实话的人——会在媒体上奋力辩驳。

而且，在一个网站点击率对收入至关重要的时代，阿代尔还直率地表明了"零距离真相"对于网站的风靡和随之而来的收益的影响。当这本书付印时，

　　① 美国一档于周六深夜时段直播的喜剧小品类综艺节目。节目以纽约市为拍摄地，于 1975 年 10 月 11 日在 NBC 首播。节目在大西洋标准时区、北美东部时区、北美中部时区均是以现场直播的方式播出，是美国电视史上较长寿的节目之一。每周都有不同的客座主持人与音乐来宾加入，与该节目的固定演出人员一同演出。

"政治事实网站"由九份不同的报纸支撑，模仿者众多，其中，《华盛顿邮报》的"事实核查者"采用皮诺曹的鼻子（Pinocchio's nose）形状的图，用视觉化的方式，来说明谎言的程度。

《圣彼得堡时报》和"政治事实网站"获得了 2009 年普利策"国内报道奖"，原因是"其在 2008 年总统竞选中任用勇于探索的记者，借助互联网的力量，检查了至少 750 条政治主张，区分虚假的言辞与真相，给选民投票予以启发"。

微观问题：

（1）"政治事实网站"的行为是报道吗？是客观报道吗？

（2）你如何评价"零距离真相"的真实性？

（3）为什么要在一个独立的新闻报道里，而不是连续性报道里检验一个言论的真实性？这种方法在伦理上站得住脚吗？

中观问题：

（1）新闻工作者个人是否有责任核查政府官员的政治言论？或者是否最好让"事实核查员"和类似"政治事实网站"的网站做这件事呢？

（2）是否也应该有个平行的网站来核查商业信息言论呢？对于这样一个网站，其伦理根据应该是什么呢？

（3）即使阿代尔承认真相往往比简单地分级所表明的更加微妙，但他说过自己相信如果没有"零距离真相"，该网站不会这样成功。这类网站是否需要用花招来剖开今天纷乱的政治言论？这些花招被伦理认同吗？

宏观问题：

（1）根据本书第 2 章列出的关于真实的理论，"政治事实网站"遵循的是什么标准？与其他标准相比，这个标准的危害和益处是什么？

（2）根据"政治事实网站"的工作，评价詹姆斯·凯瑞的论断，即"没有语境，便没有事实这个东西"。

（3）为《周六夜现场》和《每日秀》提供一个"事实核查"的伦理根据。

案例 6-2　维基解密

李·威尔金斯（Lee Wilkins）
密苏里大学（University of Missouri）

在西塞拉·博克关于秘密的著作中，她坚持只有两种职业从业者从一开始就认为保守秘密在道德上是可质疑的：精神病学家和新闻工作者。如果博克是在三十年后写这本书的，则至少必须考虑另一个非传统性职业：电脑黑客。

生于澳大利亚的朱利安·阿桑奇（Julian Assange）自称其职业为黑客，他多次主张国家保守秘密是糟糕的。阿桑奇是从道德层面来阐述此主张的。因此，在 2005 年和 2006 年，他创建了一个组织并任其 CEO 和主编，目标是公布被泄露给非营利组织的国家秘密。

虽然阿桑奇对所有的秘密都感兴趣，但他尤其对地球上最有权力的国家美国及其盟国所保守的秘密感兴趣。最初那几年，阿桑奇以邮件形式主动提供信息给英国出版物《卫报》，使其进行了几次非凡的报道。其中一次是克罗尔（Kroll）[①]报告，详细揭露了肯尼亚前总统丹尼尔·阿拉普·莫伊（Danile Arap Moi）如何将成千上万英镑偷偷存在国外银行账户——大部分新闻机构会对报道这种政治腐败新闻感到骄傲。

阿桑奇首次在美国引起媒体关注是在 2010 年，当时，维基解密（WikiLeaks）发布了伊朗平民以及为路透社工作的新闻工作者们被美国阿帕奇直升机枪杀的视频脚本。美国军方一直否认此事，直到视频出现才无话可说。美国在已持续十年之久的战争中陷入困境，而该新闻的持续报道，则让阿桑奇成为世界媒体的焦点。

但是，阿桑奇还有更多的信息要提供。2010 年，维基解密发布了 40 多万份关于美国在伊拉克和阿富汗战争中的行为的文件——从驻外官员的原始报告到军方对具体事件的叙述，无所不包。这些文件被统称为战争日志，其本身及其发布对新闻机构提出了核心的伦理问题。

那些问题开始于单独的新闻机构如何与阿桑奇在文件发布与查证上进行合作。除了《卫报》外，《纽约时报》和德国杂志《明镜》（*Der Spiegel*）共同与阿桑奇签署了合作协议，允许单独的新闻机构核查文件里的事实，并且在需要的时候——比如生命可能受到威胁时——在新闻事实中编造文件中的元素（大部分是姓名和地点）。

这些合作协议是前所未有的，一方面因为它们包含多个新闻机构，并且是国际范围的，另一方面是由于这些文件是关于正在发生的、有可能终止甚至颠覆几十年外交努力的事件，而不是像"五角大楼文件"（Pentagon Papers）那样对质疑美国政府的国际政治政策泄露标准进行的规定。此外，阿桑奇自己被证明是极其难以合作的（Leigh and Harding, 2011）。他经常联系不上，在信守协议方面不可靠。而且在 2011 年，他被卷入瑞典的一起刑事性丑闻事件。

阿桑奇与新闻机构签订的多种合作协议，特别是与《纽约时报》的合作协议，在战争日志发布后的几个月就分崩离析了。最终，阿桑奇将这些未经改造和核实的文件放到了网上。2011 年 4 月，维基解密开始发布关于臭名昭著的关塔那摩湾监狱（Guantanamo Bay prison）里在押犯的秘密文件。新闻工作者如何处理所有这些文件成为围绕这一系列复杂事件进行的伦理辩论的一个焦点。

伦理辩论的第二个焦点是维基解密如何获取信息。维基解密并不做独立报

① 一家风险管理咨询公司。

道。相反，它依赖其他渠道提供的"被泄露"的信息。在战争日志一事中，其消息来源是 23 岁的部队士兵布拉德利·曼宁（Bradley Manning）。在本书写作之时，他正由于多项指控而在军事法庭上受审，其中一个指控可致其死罪，虽然起诉人并未提此诉求。

曼宁被捕后，据广泛报道，这位士兵是以通信专家的身份得到机会接触机密信息的。他很聪明，早年就对科技和计算机有兴趣，在美国军队仍实行"不问不说"（don't ask，don't tell）的政策时，他是一名同性恋者。在役男女"出柜"会被不光彩地解雇。随着越来越多有关曼宁案的细节浮出水面，维基解密的批评者们质疑阿桑奇利用了这位有弱点的年轻人。曼宁不明白如果他在战争日志中扮演的角色被发现后对他的指控有多么严重，也缺乏人力资源为其进行有力的辩护。

148

最后的焦点是阿桑奇本人。在战争日志公布出来之前，他就是个复杂善变的人。他担心强大的政府——尤其是美国——是否会将他引渡回国，阿桑奇面临多项针对他在机密档案泄露中扮演的角色的控告。

微观问题：

（1）阿桑奇是新闻工作者、黑客、信息中介，还是告密者？从道德的意义上来讲，他的职业有关系吗？

（2）老于世故的新闻机构在阿桑奇公布文件前就和他达成了协议。基于伦理分析，那些协议应该关注什么？为什么？

（3）当诸如战争日志那样的文件出现在面前时，新闻机构应该采取什么具体措施来确认这些信息？这些措施是否包含请求政府官员来核查或解释这些信息？

（4）新闻机构应该如何对待维基解密和曼宁？在你回顾了新闻报道后，如何评价新闻工作者和这两种信源的关系？

中观问题：

（1）阿桑奇曾一度藏在《卫报》记者戴维·利（David Leigh）的房子里。与该新闻事件密切相关的新闻工作者这样做来获取信源是合适的吗？如果戴维·利是位纪录片制作者，你的答案会改变吗？

（2）如果被泄露的文件不是来自政府，而是来自一个私人的营利组织，比如一个化学企业或医药公司，你将如何回应上述问题？

（3）从伦理视角比较"私底下进行"的过程和公布泄露的信息。

（4）战略传播从业者经常可以接触到企业战略文件和相似的信息。评价一下战略传播从业者是否和那些揭露政府失职行为的人有同样的揭发责任？

（5）阿桑奇的个人品质是否会影响一个新闻工作者或新闻机构对他的行为的评价？

宏观问题：

（1）像维基解密一样的机构在民主社会履行怎样的职责？这种职责和新闻机构的职责有怎样的相似处和不同处？

（2）政府总是主张它们所做的事需要保密，这样才能有效。分别从公民、记者和外交官的角度来评价这种主张。

案例 6-3　控制室：文化和历史在新闻报道中至关重要吗？

李·威尔金斯（Lee Wilkins）

密苏里大学（University of Missouri）

149

大约在 2011 年爆发"阿拉伯之春"（Arab Spring）的十年前，刚起步的中东电视广播公司半岛电视台（al-Jazeera）有 4 000 万观众，主要集中在阿拉伯地区。（目前，半岛电视台在华盛顿特区有员工，并且其本身有一个强大的广播电视和网络系统，可以对全世界播报新闻。）

新闻工作者通常引用这样一句话，"真相是战争的第一牺牲品"，但是那些运营半岛电视台的人也知道，如果没有对冲突各方进行密集的宣传，现代战争就不会进行。因此，当美国准备进攻巴格达时，导演耶菡·妮珍儿（Jehane Noujaim）请求去拍摄报道战争的半岛电视台新闻工作者们的工作，并得到了允许。这部被叫作《控制室》的电影时长 86 分钟，并获得多个奖项。

妮珍儿说她的目的是去制作一部关于事实如何被事实报道者采集、发布以及创造的纪录片。通过阿拉伯新闻工作者的眼睛——他们中有许多在为半岛电视台工作以前，曾在 BBC 这样的新闻媒体工作过——去讲述入侵伊拉克的相关报道的故事，这个纪录片提供给受众一种局内人的视角，去看新闻工作者如何报道一个复杂的新闻，并经常挑战相关一方或双方的传统意见。

这部片子的一个焦点是乔希·拉欣（Josh Rushing）上尉，一位军队公共信息官员，片子展示他在尽力从美国的立场向半岛电视台记者进行解释。拉欣坚称伊拉克有大规模杀伤性武器，美国入侵伊拉克并非企图攫取石油资源，并且从他的角度来看，美国为这场冲突的开始阶段提供的陈述是真实可信的。这部影片也展示了新闻工作者质问拉欣所说的事实，要求他为其所说提供证据的过程。拉欣说他相信半岛电视台的新闻工作者对萨达姆·侯赛因（Saddam Hussein）的政权有偏见，并以此来支持他的说法。他还强调半岛电视台没有记录萨达姆政权对伊拉克人民施加的暴行。

这部纪录片的另一个特点是，场面太悲惨而看不下去。影片包含美国入侵伊拉克时的轰炸导致伊拉克人或死或伤的镜头，也包括美国战俘被伊拉克军队审讯的场景。在影片中，为半岛电视台工作的新闻工作者为他们是否应该展示血淋淋的画面而争论。他们也讨论了对导致这场侵略的美国外交政策的个人见解——他们对其持反对意见，并且认为美国公众应该要求美国政府循序渐进，而不是侵略。这些画面的影响也在影片中被讨论，尤其是关于以色列的画面与中东舆论的碰撞，以及以色列的进攻画面如何与美国的外交政策，特别是入侵伊拉克的决策联系到一起。

这部影片也展示了从美国国防部长唐纳德·拉姆斯菲尔德（Donald Rumsfeld）到美国前副总统迪克·切尼（Dick Cheney）等美国官员的看法，他们称，半岛电视台的新闻工作者在撒谎，其广播电视报道完全是宣传。这些片段并置在一起，背景是半岛电视台的新闻工作者说自己的角色是展示战争的人性一面。半岛电视台广播节目中包含对美国前总统乔治·布什的采访和新闻发布会脚本的真实画面，散见于影片各处，它的这些报道受到了中东国家的严厉批评。半岛电视台同样也因为报道美国战俘的画面而主要受到美国官员的严厉指责。半岛电视台的新闻工作者被问到是否能对此战争保持客观，而他们也会问美国的外派记者同样的问题。拉欣自己表示，半岛电视台的报道极其有力，因为美国的新闻组织并未在国内展示这些画面。

150

这部影片也展示了半岛电视台的新闻工作者面对巴格达被摧毁时的震惊。而影片中最让人悲痛的是一位半岛电视台新闻工作者的罹难。他被任命待在巴格达报道美国入侵，并在美国空袭一家住着数百名记者的酒店时遇难。美国方面说这次空袭是失误，很多国家的新闻工作者都反驳这种说法。总之，这部纪录片展示了这些新闻工作者在艰难的身体和心理状况下从事他们认为是他们分内的工作。

在你看完这部影片后，回答下列问题：

微观问题：

（1）你认为为半岛电视台工作的新闻工作者们怎样定义自己的工作？他们对新闻的定义与你的有所不同吗？

（2）你如何看待为军方工作的公共信息官员对自己角色的定义？你如何看待他在支持或阻碍新闻事实的收集上扮演的这一角色？你是否会对你们当地的警察局或公共健康部门的公共信息官员说相同的话？

（3）将政府官员关于这一历史时期半岛电视台的公开言论与"阿拉伯之春"时期关于该电视台的言论进行对比，你认为什么导致了公众对半岛电视台看法的改变？

中观问题：

（1）美国电视网应该展示和半岛电视台相同的关于美国入侵伊拉克的镜头吗？从民主国家媒体的机构角色这个角度来为你的看法辩护。

（2）半岛电视台记者在美国入侵伊拉克时并未随美国军队采访。对于随军和不随军的新闻工作者而言，随军的过程可能会如何改变新闻报道？

（3）半岛电视台的总裁说："我对我的孩子们有计划。我将送他们去美国学习，而且他们将留在那儿。"拉欣认为自己的职责是促进西方文化与阿拉伯文化的相互理解。根据伦理学理论来评价这些言论。

151

宏观问题：

（1）战时的宣传与新闻有什么不同？

（2）是否存在某些跨越文化与语言的新闻价值？

（3）这部影片中的新闻工作者看起来有哪些共同的挫折——无论雇主怎样？

（4）请你在这部影片首次发行约十年后去评价它。你知道近来的政治时事，以此评价半岛电视台在美国入侵伊拉克时所做的工作，评价美国新闻工作者所做的工作。

案例 6-4　受害人与新闻界

罗伯特·洛根（Robert Logan）

华盛顿特区国家医学研究所（National Institute of Medicine，Washington，D. C.）

艾丽斯·沃特斯（Alice Waters）7 岁的女儿朱丽（Julie）患了白血病。她的病情在 2000 年 3 月确诊，当时还处于早期。朱丽的医生相信她的病可以成功治愈。

37 岁的沃特斯太太住在距梅特罗普莱克斯（Metroplex）数英里的一个无法人地位区域里，这个城市有 150 万人，她的住所是一个活动房屋。沃特斯太太的街道是该区域唯一的住宅区。街道两边各有 12 所隔街相望的活动房屋，街道北端有 4 个加油站，招揽向西四分之一英里的州际公路上的来往车辆。街道南端（大约四分之一英里外）有两个巨大的罐子，对巨大石油公司（Big Oil，Inc.）来说，这还是相对较小的储油设施。在这旁边——几乎就从她的后院开始——是一个连绵 700 英亩的葡萄柚种植园，种植园又与一个城市垃圾填埋场接壤。大约四分之一英里外是一个巨大的水井区，是梅特罗普莱克斯市饮用水的主要来源。

1999 年 7 月，离沃特斯太太家两户之隔的一家人有个 6 岁的男孩被确诊为白血病。他没有朱丽幸运，他被确诊时已是白血病晚期。2000 年 12 月，他死了。2001 年，一个女婴成了附近 7 年间第二个有出生缺陷的宝宝。在 1999 年沃特斯太太来到该地之前，这两户人家都搬走了。2000 年 10 月，朱丽获准入院后不久遇到了内科医学专家欧内斯特大夫（Dr. Earnest）和辛赛尔大夫（Dr. Sincere）。他们帮朱丽筹集了她妈妈负担不起的医疗费用。他们是一个自称自由主义的美国全国性公益团体"为社会责任担忧的医学博士"的成员，这个团体正越来越积极地参与美国政治问题。

这两位大夫对沃特斯太太说他们对朱丽的病因有所怀疑。他们说，在同一条街道上发生 3 例癌症和出生缺陷不是巧合。

2001 年 11 月，他们开始从沃特斯家前面的水井采集水样本。他们把样本寄到另外一个城市的一所有声望的检测实验室。从那以后，他们每 4 个月就在一间职业实验室对水进行检测。每次检测都追踪到 10 个以上人造或自然的化学成分，它们往往是与储油罐、杀虫剂、葡萄柚种植园、加油站泄漏物以及从机动车排放物和大型垃圾填埋场而来的铅联系在一起的。

但是，每一种化学成分在每 10 亿份水中只占 6 到 15 份，根据美国环境保护局（EPA）制定的标准，这种水被认为是安全的饮用水。这些化学成分的含量再高，就会有致癌危险，并增加出生缺陷，但是在沃特斯太太家门前的水井里发现的化学成分含量还在 EPA 设定的安全范围之内。没有证据显示这些化学成分与沃特斯太太所居住地区的健康问题有直接联系。

在为市长候选人萨姆·克林（Sam Clean）举办的募捐晚会上，欧内斯特大夫和辛赛尔大夫私下将他们的发现告诉克林。克林是著名的公众人物，有环境保护论者的名声，拥有一个成功的健康食品连锁饭店，对媒介所知甚深，而且在电视上形象颇佳。他成为市长的机会不大，所以需要新鲜问题来吸引人们对他的候选人资格的注意。

第二天上午 11：00，KAOS 新闻广播将"克林抨击本市缺乏净化"（Clean Attacks City Lack of Cleanup）作为其 20 分钟滚动新闻节目的头条播出。在报道中，克林发表了一段简短的广播讲话，攻击市政府官员"忽视邻近地区饮用水里的致癌物质，这个地区已经有孩子死去，他们就在城市的水供应系统旁边"。他描述了该地的医疗问题，并讲述了朱丽和艾丽斯·沃特斯的遭遇（没有指名道姓）。这则新闻报道解释说，该地区的水里据信含有若干种"高含量的有毒致癌物质"，并指出该市的水井距储油罐、加油站、葡萄柚种植园、垃圾填埋场和化粪池不到四分之一英里。据说，无法找到地方官员对此发表评论。该报道通过 20 分钟滚动播出的节目播放了一整天。

下午 2：30，打到电话交换台的电话充斥着新闻编辑室。打进电话的人对他们的饮用水表示担忧。市政厅的电话交换台也被打爆了。打电话的人听上去心烦意乱，询问他们的饮用水是否安全。

下午 4：00，当地 ABC 附属电视台的记者已经敲开了那片活动住屋的房门，并发回了现场报道。邻居们告诉了他们朱丽和艾丽斯·沃特斯的住所。

下午 4：15，你的总编把这则报道给你看。你是《今日梅特罗普莱克斯报》（*Metroplex Today*）的一位雄心勃勃的记者，这份报纸是该市唯一的晨报。你的总编和你都意识到这显然是一篇具有头版潜力的报道，但是离第二天早晨出报的截稿时间只有几个小时了，大部分市、县官员撤到了市外，得不到他们的评论。美国环境保护局的当地官员不接电话。

一位可信的地区医院发言人告诉你，欧内斯特大夫和辛赛尔大夫对克林发表这则新闻极其恼怒，却未置评论。她给你提供了上述所有信息。这位发言人还说，沃特斯太太不想接受采访。她突然意识到，几年前被她抛弃的丈夫或许会看到这则报道并来到小镇。

萨姆·克林很愿意和你谈谈。

微观问题：

（1）克林是一个 KAOS 广播电台可以采信的消息来源吗？

（2）KAOS 应当播出这则报道吗？

（3）你应当尊重沃特斯太太的愿望，让她和她的女儿置身报道之外吗？

（4）欧内斯特大夫和辛赛尔大夫是可靠的消息来源吗？

（5）你怎样告知公众关于水供应是否安全的问题？

中观问题：

（1）如果 KAOS 和 ABC 忽略了这个新闻，你还会继续报道吗？

（2）如果 KAOS 播出这则新闻之后没有引起公众的反响，你还会继续报道吗？

（3）如果沃特斯太太今天晚些时候决定接受 ABC 的采访，你会在自己的报道中提到她吗？

（4）如果市、县官员仍然无法联络，你怎样在报道中处理他们的立场？你是推迟发表报道，直到获得更多的信息，还是只发表已知的信息？

（5）关于对风险的估计，你能联系到没有倾向性的消息来源吗？是谁？

宏观问题：

（1）你怎样处理来自美国环境保护局的信息和来自持怀疑态度的科学家和环境保护主义者的信息之间的分歧？

（2）公众对报道这则新闻可能会有什么反应？你的报纸应当采取防范措施以阻止公众的恐慌吗？如果是这样，应当怎样做？

（3）与我们认为理所当然的风险，例如驾驶车辆相比，我们怎么看待用水的风险？你能为你的文章想出一个相关的比较，将用水的相对风险与一种知名的风险相比较吗？

（4）为一个讨厌风险的社会请愿是媒介的责任吗？媒介怎样才可能实现这一功能？

案例 6-5　为了上帝和国家：媒体和国家安全

杰瑞米·利陶（Jeremy Littau）

利哈伊大学（Lehigh University）

马克·斯莱格尔（Mark Slagle）

北卡罗来纳大学教堂山分校（University of North Carolina-Chapel Hill）

涉及媒体与国家安全交叉部分的伦理问题通常围绕着职责与忠诚的问题。正如以下三个案例所示，这些问题是长期存在的。它们也允许记者随着时间的推移而评价其推理的一致性——一些好的伦理思考会得到提升。新闻工作者如何应对这些案例也可能依赖于其个人和其新闻组织所遵循的不同哲学信条。

以下三个案例在新闻伦理史上都扮演过重要角色。根据上述引言，对每一个案例做出决定。如果你解决了每一个案例下的不同问题，问一问你自己是否在做出决定时保持一致，以及哪一种或者哪一些哲学方法最能支持你的想法。

154

案例研究 1：猪湾（The Bay of Pigs）

1961 年，一股由美国中央情报局（CIA）培育和支持的反共准军事势力准备入侵古巴，打倒菲德尔·卡斯特罗（Fidel Castro）。虽然美国政府想推翻卡斯特罗的愿望并非秘密，但入侵古巴计划的具体细节并不为公众所知。4 月 6 日，《纽约时报》的一位记者将一篇报道提交给自己的主编，称侵略"迫在眉睫"。该报准备在头版用四栏报道该新闻，并在正文和标题中使用"立刻"这一词。

大量讨论后，《纽约时报》的总编辑特纳·卡特利奇（Turner Catledge）和发行人奥维尔·德赖富斯（Orvil Dryfoos）决定去掉文中"立刻"一词，并把头条压缩为一栏。做这些变化，部分原因是总统约翰·F. 肯尼迪打电话要求报纸毙掉该新闻。4 月 17 日，反卡斯特罗力量在古巴猪湾登陆，在那里，其所有成员或被俘或被杀。这次拙劣的入侵让肯尼迪大为尴尬，他后来告诉卡特利奇，如果《纽约时报》按原计划报道该新闻，也许会阻止这场灾难性的入侵（Hickey，2001）。

微观问题：

《纽约时报》压缩和淡化该新闻的行为是合乎伦理的吗？

中观问题：

是否存在特定类别的信息比如军队行动或新型武器的发展在政策上要求记者淡化或完全不予发表？

宏观问题：

如果政府官员要求报道特定"事实"（并非真实情况）作为假情报来迷惑我们的敌人，新闻工作者应该如何回应？

案例研究 2：奥萨马·本·拉登

从 2001 年 "9·11" 开始，直至他于 2012 年死于美国军方之手，奥萨马·本·拉登和他的部下发布了一系列视频和录音磁带，其内容都是关于他们正在进行的行动的讲话。其中许多率先在半岛电视台播出，这个阿拉伯语新闻频道不仅在中东播报，也可以被欧洲和美国许多地方接收。美国政府，尤其是乔治·W. 布什总统，敦促美国媒体不要重播这些磁带，坚持认为音视频里可能含有发给"基地"组织"潜伏者"的电码讯息，会导致更多袭击。虽然事实上，

155

音视频里是否含有这种信息从未被弄清楚，但大部分电视广播公司默认了这一要求（Spencer，2001）。

微观问题：

这项要求与肯尼迪总统对《纽约时报》的要求有什么相同点和不同点？

中观问题：

（1）其他国家的新闻媒体播放那些音视频这一事实会对美国的广播电视从业者产生什么影响？

（2）在2001年10月，美国广播电视从业者是否应该同意这个请求？如果是今天，他们该同意吗？为什么呢？

宏观问题：

有位观众说播放这些音视频是不爱国，并将美国人的生命置于危险之中，你将如何回应他？

案例研究3：制造新闻而非制造战争？

1991年，CNN外派记者克里斯汀·阿曼普到达巴尔干半岛（Balkans），报道斯洛文尼亚（Slovenia）和克罗地亚（Croatia）脱离南斯拉夫（Yugoslavia）事件。在目睹了几场残酷的战斗，包括杜布罗夫尼克（Dubrovnik）围困后，她转移到波斯尼亚（Bosnia），在那儿报道了近两年的战争情况。阿曼普对这场战争没有得到充分报道而感到烦恼，她鼓励主编花费更多时间来报道这个议题。1994年，阿曼普通过卫星和比尔·克林顿总统一起出现在电视直播节目里。她问总统，是否"你的政府班子在波斯尼亚问题上的不停变卦树立了一个危险的惯例"。她尖锐的问题让政府很尴尬，并促使更多媒体对这场战争和美国的外交政策进行报道。阿曼普后来承认，她想吸引更多人关注波斯尼亚穆斯林的困境（Halberstam，2001）。

微观问题：

（1）阿曼普应该有意识地用这种办法尝试影响美国的外交政策吗？

（2）如果她没有试着去影响美国政策，她在接下来的种族灭绝中是否难脱干系？

中观问题：

（1）诸如种族灭绝这样的一些事件在伦理上是受谴责的，新闻工作者除了履行自己的专业职责外，还应该以公民身份公开表态吗？

（2）当新闻工作者目睹和报道过暴行时，他们在战争罪审讯法庭上作证合适吗？

宏观问题：

（1）在这些事件中，新闻工作者不停地说"我们只是让读者自己决定"是否很天真？如果你的答案是肯定的，那么如何看待与我们作为新闻工作者而拥有的权力同时出现的伦理困境？

（2）媒介理论家马歇尔·麦克卢汉半个多世纪以前就预测未来的战争拼的将是形象而不是子弹。在正在进行的恐怖战争中，他的预测在多大程度上已成为现实？

案例 6-6　吉姆·韦斯特市长的电脑

金妮·怀特豪斯（Ginny Whitehouse）

东肯塔基大学（Eastern Kentucky University）

2005 年 5 月 5 日，安静、保守的斯波坎市（Spokane）的人们在星期四醒来后大吃一惊。当居民打开报纸时，他们发现，市长吉姆·韦斯特（Jim West）使用其工作电脑勾引男同性恋聊天室的年轻人，两名男子控告韦斯特在他们孩童时期对他们进行了性骚扰。

数月前，韦斯特在 Gay.com 与某个他认为是 18 岁的、刚从高中毕业的人网聊，并为其提供市政厅实习机会，送给他运动纪念品，帮他进大学以及在美国远足旅行。事实上，这位与他通信的人是一位受雇于《发言人评论》（*Spokesman-Review*）的电脑取证专家。

记者比尔·莫林（Bill Morlin）和卡伦·多恩·斯蒂尔（Karen Dorn Steele）花费了两年时间追查从 20 世纪 70 年代开始对韦斯特的指控，当时韦斯特是县治安官副手、童子军领队，曾经性骚扰过一些男孩。韦斯特与同为副手的戴维·哈恩（David Hahn）以及同为童子军领队的乔治·罗比（George Robey）是亲密朋友，两人在 80 年代早期因为被控性侵而双双自杀。

2002 年，这两位记者在调查当地天主教教士的性虐待时发现了该事件与韦斯特的关联。韦斯特当时是华盛顿州参议院的共和党多数党领袖，正在考虑竞选他所称的"梦中工作"——成为家乡斯波坎市的市长。竞选期间，这两位记者不认为自己有足够信息去确认任何指控。终于，他们得到一些信源的提示，这些信源中有些为匿名，另一些后来公开了自己的身份，并宣誓作证说韦斯特曾性侵过他们。一位名叫罗伯特·盖力贺（Robert Galliher）的男子说韦斯特在他还是孩子时至少对他性侵过四次，他还多次遭到哈恩的性侵。盖力贺说，由于性侵，他沉溺于毒瘾无法自拔，还说他在 2003 年蹲监狱时韦斯特来看他，给他传话让他闭嘴。此外，其他年轻男子表示，他们在男同性恋聊天网站与韦斯特见面后发生过性关系，也因此得到韦斯特给的小恩惠。

《发言人评论》主编史蒂文·史密斯（Steven Smith）和他的员工花费数日，费力地制造了一个假人物在 Gay.com 上线，并在考虑备选方案时咨询了波因特研究所（Poynter Institute）和其他地方的伦理专家。史密斯告诉斯波坎市的读者，报纸通常不会花费这么长时间，也不会使用欺骗手段。"但是控告的严肃性和特定的电脑取证技术让我们不再犹豫"。最重要的是，史密斯说《发言人评论》的决定是基于对滥用职权和恋童癖的考虑，而并非基于确认市长是否是同性恋。

这位取证专家以前为美国海关办公室（U. S. Customs Office）工作，遵循严格的指导方针。他在网上假装成一位 17 岁的斯波坎市高中生，然后等韦斯特接近他。这位专家并没有主动挑起关于性、性兴趣和市长职位的谈话。接下来的几个月，这个 17 岁的"高中生"假装要过 18 岁生日了。然后，韦斯特要求与这位年轻人见面，并开着一辆新雷克萨斯到达约定地点——一个高尔夫球场。他被悄悄拍了照，随后，这位取证专家与他断绝了联系。

在这则新闻爆出前一天，韦斯特在接受《发言人评论》员工的采访时被告知取证调查员的事。他承认在聊天室邀请过别人，但否认对任何 18 岁以下的人进行过性骚扰或有过性关系。当被问及那两位男子的控告时，韦斯特告诉《发言人评论》的记者和主编："我没有侵犯他们。我不认识这些人。我没有侵犯过任何人，我从来没有和任何 18 岁以下的人——不管是女人还是男人——发生过性关系。"

韦斯特坚称自己没有滥用职权，也不是同性恋。这条新闻爆出后，当地的男同性恋权益拥护者瑞安·欧里奇（Ryan Oelrich），这位市人权委员会（City's Human Rights Commission）前成员告诉该报，自己在得知韦斯特任命他是为了与他发生性关系后就辞职了。欧里奇说韦斯特曾支付他 300 美元，让他与自己一起在他家游泳池裸泳。欧里奇拒绝了。

作为保守的共和党人，韦斯特在华盛顿州立法机关任职和担任市长期间反对保护同性恋的反歧视提案，并投票反对同性恋夫妇的医疗福利。他支持立法机关禁止同性恋在学校和日托中心工作，并号召禁止同性恋婚姻。他告诉《今日秀》，他仅代表自己选民的意见。

韦斯特在 CNN、MSNBC 和其他国内媒体上始终重复一种说法："我的公共生活和私人生活之间有一堵厚重的墙。"

许多政治科学家不同意韦斯特的说法。华盛顿州立大学政治社会学教授兰斯·勒鲁普（Lance LeLoup）说，借用被选举的职位牟取私利既不道德，也是"滥用权力"。贡萨加大学（Gonzaga University）政治学教授布莱恩·加文（Blaine Garvin）告诉《发言人评论》："我认为你不使用自己所掌握的公共资源去牟取私利是非常明智的。那不是公共资源的用途。"

同时，一些媒体批评家批评该报纸使用欺骗手段的做法。明尼苏达大学（University of Minnesota）的希尔哈媒介伦理与法律中心（Silha Center for Media Ethics and Law）主任简·柯特利（Jane Kirtley）说，如果借用谎言来获取信息，就无法指望公众相信新闻工作者及其报道的真实性。在华盛顿新闻评议会论坛（Washington News Council Forum）上，针对《发言人评论》的报道，柯特利坚称，警察可以把使用欺骗手段作为其工作的一部分，但新闻工作者不应该这样做。

"警察和 FBI 假装成一个 17 岁的男孩是一回事，"加利福尼亚大学长滩分校（California State University-Long Beach）新闻系主任威廉·巴布科克（William Babcock）对《西雅图邮政信使报》（*Seattle Post-Intelligencer*）说，"新闻工作者扮演少年同性恋的角色并做一些基本被认为是警察分内的事是另一回事。"巴布科克坚称《发言人评论》本该通过传统报道方式来获取信息。但他同意，人们，尤其是市长，不应当期望在聊天室保有隐私。

波因特伦理学家凯利·麦克布赖德（Kelly McBride）以前是《发言人评论》的记者，他说欺骗不应该是正常的方式，但是报纸要思考几个主要的伦理责任：这个事件是严肃的，与公众利益相关，替代方式得到探讨，决策和实施过程都和读者公开分享，而且市长得到机会去陈述他的故事。

杰弗里·韦斯（Jeffrey Weiss）是《达拉斯晨报》（*Dallas Morning News*）的宗教版记者，他说自己很少相信目的可以证明手段的正当性，"但有一些是可以的"。

FBI 对韦斯特遭到的联邦腐败指控进行了调查，但没有发现他的行为违反法律。特别诉讼律师马克·巴利特（Mark Barlett）在一次新闻发布会上说："我们的调查并不关心吉姆·韦斯特的行为是否符合伦理，有道德或者恰当……我们并不想决定他是否应当成为斯波坎市的市长。"

2005 年 12 月，斯波坎市的选民在一次特殊的罢免选举中逐走了这位市长。韦斯特后来说，该报纸已经建立了一种"暴民心理"，考虑到那些指控，甚至他也会投票反对自己。2006 年 7 月 22 日，韦斯特在结肠癌手术之后去世。他和这个疾病斗争了 3 年，享年 55 岁。

微观问题：

（1）从伦理角度而言，你是否同意警察可以使用欺骗手段，而新闻工作者不可以？

（2）《发言人评论》使用欺骗手段是正当的吗？你认为在其他哪些极端情况下，欺骗手段可能被认为是正当的？

中观问题：

（1）一些批评家表示对韦斯特的报道只会产生在外省的保守社区，如果他是芝加哥或迈阿密的市长，他的故事就不会成为新闻。你同意吗？

（2）西塞拉·博克说，如果行为经受住了公开的考验，欺骗就可能会被允许。《发言人评论》的行为符合此标准吗？

（3）此案例中电脑取证专家的作用是否应当被视为目的证明了手段的正确？为什么？

宏观问题：

（1）政府官员的公共生活和私生活之间应该有界限吗？在什么情况下，政府官员的私生活成为公众关心的话题？政府官员的性取向总是应该成为其私生活的一部分吗？

159　　（2）《发言人评论》为当地考尔斯出版公司（Cowles Publishing Company）所拥有，这家家族企业还拥有一家带停车场的市中心商场，这是和斯波坎市合资的商业项目，这个停车场也遭到了多次诉讼和争议。一些批评家认为《发言人评论》在报道市长事件上的延迟是由于利益的冲突。主编史蒂文·史密斯坚称事实一明朗，报纸就报道了该事件。地方拥有的媒体如何报道本地新闻而又不招致利益冲突？

媒介经济学：
截稿时间迁就利润底线

学完本章后，你应当熟悉：

◇ 新闻界社会责任理论的经济现实。

◇ 经济和立法提案权联合起来将信息控制权交给越来越少、越来越大的公司。

◇ 各种各样的媒介如何应付当前的媒介经济和技术现实。

◇ 经济上获得成功的利益相关者理论。

 导论

"我想我这一代要面对的最大问题是说服我这个年龄的人们新闻是值得付费的。我们从未这样做过。"

密苏里大学新闻学院学生

2009 年夏，美国领军媒介公司之一《华盛顿邮报》想出了一个很快就被批评家贴上"付费游戏"标签的主意，败坏了自己的声誉。在 Politico.com 爆出的一则新闻中，《华盛顿邮报》印刷了一本小册子，为《华盛顿邮报》的系列"沙龙"做广告，感兴趣的团体可以支付 25 000 美元，与院外活动集团成员、立法者、白宫官员以及《华盛顿邮报》的记者共度一晚。该沙龙原计划在《华盛顿邮报》发行人凯瑟琳·韦茅斯（Katharine Weymouth）家中举行，由《华盛顿邮报》主编主导谈话。第一期推出的主题是健康保险。被曝光后几天，该沙龙取消。

批评来自四面八方。白宫新闻秘书罗伯特·吉布斯（Robert Gibbs）在一次记者招待会上开玩笑说，他可能回答不起《华盛顿邮报》记者的提问。韦茅斯担任发行人只有 17 个月，之前并无新闻编辑室从业经验。最初的通稿将此事归咎于营销部门，称其在未经许可的情况下发行了那个小册子，之后韦茅斯承担起责任，她在头版致歉。

161　　媒介的炮火中提起了一件往事：《洛杉矶时报》/斯台普斯中心（Staples Center）丑闻（见本书稍后的案例研究）。该报成为市中心新体育场的财政伙伴，同时又用一个特版报道了该中心开幕。该报记者被这样的财政安排惊呆了，正如《华盛顿邮报》新闻编辑室对计划中的沙龙一无所知，直到一家由《华盛顿邮报》前作者创办的网站揭露了此事。这两起丑闻还有一个相似之处：每个案例中，问题都出现在没有正规新闻业背景的新发行人履职之后。

一周后，沙龙事件就成为一个轶事，和报纸关张、大量裁员一起揭示了一个危在旦夕的行业。大约 10 年前，报纸纷纷匆忙上网，除了希望广告商最终能跟上之外，它们并没有现实的财务模式，而消费者则抗拒任何让他们为新闻内容付费的企图，他们已经习惯于免费享受。似乎只有《华尔街日报》有能力坚定不移地向读者收费。对这一境况的讽刺之一是，行业调查表明，现在有比以往更多的读者去"报纸"寻求信息，但是大部分人是网络读者，不为这一服务支付分文。而且由于大部分报纸是连锁报业的一部分，而那些连锁报业又是媒介集团的一部分，因此日报的危机甚至威胁到了媒介经济中为数极少的健康机体。

关于《华盛顿邮报》的争议是如今该行业面对的问题的缩影，但是自从 20 世纪 50 年代"付费打歌"（payola）丑闻导致国会举行听证会并对后来收钱播放唱片者处以罚金之后，这个议题一直以这样或那样的形式存在着。

今天的媒介正处于财务崩溃中，这个问题始于报纸行业，但是以种种方式转移到了电视和广告行业。2009 年，杂志行业似乎遭到这种财务变化的重创，诸如《新闻周刊》这样的行业标杆减版面、减雇员，而其他诸如《美食家》（Gourmet）、《PC 杂志》（PC Magazine）这样有名望的出版物则彻底关门。事实上，杂志业中唯一的发行量增长见于名人和八卦杂志中。

但是，无论传播渠道是报纸、杂志还是电视，财务压力都产生了影响并为政府新闻组织的报道、那些新闻组织的持股人和制定规则的科层机构所影响。本章，我们将考察一个指导新闻界长达半个多世纪的理论，然后考察作为个体的媒介如何履行理论家寄予期待的承诺。之后我们将总结出新千年的一个另类问责观念。

责任的遗产

"新闻界的社会责任理论"（social responsibility theory of the press）是由一个学者小组——哈钦斯委员会（Hutchins Commission）在 20 世纪 40 年代发展起来的。《时代》杂志创办者、保守派的亨利·卢斯（Henry Luce）是这个小组的出资人。社会责任理论设想了这样一天：新闻与信息的积极接收者得到具有社会责任的新闻界的满足。根据哈钦斯委员会的看法，媒介在社会中有以下 5 个功能：

162

（1）一种就当日事件在赋予其意义的情景中的真实、全面和智慧的报道；

（2）一个交流评论和批评的论坛；

（3）一种供社会各群体互相传递意见与态度的工具；

（4）一种用于阐明社会目标与价值观的方法；

（5）一个将新闻界提供的信息流、思想流和感情流送达每一个社会成员的途径。

但是，社会责任理论有一个根本的缺陷：它几乎无视现代媒介经济。这一疏忽的产生，部分原因在于哈钦斯委员会形成这一理论时，跨国集团和连锁企业尚在地平线上。而且因为这一理论在麦卡锡时代早期提出，所以学者们不愿将经济与政治权力联系在一起，以免被贴上马克思主义的标签。这一疏忽意味着社会责任理论没有处理经济权力集中的现实问题，尤其是在一个信息已经成为有价值的商品的时代。

随着大众媒介成为巨大的、经济强势的机构，媒介组织加入了政治学家 C. 赖特·米尔斯（C. Wright Mills, 1956）[①] 所称的"权力精英"，即民主社会中的统治阶级。时间证明米尔斯是正确的。权力不仅存在于政府议事厅，也存在于华尔街。而且，权力也不仅存在于金钱或军队，也存在于信息。媒介组织正是因为成为致力于信息产业的跨国公司，才深深地卷入了这场权力更迭。

如今，随着媒介集团跻身于世界最大（直到最近还是最赚钱的）公司之列，媒介主要为企业所拥有并公开交易。一般的新闻业务公司老板很少接触新闻消费者，事实上，他们接触更多的是美国其他行业的老板。而且，他们的人数越

① C. 赖特·米尔斯（1916—1962），美国社会学家，文化批判主义的主要代表人物之一。长期执教于哥伦比亚大学，直至逝世。主要译著和著作有《韦伯社会学文选》（与格斯合译）、《性格与社会结构》（与格斯合著）、《白领：美国中产阶级》、《权力精英》和《社会学的想象力》等。

来越少。世界上大部分地方媒体由六家跨国公司持有，每家都越来越大以提高市场效率。

媒介的集中使其成为经济与政治权力的掮客，从而导致了这个问题，即像大众媒介这样的权力机构——传统上一直发挥着监督其他权力机构的政治作用——如何能够被监督。当监督者不可避免地和它监督的机构纠缠在一起时，监督者还能被信任吗？例如，一家媒体为诸如通用电气（General Electric）这样的公司所拥有，它在报道健康保险争论时，如果在结果上通过发明或专利可能与它的母公司利益攸关，它还可能客观报道吗？

同样，严格审视联邦通信委员会（Federal Communication Commission, FCC）放松所有权管制的考虑：如果拥有多家媒体的集团只关心利润而非变化，还有哪家新闻组织可以被信任呢？当媒介公司为了追求利润而扩张，谁来监督监督者呢？或许同样重要的是，谁来监督这个街区里的"新小孩"谷歌和脸谱，它们都有"计划"纳入新闻，而且都企图把每次成功都变现。

163   20世纪40年代，社会责任理论成形的时候，对信息的主要担心是供应不足：人们可能得不到他们行使公民权所需的信息。直到最近，诸如FCC这样的政府机构还将决策建立在供应不足的论点上，而任何一位使用有线电视服务或碟形卫星天线的消费者都知道，情况恰好相反。今天，对信息的主要担心是原始数据的过量：人们可能无法从一片喧嚣中过滤出他们所需的信息。媒介和其发布系统发生了改变，但是理论，特别是关于利润角色的理论却保持沉默。

财力雄厚的大型机构为控制信息而发生冲突是一个当代现象。讨论个人行为的经典伦理学理论对此毫无帮助，也无法归纳出比控制着当今的货币——信息——的大部分国家还要大的企业具有什么义务和责任。美国人同样不愿意接受由政府来对抗媒介的经济权力集中的解决方法，而政府一直不愿意分拆大型媒介集团。欧洲人对此持不同观点，在很多情况下，他们用税款支持政府控制的广播系统。在某些情况下，例如在斯堪的纳维亚国家，税款也用来支持报纸——目的是在公共领域中维持多样、不同的声音（Picard, 1988）。

超级竞争及其对新闻的影响

新闻遗老也就是那些在"数码原住民"之前成熟的新闻工作者们以及雇用他们的新闻组织在关于新闻媒介怎样赚钱和获取赞赏的种种假设中面临着巨大变革。传统新闻业产生于经济竞争处于低度-中度的年代。尽管某些特定的对抗往往相当激烈，但是它们都发生在地方，而且肯定没有横跨不同媒介平台。媒介组织以个体为单位竞争消费者的满意度和时间、消费者的花费、内容、广告主和雇员。超过 15 年前，媒介学者史蒂夫·莱西（Steve Lacy，1989）预测说这种低度-中度的竞争环境将基于个体组织对新闻的财务承诺而生产出高质量的新闻产品，相应的，受众成员会感知其作用，重视卓越和公共服务的新闻文化也会维持它。

但是，在当代媒介市场中，低度-中度竞争已不复存在。相反，你生活在一个超级竞争时代，大部分来自网络接入。在超级竞争中，*供给大大超过需求*，于是该市场中的大量生产者都在赔钱运作。经典经济理论坚持，超级竞争不可能永久存在。但是，传统上新闻和信息并不是经济商品；它们被称作"经验与信用"商品，意为消费者在该产品上花费了时间和金钱之后才能判断该产品是否真的满足了个人需求。新闻还与社会福利联系在一起，这类具有显著外在价值的产品不能轻易被价格点和利润率捕获。

媒介经济学家安·霍利菲尔德（Ann Hollifield）和李·贝克尔（Lee Becker）基于在美国和其他多个国家收集的证据提出，当前的媒介市场是一个超级竞争的市场（Hollifield and Becker，2009）。结果是可预测的。

164

首先，市场分化。只要看一看最近关张的杂志名称，你就可以初步认识到为了追逐人口中的恰当部分，这个市场可以分化到何种地步。最近的例子包括：《旅游和休闲高尔夫》（*Travel and Leisure Golf*）；一份家庭杂志《多米诺》（*Domino*），三年前康泰纳仕（Condé Naste）[1]杂志集团将其停刊前被《广告时代》（*Ad Age*）称为"年度计划"；《丰裕》（*Plenty*），一份面向醉心于绿色生活读者的杂志，维持了 5 年；最后是《SI 拉美人》（*SI Latino*），由关门前发行量是 500 000 份的《体育画报》（*Sports Illustrated*）出刊。所有这些杂志有一个共同点，即一个大型母公司试图在更小、目标更精确的受众中获得成功。

分化市场拉低了利润，因为接近广告主到读者/观众再到工作人员的途径都在衰退。随着利润下降，内容质量也在下降。新闻组织将越来越多地执行低成本战略。这些低成本战略将拉低从业人员的工资，新闻工作者不得不在更短的时间和更少的资源中生产更多产品，而新闻组织将开始依赖非专业人士提供一些内容。随着竞争强度达到超级竞争，大部分媒介组织的利润会消失或者接近消失。

霍利菲尔德和贝克尔注意到，作为财务压力的结果，新闻组织和新闻工作者个人都会越来越受到诸如贿赂、金钱补助、信息补助、以社论内容交换广告或者其他收入来源的影响。"不受遏制的超级竞争将造就一些条件，使得新闻伦理在组织和个人层面遭到违背的可能性增加"（Hollifield and Becker，2009，67）。

但是，行业的思考则走上了一些全新的方向。如今，从新闻工作者或战略传播从业者个体到雇用他们的组织层面，各种各样的"新"商业模式都在实验中。虽然很难将它们归类，但是它们都同样试图将生产和发布内容的成本从由

① 全球著名的媒介集团之一，尤其以出版时尚、名流、美容、建筑、美食、旅游、人文等内容的杂志闻名。集团下著名的杂志有被誉为时尚圣经的 *Vogue*、顶级时尚男刊 *GQ*、浮华和文化兼具的 *Vanity Fair*、旅游圣经 *Conde Nast Traveler*，更有著名的人文杂志 *The New Yorker* 和被誉为极客（Geek）的圣经的 *Wired*，这些杂志均在世界杂志 top100 排名前列。

广告主承担改变为由听众/读者/观众个人承担。新商业模式取得了一些成就，就在几十年前，这些成就还被视为无利可图的死水或者伦理上的禁区。纪录片一度是艺术电影之家的主要商品，吸引少量受众。如今它们将传统的新闻采集活动和好莱坞式的电影技巧相结合来呈现重大公共议题。有一些在财政上获得了成功，有一些则对公共政策产生了影响，例如乔希·福克斯的《气田》。音频纪录片也在诸如 NPR 这样的媒体上茁壮成长，有时候，消费者的建议是 NPR 纪录片的起点，这和 20 世纪晚期媒介理论家提出的新闻界的"议程设置"功能背道而驰。

　　其他例子在媒介风景中处处可见。《纽约时报》如今有一个"意见"（op doc）版，附在更为传统的意见版面中。有些业余评论者的博客已经相当成功，在他们获得财务安全之前，主流新闻组织就经常不对其内容和频次等等提出任何修改即加以购买。另类出版物在新闻版面中感谢广告主。几乎每个人，从出售自家产品的普通百姓到最顽固不化的"卫道士"（old guard）新闻编辑室，都在尝试读者/观众/听众参与。从允许消费者评论报道，到抗议新闻节目编排，或是开发广告讯息，公众如今在决定何为"内容"方面拥有了发言权。

　　结果就是至少一位学者所称的"流质新闻"（liquid journalism），即"受到职业意识形态影响的传统新闻角色认知——以平衡、客观和道德的方式为全体受众提供综合性信息——似乎不再那么适合记者和主编的生活现实以及他们应当服务的社区"（Deuze，2008，848）。

　　在你将此仅仅视为理论而不屑一顾之前，回想一下本章开篇的轶事。当新闻组织甚至新闻工作者个人都在担心他们的"品牌"而非他们服务的公众时，某些事情就发生了本质上的变化。或许在媒介经济研究的这一领域中最令人困扰的问题是公众似乎并不珍视——有时甚至认识不到——质量正在下降。在超级竞争的条件下，相对于生存，伦理只能坐在后排，而公益则是这一过程中的失败者。

电视：集团化、兼并和生存

　　电视这个媒介作为由心甘情愿的广告主提供给公众的免费服务横空出世，如今已经演变成 10 个美国人中有 9 个都要双重付费的东西——一次是支付有线或者卫星服务账单，对大部分人来说，第二次支付是他们对广告的关注。然而，电视一直在寻找更高的效率和收入源泉，特别是在生产节目的广播电视网或者有线电视层面。

　　以两家最早的广播电视网实体 NBC 和 CBS 为例。在过去十年，它们都收购

166

了更多资产，从出版社到有线电视网，再到内容发布商。所有这些财务活动的目的不仅是寻找利润中心，而且也是要创造收入来源多样的垂直联合公司。想一想这个情景：

- 通过收购生产设施，广播电视网如今可以拥有它们播出的节目。这个新现象深深地损害了原有的体系，即从独立制作商处购买节目，而这些独立制作商承受着风险，因为只有节目被选中，才可能收获报酬。

- 通过收购诸如精彩电视台（Bravo）这样的有线电视台，广播电视网在插手附属电视台中有利可图的领域时利用了一项立法，从而控制了节目的出口，该立法废除了联邦通信委员会的旧"财政辛迪加"（fin-syn）规定——禁止广播电视网成为辛迪加集团。

- 通过收购法律许可范围内最大数量的地方电视台，广播电视网具有了一项内在的优势，即当它们拥有电视台的市场发生新闻时可以将其上传，正如鲁珀特·默多克的福克斯品牌那样，虽然进入这个市场较晚，但却运作得趋于完美。

- 通过获得播出主要和次要体育赛事的权利，对业余和职业一视同仁，NBC 和 CBS 这两家传统广播电视网创办了它们自己的每周 7 天、每天 24 小时的有线体育电视网，从而和另外一家传统广播电视网——ABC 旗下的 EPSN 抗衡。

- 通过收购二级市场的分销渠道，广播电视网在流行剧集首播之后还能以出租或者销售成套盒装 DVD 的形式赚钱。甚至那些两三季之后即停播的剧集也以成套盒装的形式获得了新生。

结果是，在广播电视行业生存近一个世纪的为数不多的几家公司，如今可以控制一个产品从试映剧集的拍摄到辛迪加节目的持续播出或供个人下载的所有流程，距现在已有数十年。必须要强调的是，上述强调的生意如今能实现完全是因为最近宽松的反托拉斯规定以及联邦通信委员会和法庭的裁决。而 NBC 和 CBS 只不过是两家媒介公司"遗老"，通过努力取得了财政上的成功。

媒介合并为多样化的收入留出了空间。以 NBC 为例，在其收购了环球影片公司之后，收入构成中的广告收入从 90% 降低到 50%，其余部分来自订阅费、入场费、执照费和其他附带收入。戒断广告使媒介公司抵御住了变幻莫测的衰退影响。

聚合、合并和二级市场增加了更多收入来源，并使股东对局势有更佳的预判。但是，并非所有人都乐见媒介所有权的这个走向。从美国全国妇女组织（National Organization for Women）到美国全国步枪协会（National Rifle Association）等多种多样的团体都在批评和质疑 FCC 近来对所有权限制的放松。FCC 委员迈克尔·科普斯（Michael Copps）是少数反对放松所有权限制的人，他称这些改变是美国媒介"清晰频道化"的又一步，以清晰频道（Clear Chan-

167

nel）作为参照，这家媒介公司从早期对广播所有权限制的放松中受益，结果却成为消费者抱怨广播电台没有地方所有权的避雷针。《哥伦比亚新闻评论》特约编辑尼尔·希基（Neil Hickey，2003）总结了许多人的担忧，然后得出结论：

> 长期以来我们面临的危险是所有权的缓慢变迁可能最终会导致所剩无几的规则彻底终结，结果，公众可能获取最多的新闻和观点的权利——就此而言，意指坚决的、独立的、对抗的、众说纷纭的新闻业——可能仅存于回忆。

新的所有权规定提出后不久就在法庭和国会遭到了质疑。在互联网上组织起来的消费者如此激烈地反对，以至于国会最终驳回了那些提议。一条引起特别争议的提议是允许报纸在其发行市场拥有地方电视台。批评者们称，当地方报纸被允许在美国最大的市场拥有两家或多家电视台以及最多达八家广播电台（FCC的规定所允许的数量）时，新闻竞争就不再存在，公众将错过重要的观点。

具有讽刺意味的是，尽管批评者得遂所愿，报纸被（再次）禁止在其地方市场拥有电视台，主要依据是该禁令能保证该市场更为多样化的论点，然而最终结果可能是，对报纸拥有电视台的批评可能促使读者人数急剧下降，进而导致社区中地方报纸的死亡。

电影和音乐： 流行佳作和盗版

就在数字技术冲击所有媒介产业之时，娱乐行业感受到了最强震荡。在该行业，与数字技术同时到来的是，少数全球公司控制了大约85%的唱片业。音乐行业这种合并的基本依据是已确立地位的品牌和艺术家的盈利将用于推广新的人才。但是，公司路径就意味着经理们如今关注的都是季盈利和唱片销售，而非音乐制作和艺术推广。

公司想要轰动一时的流行佳作。其制作和推广困难重重且费用高昂，也无法预测。美国最大的音乐零售商沃尔玛（Walmart）想要从该行业中盈利，然而每个年度仅上架出售当年所有可获得的发行唱片中的2%（Anderson，2006）。

克里斯·布莱克韦尔（Chris Blackwell）在20世纪70年代创办了一家小唱片公司，1989年将其卖给宝丽金（PolyGram）唱片集团，他说：

> 我认为音乐行业并不太适合加入华尔街。你总是和个人，和有创造力的人以及你努力影响的人共同工作，而且总的来说，你并不把音乐视为一种商品，而是视为与某一乐队的关系。拓展这种关系需要时间，但是大部

分为公司工作的人签订了 3 年或 5 年的合同，他们大多被期待有所产出。一名艺术家真正需要的是拥护者，而不是一群下一年就将离去的家伙（Seabrook，2003，46）。

其他行业同样受到新经济现实的影响。主要的影片公司不再想制作从 4 000 万美元到 8 000 万美元的中等预算影片。相反，它们宁可制作 1 000 万美元或更少的小成本电影，以及预算达 1 亿美元或更多的"轰动"电影。如今，许多制片人和一些影片公司认为中等影片——特别是 4 000 万美元到 6 000 万美元范围内的影片——太过于冒险而不予拍摄。

此外，投资者还希望影片有固定观众，于是美国大部分银幕上充斥着系列片、漫画英雄和动作片，它们在国外发行中广为人知。例如，2011 年，总收入前 10 名的影片中，有 9 部要么就是之前影片的续集，要么就是虚构小说或漫画书角色的电影附加产品。最终，既然观众乐意掏钱，这前十中的大部分又拍摄了续集。于是，《宿醉》（*The Hangover*）（总收入为 2.77 亿美元）成了《宿醉 2》（总收入为 2.55 亿美元），而它的前提成为《伴娘》（*The Bridesmaids*）（总收入为 1.69 亿美元）的基础。对于好莱坞来说，制作续集的冲动是无法抗拒的。这种电影，无论其价值如何，都占据着大量可用银幕，而将艺术电影、地下电影和类似电影推向一旁。另外，潜在轰动影片的推广预算已经如此膨胀，以至于中等预算的较小影片在喧闹中趋向于失败。这些推广制造了大型的首映周末，通常伴随而来的是，由于有些影片的口碑并不那么好，观影率下降高达 70%。

这一趋势的影响是，引爆点较少、没有大牌演员的中等预算独立电影比以往任何时候都越来越缺乏拍摄机会。确实偶然会有中等预算电影的黑马，但是聚焦于"轰动"商业模式的娱乐业继续谨慎行事。同样的思维模式确实也存在于音乐与图书出版行业，越来越少的制作商对于艺术家来说就意味着越来越少的出口，以及为了迎合主流受众而导致的内容僵化。

同时，数字娱乐行业的另外一个威胁出现了。随着下载速度的提高和存储空间允许传输特大文件的出现，数字文件的盗版和分享导致音乐 CD 销量急剧下降，并威胁到电影。那些通过 iTunes、Rhapsody 或其他渠道合法购买音乐的人选择为一首自己喜欢的歌支付不到 1 美元，而不是为包含这首歌的 CD 支付将近 20 美元。2002 年，该行业输送了 3 350 万张年度十大畅销 CD，几乎只有 2000 年的一半。如今，这个数字再次被腰斩，一张"畅销"CD 的登记销量就是几万张，与之相比，摇滚时代早期名列榜首的"专辑"常规的销量是 50 万张。

音乐行业——从制作商到广播电台所有人——很晚才意识到消费者已经永久地改变了他们购买和倾听音乐的方式。美国索尼公司（Sony Corporation of America）主席霍华德·斯特林格爵士（Sir Howard Stringer）称下载者是"小偷"，并将他们比作在商店里偷窃的人。唱片行业起初有选择地针对一些下载站

169 点提出了诉讼，并成功关闭了非常流行但是最终被判非法的文件共享站点 Nap-
ster。但是，最终，使下载更为便宜的定价体系，以及诸如 iPod 这样流行的播
放设备的出现，似乎是更为有效——也更有利可图——的解决办法。随着 iPod
成为 40 岁以下的人选择收听音乐的设备，唱片公司的收益成为广播的损失。看
一看在许多广播网站上排名前十的广播形式，就可确认这是一个老龄化受众的
媒介。

　　同时，还不像音乐行业那样深受伤害的电影行业急于寻找自己相当于付费
下载的形式，特别是在数字摄像机使得高质量拷贝轻而易举之后。通过使电影
合法拷贝在零售店以低至一夜一美元的价格唾手可得，或者利用像 Netflix 这样
的服务以邮件的方式轻易发送，该行业至少从电影二级市场赚了一些钱，同时
国内和海外市场仍保持强劲。

　　其中牵涉到的伦理问题显而易见。在你阅读这一部分时，自问这些问题：

- 与刻录你朋友的 CD 或者 DVD 相比，你最后一次购买 CD 或者 DVD
是什么时候？
- 你是否曾将 CD 或者 DVD 借给朋友拷贝？
- 你是否同意面对面的音乐分享或者视频分享构成盗窃？
- 文件分享是否是表示抗议利润影响的好方式？
- 霍华德·斯特林格爵士将其比作盗窃是否正确？
- 如果有人分享了你的作品，你会有同样感受吗？

　　从整个行业的层面来说，新的艺术家，特别是那些不符合公司观点的艺术
家，会发现互联网是一把双刃剑。它会以能够负担的成本给他们所需的名气，
但是它也允许文件共享或者付费下载，使其实际上不可能赚到相当数量的金钱。
正如大众媒介中的常见现象，新媒介或者发行技术的发展和采用对于既有的媒
介和形式来说其后果无法预见。对于音乐而言，解决方法难以寻找且风险很高。
有创造力的人们发现自己的精力在音乐行业无用武之地，是否会转向其他媒介？
或者这个行业的——也是最重要的——消费者是否会找到一种方式回报这个最
为私人的媒介的创造者？

报纸：　输掉了便士报革命

　　通过广告为美国媒体筹措资金在这个体制中已经如此根深蒂固，以至于难
以想象其他方式。但是仅仅由读者支持报纸的做法在美国兴起不过一个多世纪。
顺便提一下，1920 年，当时的商务部长赫伯特·胡佛（Herbert Hoover）争取
创办没有广告的广播业，这种筹资方案本来很可能失败，否则最起码会彻底改

变广播这个媒介。

对于大部分报纸来说，这个传统筹资方案是在 170 多年前发明的，当时《纽约太阳报》（*New York Sun*）的发行人本杰明·戴（Benjamin Day）发起了了"便士报"革命：他将自己报纸的售价降低到 1 美分，而当时他对手的报纸价格是 5 美分。他打赌额外的广告收入能够弥补损失——如果发行量增加的话。他的赌博成功后，城市中几乎每一个发行人都效仿他的做法。

170

戴的做法深具远见。他们将产品的价格定到与印刷成本持平或低于印刷价格，从而把自己的经济前景交给了广告主。但是，广告主要求"眼球"或者以发行量审计局（Audit Bureau of Circulation）保证的付费发行量作为标准。只要发行量增加到能够覆盖增加了的新闻报道成本，这个体系就能运作。但是，读者数量在 20 多年前达到顶峰，报纸开始削减成本。有些报纸卖给了连锁报业。其他则和报纸合作经营协议（joint operating agreements，JOAs）中的对手合并，这个协议实际上是国会通过的反托拉斯法的例外。根据报纸合作经营协议的一个条款，相互竞争的报纸可以将广告和发行等等合并，但是在追寻新闻时却要表现得像是相互竞争的报纸。然而，经过了 30 多年的历史，如今再来评估报纸合作经营协议这一立法的影响，学者和股东明白，在已历经 10 多年的新财务安排下，没有任何一条报纸合作经营协议的条款容许两份报纸都生存。

这种合并的努力还不足以使传统媒体在互联网和新闻——作为生产成本昂贵的商品——免费上网的商业模式的猛烈攻击下幸存。裁员和用人冻结整体而言成为无可争辩的事实，诸如《洛杉矶时报》《芝加哥论坛报》《纽约时报》这样的获奖报纸和较小的社区报纸都一样未能幸免。还没有一个人找到将互联网运作"变现"的方法，通过更便利这一点来获得更多读者的尝试，最终演变成很多人根本不为新闻内容付费。尽管广告是可以获得的，甚至在报纸网站上还挺受欢迎，但是广告主却不愿意支付和过去经过审核的受众数所要求的同等数额的费用。像丹佛（Denver）的《落基山新闻》（*Rocky Mountain News*）[1]这样的主要报纸关门了。有一些，例如《华尔街日报》，缩小了它们的版面尺寸，同时大部分报纸缩减了版面数量，从而开启了一个循环——较小的"新闻洞"（news hole）[2]需要较少的新闻工作者。其他报纸，最近的例子是《新奥尔良花絮时报》（*New Orleans Times Picaynne*）为了生存不再每日发行。

但是没有再出现其他好主意，就在本书付印之时，报纸业仍深陷重大困难。大部分社区的地方报纸长期以来一直垄断经营，在发行量和广告流失之前，年回报率通常超过 20%。即便在缩减之后，报纸仍自夸是大部分社区的"名牌"，并且在任何特定的地方市场都保有最大的报道团队。从经济上来说，小型市场的日报其实财务上是欣欣向荣的。但是，随着读者人数减少，有些报纸越来越多地将视频片段放在网站上，以便从地方夜间新闻联播榨取观众。这种更加昂贵的网络使用将如何收场还未可知，但是它确实要求新闻工作者接受多项训练，

① 美国科罗拉多州首府丹佛市的报纸，1859 年 4 月 23 日创刊，2009 年 2 月 27 日停刊，最后一期报纸总共发行 35 万份，重新刊发了《落基山新闻》当年获得普利策奖的报道和图片。
② 新闻术语，意指报纸每天可提供的新闻版面。

因为新的媒介现实就是报纸的网站增加了视频和声音，而电视台的网站增加了文字报道。

 现代困境：　利益相关者 vs. 股份持有者

① 米尔顿·弗里德曼（1912—2006），美国当代经济学家，芝加哥大学教授，芝加哥经济学派代表人物之一，货币学派的代表人物。以研究宏观经济学、微观经济学、经济史、统计学而闻名，并主张自由放任资本主义。1976 年获诺贝尔经济学奖，以表彰他在消费分析、货币供应理论及历史和稳定政策复杂性等范畴的贡献。其著作《资本主义与自由》于 1962 年出版，提倡将政府的角色最小化以让自由市场运作，以此维持政治和社会自由。他的政治哲学强调自由市场经济的优点，并反对政府的干预。他的理论成了自由意志主义的主要经济依据之一，并且对美国的里根以及许多其他国家的经济政策都有极大影响。
② 本·巴格迪基安，美国当代重要的媒介批评家，加利福尼亚大学伯克利分校新闻学院荣誉退休院长。1983 年，巴格迪基安出版了《媒介垄断》一书，揭示了媒介集团迅速集中，将越来越多的媒介公司置于越来越少的集团之手。该书在 2000 年得到修订，更名为《新媒介垄断》，被认为是关于媒介所有制的重要知识来源。
③ 也称乡村银行，是在美国获得经济学博士学位的孟加拉吉大港大学（University of Chittagong）教授穆罕默德·尤努斯在 1983 年经孟加拉政府批准正式创办的独立银行，致力于在乡村地区通过微小贷款消除贫困。

媒介财政事务的现状可以总结为强调对上市公司持股人的公司责任——包括那六家媒介巨兽。根据持股人理论，公司及其领导对那些购买股票的人许有唯一的、高于一切的、具有法律约束的承诺：抬高股价。率先陈述这一理论的米尔顿·弗里德曼（Milton Friedman）① 指出，抬高股价是经理们许下的"那个"承诺。任何合法推动这一目的的行为在伦理上都是正确的。

在每一个主要的媒介形式——广播、电视、报纸、杂志、有线电视和电影——中收入总额的一半以上集中在寥寥几个公司的手里，结果造成了媒介经济研究者本·巴格迪基安（Ben Bagdikian）② 所称的"民主政体中既成事实的信息部门"（1990，5）。如果决定只发行有机会冲击百万销量的 CD，一位利益相关者——新的或者正在冉冉升起的艺术家——的愿望就得屈从于公司的愿望，而公司几乎不会用持股人的钱去培养不知名的人才。新的电影制作者、作家或任何其他想要赢得大量受众的未来艺术家都是如此。

商业伦理学家帕特里夏·H. 沃哈尼（Patricia H. Werhane，2006）对传统的利益相关者图谱有着不同的看法。她说，某些商业类别例如健康保险担负着超越持股人个人的公共责任。她说，与"利益驱动的持股人"模式相比，这些公司应当按照"使利益相关者富足"的模式运营。使利益相关者富足模式将某些超越公司的东西置于"利益相关者"（她指出，就健康保险而言，利益相关者是患者）图谱的中央，政府、投资者、司法系统、医疗专业人士、保险公司、精心设计的保险计划及其他都围绕在中央的利益相关者周围。通过改变利益相关者图谱，沃哈尼提出，其他"承诺"浮出水面，其他成功手段显露出来。最近，对解决本国健康保险危机的建议包括按照医疗结果而不是医疗过程给医生支付薪酬——就是一种利益相关者伦理实践的形式。

沃哈尼说这种思考方式可以带来一些显著成果。在孟加拉（Bangladesh），格莱珉银行（Grameen Bank）③ 率先实践了以"微小贷款"抗击贫困的概念。这种微小贷款的概念及其创办者穆罕默德·尤努斯（Muhummad Yunnus）在 2006年获得诺贝尔和平奖。而且，该银行本身既具有清偿债务的能力，又能够盈利，但是也有人批评这种模式似乎无法很好地移植到其他贫困国家。

媒介经济的利益相关者模式颇有可推荐之处。图谱中央是公民和社区。围绕着中央的是一个包括受众、有创造力的艺术家、持股人、政府、非政府组织、新闻工作者、战略传播从业人员、公司经理和雇员在内的圆环。通过询问什么

172

使居住在社区中的公民受益最大，媒介公司经理将开始使用不同的尺度评价成功，而并不在每一种情况下都将利润置于第一位。媒介公司将不再寻求可以被打包、模仿（想一想电视真人秀）和大规模生产（想一想系列电影）的一次性"成功"。相反，它们将在各种各样的环境中投入较少的资金，允许发挥创造力并与社区联系，帮助决定什么作品对利益相关者和持股人都有益处，什么作品不行。

 ## 新千年的社会责任

但是，利益相关者理论距媒介世界的现实还十分遥远。优秀的新闻代价高昂，在订户数量和广告收入双双下降的年代，没有几家报纸的预算能与上一年持平。电视网已经关闭了所有分社，许多报纸已经撤回了海外记者，将国外新闻报道交给了通讯社和 CNN。媒介研究者罗伯特·麦克切斯尼（Robert Mc-Chesney，1997）已经注意到当下的削减和合并，他做出这样的类比：

> 想象一下，如果联邦政府要求报纸和广播电视新闻事业裁去一半人员，关闭驻外分社，并将新闻剪裁得适合政府的自身利益。这样做导致的强烈抗议将会使《外侨法案》和《反煽动法案》（Alien and Sedition Acts）、红色恐慌（Red Scare）和水门事件看上去就像儿童游戏。然而当美国全体积极推行同样的政策时，政治文化中几乎难以听到非议的低语。

对于消费者来说，这些收缩措施的结果就是新闻被湮灭。摄影记者布拉德·克利夫特（Brad Clift）对我们说，在美国军队被派往索马里之前几个月，他就用自己的钱去了那里，因为他感到那里的饥荒没有被报道。在前总统乔治·H. W. 布什于 1992 年 12 月派美国军队前往该地区之前，只有一个偶然露面的电视网报道小组和几家报社在追踪报道索马里的情况。大部分新闻组织像该摄影记者的老板一样，拒绝报道正在发生的新闻，托辞是他们已经在报道沙漠风暴行动（Operation Desert Storm）中花光了国际报道预算。但是，其他路径和组织正在出现——由新闻组织，有时是基金会的合作协议资助。它们已经贡献了优秀的新闻作品。有些，例如 ProPublica[①]，已经赢得了包括普利策奖在内的声望卓著的奖项。

在阅读职业新闻工作者协会的伦理规约时，新闻事业的两个"指导原则"直接涉及媒介经济伦理学：（1）寻求真相，并尽可能进行全面报道；（2）独立行动。寻求真相不论从财务角度说，还是从个人角度说都是昂贵的，它是利益相关者理论要求而持股人理论规避的东西。

有些媒介公司*已经*吸取了教训。麦金西公司（McKinsey and Company

① 总部设在纽约市的非营利公司，自称为公众利益进行调查性报道的非营利新闻编辑室。2010 年成为第一家获得普利策奖的网络媒体。与 90 多家新闻组织有合作。

vs. National Association of Broadcasters，1985）对全美 11 家有影响力的广播电台例如芝加哥的 WGN 电台进行研究，并指出是什么造就了一家卓越的广播电台。他们的发现如下：

- 优秀广播电台的节目编排定位于受众；
- 优秀广播电台的推广定位于社区。

优秀广播电台的诀窍是在自己的社区中成为慈善活动和社区欢庆活动的同义词，即便没有立即可见的投资回报。WMMS 电台（克利夫兰）的总经理比尔·史密斯（Bill Smith）这样总结这种态度：

> 如果你希望一辆轿车能永远使用，你就得在那辆车上投入资金，并且确认它一直得到了正确的维护。否则它就会出毛病，而后散架。我们知道，我们在不停地以这样或那样的方式重建电台。我们把利润奉献给听众……给慈善组织，给一些非营利组织，给免费音乐会或任何会影响整个克利夫兰听众的东西……因为他们相信我们具有强烈的社区意识。

令人振奋的例子实在太少了。在印刷业和广播电视业，新闻工作者的入门工资都实在太低了——一次调查中发现不足 30 000 美元，抽干了这一行业的人才，而他们可能解决那些看似无解的问题。但是强有力的民主政治要求强有力的媒介，必须找到有效的解决方式。

赌注不可能更高了。

【推荐书目】

Auletta，Ken. 1991. *Three blind mice：How the TV networks lost their way*. New York：Random House.

Bagdikian，Ben H. 2000. *The media monopoly*. 6th ed. Boston：Beacon Press.

Cranberg，Gilbert，Randall Bezanson, and John Soloski. 2001. *Taking stock*. Ames：Iowa State University Press.

Mills，C. Wright. 1956. *The power elite*. New York：Oxford University Press.

McChesney，Robert W. 1991. *Rich media，poor democracy：Communication politics in dubious times*. Urbana：University of Illinois Press.

Picard，Robert G. 2010. *The economics of financing media companies*. New York：Fordham University Press.

Spence，Edward A.，Andrew，Alexandra，Aaron Quinn and Anne. Dunn，2011. *Media, markets and morals*. London：Wiley-Blackwell.

【网上案例】www. mhhe. com/mediaethics8e

"Union activism and the broadcast personality" by Stanley Cunningham

"A salesperson's dilemma：Whose interests come first?" by Charles H. Warner

"Turning on the *Light*：The San Antonio newspaper war" by Fred Blevins

"Calvin Klein's kiddie porn ads prick our tolerances" by Valerie Lilley

"*Ms.* Magazine—No more ads!" by Philip Patterson

第 7 章　案例

案例 7 - 1　谁需要广告？

174

李·威尔金斯（Lee Wilkins）

密苏里大学（University of Missouri）

　　人人皆爱价廉的商品。于是，在 2008 年美国刚发生经济大衰退时，安德鲁·梅森（Andrew Mason）认为，自己或许可以好好利用一下人们的这种心理。他创建了一个网络公司，叫作团购网（Groupon）。在成立后的几年里，该公司一直在许多方面备受争议。

　　梅森的商业模式很简单。先从芝加哥开始，他分别让每个城市的本地商户为其服务提供一种电子"优惠券"。商品和服务的折扣是 50%。当这些优惠券被兑现时，商户得到 25%的收益，其余归团购网公司所有。这样做商户们并不预付任何成本。

　　起初，电子优惠券交易提供给特定数目的人群，一旦达到这个目标人数的要求，那么，所有在该网站上报名的人都会得到电子优惠券以及相应的折扣。相反，如果没有足够的人感兴趣，那么整个交易就将被取消。团购网公司并没有采用任何形式的传统广告，而只是采用一种社交媒体模式。一个引领世界经济的强大模式由此诞生。如今，团购网在 44 个国家的约 500 个市场中运营。该公司已经上市，并且在某种程度上来说，可能成为有史以来发展最快的网络公司，实现空前的 10 亿美元的收入。

　　通常来讲，消费者热爱各种可能性，但是由于团购网公司将各城市的本地商业作为目标，其结果对商户们来说则是喜忧参半。五折优惠服务实际上会导致小商家被压垮，特别是如果这些服务是诸如按摩这样需要一定的时间和员工的劳力时，而无论其价格如何。一家通常每个月生产大约 100 个纸杯蛋糕的小型英式烘焙店在团购网提供优惠券后深受打击，因为它不得不在同等的时间段生产 102 000 个纸杯蛋糕。许多商人发现，那些被团购网公司送来的消费者仅仅为折扣而来，这样的折扣并不能带来源源不断的生意。团购网公司提供的优惠意味着商户只能保留商品和服务销售价格的 25%；对于某些商户而言，这就意味着为招徕顾客而进行亏本销售，如果所售商品数量巨大就会带来严重后果。

　　团购网公司也面临着其他麻烦，包括因投放美国橄榄球超级杯大赛广告而招致的批评，以及在美国，因为一些商品比如酒的问题而与相关监管机构之间发生的不愉快。至少有一名消费者起诉团购网公司，称团购网公司推出的交易并没有设定活动结束的日期，但是过了某个时间点后，商户们就不愿意承认这个优惠活动了。

2012 年，团购网公司又推出了一个 VIP 会员项目：消费者预先支付 30 美元的费用就可以提前 12 小时获得最新优惠。

① 仅次于团购网的美国第二大团购网站，总部位于华盛顿。

175

起初，团购网公司并没有遇到任何强劲的对手。但是，大约在公司起步之后的两年，"社会生活"（Living Social）① 成为了团购网公司在本国主要的竞争对手。

此外，媒介组织——眼睁睁地看着潜在的广告主或是推门而去，或是不来购买广告——开始着手收购类似团购网这样的公司，试图重新抓住这一部分收入来源。

微观问题：

（1）在过去 20 年的大多数时间里，新闻组织在为推销其产品而承受着巨大的经济压力。传统的战略传播也因团购网公司及其模仿者提供了类似的说服信息而承受相似的压力。因而，战略传播必须提供像团购网这样的公司无法提供的信息，请问这样的信息会是什么？战略传播从业者们所做的工作是否具有伦理根据？

（2）为正式推出这种优惠券，团购网公司雇用了大量的人力来撰写广告文案。从伦理责任的角度分析这一角色——对于公司、消费者以及其他的战略传播从业者而言，他分别具有何种伦理责任？

中观问题：

（1）对于某些商户来说，与团购网公司合作存在一些可预期的后果。从伦理角度而言，在某些方面，团购网公司是否该为这些问题负责？"购者自慎"的概念是否可以帮你为自己的回应辩解？

（2）团购网公司依赖不同种类的社区获取商业模式的成功。评价团购网公司关于消费者的看法。

宏观问题：

（1）团购网能否通过扩展版 TARES 测试？

（2）如果你必须对你所在的新闻机构或广告公司正在开发的类似团购网公司的服务进行概括，这种模式的核心要素会是什么？伦理学理论对你的思考提供了何种帮助或未能提供帮助？

（3）你对以下问题将会做何反应：我们这一代战略传播从业者将面临的最大挑战是说服商家、非营利机构和消费者，广告和公关在最廉价的商品或服务以外还能够提供些什么。

案例 7 - 2 Netflix：没有那么迅速……对用户愤怒的反应

李·威尔金斯（Lee Wilkins）

密苏里大学（University of Missouri）

1997 年，马克·伦道夫（Marc Randolph）和里德·黑斯廷斯（Reed Hastings）提出了一个想法。时至今日，它在美国是如此常见，以至于它已经成了动词。他们两人发明的东西是 Netflix 的雏形，一项以订阅业务为支撑的电影租赁服务：用户能够租 DVD 影片的数量取决于用户愿意支付费用的多少，并不用担心产生过期费或其他的处罚费用。要知道早在前几十年的电影租赁市场中，这些费用可是存在的。与百视达（Blockbuster）及其他视频租赁店不同，Netflix 主要通过邮寄订单的方式进行交易，因为它并没有实体商店，从而避免了老牌竞争对手所面临的巨额开销。

176

说 Netflix 成功是一种低估的言论。2002 年 6 月，公司上市——意味着消费者可以购买它的股票。经济上的成功仅仅是一方面；在 Netflix 上，用户已经可以观看超过 10 万部电影，人们也认为，是 Netflix 刺激了"独立"电影市场的增长。Netflix 网站利用计算机评估的方式进行实验，预测订阅用户可能最喜欢什么样的电影——以及后来的电视节目。该公司与多家内容提供商签署了独家协议，同时，该网站创始者共同努力跟上技术变革的节奏。

随着技术的进步以及带宽的扩大，电影下载成为了现实，Netflix 在此努力中冲锋在前。目前，电视台也纷纷预先编制节目以获得 Netflix 的订单，同时，随着新世纪第一个十年的结束，Netflix 的管理者们意识到他们的业务核心已经从 DVD 订单邮寄业务转向即时流业务，直接传送到用户手中的各种即时流媒体，比如个人电脑、移动手机以及平板电脑。

随着公司的发展，问题也出现了。在关于 DVD 究竟何时到达消费者家中的诉讼中，消费者获胜，从而使得 Netflix 公司在如何提升服务方面进行了改革。但是，Netflix 太受欢迎了。与两个人在当地一家影院看一场刚上映的电影的费用相比，订户可以花更少的钱在家中包月观看几乎无限多的电影。而且，这项服务推出之初，在影院上映的大多数电影六个月之内便可以在 Netflix 观看了。

对于普通的消费者甚至是影评人而言，认为某部电影仅仅在 Netflix 上才值得观看已经很常见。消费者可以也确实通过这种方式省了钱。而且，如果由于工作、旅行或是家庭事务错过了某部电影的首映，你也不用担心：因为仅仅在几周之内，你就可以在 Netflix 上观看了。2011 年初，Netflix 宣称，该公司已经拥有大约 2 360 万用户，其中大多数来自美国，也有不少来自加拿大。Netflix 也对政治产生了兴趣。其政治行动委员会尤其关注知识产权的规定及执行。

所以，对于首席执行官马克·伦道夫以及他的雇员而言，2011 年 9 月，该品牌在当地的扩张似乎是为了将 Netflix 一分为二：一部分保留原有的名字，专注于"即时观看"；另一部分被称作 Qwikster，为承载视频游戏而设计，同时可能也会保留其最初的 DVD 邮寄业务。Netflix 还宣布实行双层定价体系。订户只需要每月支付 8 美元就可以享受"即时观看"的服务，每月只需要支付 15 美元就可同时享受两种服务。订户通过邮件获知这些变化，最初作为科技行业报道的新闻迅速跟进。

之后，便是一片混乱。

消费者纷纷表示愤怒。他们对将 Netflix 的 DVD 业务与即时流业务分开的做法表示不满。他们也不喜欢新的定价体系，因为，对于正努力从经济大萧条时期中恢复过来的个人以及家庭来说，这就意味着价格的上涨。而且，消费者真的不喜欢通过邮件获知那些变化，因为这种方式意味着他们失去了对 Netflix 的服务进行选择的机会。

177

于是，消费者们离开了。在 Qwikster 宣布这一决定之后的一个月里，80 多万美国用户取消了 Netflix 订阅。Netflix 的股价也随之暴跌。

管理层重新思考之后撤销了之前的决定，接着做出了不寻常的道歉。"一部分用户非常看重 Netflix 一直提供的简单明了，我们尊敬这一点，"Netflix 的合伙人兼首席执行官里德·黑斯廷斯说，"采取行动'快'与'太快'之间还是存在着差别的。数年来，Netflix 在'采取行动快'这方面一直表现很好，而这一次我们'采取行动太快'了。"

就在第二年的 1 月份，Netflix 从上一年 10 月份的低点新增了大约 60 万的订阅量。

微观问题：

（1）以伦理学理论为指导，思考像 Netflix 这样的公司应当与其订户之间形成什么样的关系比较合适？

（2）Netflix 一直遵守美国和国际版权法。作为一名消费者，你认为支持 Netflix、Hulu① 以及其他类似公司是否重要——或者，你现在仍然下载免费的媒体内容？

（3）Netflix 一直被认为帮助独立电影和纪录片得到更大范围的观看。运用利益相关者理论，对电影租赁业务带来的这个有点出乎意料的影响进行评估。

中观问题：

（1）有些战略传播从业者认为，Netflix 所需的是更好的公关，评价这一观点。如果有的话，该行动看起来应当是什么样？

（2）作为一家公司，Netflix 撤销其新型业务模式的做法是否合乎伦理？请从消费者、持股人以及利益相关者的角度对此进行评价。

宏观问题：

（1）"按需生产内容"的概念会如何影响新闻以及娱乐节目的编排？这种方

① 一家美国的视频网站。该网站由 NBC 环球公司（NBC Universal）和福克斯在 2007 年 3 月共同注册成立。

法突出了哪些潜在的伦理"陷阱"？

（2）Netflix 公司有一个就特定用户对特定内容的喜爱程度进行等级评定的项目，从隐私、目标营销以及内容生产这三个角度对该项目进行评价。

案例 7-3　新闻外包

李·威尔金斯（Lee Wilkins）

密苏里大学（University of Missouri）

在过去的十年里，报纸预算以及人员配备已经大幅减少，这对于任何人而言都已不是什么新闻。对于新闻产业萎缩的反应已经演变成了对超本土报道的一种强调，这对于任何人而言也已不是什么新闻。超本土报道试图通过提供一些谷歌新闻或《赫芬顿邮报》所无法收集到的新闻与网络新闻展开竞争。

超本土报道——来自警情通报、高中体育赛事记录、业务许可信息、合同信息、破产信息以及其他类似信息的归档整理的报道——曾是传统记者的报道内容。正如一位主编对博尔德的《每日镜头》（*Daily Camera*）的员工所说："如果发生了交通堵塞，我希望人们能够查看报纸，了解发生交通堵塞的原因以及持续的时间。"

超本土新闻与当下报社编辑室的人力经济学发生冲突。

2006 年，Journatic 在芝加哥开始提供服务。首席执行官布雷恩·蒂姆波尼（Brian Timpone）对新闻组织说，他的公司将采集超本土信息，其中大部分能通过电子方式获取，然后打包发表。这项工作的费用结构——报社为得到这些信息所支付的费用——从未公开过；除了某些例外，那些订购这项服务的报社也未被公开。存在已久的例外是《旧金山纪事报》的房地产板块。

蒂姆波尼说，他 24 岁时在明尼苏达州德卢斯（Duluth，Minn.）担任电视台记者，结果发现自己对这个社区一无所知，于是有了创办 Journatic 这个主意。蒂姆波尼的发现算不上什么新鲜的东西了。实际上，一直以来，对电视新闻的许多批评也都聚焦在这样一个事实上：大多数年轻记者在一个市场工作 18 个月到 3 年的时间，之后就离开了。尤其当受到经济条件的限制时，报社往往会裁员：让年纪大、更有经验的记者"走人"，而选用年纪轻、愿意接受较低薪水的替代者。然而，这些年轻的新闻工作者很少像那些经验丰富的记者一样了解其所在社区。

因此，Journatic 所要做的就是接手"枯燥的粗活"，报道这些常规然而非常本土化的事件、商业信息以及法律交易。蒂姆波尼坚持认为，让记者们蹲守在他们负责报道的社区里获取这类信息没有必要。

蒂姆波尼没有考虑在内的是一位新员工瑞安·史密斯（Ryan Smith）所遇到的疑虑与不安。史密斯从 2011 年 1 月开始为 Journatic 工作，时薪 10 美元，不享有任何福利。起初，当史密斯主要为 Journatic 的姊妹公司 BlockShopper.com 工作的时候，他注意到，信息往往是从领英（LinkedIn）照搬过来的，新闻写作由不住在美国的人完成，比如菲律宾，而署名有时也会作假。当史密斯正式进入 Journatic 时，他说自己注意到 Journatic 所出品的稿件署名包括新闻组织，比如休斯敦的《纪事报》（*Chronicle*）以及纽约的《新闻日》。

"我感觉自己就职的这家公司正在加速报纸的死亡，通过允诺短期省钱的方式，引诱这个行业的许多成员走向死亡。"史密斯告诉波因特研究所。最后，史密斯决定与《芝加哥读者报》（*Chicago Reader*）的媒体记者迈克尔·迈纳（Michael Miner）取得联系，讨论他所忧虑的问题。迈纳写了一篇在一些博客中传播的报道，但是迈纳依旧不满足。2012 年春季，他联系了美国国际公共广播电台（Public Radio International）《美国生活》节目的主持人艾拉·格拉斯（Ira Glass）。那年 6 月，该节目以《突变》（Switcheroo）为标题报道和播出了 Journatic 的故事。

179

"直到往搅碎的牛肉中添加一种叫作'粉红黏液'的行为被曝光之后，人们才开始关注自己食用的牛肉……我认为，像 Journatic 这样的公司正在向公众提供'粉红黏液'新闻。"在《美国生活》播出该节目之后，史密斯告诉波因特学院。

国家公共广播是一个巨大的播出平台，因此，包括那些与 Journatic 合作的报纸经营者在内的新闻工作者都听到了这则报道。《芝加哥论坛报》便是其一，该报不仅与 Journatic 展开合作，同时也正着手购买这家私人持有公司。目标媒体论坛公司（Targeted Media for the Tribune Company）副总裁布拉德·穆尔（Brad Moor）在《美国生活》中公开露面并指出，《芝加哥论坛报》40 名工作人员组成的团队始终无法制作出足够多的内容，从而无法实现《芝加哥论坛报》所追求的网站流量。因此，该报雇用了 Journatic，并辞退了 20 名员工，结果现在制作出的内容数量是以往的三倍。

但是在该报道传遍全美国以后，《芝加哥论坛报》对 Journatic 制作的部分内容进行了深入审查。结果发现，有一篇地方体育报道是编造的。除此以外，还存在一些其他问题。2012 年 7 月 13 日，《芝加哥论坛报》无限期搁置了与这个组织的关系。作为对 Journatic 行为调查的一部分，《芝加哥论坛报》还了解到，有些报道是由在菲律宾的工作人员所写的，他们生产每篇报道得到相当于 35 美分的报酬。

相应的，Journatic 解雇了其总编辑麦克·富歇尔（Mike Fourcher）。

同时，草根媒介倡议组织自由新闻界（Free Press）在其网站上贴出了一封呼吁信，允许签名者联系新闻组织，这样他们就可以发表意见，表达自己对从遥远地点报道本地新闻的想法——其中有些地方根本就不在这个国家。

微观问题：

（1）请你运用伦理学理论以及超级竞争的概念，分析新闻媒体为什么乐意与 Journatic 合作。这种做法是否正当？

（2）史密斯将他个人的担忧公之于众的做法正确吗？你如何评价他的角色？

（3）新闻中的"枯燥的粗活"是日常事务，尽管因此可能损失一定的收入，新闻媒体还是将其交给普通记者处理。这种做法是否有伦理依据？

中观问题：

（1）将 Journatic 的方法背后的伦理内涵与 Patch①、Gawker②的方法或其他类似模式背后的伦理内涵进行比较。它们是否存在伦理差异？

（2）检视你自己对 Journatic 的工资以及薪水结构的看法。

（3）订购了像 Journatic 服务的新闻组织应当如何保证高质量的媒体内容呢？即便可能代价高昂，这些媒体是否还是应当做出这种努力？

宏观问题：

（1）你会为 Journatic 或是类似的公司工作吗？

（2）Journatic 这样的工作是如何开展的？它与用户生产内容等其他形式的公民新闻有何差异？

① 创办于 2007 年的一家独立地方新闻与信息平台，总部位于美国纽约。
② 创办于 2003 年的博客，总部位于美国纽约，聚焦于名人和媒体行业。

▌案例 7-4　资金募集的透明性：美国公共广播公司的标准

李·威尔金斯（Lee Wilkins）

密苏里大学（University of Missouri）

在第 2 章中，我们让你思考将透明性的含义作为信息采集与发布的指导性伦理标准。这个案例将该原则与美国公共广播公司及其新的伦理规约联系起来。

美国公共广播公司（CPB）制定了伦理规约之后，决定将透明性的概念运用于整个公司，既包括新闻采集，也包括资金募集。这一努力的开创性在于美国公共广播公司尝试将统一的伦理标准运用于资金募集活动中，其中关系着该公司与其捐助者和其生产的新闻及娱乐内容的关系。

筹资文件中的透明性以这个原则综述为开场白：

> 这种信任是维系公众与公共媒体之间关系的基础。每年，成千上万的美国人为自己当地的公共广播以及电视台提供捐助。这些捐助者既没有要求签订合同，也极少过问这些钱的具体使用情况，仅仅因为他们对当地的广播电视台的正直、专业以及信誉抱有信任。一旦广播电台或电视台承担起新闻角色时，这种信任的重要性就被放大了。

这个伦理标准指出，公共的广播电台与捐助者之间不应当仅仅是一种经济上的关系——在各自的社区中，捐助者代表政治支持以及社会资本的一种重要元素。透明性标准强调，透明性不应当仅仅应用于捐助者——电台本身也要在资金运作、相关责任以及潜在纠葛方面更加透明。但是，这一标准也要求在捐助者和与公共广播（大多数情况下就是指 NPR 及其地方的节目安排）相关的各类地方新闻组织之间建立一道"防火墙"。

这一标准还提出，电台应当将资金募集情况公开且方便受众查询，包括礼品收受政策、挑战项目资助的使用规定、捐助者权利、适当的捐助鸣谢、匿名礼品收受的条件、寻求和接受基金支持的规定。这项政策也罗列了由联邦通信委员会以及美国国税局（Internal Revenue Service）颁布的公共广播必须遵守的规定。

美国公共广播公司实行的资金募集透明标准或许是媒体公司做出的最激进的尝试：重新思考建立在非广告基础上的商业模式并公之于众。它是独一无二的，因为它建立在伦理概念之上。请牢记这一切，并回答下面的问题。

181

微观问题：

（1）从伦理学的角度分辨广告和对 CPB 的赞助行为。

（2）报纸的陈列式广告是否为特定出版物得到资金支持提供了某种透明性？从伦理学的角度来看，这种广告行为是否有别于 CPB 的透明性标准？

（3）假如你是 CPB 或 NPR 的捐助者，你是否愿意让你的名字在广播中播出或放在网站上？为什么？

（4）假如你帮助管理一家基金会，当知道你的资助会通过这种方式被公开，你认为自己还愿意向新闻组织提供资金吗？

中观问题：

（1）CPB 预算的 2% 以国会拨款的形式来自纳税人。透明性标准是否也适用于纳税人的支持呢？

（2）CPB 是一家非营利性机构。讨论透明性标准对营利性新闻与娱乐机构的伦理内涵。

（3）将这一透明性标准与诸如调查记者与主编（Investigative Reporters and Editors）、普利策中心（the Pulitzer Center）或是 ProPublica 这样私人或基金会支持的组织所发布的指南进行比较。你认为哪一个在伦理上最站得住脚？

宏观问题：

（1）运用持股人和利益相关者理论的概念评价资金募集的透明性标准。

（2）公共广播电视台与广播电台在该年度播出了筹款活动。你如何将这些筹款活动和投放在报纸、杂志或是电视以及商业广播上的传统广告进行比较？

（3）付费广告的一个伦理学依据是，许多个广告主会削弱任何单个广告主的影响。从伦理学角度对这种说法进行评价。你认为同样的评价是否也适用于公共广播的资助者？

（4）在媒介遭遇财务困境的时代，防火墙是否已经变成了一个不可承受的奢侈品？

案例7-5　越界了吗?《洛杉矶时报》和斯台普斯事件

梅雷迪思·布拉德福德和菲利普·帕特森

(Meredith Bradford and Philip Patterson)

俄克拉何马基督教大学（Oklahoma Christian University）

1999 年 12 月 20 日,《洛杉矶时报》在一篇"特别报道"中呼吁市民注意一件其主编感到违背了新闻事业伦理的事件。这篇组合报道题名为《越界》(Crossing the Line)。使这篇报道引人注目的是《洛杉矶时报》自身跨越了界限,从而引发了这场新闻业的揭丑。

此前几个星期,洛杉矶市中心一个造价 4 亿美元的体育与娱乐竞技场斯台普斯中心热热闹闹地开张了。大部分观察者共同希望,这个能容纳两个职业篮球运动队和一个冰球队的设施将刺激市中心的复兴。斯台普斯有限公司支付了 1.16 亿美元,赢得了该竞技场的冠名权。

斯台普斯中心总裁蒂姆·莱维克（Tim Leiweke）还要再筹集 2.84 亿美元。他主动与麦当劳、安海斯-布希啤酒公司（Anheuser-Busch）、联合航空公司(United Airlines)、美国银行（Bank of America）和其他企业商谈成为"创办伙伴"的事。由于过去与《洛杉矶时报》的成功合作,也由于他认为该报可以贡献金钱之外的价值,所以他渴望该报也成为自己的创办伙伴。

斯台普斯中心已经与《洛杉矶时报》谈妥了推广计划,以此作为《洛杉矶时报》现金支付的交换,还在该报免费刊登广告。"这种安排和许多大城市的报纸与当地职业运动队的合作类似,"《洛杉矶时报》的媒介批评家、普利策奖获得者戴维·肖（David Shaw）在一篇关于此争论的调查性文章中说（Shaw, 1999）,"但是对于斯台普斯中心来说,莱维克想要的更多。他想让《洛杉矶时报》成为其创办伙伴。"

因为斯台普斯中心可以为洛杉矶市中心的复兴做出主要贡献,所以《洛杉矶时报》"急于参加",肖说。创办伙伴的价格从连续 5 年每年拿出 200 万到 300 万美元不等。《洛杉矶时报》当时的高级副总裁杰弗里·S. 克莱因（Jeffrey S. Klein）负责斯台普斯交易的早期会谈,"没有考虑他们要求的条件价值是什么"。1998 年,会谈拖延了数月,直到 1998 年 12 月 17 日,洛杉矶竞技场公司和《洛杉矶时报》之间达成了一项创办伙伴协议。在该协议中,部分语言陈述了两个公司"同意在共同收入机会的发展和落实方面进行合作"。

"尽管会谈中所有负责人都说,斯台普斯交易的准确条款是保密的,"肖报道说,"但是从各种来源传出的信息表明,事实上《洛杉矶时报》同意连续 5 年每年支付斯台普斯中心 160 万美元——其中以现金支付 80 万美元,以利润支付 50 万美元,还有估计 30 万美元以从莱维克所称的'会为我们带来收入的点子'中获得的利润支付。"

肖说,该交易的结尾部分在最终合同的一个条款中得到澄清,该条款说,

182

《洛杉矶时报》和洛杉矶竞技场公司将同意在共同收入机会的发展和落实方面进行合作，共同收入机会是指诸如《洛杉矶时报》在竞技场开业时进行的特别报道，或是共同出版的纪念年鉴等。

这些"共同机会"每年将为双方各创造 30 万美元的净收入。根据该合同，这些机会将受制于双方的共同协议。

1999 年 10 月 10 日，《洛杉矶时报》出版了一期特殊的周日杂志，专门报道新斯台普斯中心体育和娱乐竞技场。

183

在那期杂志出版之后，该报大部分新闻工作者才知道，《洛杉矶时报》将该杂志的广告利润分给了斯台普斯中心。300 多名《洛杉矶时报》的记者和主编感到这种安排含有利益冲突，而且违背了编辑独立的新闻学原则，他们在一份请愿书上签了字，要求发行人凯瑟琳·唐宁（Kathryn Downing）道歉，并对其他所有可能损害《洛杉矶时报》编辑传统的财政关系进行彻底审核。

请愿书的一部分内容说："作为《洛杉矶时报》的新闻工作者，我们都感到震惊——本报和我们的报道对象一起加入了神秘的合伙企业之列。《洛杉矶时报》的编辑可信性从根本上受到了损害。"

在此事件之前不到两年，唐宁被《洛杉矶时报》的母公司——时报-镜报集团——的新任首席执行官马克·威尔斯（Mark Willes）任命为发行人，尽管她没有新闻工作的背景。她过去一直是一名法律宣传人员。1995 年，威尔斯从通用食品公司跳槽到时报-镜报集团。威尔斯毫不讳言他"打破经营和编辑的壁垒"的欲望（Reider，1999）。1997 年，他对《美国新闻学评论》所说的话也记录在案："我认为要在新闻界待 30 年才能理解何者为重的观念相当奇怪。"（Reider，1999）

唐宁确实道歉了，她称其为一个"重大、重大的错误"。在 10 月 28 日举行的两小时的采编人员会议上，她回答完问题后承认，她和她的员工都"没能理解相关的伦理学"（Booth，1999）。同时，唐宁取消了未来所有与斯台普斯分享收入的交易，承诺审核所有与广告主的合同，并命令加强广告意识的训练。

对威尔斯来说，他的这番话似乎转变了他早期的姿态："这正是把没有报纸从业经历的人放在发行人位置上的结果。"（Reider，1999）

在 1999 年的大部分时间，上述安排从报纸的经营角度广为人知并受到公开讨论。根据一些报道，唐宁说，她故意扣押了来自该报主编迈克尔·帕克斯（Michael Parks）的信息，但是她并没有禁止在经营部门的下属向他或编辑部门的其他任何人谈及此事。

肖报道，威尔斯争辩说，这种讨论的缺失只能表明，报社需要"更多的交流，而不是更少……利润分享交易之所以发生，并不是因为壁垒倒塌了，而是因为人们在应当交谈的时候不彼此交谈"。

在一次有趣的争论中，唐宁称，如果该报的社论部门在那份周日杂志出版之前不知道有关与斯台普斯中心的利润分享交易，那么专用于斯台普斯中心的那期杂志就不存在倾向性。不知情的社论部门主编没有理由有倾向性。

该报内外有许多批评者同意肖的看法，认为"如果《洛杉矶时报》和斯台普斯中心是生意伙伴，读者就没有理由信任《洛杉矶时报》在该报任何版面所写的任何关于斯台普斯中心或其所有人或其吸引力的内容。现在如此，将来也如此"。肖还补充道，读者会想知道是否可能还存在着其他不恰当的安排，不管是正式的还是非正式的，或是将来是否可能与《洛杉矶时报》所报道的其他实体、机构或个人谈妥这样的约定。

不论是否与斯台普斯事件有关，威尔斯、唐宁、帕克斯和《洛杉矶时报》都面临着巨大的改变。2000 年 3 月，《芝加哥论坛报》的出版商美国论坛报公司（Tribune Company）收购了该报。这三位雇员在一年内全部离职。

微观问题：

（1）威尔斯在早期和后期对报纸经理职位的新闻从业经验有两种不同的陈述，对这两种陈述进行评论。

（2）可信度的真实损失是否像记者们感觉到的那么惨重，或是公众真的与那些从业者有同感？

（3）与斯台普斯中心成为合伙人和体育部接受该竞技场在举行活动时发放的记者入场券有何不同？

中观问题：

（1）如果一个人承认"壁垒"的好处和必要性，那么它如何影响致力于倡导式新闻事业（advocacy journalism）的媒体呢？

（2）肖的文章题名为《新闻事业是极不寻常的行业》（Journalism Is a Very Different Business）。你认为新闻事业与其他行业在哪些方面不同？

宏观问题：

（1）在这个新的信息时代，我们可以发现很多对大部分问题的不同观点，这时"壁垒"还有意义吗？

（2）当一份报纸成为一个可以公开买卖的公司，该报的忠诚是否从公众转移到了股东？如果不是，你如何为可能对获取利润起反作用的行动辩护？

（3）阅读下一个案例之后，确认上述事件是否是《洛杉矶时报》最近发行量下跌的因素。

案例 7-6 利润与新闻：《洛杉矶时报》与论坛报公司的案例

李·威尔金斯（Lee Wilkins）

密苏里大学（University of Missouri）

编者按： 2007 年 4 月，企业家萨姆·泽尔（Sam Zell）以据称 82 亿美元的

184

184

价格将论坛报公司整体收购。他宣称将拆分这家媒体联合企业。为了完成此次收购，他将芝加哥小熊队（Chicago Cubs）抛售。下面依旧是一个讲述在成本上涨以及收入来源减少的时代，全美上市报纸所面对的问题的典型案例。

2006 年 10 月，《洛杉矶时报》新东家、总部位于芝加哥的论坛报公司管理层将该报发行人杰夫·约翰逊（Jeff Johnson）开除。理由是约翰逊之前曾公开反对母公司对编辑室进行裁员的决定。

185

"杰夫和我都表示赞同，在这个时期，做出这个调整是最好的选择。因为《芝加哥论坛报》和《洛杉矶时报》的管理者需要联手，共同开创未来。"论坛报公司的子公司——论坛报出版公司主席斯科特·史密斯（Scott Smith）说（Seelye，2006）。这家报纸的员工们拿到一份备忘录，补充说："很遗憾地通知大家，我们被告知杰夫·约翰逊不再担任《洛杉矶时报》的发行人。"

约翰逊并没有就此罢休。面对公司要求通过裁减新闻编辑室人员以及提高技术效率这两种途径将收益提高 7% 的指令，约翰逊寻求社区支持，且也得到了支持。包括前美国国务卿沃伦·克里斯托弗（Warren Christopher）、洛杉矶镇劳工联合会（County Federation of Labor）主席杜拉佐（Maria Elena Durazo）、洛杉矶警察委员会（Police Commission）主席约翰·麦克（John Mack）和南加利福尼亚大学安嫩伯格传播学院（Annenberg School of Communication）院长杰弗里·考恩（Geoffrey Cowan）在内的 20 名洛杉矶公民领袖抗议称："所有的报纸都扮演着重要的公民角色，但是作为这个大都会地区的社区声音，《洛杉矶时报》是不可取代的。"（Rainey，2006）

反而，他们敦促母公司加大对《洛杉矶时报》的经济投入，而不是减少。在论坛报公司买下《洛杉矶时报》之后的六年里，该报流失了 200 多名新闻工作者，从原先的 1 200 人左右减到现在的 940 人左右。

这场争论中，一个具有多重含义的核心问题是，《洛杉矶时报》是否给母公司的账本底线做出了足够的贡献——这种贡献反映在论坛报公司的股价中。21 世纪，随着连锁企业与联合大企业的出现，媒体的财务状况变得错综复杂，即便是那些颇有影响力的报纸也不例外。

1999 年，论坛报公司收购了该报并从钱德勒家族（Chandler family）手中购得大量股份。这也成为了斯台普斯中心问题之后（详见之前的案例）该报爆发大混乱的一个间接原因。论坛报公司还拥有其他几家报纸、26 家电视台（包括洛杉矶的 KTLA 电视台）以及芝加哥小熊棒球队。尽管持有多家公司的股票，论坛报公司的股价却一直相对稳定。解雇约翰逊的当月，论坛报公司宣布，整个集团第三季度的运行收入较去年同期下降 2%，出版利润减少 17%。这是广告（较 2005 年下降 2%）和发行量（一年内下降 8%）双双下降导致的。

为了提高价格，论坛报公司启动了一项 20 亿美元的公司股票回购计划。论坛报公司还制定了一个目标，即在两年内，将公司的成本减少 2 亿美元。该公司还出售了其部分媒体股份，但是并不打算将棒球队出售，因为这可能会对该公司在家乡芝加哥的媒体协同战略造成不利影响。

但是，包括在论坛报公司董事会拥有多个席位的钱德勒家族在内的论坛报公司股东们对于自己的投资却依旧感到不安。这还是在《洛杉矶时报》持续大量盈利的情况下。它的运营毛利大约是 20%——领先于大多数的都市报。然而，据报纸内部的消息称，它的现金流早已开始下降（Rainey，2006）。

与此同时，《洛杉矶时报》的摄影部职员数量已经减少了大约三分之一，图片与设计部门已经流失了大约 40% 的员工。之前已经进行过裁员的文图拉县（Ventura County）以及圣费尔南多谷（the San Fernando Valley）的大型日常运行部门如今再次瘦身，只剩下寥寥可数的记者。在过去的五年里，这家报纸获得过 13 次普利策奖，但是却依旧失去了前主编约翰·S. 卡罗尔（John S. Carroll）。他辞职大约一年之后，约翰逊被开除。新闻编辑室裁员的压力是他决定离开的原因之一（Rainey，2006）。

186

"这家报纸取得了如此多的成绩，"新闻主编迪安·巴奎特（Dean Baquet）说，"我国只有三到四家报纸拥有真正出色的驻外分社，《洛杉矶时报》是其中一家；它还深度报道了伊拉克战争……我们的华盛顿特区分社在每一个重大报道中都有竞争力。我们报道过美国最复杂的城乡地区。除此以外，我们还做过许多别的事情。但是，如果继续（裁员）的话，你就不可能继续。"（Rainey，2006）

作为对新闻编辑室混乱的回应，史密斯确认了该报在全美国的地位，但是补充说："目前存在一种误解——认为报纸人数的多少决定了一份伟大报纸的质量。你将质量与数量混为一谈了。"（Rainey，2006）

微观问题：

（1）该报的记者和主编个人应该做什么？他们应当与新主编合作，还是罢工？

（2）假设必须要减少开支，在巴奎特所提到的活动或是其他你能想到的活动中，你认为主编们应当放弃哪些？

中观问题：

（1）将这一争议公之于众是否合适？应当由谁报道大型媒体组织？

（2）《洛杉矶时报》是否属于一项国家媒体资源？对于报社员工来说，这是否会有影响？对于公司的所有者来说，这是否又会有影响？

（3）像约翰·斯图尔特·密尔这样写出了《论自由》（*On Liberty*）的人可能会如何评价这样的情形？

宏观问题：

（1）包括戴维·格芬（David Geffen）在内的一些洛杉矶亿万富翁表达了对购买《洛杉矶时报》的兴趣。当地所有权（local ownership）对于这份报纸可能意味着什么？当地所有权是否会遭遇一些负面影响？

（2）在娱乐行业有深厚经济以及创意关系的所有者比如格芬，是否会给员工带来重大的利益冲突？一旦如此，如何解决那些冲突？

（3）在地方报纸报道本社区时，"协同媒体策略"的影响是什么？

（4）向父母亲了解一下他们的退休金账户。在类似的情况下，为了保证本地报纸良好运转，他们是否愿意接受较低的投资回报？如果你有一个退休金账户，你愿意这么做吗？

画面在此：
图片和视频新闻伦理学

学完本章后，你应当熟悉：

◇ 在隐私领域，新闻摄影业所涉及的法律和伦理问题。

◇ 胶片档案和"空头照片"（eyewash）的法律和伦理问题。

◇ 开放来源新闻业的难题。

 导论

在美国革命之前的那些年，许多主要人物都用文字工作。他们是印刷商、邮局局长、宣传册作者等等。他们控制着流向人民的文字，而反对或支持即将到来的战争的观念就在人民中产生。在接下来的数十年中，说服的货币就是书面文字。①

但是，在美国内战之前，按字面理解意为"用光线写作"的摄影术已经离开了摄影棚，进入了战场。马修·布雷迪（Matthew Brady）②拍摄的动人心魄的

① 隐喻，意为说服的方式从书面语言转向图片。
② 马修·布雷迪（1823—1896），美国战地摄影家，摄有林肯等人物及美国内战各战线的大量照片。

战争照片对一个由文字抚养长大的国家产生了影响。尽管花了好几十年才得以发展，但是最早的隐私观念之一就是一个人的照片应免于"被盗"。1901 年，一个名叫阿比盖尔·罗伯逊（Abigail Roberson）的十来岁的女孩儿发现自己的肖像出现在海报上甚至被画在谷仓上，为一个面粉品牌做广告，但都未经她许可。尽管她没有在诉讼中获胜，因为还没有针对当时情况的法律，但是纽约市在一年后迅速通过了这个国家的第一部隐私法，特别强调了对某人肖像的无授权使用问题。

关于肖像有一些个人化的东西。它们是私人的，它们是主观的。某些人看作猥亵的，其他人视为艺术。肖像有力量——从个人到商业再到政治。2001 年 9 月 11 日的标志性图像同时捕捉到了美国人的情感和信息。几年之后的秋天在巴格达拍摄的图片也起到了同样的作用，只不过根据观看者是美国人或是伊拉克人，这些图片的含义截然不同。

半个多世纪以前，马歇尔·麦克卢汉曾说，会有一天，战争不仅用子弹打，还用图片打。图片具有压倒一切的力量，以至于乔治·W. 布什政府禁止新闻摄影师出现在空军基地，因为几乎每天，在伊拉克和阿富汗行动中被杀的士兵的尸体都会盛放在旗帜覆盖的棺木中被送回。在任何武装冲突中影响深远图片之争夺战利益重大。

作为摄影新闻工作者的公民

公民记者的概念在摄影中最受认可，像手机这样的设备实际上令每个人都成为摄影师，令大部分人成为摄像师。加上商家用于安保的成千上万的摄像头，实际上没有什么事件——从足球比赛中一个小孩儿踩踏另一个小孩儿，到一个未来的恐怖分子购买家用化学品制造炸弹——会落在摄像头之外。今天的编辑问题很少是"我们有艺术性吗？"而更可能是"我们用这张照片还是那张？"，这些照片往往来自那些本职工作并非新闻的来源。

数十年的技术发展已经戏剧性地缩短了新闻事件发生和照片或视频传递到公众的时间。数字照片几乎可以在瞬间被贴到网络上。视频每天惯常现场直播到全美家家户户的电视上，并在几秒钟之内被贴到网络上。摄影中最当机立断的伦理决定曾经是"拍还是不拍？"，如今这个问题增加了层次："张贴还是不张贴？"或者"直播还是不直播？"或者"我们要不要用这个业余视频？"

在一场突如其来的悲剧发生后，一度在新闻编辑室相对冷静的环境中做出的决定如今必须在一个日益竞争的媒介环境中做出。而做出正确决定与因别出心裁而受到称赞或者因不敏感而受到批评并不相同。

拍摄过程中的问题

你的祖父母曾经有过诸如"照相机不会撒谎""眼见为实"这样的古老格言。然而正如阿瑟·伯杰（Arthur Berger）在《眼见为实》（*Seeing Is Believing*）中指出的那样，由于摄影术中的诸多变量——照相机的角度、光线的使用、结构和焦距——一张照片总是现实的转述，而不是现实本身。他补充说，一打摄影师拍摄同一场景会产生不同的现实景象。下面这个故事是一个生动的说明。

贝布·鲁思（Babe Ruth）①从纽约扬基队（New York Yankees）退役的事件有几十位摄影记者在拍摄，但是只有一位摄影师纳特·费恩（Nat Fein）获得普利策摄影奖。注意，费恩移到拍摄对象身后，捕捉到一个不同的角度，用他的照片讲述了一个不同的、更富戏剧化的故事。这张照片不仅获得了新闻界的最高奖项，还被称为 20 世纪偶像级的体育照片——这一切都是通过操控照片的角度实现的，不仅捕捉到了贝布·鲁思，而且，还在照片右侧捕捉到了所有摄影师，他们给自己的报纸拍到的都是陈腐的照片。

照相机不仅在控制角度、光线和焦距的能力上与眼睛不同；照相机还捕捉孤立的现实，展现给我们一个没有背景的生活片断。在《论观察》（*About Looking*）中，约翰·伯杰（John Berger，1980，14）说：

> 照相机能做而眼睛永远做不到的事是固定事件的外观。照相机保存下来一组外观，否则它们就不可避免地为未来的外观所替代。它使它们保持原貌。在照相机发明之前，除了心灵的眼睛记忆力之外，什么也做不到这一点。

新闻业的角色就是将语境放回专业人员和业余摄影师拍摄的无处不在的照片。从伦理观点来说，对一名在新闻联播播出前或是报纸出街之前就已经获知新闻的受众说"事情就是这样"是不够的。他们还知道任何笔记本电脑都很容易修改照片，而视频修改只是稍微难一些，但也并非不可能。由于这两件事实，新闻业必须说："这就是为什么我们相信你看到的就是所发生的。"另外，晚间新闻无法比 YouTube 更好地服务消费者。

 拍还是不拍？

到达有新闻价值的事件现场后，摄影师必须做出几个决定。其中最基本的

① 贝布·鲁思(1895—1948)，美国棒球史上杰出的运动员之一。他出生贫苦，7 岁时便被父母送入专收穷人家男孩子的圣玛丽工业学校，很早开始练习打棒球。他的高超球艺及其常穿的细条子球衣赢得全国瞩目，许多棒球迷为之倾倒。他在 22 个赛季中所创的 714 个本垒打纪录直至 1974 年才被打破。建于 1923 年的纽约扬基运动场至今被称为"贝布造的建筑"。

189

190

决定就是是否拍摄处于无法拒绝摄影记者上前拍摄的对象。这些脆弱的对象往往受了伤，处于震惊和悲痛之中。在这具有新闻价值的一刻，拍摄对象失去了对其亲密圈的控制（见第 5 章对此概念的描述）。这种控制移交给了摄影记者，他必须做出决定。

戈夫曼（Goffman，1959）称，人们在几个"领土"中拥有控制权。在戈夫曼的名单中包括个人空间免受侵犯的权利（例如照相机镜头）和保护个人"信息"免受公众关注的权利（比如欢乐和悲伤的状态）。

摄影新闻工作的特性使它的过程具有侵犯性和揭露性——二者都干扰了戈夫曼所说的个人感觉。某人的不幸往往是摄影新闻记者的好运。20 世纪，在一流的摄影大赛中，一半以上的获奖照片表现的是暴力和悲剧。大部分能成为新闻的业余照片也是有关暴力和悲剧的。因此，每一个摄影记者都会不可避免地接到侵犯拍摄对象隐私的任务。盐湖城《德瑟雷特新闻报》（*Deseret News*）的摄影记者加里·布赖恩特（Garry Bryant，1987）提出了这样一份清单，当他到达悲剧现场时，他会在"百分之一秒"之内将这份清单在头脑中过一遍：

(1) 这一时刻应当被公之于众吗？

(2) 拍摄是否会将被拍人置于更大的创伤中？

(3) 我所处的距离造成的侵犯是否最小？

(4) 我的行为是否具有同情心和敏感度？

对于这样一个清单，布赖恩特又补充了以下不承担责任的声明（1987，34）：

社会需要理解，摄影记者的行为和拍摄是出于本能。我们不是收集事实的新闻工作者，我们只是拍摄照片的摄影记者。对于大部分摄影记者来说，"拍，你总是可以事后再编辑的"是一条普遍的规则。

新闻价值和侵犯性，优秀照片和低级品位之间的界限往往是模糊不清的。《斯波坎发言人评论报》（*Spokane Spokesman-Review*）的总经理唐纳德·戈姆利（Donald Gormley）提供了一些视角来区分照片是造成了普遍的冒犯还是仅仅是难以入目。

同情心和良好品位不同。如果一位读者认识一张极其戏剧化的照片中的人，他可能会认为这是一种冒犯。这种罪过是违背了同情心。如果不管他是否认识照片中的人，他都受到了冒犯，这种罪过可能就是违背了良好的品位（1984，58）。

191

许多主编争辩说，照片不存在的时候不可能做出与其有关的决定。并不是每张表现悲痛的照片都因为拍摄对象的脆弱而须剔除。在哪里划界这个决定最好在新闻编辑室，而不是在现场做出。试图在悲剧现场运用伦理类选法（triage)①的摄影师可能发现，如果不能像其他摄影师那样成功地捕捉到事件的悲痛场面，他的职业生涯就有危险了。此外，没有捕捉到事件某些场景的摄影师不论出于什么理由，都是没有为读者和观众捕捉到部分真相。

但是，稍后再做决定的这扇时间之窗正在关闭。今天的技术意味着电视可以在悲剧现场进行直播，甚至在直系亲属得到通知之前就播出胶片。过去需要经过剪辑才能成为一则报道的场景如今被直接播出。伦理决定过程中的一个重要阶段就这样被省略了。随着摄影手机的大规模出现，甚至有更多事件被捕捉和提供给媒体以说明报道。

这些悲剧的受害者对大部分时间是通过镜头看世界的从业者充满反感，作为易受伤害的人，他们如何重新开始生活？多年前，在一次名为"犯罪受害人和新闻媒介"的大会上，暴力犯罪的受害人和对他们的遭遇进行报道的新闻工作者相遇了。在会议结束时，一名参会者指出："一旦一名新闻工作者听到他们对发生在自己身上的事情所做的简单、动人的陈述，他就再也不会以同样的方式报道一个人的悲剧了。"

其实，摄影记者在决定是否以及如何拍摄一场悲剧时，还要在如何对待每一个拍摄对象的两难困境中挣扎：要将每一位对象都作为目的对待，而不能仅仅将其视为达成目的的手段。我们可以同意，对车祸受害人的有力表现或许能够使一些司机更加安全地驾驶，但是如果这些图像经常以侵犯一个车祸受害人的隐私为代价，这个讯息还有必要说出吗？

沃伦·博韦（Warren Bovée，1991）在一篇题为《结果可以证明手段合理——但实属罕见》（The Ends Can Justify the Means—But Rarely）的文章中提出了一系列问题，帮助摄影记者寻找答案。

（1）采用的手段从道德上来说真是邪恶的，还是仅仅是缺乏品位、不受欢迎等等？

（2）其结果是真正的善，还是某种仅仅是看上去善的东西？

（3）这种手段有可能达到这种结果吗？

（4）用其他手段是不是可能一样好？当其他方法也能奏效时，可否用低劣的手段作为达到良好结果的捷径？

（5）良好的结果是否比用以达成它的任何邪恶手段都强？

（6）用以达成结果的手段能否经得住公开的考验？

接受还是不接受？

用过许许多多的名字——开放来源新闻业和公民新闻业是其中最为流行的。

① 此处作者用了类比。triage 原指治疗类选法，即根据紧迫性和救活的可能性等在战场上决定哪些人优先接受治疗的方法。

但是不管其标签是什么，过程实际上是相同的：公民以不领酬的业余新闻工作者身份行动，给各种网站提供文字和图片。像 YouTube 这样的一些网站是由企业家创办的，但是其他网站则由新闻组织创办和管理。而且，即便你的本地电视台或者报纸并没有开放来源网站，越来越多的公民还是努力把他们的成果贡献给专业的新闻组织。

那些贡献中有一些已经改写了历史。例如，非裔美国人罗德尼·金（Rodney King）被一个身着制服的白人警察殴打的业余视频在美国的地方电视台首播，然后在美国的全国电视新闻中播出，洛杉矶的骚乱和种族紧张由此而生。2006 年，弗吉尼亚州共和党参议员乔治·艾伦（George Allen）发表明显的种族主义言论的业余视频首先被上传到互联网上，之后获传统新闻组织播出，被视为他竞选落败的因素之一。接着，有反复播放的中西部龙卷风视频——由没有薪水的业余摄影师冒着个人危险拍摄，并为充分意识到这种视频可以在地方电视新闻节目中收获最高收视率的媒体所接受。

在互联网向成千上万的博主和摄像师公开开放来源新闻业的可能性之前，政府可以并且确实通过拒绝提供信息或者前往战场的途径，或者有选择地向那些支持政府的媒介提供途径或者泄露信息来控制媒介。但是，互联网改变了这一切，正如《新闻周刊》的戴维·安森（David Ansen）在 2006 年为二战纪念宣传片《父辈的旗帜》（*Flags of our Fathers*）（Ansen，2006，71）撰写的影评中所言：

> 五角大楼没有预见到也无法控制的是新媒介的崛起——在互联网上弹出的未经过滤的图片、最近上映的由士兵手持的迷你电视摄像机制作的纪录片《战争录像带》（*The War Tapes*）[①]。在广播电视网的电视台上，我们没有看到多少真正的战争，但是，未经授权的纪录片喷涌而出，例如《地面实况》（*The Ground Truth*）[②]、《炮火下的宫殿》（*Gunner Palace*）[③]和其他更多影片。正如许多人认为他们从囧司徒的搞笑新闻报道中获知的信息比从传统媒体中得到的更真实一样，"非官方媒介"一直在痛击五角大楼的公关巫师。公关先生们的老于世故与深知媒介的公众的老于世故始终相伴而生。

业余摄影师的图片有所助益时，政府也会使用。被指控制造了 2005 年伦敦地铁爆炸案的男子得到指认，部分要归功于该市地铁旅客用手机拍摄的照片。那些照片与复杂的人脸识别技术相结合，成为执法工具。

开放来源新闻业的伦理问题日益凸显，不得不与博客空间日益凸显的伦理问题做出了一些有趣的妥协（更为详细的讨论，见第 10 章）。但是，开放来源新闻业——特别是如果其由更为传统的新闻组织运作——与更为传统的摄影业一样面对同样的伦理考验。最重要的是准确、公正和原创。开放来源站点的主编意识到业余摄影师的拍摄内容也必须和专业人士的作品一样符合同样的新闻标准——尽管不一定是创造力和美学方面的相同标准。例如，上传的视频不能是导演或者情景再现之后作为新闻提交的。主编必须能够核实公民提供的视频的准确性，有时是语境。

[①]《战争录像带》是第一部关于 2003 年入侵伊拉克的纪录片，由士兵自己制作。该纪录片在 2006 年上映。

[②]《地面实况》是关于伊拉克战争老兵的纪录片，于 2006 年上映。

[③]《炮火下的宫殿》以纪录片的形式真实再现了处于战争状态下的伊拉克，着重描述了美军攻占萨达姆长子乌代的行宫的过程，包括很多从没有公开过的珍贵影像画面，也从另外一个角度记录了美国军人在伊拉克期间的生活状态，于 2004 年上映。

导演镜头和视频

在电视季（sweeps）①期间的一周，NBC 的杂志节目《日界线》（Dateline）②播出了一则 18 分钟的报道，内容是揭露通用汽车公司出产的皮卡的设计缺陷，报道以一辆卡车遭侧面撞击后立刻爆炸起火的录像结尾。已有 300 多人死于这样的撞击，该报道还收入了引人注目的静止图片，展现从车祸现场拉出的烧焦尸体。还有针对通用汽车公司的卡车设计问题提起的许多诉讼的法庭文件，以及独立的汽车安全专家和一位通用汽车公司前工程师的录像证言，他们都说该公司一直知道那个设计缺陷，但是却选择了不作为。

但是，NBC 并没有告知观众，为了保证结尾的那一段录像的效果，受雇于该电视网的独立测试机构在受测车辆上安装了"点火装置"。通用汽车公司针对该电视网提起了诽谤诉讼，指控该电视网导演了那段戏剧化的录像。在一次前所未有的行动中，《日界线》主播宣读了一份 3 分钟的声明，宣布撤回《日界线》的那则原创报道，承认该电视网播出了那段经过导演的结尾录像。NBC 和通用汽车公司的较量导致了电视网新闻总裁迈克尔·加特纳（Michael Gartner）的离职。此后不到一个月，他就辞职了。

NBC 事件提出了几个问题。新闻给再现留有位置吗？如果是这样，什么时候？这样的照片和录像应当如何分类？这些问题并非无关紧要，它们也还未得到解决。在美国全国新闻摄影记者协会（*National Press Photographers Association*）所做的一次调查中，摄影记者提出最多的*伦理问题*就是摆拍镜头。

> "你的工作听上去挺有趣。"弗朗西斯卡说。她觉得要让谈话保持中立。
>
> "是这样。我很喜欢它。我喜欢这条路，我也喜欢制作照片。"
>
> 她注意到他说的是"制作"照片。"你制作照片，而不是拍摄照片？"
>
> "是啊。至少我是这么想的。"这就是周日拍拍快照的人和靠这个吃饭的人的区别。当我拍完我们今天看到的那座桥时，它看上去不会太像你希望的那个样子。我会通过镜头选择，或照相机角度，或一般的合成，或所有那些手段把它制作成我自己的照片。
>
> "我不会仅仅满足于拍摄到的照片，我努力把它们制作成能反映我的个人想法和个人精神的东西。我努力在图片中寻找诗意。"
>
> 《廊桥遗梦》（*The Bridges of Madison County*）
> 罗伯特·詹姆斯·沃勒（Robert James Waller）

① 电视季是每年秋、冬、春季收集电视收视率消息并据此调整广告费用的一段时期。　193

② NBC 的一档周播电视新闻杂志节目，为一档法律真人秀。曾经是该电视网的旗舰新闻杂志节目，如今主要聚焦于真实的犯罪新闻。　194

摄影师约翰·沙科夫斯基（John Szarkowski，1978）就"镜子"摄影和"窗户"摄影进行过论述。1978 年，他在现代艺术博物馆（Museum of Modern Art）举办的展览即命名为"镜子和窗户"。这两种类型的照片大约类似于现实主义和浪漫主义摄影。按照沙科夫斯基的观点，"窗户"摄影应当像媒介所允许的那样客观地表现现实，不受镜头或摄影师的倾向性的影响。另一方面，"镜子"摄影试图用任何符合摄影师要求的图像来主观地重塑这个世界。任何事情都可以操纵：光线、比例、背景，甚至拍摄对象。

① 灰盆指美国西部大平原南部干旱、多尘暴地区。在久旱的天气里，那里的地面表土常被风刮走。黑色的大风沙经过之处，牲畜窒息，植物枯萎。

每一种摄影术都有作用。主要由政府委托的"灰盆"①时期（Dust Bowl-era）摄影灼痛了我们对大萧条的回忆，这就属于"镜子"摄影。摄影师们寻找背景，让人们摆姿势，挪动道具以达到最好效果。另一方面，向我们展示战争和饥饿的恐怖，并引发公众舆论的照片是"窗户"摄影，摄影师捕捉到恰当时刻，没有试图做出改变。在一个取代另外一个时，问题就来了。当一张反映摄影师倾向性的"镜子"照片被冒充成现实的"窗户"照片并提供给观众时，观众就受到了欺骗。

电子操控

195

那些通过互联网获取新闻的人很难错过此事。2005 年马德里火车爆炸案发生后一天，同一张照片出现在许多欧洲报纸的头版——差不多是这样的。有一份报纸的头版展现了一张爆炸现场的照片，最显著的地方是一段鲜血淋漓的残肢。另外一份报纸展现了同一张照片，但是那段残肢并不在其中。有一些报纸对这张照片进行了裁切，这样只能看到那段残肢的一部分。有一些报纸仍然以彩色刊印了该照片，还有一些报纸用色彩饱和度强化了鲜血的色彩。照片还是同一张照片，但是电子修改太过明显，无法忽略。

操纵照片的历史很长，它始于粗糙的剪刀加糨糊的绘图板技术，诸如"烘烧""局部遮光法"这样的暗室技术以及最近的气笔修改。如今，技术日益允许对一张拍摄好的照片进行复杂的修改。任何一个熟悉 InDesign 软件②或任何其他软件包的人都能敏锐地意识到照片可以如何被操纵。

② InDesign 软件是一个定位于专业排版领域的设计软件，是面向公司专业出版方案的新平台，由 Adobe 公司于 1999 年 9 月 1 日发布。

其实，技术已经使"摄影"这个词——字面意思是"光线写作"——过时了，因为对于制作一张"照片"来说，一个亮堂堂的物体不再是必需的了。现在，照片和录像是希拉·里夫斯（Sheila Reaves，1987）所称的"受控制的液体"。里夫斯的著作写于 20 多年前电脑操纵图片的婴儿时代，她已经预见到照片将失去其"道德权威"的时代。同时，汤姆林森（Tomlinson，1987）还写道，照片也一样会失去其法律权威。当更加成熟的受众观看媒介中的录像或照片时，会带着一种怀疑主义的态度，这在过去的消费者中是不存在的。

大多数主编和摄影记者认为，一般而言，修改或导演新闻照片比修改或导演特写照片更应当受到谴责。2003 年伊拉克战争中，《洛杉矶时报》的一名摄影记者被开除，因为他将两张类似的照片合成一张在美学上更令人满意的照片。虽然最终的照片与"真正"的照片如此相似，以至于其中的差别逃过了图片主编的眼睛，但是该摄影记者逾越了边界，因而遭到解聘。

对新闻摄影的要求有所不同的原因是一个假设前提：*艺术或可操弄，但是信息不可以*（Martin，1991）。对于受众来说，由于广告和报纸的非新闻板块经常使用这些技巧，因此问题更加复杂。在一种语境中恰如其分的修改，在另一种语境中就不被允许，这必定会导致困惑，但是我们建议，以视觉讲述真相的标准同样可以并且也应当应用于广告。

选择性剪辑

另外一个伦理问题集中在视频剪辑的过程上：剪辑本身是否将一则报道变得不真实或不公正。事实上，"选择性剪辑"这个术语是多余的。*所有的*编辑都是有选择的。问题是谁在选择，以及他们在这个过程中持何倾向。

文字和图片之间已经出现了双重标准。撰稿人获准重新为事实排序，并将细节重新安排到一个倒金字塔结构的报道中，这样做是根据这样一个原理，即读者希望将最重要的事实从事件发生过程中，甚至从背景中萃取出来，并安排在报道的开头，以便进行更加有效的阅读。这个结果被当作好的写作方法而受到赞扬，并在所有的新闻学课程中得到教授。

但是，如果摄影师用照相机做同样的尝试——重新安排事实，使照片或视频更加有趣——结果就会被称作"导演"。我们不愿意允许摄影记者使用和文字记者一样的传统手法，这说明了某些关于视觉化形象在新闻中有何作用的重要问题。当一名撰稿人进行编辑时，那是为了制作更为可读的报道，其结果受到欢迎。当一名摄影师或视频主编做同一件事时，他就面临歪曲事实的指控。

这是因为我们根据文字新闻的标准评价新闻照片：线性的，合乎逻辑的。但是视频和照片既非线性的，也不合乎逻辑。它们具有一种马歇尔·麦克卢汉所称的"同时性"（allatonceness）的特性，作为一种技术，我们并不太习惯。摄影师用照相机发现的视觉化真相可以做什么仍然是争论的话题。

但是，只要读者坚持认为"眼见为实"，这一观点——不论是否基于事实——就会成为媒介及其受众之间的一个承诺，摄影师和电视录像制作人不应当打破这个承诺。虽然许多摄影记者都争辩说，"眼见为实"从来都不是文化真理（See Lester，1992），但是，其他人争辩说，我们的读者或观众对他们所见到的真相有一种预先的期待，我们必须根据这种期待工作。《美国新闻与世界报

196

道》（*U. S. News & World Report*）的摄影主任史蒂夫·拉森（Steve Larson）
这样总结这种以观众为基础的原理（quoted in Reaves，1991，181）：

> 照片是对一个时刻的及时记录。当我们开始改变这一点时，我们的立
> 场就岌岌可危了。我们必须维持这个契约。及时捕捉一个时刻是有来历的。
> 当你看到一张马修·布雷迪所拍的照片时会有一种"这真的发生过"的感
> 觉。我绝对相信，这就是摄影的力量源泉。

空头照片

想象一下政府发布了一项关于嗜赌如命者的新报告，你受命将其制作成为
一段视频，在今晚的新闻中播出。你可能表现的是一名女子在阳光灿烂的午后，
在赛马会上尽情地玩乐。虽然她的行为发生在公共场合，但是她可能会也可能
不会成为文章中所指的那种综合症的受害者，然而漫不经心的读者可能会推断
她就是一名嗜赌成癖的赌徒。在这种语境下，这张照片达到了"空头照片"的
目的，为一个与其无关的报道做了装饰。

空头照片惹上官司也有一段短暂的历史了。华盛顿特区的一家电视台随
意挑出一个行人看着摄像机的近镜头，为"2 000 万美国人患有疱疹"做说
明。法庭判决，该影片和评论相结合足以支持对原告患有疱疹的推断，而她
称那不是真的。但是，在另一个案例中，一对年轻夫妇被拍到在洛杉矶农夫
市场公开拥抱，加利福尼亚州最高法院指出，该夫妇的自愿行为已经"放弃
了他们的隐私权"，并说那张照片的发表只是增加了可以看到原告浪漫姿势
的公众人数。

就在法院对空头照片这个问题态度含糊之时，媒介已经制定了不同的政策
来处理这个问题。例如，有些报纸和电视台不使用与报道无直接关系的照片。
其他报纸和电视台对库存或存档镜头的使用有明确分类的限制。另外一些仅仅
通过坚持只拍摄发生在公共场合的镜头来进行限制。

电视和印刷媒介对画面的贪婪胃口使这个问题更为严重。实际上，所有调
查都显示，一张照片的出现即可为一则报纸新闻增加不少读者，而电视则坚持，
观众的注意力被吸引到别处之前，只能注视"说话的脑袋"（talking heads）[①]数
秒钟。"你讲究艺术吗？"这个问题的答案往往意味着发表或枪毙一则报道的差
异。通常，好的画面可以让一则报道挤进令人垂涎的晚间新闻头条时段或是报
纸的头版。

考虑到画面的重要性，伦理界限的模糊就不足为奇了。科尔曼（Coleman，
1987）讲了一个他的小儿子从马上摔下来折断了胳膊的故事。在去手术室的路

① 指电视发言者的头
部特写。

197

上，一个摄影师朋友拍了一张这个男孩"跌坐在轮椅里，胳膊用一个临时凑合的吊带绑着，浑身肮脏、泪眼婆娑、疼痛难忍"的照片。大约一年以后，一个教科书出版商见到了这张照片，想把它用在一本关于虐待儿童的书中做插图。科尔曼拒绝了这个要求，但是补充说，如果该出版商不是如此轻易地能问到他，这张照片本来可以发表。如果真的发生这种事，公众就会为一张只不过是遇到了一场童年事故的男孩的照片所欺骗。

美学和伦理学

　　许多报纸和早间新闻节目都使用了"宝氏烤吐司测试"（Post Toasties Test）[①]来决定用什么照片或视频配合一大早的新闻报道。该测试得名于一种流行的早餐麦片，为可能出现在早餐桌旁的媒介——从报纸到电视，甚至网站——进行敏感度测试。该测试提出了这个问题，"这需要在早餐时展示吗？"或者换句话说，"儿童应当在他们吃早餐时看到这个吗？"根据霍奇斯（1997）的说法，没有哪个摄影师或者图片主编认同"我们就是要通过'低俗'来表达"。他们最认同的说法是"人们不想在早餐桌旁看到血腥的照片"。

　　霍奇斯指出，视觉新闻业中的许多问题看似是伦理学的失误，实则是在美学问题上的不同观点——古希腊哲学流派考虑过这个问题：美，以及何为美，还有美是否可以被物化或者编撰成文以使每个人都可以对其品质达成一致。他还说，伦理问题比美学问题更容易辨识和解决。

　　2003 年的一部电影《蒙娜丽莎的微笑》（*Mona Lisa Smile*）将背景设置在 20 世纪 50 年代的韦尔斯利学院（Wellesley College）[②]，上述问题就是其情节的核心。当一名初来乍到的艺术史教授（朱莉娅·罗伯茨饰）脱离了大纲（所有学生都已经读过），问学生一幅看上去似乎十分怪诞的尸体的幻灯片是不是艺术，得到的反应迅速而深刻。"没有标准吗？"一名学生问。"当然有。"另一名学生说。当一位意志坚定的教师不顾院长的警告，将杰克逊·波洛克（Jackson Pollock）[③]和其他当代艺术家介绍给那些年轻女士时，持续一整年的吵嚷就此开始了。

　　就理性的人如何对一幅图片的美学或者美持有不同意见这个问题，霍奇斯说："例如，原子弹产生的蘑菇云对我来说一直体现着美。那些照片带来了道德愉悦——战争就要结束了，我父亲很快就要回家了。对于其他人，蘑菇云是人类的邪恶、权力和非人道的象征。"

　　就美学达成一致是所有哲学中最大的难题之一。霍奇斯说："哲学家的作用就是探索善（伦理学）、真（认识论）和美（美学），但是，在揭示真和善的标准方面，他们远远比揭示美的标准要更为成功和有所助益。"

① 用来测试新闻内容是否适合一家人吃早餐时同时观看。

② 韦尔斯利学院是由当地乡绅杜兰特（Durant）夫妇注册于 1870 年的私立大学，是美国马萨诸塞州一个特殊的高等学府，只招收女生而不招收男生，故而它亦叫韦尔斯利女子学院。它是著名的"七姐妹女子学院"之一，也是美国最棒的女子学院之一，在 2015 年的排名中位列全美文理学院第 4 名。韦尔斯利学院致力于培养优秀的女性，许多著名女性从这里走出，包括希拉里·克林顿、宋庆龄、宋美龄、宋霭龄、冰心等。

③ 杰克逊·波洛克（1912—1956），美国画家，抽象表现主义绘画大师，也被公认为美国现代绘画摆脱欧洲的标杆，在国际艺坛建立领导地位的第一功臣。1929 年就学于纽约艺术学生联盟，师从本顿。1943 年开始转向抽象艺术。

在审视一张照片是否可能冒犯、是否可能"丑陋"或者是否被以任何手法修改或者假造时，主编往往被要求同时考虑善、真和美。

 ## 结论

关于图像伦理学的争论受到情绪化的指控，并且不断随技术而变。同时，这意味着，新闻摄影的消费者得到的产品有时过于不成熟以至于难以入目，有时则过于修饰以至于难以置信。

问题在于摄影记者工作的本质。摄影是一种平凡的、报酬低廉的日常工作。2009 年夏，一份日报开除了它全部的摄影团队，又在缩减薪水之后雇回了几个，并用读者提交的照片代替，造成轩然大波。因此，当有机会制作一张吸引人的照片时，确实会激起那种想摆脱每天必做苦差的欲望，就会导致极端。

摄影记者应当服从对康德绝对命令的这种解释：*不要用操纵过的照片欺骗一位信任你的受众，不要用你的残酷现实冒犯一位毫无疑心的受众*。幸运的是，只有少数照片会冒犯公众，只有少数照片是经过导演或电子修改的。但是，摄影师要善待读者或观众对他们寄予的信任。如果这种信任遭到背叛，恢复起来就慢了。

【推荐书目】

Berger，Arthur Asa. 1989. *Seeing is believing*. Mountain View，CA：Mayfield Publishing Co.

Berger，John. 1980. *About looking*. New York：Pantheon Books.

Journal of Mass Media Ethics. 1987，Spring-Summer. Special Issue on Photojournalism.

Lester，Paul. 1991. *Photojournalism：An ethical approach*. Hillsdale，N J：Lawrence Erlbaum Associates.

————. 2003. *Images that injure*. 2nd ed. Westport，CT：Greenwoood Press.

Newton，Julianne. 2000. *The burden of visual truth：The role of photojournalism in mediating reality*. Hillsdale，NJ：Lawrence Erlbaum Associates.

【网上案例】 www.mhhe.com/mediaethics8e

"Film at 10：Handling graphic video in the news" by Sonya Forte Duhé

"Looking at race and sex：When do photographs go too far?" by Beverly Horvitt

"Faking photos：Is it ever justified?" by James Van Meter

第 8 章　案例

案例 8－1　详细记录的自杀案例

菲利普·帕特森（Philip Patterson）
俄克拉何马基督教大学（Oklahoma Christian University）

2012 年 8 月 19 日，执导过诸如《壮志凌云》（*Top Gun*）、《地铁惊魂》（*The Taking of Pelham* 123）、《雷霆壮志》（*Day of Thunder*）这些流行大片的电影制作人托尼·斯科特（Tony Scott）从加利福尼亚州圣佩德罗（San Pedro）的文森特托马斯大桥（Vincent Thomas Bridge）一跃而下，自杀身亡。托尼和其兄里德利·斯科特（Ridley Scott）同为导演，一起创办了一家制片公司。根据他家人的说法，托尼·斯科特并无可能导致他如此仓促行动的健康问题。在纵身跃下之前，他在车里和办公室里都留下了绝命书。

除了受害者的高知名度之外，从不同的角度——桥上、桥下，眼看着事件步步展开的日间游艇上——此次死亡的众多目击者和相关照片也是令此自杀事件备受瞩目的原因。

斯科特往下跳时驾车从桥上穿过的人们描述了目击事件的经过。根据《洛杉矶时报》的报道，人们的反应各不相同，有人认为自己看到的是自杀事件，有人认为那或许是极端的体育特技。

"他站在离栏杆很近的路面上东张西望。他东张西望，摸索着脚上的什么东西。他看上去很紧张。"戴维·席尔瓦（David Silva）对《洛杉矶时报》说。席尔瓦说斯科特"停了几秒钟，然后开始翻栏杆。他把脚放在栏杆顶上，又停了下来。然后他飞了出去。我马上想，那家伙死了"。

59 岁的埃里克·布里尔（Eric Brill）对《洛杉矶时报》说："我可以非常、非常清晰地看到他的脸。他非常决绝。他没有哭，看上去并不伤心，也不难过。他看上去就是非常坚决。"

根据 TMZ 网站的记者报道，"许多摄像机捕捉到了"那致命一跳的场景，"……有一条显示托尼起跳前那一刻屈膝的姿势……TMZ 已经得知，那些照片正在被疯狂买卖……为了钱"。

TMZ 报道，很多人用手机拍摄了此次自杀的视频和照片。他们补充说，附近一个商家的监控摄像也捕捉到了这个场景。TMZ 拒绝购买该视频，但是说其他网站正在出价购买。

一个旁观者拨打了 911，洛杉矶港口警察很快将斯科特的尸体打捞上来。尸检未发现癌症迹象——这个谣言在他的死讯播出几小时后开始流传。

200

微观问题：

（1）该自杀事件的照片和视频具有新闻价值吗？假如跳桥者并非名人，它还是新闻吗？

（2）照片和视频唾手可得是否就能使其成为"折线之上"的报纸新闻或者第一次休息之前的电视报道？

中观问题：

（1）TMZ 看到的一张照片据称记录了斯科特跨越桥栏跳下的那一刻。那张照片可以通过早餐桌测试吗？在你做决定时会把儿童作为考虑因素吗？

（2）你能否看出一张记录跳桥的照片相对于记录整个跳桥过程的视频而言有什么区别？如果有，是什么？

（3）运用伦理学理论来讨论是否应该在你的新闻节目和/或网站上播出这段自杀视频。

宏观问题：

（1）是否应当有法律禁止任何旁观者从诸如此类的事件中获利？如果摄影师本来可以施以援手，然而却选择拍摄照片，你的答案会有所改变吗？

（2）最佳操作手法建议，新闻组织报道自杀新闻时，应当包括关于自杀行为的"警告标志"和当地危机咨询的电话号码，以避免出现在过去数十年许多文化中都有记录的扎堆儿自杀现象。关于斯科特的报道却不包含这些信息。运用伦理学理论评论这种方法。在诸如此类的情境中，新闻媒体的伦理义务是什么？

案例 8-2　我首先做什么？

李·威尔金斯（Lee Wilkins）

密苏里大学（University of Missouri）

2012 年 8 月 16 日，星期四，美联社摄影记者杰拉尔德·赫伯特（Gerald Herbert）在前往密苏里州比洛克西（Biloxi, Miss.）执行任务的路上，看到一辆多功能运动车猛地撞进了一条乡村小路旁边的树林。两个女性被困在车里。

那辆车的引擎部位着火了，火势越来越大，整个引擎都陷入火海。

她哭喊着求救，但是没人能帮忙。人们喊叫着"灭火器"，于是我跑下交通已经完全停滞的高速公路。我在停泊的车辆之间奔跑，寻找 18 轮大卡车，因为我知道它们携带着灭火器。

我大概跑了半英里到四分之三英里，跳到沿途所有 18 轮大卡车的驾驶室里，告诉他们有个女人在车里快要被烧死了，请他们带着灭火器赶到那里。

我指挥他们开上应急车道。我还及时找到了 6 辆牵引车，让它们开上快车道。他们下了车，开始灭火。

同时，一辆水泥搅拌车已经到场，司机有一条胶皮管，或许是他改写了结果，因为我被告知，当我召集卡车让司机们带着灭火器前往现场时，火焰已经烧穿了发动机壁。他把胶皮管举在她上方，往她身上浇水，确保火焰不会烧到她。

听到她尖叫，看到那些火焰越来越高、越来越近，真是令人毛骨悚然。你知道她正在死去，而你却无能为力。这让你脊梁骨冰冷彻骨。

最终，火焰威势减弱。有人把一条缆绳钩在那辆车上，一辆小型载货卡车把它从树林中拖了出来。此时，随着火最终被扑灭，他们想办法撬开门，把她拉了出来。

我丝毫没有想到过启动新闻模式，直到火被扑灭。对于美联社来说，车祸并非新闻，但是这场车祸的救援显然是所有这些人了不起的英雄行为，我想要记录它……

看到这些人共同解救一个濒临死亡的人极具震撼力。那真是令人惊叹。

202

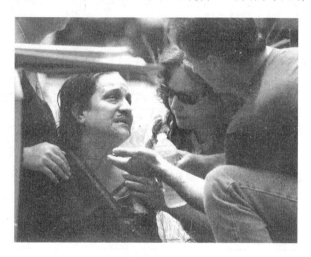

资料来源：AP Photo/Gerald Herbert.

微观问题：

（1）分别运用功利主义哲学理论、W. D. 罗斯的理论和女性主义伦理学分析赫伯特的决定。你认为有哪些共同因素？

（2）这一事故结局不错。你认为如果这两位女性（她们是姐妹）已经死亡，无论在现场还是稍晚，赫伯特的反应应当有所改变吗？摄影师可能会如何改变？

（3）这一报道传遍全美国。对于距事件千里之外的报纸新闻主编而言，这是恰如其分的选择吗？

（4）将这一报道与其他许多路人解救遇难汽车受困者的报道进行比较。新闻工作者卷入其中会怎样改变报道？这恰如其分吗？

中观问题：

（1）请阅读本章案例 8-7 的事实描述，然后比较本案例中的伦理决定和案例 8-7 中摄影社做出的伦理决定。它们的道德相关差异是什么？

（2）本章描述了摄影师在决定何时拍摄时需思考的步骤，赫伯特的思考是否符合那些步骤？如何符合或不符合？

（3）评估这张照片的构图和审美。从技术的角度看，它是否可算作"善的"照片？

宏观问题：

（1）美联社是否应当嘉奖赫伯特的行为？

（2）请阅读本章案例8-6的事实描述。与案例8-6中的摄影师格雷戈里·马里诺维奇相比，赫伯特的决定有什么不同？你如何评估环境——从国家的角度和他人卷入的角度——对于摄影师出手相救能力的影响？

（3）你能否为摄影师提供一套指南，概述何时放弃新闻工作去解救他人是不恰当的？

（4）比较这位摄影师的行为和上一个案例中旁观自杀者的行为。期望桥上的旁观者采取更多措施是否合理？如果赫伯特启动了"新闻模式"，赞同他的行为是否不合理？

案例8-3　问题照片和公众愤怒

乔恩·罗森拉德（Jon Roosenraad）

佛罗里达大学（University of Florida）

203　　　　　　一个星期六，佛罗里达大学的校园警察被召集到一间宿舍，据警方报告，是调查"一间女盥洗室地板上的大量鲜血"。他们认为，那些鲜血"似乎来自一次流产"，并开始对那个宿舍区域进行搜查。过了一会儿，一位警方的调查人员在搜查宿舍后面的垃圾罐时发现了沾血的毛巾、塑料手套和一个大塑料袋，里面有更多的毛巾和一个6到7磅重的女婴尸体。

警察发现她已经没有脉搏了。尸体已经开始僵硬。警察把尸体从袋子里拿出来后暂时放在垃圾罐旁边的一块毛巾上。这时，学生报纸《独立佛罗里达鳄鱼报》（*Independent Florida Alligator*）的摄影师赶到现场，拍下了那具尸体和垃圾罐。

资料来源：Photo courtesy of *the Independent Florida Alligator*. Used with permission.

那个星期六晚些时候，警察在宿舍的床上发现了 18 岁的母亲，并将她送到该大学的医院。医院检查表明"她体内有胎盘组织和脐带"，她稍后离开了医院，健康状况良好。一位接触了此案的当地产科医师说，根据婴儿的大小判断，它很可能是流产而非夭折。可以确定婴儿大约发育了 7 个月。

报道刊登在星期一的报纸头版上，横跨该版的底部，标题是《佛罗里达大学警方调查宿舍死婴》（UF police investigate baby's death at dorm）。报道转到第三版，配发了那张照片。

那是一张戏剧化的照片，两名衣冠楚楚的侦探、一名身穿制服的警察和一丝不挂的尸体形成对比，脆弱的人形和装满披萨盒和白酒箱子的粗糙的金属垃圾罐形成对比。这张照片以 7×5 英寸的大小发表。

该报道写得很好，但是深具戏剧性的照片很可能令许多人不悦——由于它可能非常令人不悦，以至于几乎整个星期天，该报员工都在就如何使用它进行讨论。主编决定刊登它，但是却采取了一个不寻常的行动：她在同一期的意见版上写了一个主编专栏，解释为什么要这样用那张照片。它展示了一个人们可能认为发生在贫民窟而不是大学校园的场景。它表明，即使受过性教育的成熟的大学生仍然需要帮助。该主编写道：

> 即便有这样一些合法的理由，我们也没有在头版发表这张照片。部分原因是我们不想显得是在利用这张照片吸引读者……我们还检查了摄影师的底片，看看是否有一些不那么清晰的照片……读者感受到的信息是否值得他们经历这种震惊？经过深思熟虑，我们感觉这是一张意义深远的照片，我们确定如此。从未料到这种危险行为会发生在这个社会领域。这张照片表现了这一点。

星期一，当地日报在警事摘要中报道了此事。该报道没有发表照片。据确认，那具尸体是由于流产。当事女子离开了学校。那家校园报纸收到一些信件，批评它对此事的报道。许多人批评发表该照片的主编，有些人却赞扬该报员工指出了问题，并列出了校园里可以获得性与怀孕咨询服务的地方。有些信件同时表达了两种意见。

对《独立佛罗里达鳄鱼报》发表该照片勃然大怒的一个读者代表是一位女学生，她称该报道是"我所见过的最多余、最不得体的新闻报道"。另外一封男生的来信称那张照片"品位低级、极端麻木不仁"。这位作者还补充说："总有一天，良好、健全的判断会战胜'火爆'的新闻题材。"

或许最尖锐的评论来自一位女性，她在自己的信上附上了另外 24 个人的名字。这封信上说：

> 这一事件本来可以被用于提醒人们要对自己的性行为负责。该报道本来可以充当一名痛苦的提醒者，提醒人们有许多没有受过教育的、天真的

人需要帮助。但是，不幸的是，《独立佛罗里达鳄鱼报》却选择用这样一张照片进行煽情报道，从而将原本可以学到的任何教训都抵消一空。

205

微观问题：

（1）那位摄影师应当拍这张照片吗？为你的答案辩护。

（2）这则报道合法吗？如果合法，它适合上头版吗？

（3）如果这是唯一可用的照片，该报是否必须将其发表？

（4）写给主编的许多信件都称该照片"多余""不得体"和"麻木不仁"。如果你是该报社员工，你会对那些指控说什么？

中观问题：

（1）将该照片发表在内页是否减少了对低级品位的批评？它所在的位置减轻了伦理批评吗？

（2）如果员工们如此没有自信，那么该主编在发表它的当天解释使用照片的原因的行为正确吗？

（3）评论该主编对发表该照片所做的解释。哪种道德哲学——如果有的话——能使人同意这种行为？

宏观问题：

（1）报纸应当发表这样的报道和照片来声讨一个问题吗？

（2）人们通过这样一张照片所感受到的社会价值比震惊和批评都更有价值吗？

（3）有封来信的作者评论说，该照片带来的震动否定了该报道本来可以带来的任何好处，这样说对吗？

（4）校园报纸的品位、运作、新闻价值等标准是否应当与"正规"日报有所不同？

案例 8-4 伪造新闻照片：可曾合理？

李·威尔金斯（Lee Wilkins）

密苏里大学（University of Missouri）

作者按：《洛杉矶时报》决定不提供本案例中存在问题的照片。但是，许许多多的网站都曾报道过这一争议，其中有些发表了那些照片。

2003 年伊拉克战争中的视觉图片极富争议。图片主编，特别是大型媒体的图片主编，每天都得在成百上千张照片中做出选择。3 月 30 日，星期日，也不例外。那天晚上，《洛杉矶时报》摄影主任科林·克劳福德（Colin Crawford）在看到本报摄影师布雷恩·沃尔斯基（Brian Walski）拍摄的一张照片时已经编辑了大约 500 张战争照片。那张照片描绘的是一群伊拉克平民坐在地上，而一个手持步枪的美国士兵站在最显著的位置。

《洛杉矶时报》在头版发表了那张照片，其姐妹出版物《哈特福德① 报》（*Hartford Courant*）和《芝加哥论坛报》也如法炮制。《哈特福德报》的图片与图表助理主编汤姆·麦圭尔（Thom McGuire）说："这是一张伟大的照片。"

但是，《哈特福德报》的一名雇员在给朋友看照片时觉得自己发现了一个问题——照片背景中的伊拉克平民似乎是复制的。他将这一问题告知了一个校对编辑，该编辑提醒了麦圭尔。"在图像处理软件中将该照片放大 6 倍之后，我致电科林，让他调查。"麦圭尔说。

在洛杉矶，克劳福德难以置信。他想，背景人群的明显复制可能是由于某种技术性的、与卫星有关的差错。"星期日，他发给我们 13 张非常棒的照片。"克劳福德回忆道，"我们得了解情况，在没有把握的可疑情况下不做对他不利的判定。"

结果真相大白，沃尔斯基用自己的电脑将两张在不同时刻拍摄的照片合成一张以改善构图。他一承认就被克劳福德解雇了。所有发表了该合成照片的出版物都刊登了更正声明。

沃尔斯基在致歉中对其他《洛杉矶时报》的员工说："我深感后悔，损害了《洛杉矶时报》这样一份拥有新闻业最高标准的报纸的声誉……特别是才华横溢、极富献身精神的摄影师和图片编辑以及朋友们的声誉……我在自己的职业生涯中始终坚持最高伦理标准，我真的无法解释此次彻底失败的判断。"

另外一位《洛杉矶时报》在职摄影师唐·巴莱迪（Don Barletti）对波因特研究所的网上讨论群组说，他记得沃尔斯基回国后看见他说："没人会接触我了。我离开了世界最伟大报纸的一线，如今一无所有。没有相机，没有车，什么都没有。"

巴莱迪还说，他理解那个修改是在什么情况下发生的。沃尔斯基在沙漠中待了多日，条件非常艰苦，缺乏睡眠和食物，承受着极大压力。"他进入一个区域，"巴莱迪说，"每天连轴转，拍摄精彩照片，然后失控了。他告诉我，他并没打算发送那张照片，只是把照片搞乱了。不管怎样他发送了……不知道他做了什么，但是他做了。面对所有那一切，他如何保持镇静？情况只是失控了。"

被问及此事时，《纽约时报》摄影师文森特·拉福雷特（Vincent LaForet）认为这一错误是严重的。"对于这样的伪造而言，没有比现今更好的时刻，但是这也是最糟的时刻。真正将我们与其他摄影师和媒介区分开的是我们的可信性。准确地说，我们拥有保证可信性的历史……我们的可信性是我们的全部。"

微观问题：

（1）最初发表照片的报纸本来应当如何更正错误？

（2）沃尔斯基应当被解雇吗？为什么？

（3）许多检查过这张照片的新闻工作者并没有注意到这个问题，直到有人

① 哈特福德市，美国康涅狄格州首府。

206

给他们指出来。这种微小的改动在伦理讨论中有实质意义吗？为什么？

中观问题：

（1）苏珊娜·莱恩逊（Suzanne Lainson）也在波因特研究所网站上评论了此事，她说："为什么摄影新闻工作者的文化被期望与文字、音频或视频主编的文化不同……与其宽恕编辑照片的行为，或许还不如严惩编辑文字、音频和视频数据的行为。"评价这一评论。

（2）从伦理角度而言，主编在新闻编辑室里的角色是什么？

（3）雇员发现同事的伦理过失时是否应当揭发？如果不是，为什么？如果是，应当怎么做？

（4）对背景中的人物进行电子修改与摄影师拍照之前简单地让人们移到一个特定的地点有什么不同？从伦理角度而言，二者是否都应受到谴责？

宏观问题：

（1）"人们并没有指望从媒体中获得'真相'或者'现实'——如今的媒体受众比我们所想象的更加清醒地意识到他们读到、看到和听到的任何内容都具有人工制造的性质。我确信，大部分人对《洛杉矶时报》这件事并不惊讶。"马克·多伊兹（Mark Deuze）写道。分析这段话。媒介组织可能如何向观众和读者保证自己发表的信息是真实的？

（2）埃里克·迈耶(Eric Meyer)在波因特研究所网站上评论了此事，他说："一张照片犹如一段直接引语。你可以选择引用什么或者拍摄什么。但是，你在发表一段直接引语或者一张照片时，不要修改它以'使它更好'。"评价这段话。

案例 8-5　"折线之上"：在有新闻价值的照片和社区标准之间做出平衡

吉姆·戈德博尔德（Jim Godbold）
《尤金纪事导报》（*Eugene Register-Guard*）编辑主任
贾内尔·哈特曼（Janelle Hartman）
《尤金纪事导报》记者

作者按：1993 年 11 月 10 日，一场噩梦在俄勒冈州毗邻尤金市大学区的宁静小镇斯普林菲尔德（Springfield）展开。艾伦·麦圭尔（Alan McGuire）在家里挟持了他两岁的女儿谢尔比（Shelby）做人质。对峙结束后，两人都死了，而媒体拍到一些可怕的照片。

在那天之前 20 个月，俄勒冈州的莱恩县（Lane County）已有 7 个儿童死于虐待，而媒体亲眼目睹了这第 8 个儿童的经历。吉姆·戈德博尔德当时是《尤金纪事导报》的助理编辑主任。以下内容来自事件发生之后数月对他的采访。

戈德博尔德：午后不久，从警事扫描仪中传来了呼喊。一个男人在斯普林菲尔德地区用刀劫持了一个人，我们意识到这是人质劫持事件。我们知道在最好的情形下大概可以用 20 分钟从《尤金纪事导报》赶到现场，所以我们紧急行动。摄影记者安迪·纳尔逊（Andy Nelson）和警事记者贾内尔·哈特曼以最快速度到达该地。

我们到那里时，警察正在试图画线，将人们拦在该区域外。安迪到达的时候，现场真是一片混乱。在那幢房子里突然冒出火焰，好几分钟之前，紧张局势还未显露，火焰引起了警官的注意，他们立刻决定冲进去。

一队警官奔向大门，接着，艾伦·麦圭尔，就是那个房子里的人，突然全身着火从前窗撞了出来。我甚至不确定警官是否知道当时房子里有多少人。他的妻子已经从房子里逃了出来。她曾被用刀挟持并绑了起来，她不知道用什么办法脱了身，并告诉警察，他们两岁的女儿谢尔比·麦圭尔还在房子里。

谢尔比是人质，并被用刀挟持着。警察看到了她，并试图安装一条电话线，以便和麦圭尔谈判，但是事件发生得太快了，艾伦·麦圭尔从前窗跳出之后，警察破门而入。两名警官将麦圭尔着火的身体拖到地上，试图用浇花的软管扑灭他身上的火焰。在房子里，一名警官看到谢尔比直挺挺地坐在沙发上。她头上套着一个杂货店购物塑料袋，显然以某种方式被封了起来，可能是绕着脖子封的。

他们立刻把袋子撕开。一名侦探抱起谢尔比飞奔出房子。就是在那一刻，安迪·纳尔逊拍下了这张照片：一名警官抱着谢尔比的尸体跑出去，另外两名警官站在门阶两侧，还有一名警官拿着软管站在艾伦·麦圭尔旁边，麦圭尔躺在地上。现在火焰熄灭了，但是当安迪拍照时，烧焦的、仍在冒烟的尸体呈现在反光镜中。

资料来源：Photo courtesy of the *Eugene Register-Guard*. Used by permission.

在那一刻，抱着两岁女孩谢尔比·麦圭尔的那名警官开始在前面的草坪上做嘴对嘴的人工呼吸。安迪接着拍下了那个场景。然后，他们把艾伦和谢尔比·麦圭尔都送到医院。我们不知道谢尔比的情况。警察对她是否能够被救活的问题不作回答。

资料来源：Photo courtesy of the *Eugene Register-Guard*. Used by permission.

我们报社有一个长期坚持的方针作为普遍规则，就是我们不发表童尸的照片。这立刻引发了一种意见，即我们要仔细考虑，决定这一特殊事件是否能经得起我们方针的检验，是否有人为此照片是否应当发表进行争论。

我们开始讨论我们的方针和我们可能面对的潜在社会反应。讨论相当短暂。这照片如此惊心动魄，它来自如此可怕的情形，以至于我们开始看着照片说：

"好吧，我不知道，但是，看看这照片捕捉到了什么吧。""人们会非常难受。""这其实就是一张死去的两岁孩子的照片。""看看这些警官脸上流露的关心和表情。这就是他们日复一日要应对的事。他们要面对这种家庭暴力中的人质事件，而人们没有意识到这一点。"

于是，讨论激烈然而很短暂。我们将挑选出来的照片准备好，带去给当时的编辑主任帕特里克·雅克（Patrick Yak），并说明这是我们将发表的一张令人不快的照片。这是一张我们将要做好准备为之辩护的照片。但是我们相信它是我们期待的那种例外。

公众对发表谢尔比·麦圭尔的照片所做的反应在我 22 年的新闻工作中从未遇见过，在报社也是史无前例。我还从来没有遇到过这种情况（后来一一领教了），每一名读者都对这张照片产生如此强烈的反应。从早上 6 点读者拿到报纸开始，我们接到大约 450 个电话。他们先打到我们的发行部。发行部的交换机超负荷后将他们接到了主要新闻编辑室的交换机上，而这台交换机到早上 7：30 才开。7：30，当他们打开交换机，我们的所有 20 根接入电话线全部亮了，电话滚滚而来，直到进入徘徊等待状态，我们的交换机过去从未被这样使用过。

　　我在家里接到公司管理人员阿尔·吉姆梅尔（Al Gimmell）的电话，他说："我们被电话淹没了。我们需要帮助。"于是，我立刻赶到，努力应付电话，我试图在两次电话之间找出时间把其他主编找来，但是电话来得太快，每次我挂了，它就又响了起来。当我整理我的语音信箱讯息时，发现 31 条没有回复的讯息，那时大约是早上 7：45。

　　人们的反应并不一致，除了他们都很生气之外。但是这种气恼来自不同的地方。有些人的气恼源自他们认为我们就是为了卖报纸而向一张骇人听闻的犯罪照片低头。另一些人的气恼源自可怕的侵犯感：谢尔比·麦圭尔生还的母亲和兄弟在经历了痛苦的折磨后还得在这个早上醒来后，看到家乡报纸头版上的这张照片。

　　另外一个受到争论的成分是这张照片总体来说与《尤金纪事导报》一直以来并将继续坚持的形象不相称。五六岁的孩子在早餐桌上分享这张报纸，而父母们发现他们不得不解释这可怕的事件，并再次被问及"那个小女孩怎么样了"的问题。还有一些也是家庭暴力受害者，或是受害者的配偶，或是有家庭成员受此折磨的人做出了反应。他们的感觉是一种既生气又痛苦的混合物。

　　我在泪水中认真地和几十个人谈过。这是一种势不可挡的情感反应，人们被这张照片搞得极其心烦意乱。大部分人提出了这个问题："为什么？我要知道为什么这份报纸发表了这张照片。"

211

　　我想我们一开始对回答这个问题确实感到茫然。我认为这主要是因为我们真的感到自己对许多读者不了解。新闻部没有一个人预见到我们会遭遇这种反应。

　　如果今天我们遇到了同样的情况和同样的照片，我们绝对不会做在谢尔比·麦圭尔案中所做过的事。成千上万的读者为我们和这份报纸设定了在这个社区中的疆界，在我们亲眼见到这个疆界具体化之前，从来不确知它在何处。

微观问题：

（1）看看本案例所附的照片。警官抱着谢尔比·麦圭尔跑出去的那张照片刊登在折线上方，全彩，占了该版三分之二宽、6 英尺长的位置。一张这种尺寸的照片是否过于煽情？

（2）斯温森警佐（Sergeant Swenson）试图救活谢尔比的照片发表在折页下方，是一张只占了两栏的小照片。你认为为什么会做出将这张照片刊登得位置较低、尺寸较小的这个决定？

中观问题：

（1）谢尔比死亡这一事实是否会影响你做出发表这些照片的决定？如果是，

如何影响？

（2）至少有一家电视台和这家斯普林菲尔德的当地报纸有摄影师在现场这一事实是否会影响你做出发表照片的决定？如果是，如何影响？

（3）不到两年的时间里莱恩县有 7 名儿童死亡这一事实是否会影响你做出发表照片的决定？如果是，如何影响？

（4）双周刊《斯普林菲尔德新闻》（*Springfield News*）选择在头版刊登艾伦·麦圭尔从自家前窗摔出的照片，他被严重烧伤的身体还在着火。但是，他们用一张包装纸遮住了头版，包装纸上写着"警告读者"，并对包装纸下的报道和照片内容进行了说明。评论这种处理该报道的方法。

（5）一家当地电视台在警告观众接下来播放的录像具有暴力性质之后，播放了几秒钟上面描述过的现场情景。该电视台接到了不到 20 个投诉。你如何解释对电视节目和印刷照片的反应之间的巨大差异？

宏观问题：

（1）这些人有什么隐私权：

A. 谢尔比·麦圭尔

B. 谢尔比·麦圭尔的母亲和 4 岁的哥哥

C. 斯温森警佐

（2）有人提出应当展示这些照片，因为它们生动地体现了警察经常需要应对的此类悲剧。评论这种论点。

（3）有人提出应当展示这些照片，因为它们生动地体现了家庭暴力的可怕。评论这种观点。

（4）"如果今天我们遇到了同样的情况和同样的照片，我们绝对不会做在谢尔比·麦圭尔案中所做过的事。"对此言论进行评论。你认为这是基于对读者关心的敏感，还是屈从于读者的压力？

案例 8-6　恐怖索韦托

休·奥布赖恩（Sue O'Brien）
《丹佛邮报》（The Denver Post）前社论版主编

1990 年 9 月 15 日，自由投稿摄影师格雷戈里·马里诺维奇（Gregory Marinovich）记录了一伙非洲人国民大会（African National Congress）的支持者杀害一名他们认为是祖鲁人间谍的人的过程。

马里诺维奇和美联社记者汤姆·科恩（Tom Cohen）发现这个男子被一群手持大砍刀和粗糙长矛的人从南非索韦托（Soweto）①的一个火车月台上带了出来。在这个男子被石头砸、被大头棒打、被刀戳、被浇上汽油并点燃的时候，马里诺维奇和科恩一直在观察和报道。

两个月中已有 800 人死于黑人的派别斗争，这是其中之一。当时种族隔离

① 南非东北部的城市，位于约翰内斯堡的西南部。该市由若干南非黑人居住的城镇组成，20 世纪 70 年代末以来，一直是种族冲突的中心。

正处于逐渐衰退的日子，敌对组织在相互竞争影响力。

这些生动的照片引发了主编之间的激烈争论。在其中一张照片上，受害人神志清醒但坚忍自制地躺着，一个咧嘴微笑的攻击者准备将一把刀插进他的前额。在系列照片的最后一张上，受害人蜷缩着，已经被火吞没了。

在这些照片被传看时，几位主编提出一个问题：这位摄影师在现场做什么——他难道不能用什么办法阻止这种暴力攻击吗？作为回答，图片通讯社公布了一份报告，说马里诺维奇曾试图干涉，那些人要求他停止拍照时，他对那群暴民的领袖说，只有他们"停止伤害那个男子"他才会停止拍摄。

资料来源：AP Photo/Greg Marinovich.

资料来源：AP Photo/Greg Marinovich.

据调查，如何处理那些照片的决定在美国全国各有不同。如果出现了什么模式，那就是在诸如丹佛、明尼阿波利斯-圣保罗（Minneapolis-St. Paul）和纽约这样有竞争的市场中，报纸更可能发表这些刺眼的照片。

正在燃烧的那张照片用得最广泛，刀刺那张次之。有些主编说他们格外反对那张刀刺的照片，因为它太极端了。"它表现了暴力和兽性的仇恨。"《迈阿密先驱报》（*Miami Herald*）的图片主编罗曼·利斯科夫斯基（Roman Lyskowski）说。另外一位主编同意这个观点，认为刀刺那张照片比焚烧那张照片更令人困扰，他说这使自己回想起越战时期的那些宰杀照片，"刀子正好刺进头颅的照片并不罕见"。

《迈阿密先驱报》获得那些索韦托系列照片后，将那张焚烧的照片送到执行主编珍妮特·丘斯米尔（Janet Chusmir）家里请她批准发表。在她的指示下，这张宰杀照片发表在头版，但位置在折线以下，并且是黑白照。丘斯米尔和她的主编一致认为彩色照片显示出的细节太过于生动。

但是，在《洛杉矶时报》和《达拉斯晨报》，那张焚烧的照片发表在头版的折线上方——而且是彩色的。

《圣保罗先锋报》（*St. Paul Pioneer Press*）选择在头版发表那张刀刺的彩色照片。"我看着被凝固在胶片上的这一时刻。"新闻主编乔·塞维克（Joe Sevick）说，"你极少在一张照片上看到一把刀正要刺进人体的情景。"该照片用彩色发表在《圣保罗拓荒者新闻报》的头版，配合科恩对此次攻击的报道和一篇更长的关于南非政府那天宣布要制裁黑人间暴力的报道。

在丹佛，《落基山新闻》编辑主任迈克·马迪根（Mike Madigan）想发表一组关于索韦托的综合报道。这张小报唯一可利用的版面深藏在报纸内页，但是第三页的加框文字提示读者阅读该报道，并警告读者有一些"可怕的、令人困扰的"照片。在内页，关于那次攻击、政府镇压和说明马里诺维奇进行了干涉的编者按与这三张照片同时发表：受害人从火车站被带出去、刀刺和焚烧。

大部分发表了这些极具挑战性照片的报纸让最高管理层参与了决定。高层主编往往接到电话，或从家里赶到报社，为是否发表这些照片拍板。

在大部分新闻编辑室，同意或拒绝发表那两张照片的决定权在新闻部门。但是在那里，它们有时会被突然毙掉。"主编们在这个问题上说不。"一位图片主编报告说，"他们不愿承受那种压力。"

有些主编遵从所谓的"早餐测试"。"问题是'那些照片中哪一些有助于说明报道，而又不会毁掉人们的早餐'？"《阿尔伯克基①新闻报》（*Albuquerque Journal*）的编辑主任罗德·德克特（Rod Deckert）问道。一位主编说他的报纸特别倾向于不在星期天的报纸上强调令人困扰的内容，因为星期天孩子们往往和他们的父母一起阅读报纸。但是许多拒绝发表这些极端残忍的照片的主编说，"早餐测试"与讨论的问题不相干。"如果你是在纽约生产一份报纸，又不想刊

① 美国新墨西哥州中部格兰德河上游的一个城市，位于圣菲西南部，于 1706 年建市，是著名的疗养胜地。

登会在早餐时导致不快的内容，那么你可能就无法生产出你应当生产出的完整报纸了。"《纽约每日新闻》周日版主编杰夫·贾维斯（Jeff Jarvis）说，"我认为在［今天］，早餐测试没用。"

其他人引用了距离测试。有些报纸出于对受害者家人的尊重而不太可能使用来自他们自己发行区域内的死者的照片。但是另外一位主编说，他的报纸较少发表暴力照片，除非它们是本地的，而且"对我们的读者群有直接影响"。

报纸在如何报道这则索韦托新闻上也相去甚远。有些报纸刊登了一组照片，同时配发了科恩的报道和政府镇压的报道，以及说明马里诺维奇进行了干涉的编者按。有些报纸刊登了一张照片，往往是焚烧的那张，只配了插图说明，并在一则"镇压"报道中简短提及了那次火车站事件。两份受人尊敬的大城市日报在配发的报道中丝毫没有提及发生在索韦托的那次攻击，只刊登了诸如"暴力行为在继续：当一个非洲人国民大会的支持者棒打一个祖鲁族敌人，打他、刺他、将他点燃时，一个男孩跑开了"的粗略的照片说明。

虽然有 41 家报纸都用了至少一张马里诺维奇拍摄的照片，但是只有 4 家——《夏洛特观察家报》（Charlotte Observer）、《阿克伦①灯塔新闻报》（Akron Beacon-Journal）、《落基山新闻》（丹佛）和《今日美国》——讲述了马里诺维奇试图阻止那次攻击的事实。

在许多报纸的新闻部，间接考虑之一是此前已经报道过南非的动乱了。至少有一位主编说，该周已经用过其他一些来自南非的殴打和杀戮的照片，紧随而来的那些索韦托照片"实在太多、太多了"。

除了 3 个例外，主编们都说种族不在他们的考虑之中。一位白人主编说，攻击者和受害者都是黑人这一事实使这组照片不够清晰，"你没有一方反对另一方的感觉，你没有对与错的感觉"。但是，两名自身为非裔美国人的主编为大胆使用这些照片辩护。他们都供职于黑人人口众多的社区。"我认为黑人读者应当对此类事件了解更多一些。"一位说，"全体美国黑人都没有意识到黑人之间的暴力会如何发展下去。"

头版的位置、彩色的使用常常引发读者的反对，但是照片说明和附带文字是否得体也显得很重要。《奥尔巴尼联合时报》（Albany Times Union）接到了潮水般的抗议电话和订户撤单。另外两份感受到读者强烈不满的报纸——《达拉斯晨报》和《洛杉矶时报》——在头版发表了彩色的焚烧照片。但是这三家报纸在头版刊登那些照片时只配发了照片说明，提示读者阅读内页关于那些照片的背景的报道。

在反思时，《落基山新闻》的马迪根说，他对最后对索韦托的整体报道和读者的反应非常满意。

这并不是出于这种想法，"耶，我们发表了这些确实骇人的照片，哦，

① 美国俄亥俄州东北部的一座城市，位于克利夫兰东南偏南部。在 20 世纪初期阿克伦市以"世界橡胶之都"而闻名。它的第一家橡胶厂由 B. F. 古德里奇于 1869 年建立。

它敲开了人们的钱柜"。我认为这不是关键。我认为我们处理它的手法比这要复杂，只要一两个词就可以造成巨大的差异，决定公众是会尖叫"骇人听闻、骇人听闻"，还是将它视为一则有思想性的、重要的报道，而这正是我们所追求的。

微观问题：

（1）你是否会支持你的报社或新闻广播在所有的报道中禁止使用死尸的照片，除了最重要的报道之外？

（2）有些主编相信避免强暴读者的欣赏力和同情心是他们的伦理职责。其他人争辩说，迫使社会面对不愉快的真相才是他们的职责，即便那意味着触怒读者和引发读者抗议的危险。你支持谁的立场？

（3）许多读者怀疑主编选择煽情的照片是为了卖报纸，或是诉诸病态的口味来抓收视率。你认为他们是正确的吗？

中观问题：

（1）有时候，主编为发表生动的照片辩护的理由是他们可以提供"警钟"，警告人们避免社会中可以避免的危险。这组索韦托照片可能提供给读者什么价值观？

（2）避免冒犯读者的愿望是伦理考虑还是营销考虑？

216

（3）将编辑决定建立在"读者可能正在家里干什么"的基础上合适吗？例如，可能在早餐桌上得到阅读的报纸，其编辑方式有所不同，或是在晚餐时分播出的新闻广播，其内容与更晚时候的新闻广播有所差别。

（4）作为一名主编，你是倾向于刊登一张在你所属的社区发生的谋杀案中某人遭谋杀的照片，还是发生在千里之外你的读者中不可能有人认识死者或其家人的照片？

（5）你认为以下做法有区别吗：

A. 一张暴力照片以彩色发表还是以黑白发表

B. 它发表在头版还是内页

宏观问题：

（1）在判断是否发表一张照片时，美学价值、戏剧性价值或摄影价值是否有足够的说服力，不管它可能多么冒昧或多么亵渎读者？

（2）作为一名主编，查明一名摄影师如果进行干涉而不是拍照，是否本来可以拯救一条生命是你的责任吗？这个信息你应当与读者分享吗？

（3）作为一名主编，查明照相机的在场，是否以任何方式煽动或扭曲了一个事件是你的责任吗？这个信息你应当与读者分享吗？

（4）刊登戏剧性的照片时，告知读者或观众该报道或该情景的所有背景有多重要？

案例8-7 印刷物中的死亡：发表卡特里娜飓风图片

阿比盖尔·M. 法伊弗（Abigail M. Pheiffer）

密苏里大学哥伦比亚分校（University of Missouri-Columbia）

"我们要不要发表这张尸体照片？"这是报纸主编可能面对的最大难题之一。在审查通讯社发来的报道卡特里娜飓风在路易斯安那州（Louisiana）和密西西比州造成的破坏的照片时，全美报纸主编都一再遇到这个难题。本案例检视了三家报纸——《洛杉矶时报》《芝加哥论坛报》和《圣路易斯快邮报》（*St. Louis Post-Dispatch*）在9月2日对此事的图片报道。本研究特别考察了这三份报纸是否发表了由盖蒂图片社（Getty Images）① 提供的詹姆斯·尼尔森（James Nielsen）拍摄的照片。该照片表现了一位女性站在桥上喂狗，在她下方的水面上漂浮着一具尸体。9月2日是卡特里娜灾难的第5天。

① 1995年成立的一家美国图片社，总部设于华盛顿州的洛杉矶。

在每一期出版之前的一天，所有报社都采取同样的流程选择通讯社照片。第一步，几名通讯社主编审查盖蒂图片社、美联社和其他通讯社提供的所有照片。这些主编要浏览成百上千张照片，然后将选择范围缩小到他们认为具有强烈视觉冲击力的那些照片。

第二步，在早晨或者下午早些时候对这一初步编辑进行审核。采取的形式是所有图片主编召开正式会议，在图片主编或者是全体新闻编辑室工作人员会议上对这些图片进行非正式讨论。这时，图片主编会考虑每张照片的优点，并了解他们必须选择照片搭配的那些报道的主题。基于这些分析，最初编辑的通讯社照片会缩小到更小的范围。一名主编，往往是摄影主任或者助理总编，会审查这部分已经缩小范围的编辑照片，并决定其认为哪些照片应当上头版（也被称为A1）。接着，该主编参加下午的A1会议，向高层主编（通常是执行主编或者总编）提出建议。这个建议包括照片所代表的观点应当刊登在报纸的何处，以及为什么照片应当刊登在那里。每一张可能上头版的照片都会被详细讨论，然后做出照片将刊登在何处的最终决定。

217

《圣路易斯快邮报》

《圣路易斯快邮报》在全美报纸发行量排名中位列第21，每日发行量271 386份，周日发行量428 601份。它发表了6张关于卡特里娜飓风的照片。

尼尔森的照片刊登在A10版，横跨该版顶部，大约有4英寸高、$11\frac{1}{2}$英寸宽。

这张照片被从上至下剪裁，裁掉了部分水面、桥体和看上去像是路灯基座的东西。这就从视觉上强调了尸体、妇女和水里的垃圾袋。9月2日的头版照片是美联社的戴夫·马丁（Dave Martin）拍摄的，显示成千上万的人在路易斯安那州新奥尔良市郊的梅泰里（Metairie）挤公交车。

《圣路易斯快邮报》的摄影主任拉里·科因（Larry Coyne）在A1会议上为

每天的版面提供图片选择。科因争辩说，尼尔森的照片应当刊登在 A1 版，但是他是少数派。根据科因的说法，报社每天都收到许多表现尸体的照片，但是对于发表则采取审慎的态度，要等到一张配得上如此重大题材的照片出现才会发表。科因支持将这张照片刊登在头版，因为它不仅展现了卡特里娜的悲剧，还展现了人们如何尝试继续日常生活。他认为，这两种视觉叙事的并列是对这一事件以及卡特里娜的威力造成的破坏性后果的总结。"要想充分理解，你就得看看这张照片。"科因说，"在你看到它之前，它就是你想象中的虚幻事物。"

科因注意到在 A1 会议上有一场关于尼尔森照片的生动讨论，包括聚焦于该照片是否琐碎化了卡特里娜事件的争论。还有人担心该照片会冒犯读者，因为它展示了一具尸体。最后，大多数人支持将那张公交车照片作为头条照片刊登，因为他们觉得它与 9 月 2 日那一期报纸计划发表的报道更加贴合。

《洛杉矶时报》

219

《洛杉矶时报》在全美报纸发行量排名中位列第 4，每日发行量 843 432 份，周日发行量 1 247 569 份。它发表了 15 张关于卡特里娜飓风的照片。尼尔森的照片刊登在头版中间，就在头条照片下边。尼尔森的照片大约 $3\frac{1}{4}$ 英寸高，$5\frac{1}{2}$ 英寸宽。头版照片是由《达拉斯晨报》的迈克尔·安斯沃思（Michael Ainsworth）拍摄的，表现了一群暴躁的撤离者在新奥尔良的超圆屋顶体育场（Superdome）外挤公交车时争执吵闹的场景。图片主编在照片选择程序的初期确实和版面设计师共同工作，在做出最终决定之前确认每张图片刊登在什么位置。尽管图片主编拥有最终决定权，但是也会考虑版面设计师关于照片在出版物中刊登的位置和大小的意见。

摄影副主任史蒂夫·斯特劳德（Steve Stroud）在 A1 会议上代表的是面向全美、外国和大都市的图片部门，他给 A1 图片定调子。斯特劳德说，图片主编们确实由于其图片特性而考虑过不刊登尼尔森的照片。但是，决定在头版刊登这张照片的驱动因素是当时员工们知道新奥尔良至少有数百人死亡，并预测最终的死亡人数可能会上千。尼尔森的作品准确地体现了那天的报纸关于此事件的一个重大报道。

正如史蒂夫所说，"我们的角色是以与事件相配的方式告知人们、提醒人们"。安斯沃思的照片被选为头条图片是因为它更生动、更好地展现了混乱，并影响了更多人。

《芝加哥论坛报》

《芝加哥论坛报》在全美报纸发行量排名中位列第 6，每日发行量 586 122 份，周日发行量 950 582 份，在 9 月 2 日那一期发表了 17 张关于卡特里娜飓风的照片。尼尔森的照片没有刊登在 9 月 2 日那一期上，但是刊登在 9 月 4 日题名为《特别报道：卡特里娜飓风》的特别版中。这张照片出现在特别版第 7 版的底部，大约 $4\frac{1}{2}$ 英寸高、$8\frac{1}{2}$ 英寸宽。这张照片在顶部稍事修剪。9 月 2 日那一期的头条照片来自盖蒂图片社，由马克·威尔逊（Mark Wilson）拍摄，描绘了在新奥尔良会议中心外，一名哭泣的女性试图帮助一名显然正在与死亡做斗争的亲戚。

都市图片主编罗布·科兹洛夫（Rob Kozloff）在 9 月 2 日那一期出刊的那周替 A 版图片主编当班。科兹洛夫相信尼尔森的照片可能被考虑过刊登在 9 月 2 日的那一期上，但它并不是得到认真考虑的 15 张 A1 候选照片之一。他说，有许多照片都戏剧性地展现了当天的情绪。有些照片比尼尔森的照片更符合 9 月 2 日那一期的报道主线。但是，科兹洛夫感觉，这张照片与许多其他照片一起置于特别版时就提供了一个准确的视角。当这些照片被组合起来观看时，它们就准确地体现了卡特里娜灾难的全貌。根据科兹洛夫的说法，尼尔森的照片引人入胜，因为观看者并不清楚那名女性是否意识到尸体的存在。

在所有这三个例子中，这些报纸都清晰地表明，当一张图片存在争议时，涉及多名管理层成员的广泛讨论是可以预期的。在决定是否刊登，或者在什么位置刊登一张照片时，以下每个问题都被一家或多家报社提出过。即便没有任何一家报社明确规定应怎样报道卡特里娜悲剧，但整体而言，这些问题形成了一套标准。

（1）这张图片和本期即将刊登的报道相关吗？

（2）这张照片品位良好，还是过于赤裸裸？

（3）用一张颇具争议的图片挑战读者是否有无法抗拒的理由？

（4）这张图片的内容具有新闻价值吗？能够教育读者吗？

（5）这张图片是否再次伤害拍摄对象或者使拍摄对象/拍摄对象的家庭成员难堪？

（6）当天最重要的新闻报道是什么？

（7）读者在吃早餐麦片时是否能忍受这张图片？

（8）我们特定读者群的容忍限度在哪儿？

（9）从技术上来说，这张照片影响有多深？

（10）将来就同一主题是否可能会出现更具冲击力的照片？

（11）这张照片是否恰当描述了事件，或者过于夸张？这张照片是具有代表性的，还是无谓的？

（12）这一事件是否为使用一张赤裸裸的照片提供了足够理由？

这些主编中，没有一位将报纸销售作为决定使用一张照片与否的标准。这些主编倒是考虑过不要刊登具有争议的图片，或者将其以较小的尺寸置于报纸内页，以免惊吓读者。

主编们说，在讨论那些具有争议的照片时，内容往往包括衡量教育公众的"善"和冒犯照片拍摄对象隐私的"恶"。大部分主编指出，他们感到有必要使用一张迫使读者直面死亡以理解新奥尔良严重状况的照片。

220

《堪萨斯城市明星报》（*Kansas City Star*）的格雷格·彼得斯（Greg Peters）所说的话最准确地描述了底线："作为一名图片主编，你每天都要学习，并且每天都要努力变得更聪明。我们努力每天都做得更好。"

微观问题：

（1）在悲剧的第 5 天，尼尔森的照片还是头版照片吗？为什么？

（2）尼尔森的照片讲述了什么故事？

中观问题：

（1）将一张具有争议的照片移到报纸内页是否给了主编更大的自由度去表现？为什么？

（2）在地方新闻联播之前播出一段赤裸裸的视频之前进行警告是否给了电视台更大的自由度去表现？为什么？

（3）如果这具尸体被辨认出来，你会改变刊登这张照片的主意吗？如果这具尸体始终未被辨认出来，但却一丝不挂，你会改变主意吗？

221

宏观问题：

（1）在报纸刊登照片之前，让它们通过"早餐接受度测试"重要吗？

（2）将卡特里娜悲剧的恐怖传递给公众是"善"，惊吓读者是"恶"，衡量这二者之后，你对刊登这张照片的立场是什么？当"恶"是侵犯死者的隐私，你对刊登这张照片的立场是什么？

案例 8-8　修改特稿照片：《红皮书》杂志封面风波

伊丽莎白·亨德里克森（Elizabeth Hendrickson）

田纳西大学诺克斯维尔分校（University of Tennessee-Knoxville）

① 1903 年在美国创刊的女性杂志，由赫斯特集团出版。

② 詹妮弗·安妮斯顿，美国影视演员兼制片人、导演、监制。安妮斯顿于 1990 年开始从影，1994 年因出演《老友记》走红，并获金球奖、艾美奖和美国演员工会奖等。

③ 布拉德·皮特，美国电影演员、制片人，安妮斯顿的前夫。

④ 2002 年创办于澳大利亚的图片社，主要业务是印刷物、网页的图片设计。

2003 年《红皮书》（*Redbook*）① 的 6 月刊在报摊上第一眼看上去和其他许多时尚杂志并无二致：封面照片是一位当红女演员的特写，周围环绕着各种导读条。这张讲究的封面以女演员詹妮弗·安妮斯顿（Jennifer Aniston）② 为主角，她穿着红色 T 恤和蓝色牛仔裤，双手放在臀部上方。与之相配的导读条招徕道：

詹妮弗的秘密激情

她敞开心扉：造人、布拉德（Brad）③ 的胡子，以及检验——加强——他们爱情的艰难时刻。

此外，她那轻松的美国风是关键。

杂志内页标明安妮斯顿的照片出自芭芭拉·格林（Barbara Green），由直接图片社（Image Direct）④/盖蒂图片社提供。这表明，这张封面照片并非摄影棚作品，而是购自一家图片服务社。

虽说一家时尚杂志在自己的版面中使用来自名人图片库的照片并非罕事，但是对于一家主流女性杂志来说，封面使用来自图片库的一线名人照片多少有些不同寻常。然而，真正将这张封面与其他女性杂志竞争对手区分开的是该封面在报摊引起注意之后，安妮斯顿的公关专员和杂志代理人之间的公开争论。

根据安妮斯顿的公关专员斯蒂芬·胡文（Stephen Huvane）的说法，这张封面照片的取得未经他同意，而在为杂志封面预订名人照片时，这是心照不宣的步骤。但是，或许更为重要的是，胡文称那张封面照片并不是一张图片，而是由三张不同的照片拼凑成的一张合成照片。"裤子和她戴着结婚戒指的左手来自一张图片，她的右臂比较粗，有些脱色，来自另外一张，而她的头来自一张狗仔拍的照片，她的衣服染了色，头发也被改过了。"胡文说（Rush and Molloy，2003）。

此外，胡文抱怨说，杂志内页的署名令人误会，"仿佛她是在镜头前摆姿势"。

《红皮书》发言人为该封面照片辩护说："封面照片中唯一修改过的就是她衣服的颜色和她头发的长度，而且改动非常小，只是为了反映她目前的长度。"而且，《红皮书》当时的编辑主任埃伦·库恩斯（Ellen Kunes）回应说："那百分之百是她。"（Rush and Molloy，2003）

虽然据报道，胡文考虑过对《红皮书》"公然修改她（安妮斯顿）的形象"一事采取法律措施，但最终都没有付诸行动。但是，胡文发布了一项声明，或许对该杂志打击更大：安妮斯顿永远不会为《红皮书》摆拍了。2003 年，杂志行业将詹妮弗·安妮斯顿视为报摊至宝，封面印有她特写的当期杂志往往带来杂志社当年的最佳销量。考虑到当时《红皮书》在报摊多少有些悲惨的境况，该公关专员的宣言格外引人注目。从 2002 年到 2003 年，《红皮书》的单期销量已经下降了 15.2%，平均每月销售 471 930 册。因此，假定该杂志希望用安妮斯顿的封面照片来促进单期销量看似是合乎逻辑的。

那么，为什么《红皮书》的主编似乎感到必须越过胡文的首肯，而代之以去图片库寻找这位明星的照片呢？这可能是途径问题。安妮斯顿的公关专员管理她的形象，因此努力限制他人接近他的客户，并控制其独家性。2003 年，胡文几乎没有同意过公布其照片的请求。2003 年 6 月，安妮斯顿唯一拍摄过的杂志封面照片就是《时尚芭莎》（*Harper's Bazaar*）。

虽然安妮斯顿和《红皮书》的案子是数码修改的鲜活案例，但是这个问题却在出版业潜伏了将近 25 年之久。1982 年 2 月，《国家地理》（*National Geographic*）杂志或许是前 PhotoShop 时代的第一起也是最声名狼藉的案例。为了使一张埃及金字塔的照片适合一种垂直排版，主编运用数码技术将其中一个金字塔修改得离另外一个金字塔近了些，但却没有将这一修改告知读者。另外一个臭名昭著的例子是 1989 年《电视指南》杂志以奥普拉·温弗瑞（Oprah Winfrey）[①]的特写为封面的一期。在那张照片中，温弗瑞的身体叠加在女演员安·玛格丽特（Ann Margret）[②]的身体上（Kim and Paddon，1999）。给出的原因是《电视指南》没有得到新近瘦身的奥普拉的照片作为封面，于是他们就制作了

222

① 奥普拉·温弗瑞，美国著名脱口秀主持人、演员、制片人。

② 安·玛格丽特，美国电影演员、歌唱家、舞蹈家。

一张。

这样的案例提出了行业内的伦理问题，即运用这一新近发展的技术能够和可以做什么。当存在着可以制作看起来更加吸引人、更加无瑕，以及可能更具卖相的图片的工具时，对出版一张相对无害但是经过数码制作的图片是否有伦理限制？

照片修改普遍被认为是对一张照片的改变或者篡改，从而转换其真实、自然的状态。但是，对于多大程度的修改会损害照片的"真实"却并无普遍共识。例如，某些杂志主编认为运用数码技术从一张照片上抹去皱纹、眼袋或者散乱的头发并无不妥时，其他人则感到即使移除一张照片背景中的物体也是不道德的。

按照杂志行业内部消息来源的说法，库恩斯的决定不是这一行业的主流，而是徘徊在这一职业的边缘。然而，批评意见却更多地围绕着继续接近名人的职业需要展开，而非真实或者对读者的义务。正如一位杂志艺术总监（Hemmel，2006）所说：

> 这是一个认识上的问题，如果你那么做了，你就永远无法得到另外一个封面。有些人会和你说话，但是你不能拍摄他们。在这个行业，人们认为如果你不拍摄他们，他们就不应当上你的封面。他们多次将名人印在他们的封面上，因为名人带来销量。但是这样做令人侧目。

微观问题：

（1）《红皮书》选择用图片库的照片将安妮斯顿印上封面，这样做跨过伦理界限了吗？

（2）假如确如胡文所称，《红皮书》从一个以上的来源拼凑出一张照片，这样做跨过伦理界限了吗？

（3）由于越来越多的读者知道如何修改数码照片，并且很可能在自家的电脑上这样做，那么，在这样一个更为通达的媒介时代，修改照片仍然是欺骗吗？

中观问题：

（1）《红皮书》的照片伦理标准是否与诸如《时代》或者《新闻周刊》这样的新闻杂志有所不同？如果是这样，如何不同？

（2）对于杂志里讨论诸如女性健康这样的新闻报道中的照片，《红皮书》是否有不修改的义务？在同一份杂志或者报纸中，新闻报道和特稿是否有不同的规则？

宏观问题：

（1）谁是詹妮弗·安妮斯顿形象的所有者？她自己？根据合同约定来管理她形象的公关专员？和她签约的摄影师？购买了她的授权照片的媒体？以上所有这些人？

（2）为诸如《红皮书》这样的杂志撰写处理照片修改的政策。

案例 8-9 拍摄阵亡士兵的葬礼

菲利普·帕特森（Philip Patterson）

俄克拉何马基督教大学（Oklahoma Christian University）

编者按： 2012 年，阿富汗战争成了美国历史上最旷日持久的战争。那年 8 月是那场冲突中最血腥的一个月。由于每周都有士兵阵亡，下面这个有关他们葬礼的案例就在全美一再上演。

2004 年 5 月 11 日，伊拉克，一个简易爆炸装置击中了 21 岁的陆军军士凯尔·亚当·布林利（Kyle Adam Brinlee）乘坐的军车。他在爆炸中身亡，是自朝鲜战争以来俄克拉何马州第一位死于战斗的国民警卫队（National Guard）成员。5 月 19 日，1 000 多人聚集在俄克拉何马州普赖尔市（Pryor）的高中礼堂参加他的葬礼。来宾包括俄克拉何马州州长，他在葬礼中发表了讲话。媒体成员获准出席，但是被限制在一个隔开的区域里。记者大部分来自俄克拉何马城和塔尔萨（Tulsa）。

224

出席葬礼的还有摄影师彼得·特恩利（Peter Turnley），他为《哈泼斯杂志》（*Harper's Magazine*）进行一则图片报道。根据美国全国新闻摄影师网站（www. npa. org）的通稿，这将是特恩利的四组"八版图片报道"中的第一组，将在下一年的《哈泼斯杂志》中刊登。特恩利是知名摄影师，按照他自己网站（www. perterturnley. com）上的说法，他的作品曾经 40 多次登上《新闻周刊》的封面。他拍摄的照片还出现在诸如《生活》、《国家地理》、《世界报》（*Le Monde*）和《伦敦星期日泰晤士报》（*The London Sunday Times*）等等这样的出版物上。他还在像卢旺达（Rwanda）、南非、车臣（Chechnya）、海地（Haiti）、阿富汗和伊拉克这样的地方报道过战争。

2004 年 8 月，布林利葬礼的照片出现在《哈泼斯杂志》的一组图片报道中，题名为《居丧者：哀悼美国和伊拉克的死者》。这组报道聚焦于美国和伊拉克的葬礼，包括许多张照片，有悲痛的家人，有无法救治一名 10 岁伊拉克男孩儿的医生，还有伊拉克行人经过一具躺在巴格达街头的尸体的无情场景。在这组报道发表之前的一次采访中（Winslow，2004），特恩利说："这第一组报道运用图片讲述了一个触及我们当今世界的极其重要的主题，我觉得这种方式在过去任何地方都很少见。"

其中一张照片展示了躺在礼堂后部一口打开的棺材里的布林利，背景中还坐着几位哀悼者。到了 2006 年秋天，这张照片出现在一家网站上，特恩利为《哈泼斯杂志》所做的所有图片报道都可以在这里找到。本书未能获印这张照片，但是你可以在该杂志 2004 年 8 月刊的第 47 页看到它。

布林利的家人起诉特恩利和该杂志，称他们侵害了多项民事权利，包括故意造成情感上的痛苦、侵犯隐私和从照片中不当获利。在起诉书中，他们称，尽管葬礼在一所公立学校举办，有大批群众在场，但仍然是一个"私人的宗教仪式"。他们补充说，那些照片"逾越了所有得体的界限"。

这家人称，葬礼负责人告诉过特恩利不得拍摄那名士兵的尸体。在回应法庭询问时，特恩利否认自己得到过这一指示，并称尸体被放置在媒体区附近供拍摄。在晚些时候接受 CNN 采访时，特恩利称："对于我来说，如今新闻工作者的责任似乎就是尽可能多地讲述世界上正在发生的真实现实。我的愿望仅仅是努力通过向公众展现真实场景来为战争中人们所经历的现实赋予尊严。"

"棺椁为朋友和家人打开——而不是为看热闹、拍照和发表的人打开。不是为经济利益。"布林利一家的律师在接受美联社采访时争辩道。

225

布林利一家在诉讼中要求 75 000 美元的实际损害赔偿，包括发表私人事实、将布林利的照片用于商业目的和侵扰。2005 年 12 月，联邦法官裁决布林利家的隐私未被那些照片侵犯。"原告显然有意将他们所爱之人的死置于公共视野之下，引起了公众对他死亡和葬礼的注意。"弗兰克·西伊（Frank Seay）法官在裁决同意媒体被告申请的简易程序（summary judgment）时说。在裁决中，西伊反复指出，原告在选择公开举行葬礼之时就失去了隐私权。

《哈泼斯杂志》的发行人约翰·R. 麦克阿瑟（John R. MacArthur）这样回应法官的裁决："于我而言，从一开始，这就是一个第一修正案的问题，同时也事关我们的诚信。我尚未碰到过任何一个认为那张照片在任何方面有所不敬的人。"

微观问题：

（1）一场在公开场合举行的葬礼是否能被视为一个私人事件？

（2）特恩利和其他媒体得到允许出席葬礼是否会改变事件性质？

（3）那些照片拍摄的场景可以看到所有出席葬礼的人，这是否会改变事件性质？

中观问题：

（1）面对侵犯隐私的指控，新闻价值是否是合法的抗辩理由？是否是合乎伦理的抗辩理由？

（2）布林利家允许媒体报道葬礼这一事实是否妨碍了他们为特恩利的照片带来的痛苦提起诉讼？如果布林利家没有允许媒体报道葬礼，你对于特恩利的照片的观点是否会有所不同？

（3）葬礼视频（如果真有的话）与特恩利的静止照片有何不同？

（4）敞开的士兵棺椁的照片是如特恩利所说的新闻工作者应当报道的事实，还是如布林利家所说的"逾越了所有得体的界限"？二者可以调和吗？

宏观问题：

（1）此事是否如法官和媒体坚称的那样是宪法第一修正案的问题？当其他

权利例如隐私权，与宪法第一修正案产生了冲突，如何解决最好？

（2）媒体在报道诸如阿富汗战争或者"阿拉伯之春"［在叙利亚（Syria）演变成了种族灭绝］这样的冲突时扮演的是什么角色？受伤的士兵或者平民是否享有某些超越公众知情权的隐私权？

第9章

新媒体：
未尽的问题和新角色

① 本杰明·富兰克林（1706—1790），美国著名政治家、物理学家，同时亦是出版商、印刷商、记者、作家、慈善家，更是杰出的外交家及发明家。他是美国独立战争时重要的领导人之一，参与了多项重要文件的草拟，并曾出任美国驻法国大使，成功取得法国对美国独立的支持。

② 托马斯·潘恩（1737—1809），英裔美国思想家、作家、政治活动家、理论家、革命家、激进民主主义者。美国独立战争期间，他撰写了铿锵有力并广为流传的小册子《常识》，极大地鼓舞了北美民众的争取独立的斗志，也被视为美国开国元勋之一。

学完本章后，你应当能够：

◇ 区分首告者（the first informer）和新闻业的信息核实角色。

◇ 发展将互联网用作报道和广告工具的职业战略。

◇ 描述互联网对新闻工作者和公民提出的重要的政策问题。

美国最早的新闻工作者是涉足小册子作者和发行人角色的公民，他们渴望塑造一个新兴国家。他们中的大多数，比如本杰明·富兰克林（Benjamin Franklin）[①]或托马斯·潘恩（Thomas Paine）[②]，在公民新闻工作者之外都有收入来源，而且很多人的出版工作都是赔钱的。接下来的 100 年间，职业新闻工作者的角色在新民主政体中出现，再接下来的一个世纪，这个专任职业的角色主要被视为信息发布。

但是，成为一名新闻工作者并不需要正式的教育或者执照。到了 20 世纪末——在互联网的推进下——"新闻工作者"角色显然不再专属于训练有素的、供职于可识别的机构化媒介组织的写作者。

今天，甚至被机构雇用的新闻工作者也常常通过推特和博客走出他们的机构角色——有些出于热情，有些是和雇主签订了合同。现在，从未在新闻编辑室待过的公民新闻工作者制作网站、撰写博客、争取推特粉丝，他们的读者人数与主流新闻界的读者人数相当，而且他们的报道还往往会打断重要的国内国际新闻。如果尼尔森收视率调查（Nielsen ratings）曾经测量过 YouTube 上的视频得到的"点击"量，就会发现它们跻身于收视率最高的电视节目之列。然而发布手段虽新，观念却老：公民新闻工作者是公众的耳目。而且，当他们将照相机对准日益严肃的话题时，结果往往是戏剧性的。

227

这些事件中最为戏剧性的就是 2011 年的"阿拉伯之春"，这场发生在中东地区的一国接一国的革命要归功于社交媒体和手机用户集聚起来抗议独裁的能力，在接下来的几个月中，独裁政体有时以和平方式，有时通过武力使用相继垮台。纽约大学教授克莱·舍基（Clay Shirky）注意到，互联网赋予个体前所未有的组织权力，在其 2009 年的著作《每个人都来了》（*Here Come's Everybody*）中，他预测出类似"阿拉伯之春"的事件。虽然舍基颇具先见之明地分析出互联网使得某种组织能力更具可能性，但是他和其他人都未能捕捉到互联网本身就是一种特殊的组织工具这一事实。

互联网非常容易用一个普遍的目标将人们聚集到一起，无论那个目标是推翻政府，还是通过请求"朋友们"多加留意找寻一辆被盗的自行车。社交媒体似乎格外精于将人们分成不同的群体。事实上，正如电影《社交网络》（*The Social Network*）表明的那样，加入网站最初的动机都是社会学家所称的圈里（in-groups）和圈外（out-groups）——这种方式使每个人都有途径获取某种社会身份，例如"酷小子"（cool kids）就聚集了许多被高中和大学拒之门外的极客和智力超常者。在此过程中致富也同样无伤大雅。

但是，社交媒体在诸如革命之后组建政府这种行动中似乎并不是有效的组织工具，因为这种行动需要和与"你"相似或者迥异的人进行长时间面对面的互动。互联网在激起能量爆发方面卓有成效；然而建设"新"社会和几乎任何形式的政治结构都是持久的奉献，需要时间和面对面的互动。虽然社交媒体可以推动部分工作，但是这种技术本身似乎并不能像在其他领域那样促进某些人类行为。

圈里和圈外在伦理上也存在问题。事实上，如果认真对待哲学理论，那么伦理思考的理性目标之一就是减少和尽可能消除圈里和圈外的分裂。在民主社会，仅仅听从"朋友"会导致那种"阿拉伯之春"成功推翻的社会结构。从职业的角度而言，最优秀的新闻和广告并不出现在你"恰如"别人那样思考之时，而是出现在你成功地让他人瞧了一眼与他们的个人经验有所不同的观点之时。

21 世纪早期，社交媒体似乎正在将媒介 400 年历史中始终合二为一的角色分裂开来。信息提供者和收集者——有些学者和从业者如今称为"首告者"的角色——既可以是新闻工作者，也可以是公民。但是，公民新闻业缺乏一个传统媒介所有的重要成分：信息核实。这就是第二个角色——核实信息，并将其置于社会、政治和文化语境之中——日益成为新闻业工作的重中之重。

228

　　首告者角色以速度为重。信息核实角色将初始的事实制作成可信之物并对所有人开放。信息核实角色以真相、语境和平等为重。它可以并且的确将社交媒介作为一个修正物——有时还是必不可少的一个。但是，正是真相的伦理价值和一视同仁的接近权才能在互联网时代继续支持职业表现。事实上，如果从业者们丢掉了他们对这些价值观的坚持，就没有什么可以区分他们与首告者，也更难区分大众媒介机构与审视和平衡诸如现代国家-政权和跨国市场这样的其他强势行动者的角色。

原创的美德

　　你将如何合乎伦理地使用以下信息：首先拍摄一张骆驼的照片，并用电子手段将其分割为像素；然后，改变每个像素的颜色并将它们重组为一头大象；接下来，将最终形成的图片（现在看上去完全像是一头大象，也没有底片表明它曾经是一头骆驼）上传到你所在新闻组织或者战略传播公司的网站，并将其链接到一篇关于自然史的文章或者为一个地方野生动物庇护所发布的新闻通稿。你的行为是否构成了某种形式的版权侵犯？它是否类似于在出版物中使用"自由职业者"的作品？这种链接或者原始图片是否构成了不正当得利？你的行为从根本上说是否是一种欺骗？

229

　　贯彻这一主意的过程中涉及很多问题。这张照片是拍下原始图像的那位摄影师的财产，还是那位拿到这张骆驼照片并将其变成一张大象照片的多媒体作者的财产，或是最终将其发表在网站上的新闻组织的财产？网页的设计者和内容创作者呢？在以上这些行为中存在明确或隐含的合同吗？大象图片的创作者是否欠骆驼图片的创作者版税？

　　将信息数字化的能力还挑战着我们对于很多事物的直觉假设——从图片代表的"现实"到文字和图片共同创造的外部表征系统。数字化使媒介设计师能够前所未有地混淆外在参照物（external referent）。世纪之交的学者能够发现奥黛丽·赫本（Audrey Hepburn）的照片经过数字化处理之后以电子手段被插入一则Gap广告。但是，如今和未来的学者可能无法辨认出原始的奥黛丽·赫本，可能不知道她是一位电影明星，并且可能不了解她在那时已经去世半个多世纪了。他们将失去图片的外在参照物和借图片获得的大部分广告效力。

　　伦理思考与健全的职业实践相结合可以提供一些走出这一泥潭的路径。第一——同时可能也是最基本的——从健全的职业表现习惯中产生的信条。引证你的消息来源或者你的电子字节。毕竟，在基于文件或者采访进行报道时，新闻工作者被要求注明信息的原创者。多媒体设计师应当遵守同样的标准，正如乐曲改编者（与作曲家相对）或者剧作家当前所做的那样。同样重要的是，信源需要可靠甚至准确。报纸和广播痛恨发布谣言。互联网新闻——如果将来它能够成为真正的信息媒介——需要考虑同样的标准。正如在电影《头版》那个年代一样，为独家而独家在伦理上是可疑的。

如果注明你的信息原创者会造成问题，那么就将那些问题作为使用信息的代价而甘愿接受吧。许多出版物都要求新闻工作者避免单独使用来自互联网的消息来源进行报道，有些则要求通过非虚拟文件和亲自采访来进一步核实独立消息来源的可靠性。从伦理角度来看，这种职业标准使得新闻组织及其雇员获得两个结果。根据犹太教和基督教共有的传统，你已经避免了信息盗窃——一种伦理上的有罪行为，与你的信息原创者共享荣誉还实现了行善的伦理职责，不管他是某位特定的作者，还是一篇特写报道中的引文来源。

此外，你还尽己所能维护了准确和真实的职业标准。在这个比特和字节的世界里，"引用字节来源"这一格言的运用将使你对开发包含多重信源的原创性和创造性工作抱有成见。并且，用你自己的而不是别人的素材，来改进你的表现。

从对欺骗的讨论中产生的第二个格言是，能够在发端、原始参照物或消息来源方面欺骗头脑清晰的受众的信息肯定不可信。虽然新闻界关于欺骗的讨论一般来说一直聚焦于获取新闻的手段上，但是我们相信这个概念也适用于新闻工作者及其受众的关系。

这个问题是，使用数字化的信息是否意在误导受众。然而，1996 年 10 月，《生活》杂志用过去 400 多幅封面合成了一张玛丽莲·梦露（Marilyn Monroe）的照片作为封面的行为并没有欺骗受众的意图，因为主编们清楚地对自己的行为做出了解释。但是，从一个互联网网站上窃取一张图片，从另一个网站上下载一些文字，然后将它们合并成你自己的新闻报道，并且不交代新闻报道内容的最初来源这种行为既有欺骗主编的企图，又有欺骗受众的企图。

230

虽然剽窃和伪造都是明显的欺骗行为（Bok，1983，218），但是互联网以其作为消息来源的近乎无限的可能性，使新闻工作者谨慎行事的需要显得格外醒目。即使在像素与字节的新时代，新闻工作者在消息来源和收集信息的方法及手段方面还必须对受众保持老式的可信性。

作为分裂工具的大众媒介

如果说在美国大众媒介 200 多年的存在中，在大部分时间内持有一个基本

① 尼古拉斯·尼葛洛庞帝，美国麻省理工学院教授及媒体实验室（Media Lab）创办人，同时也是《连线》杂志的专栏作家。尼葛洛庞帝是当今国际社会利用数字化技术、促进社会生活转变的主导人物之一，其研究涉及信息化应用领域的许多根本性和前瞻性问题，如电信和有线电视对未来网络的影响、人与计算机的双向交流、商用信息技术如何满足消费者的需求、贸易概念的演变等。西方媒体推崇他为电脑和传播科技领域具有极大影响力的大师之一，1996 年 7 月被《时代》周刊列为当代重要的未来学家之一。

信条，那就是相信每天消费新闻的共同经验对基于充分信息参与民主政体而言至关重要。但是，30 多年前，麻省理工学院（MIT）的媒体实验室主任、早期的互联网大佬尼古拉斯·尼葛洛庞帝（Nicholas Negroponte）①创办了一份独一无二的出版物：《每日我报》（*Daily Me*）。尼葛洛庞帝给自己的电脑编了一个程序，基于自己过去的信息偏好以及信息需要和愿望开发出一份日报，他把这一经历写进了《数字化生存》（*Being Digital*，1995）这一早期重要作品中。在一个典型的新闻是按照事先安排好的、便于通过发布者的日程向大众传送的时代，尼葛洛庞帝的发明是那时的里程碑事件。

今天，我们所有人都有能力利用互联网上的大量信息开发出一份《每日我报》。如果社会中的每个成员都有接近个人化新闻的途径，那么民主的含义就多种多样。根据卡斯·森斯坦（Cass Sunstein，2001）的说法，民主需要两个必不可少的条件。第一，人们必须接触他们无须事先选择的材料，并见识他们无须提前挑选甚至赞同的观点。第二，许多或者至少大多数公民应当拥有一定程度的共同经验。森斯坦争辩说，如果缺乏共同经验，社会在处理社会问题时就会遇到更多困难。共享经验和共有知识的社会效益同样也是 20 世纪末文化素养运动（Cultural Literacy movement）的核心。

哲学家尤尔根·哈贝马斯（Jürgen Habermas）也是这一路径的倡导者。他提出，一个深思熟虑的民主政体需要的前提条件之一是数量庞大的公共论坛，人们在那里偶然集会，开始对话——而这在一个每个人都只订阅《每日我报》的社会里毫无可能。森斯坦总结说："《每日我报》想象出来的世界距乌托邦梦想最远，从民主的视角来看，这会导致严重问题。"

 ## 消息来源：技术新颖，问题依旧

新技术往往额外带来旧伦理问题的转变，从互联网上获取信源的微妙差别并不都聚焦于准确和速度。新闻工作者认同，如果那些报道表明了信息来源的身份，读者和观众可能会更好地理解和评价新闻。表明身份往往不仅仅意味着一个名字或一个地址：新闻工作者可以提供背景信息，便于受众理解为什么要引用一个人的话或一份文件。职业标准是，消息来源应当具名，新闻工作者隐去一位消息来源的身份必须有令人信服的理由。这一标准隐含的意义是消息来源意识到他们在和新闻工作者谈话，或者请求某份特定的文件是出于新闻目的。互联网混淆了这些隐含的假设。

首先，同意匿名是记者和消息来源之间的相互协议，而不是一方强加给另一方的单方面协议。匿名消息来源应当成为新闻界这一规定的例外。职业习惯规定，一位记者如果决定同意匿名，就不必向主编、其他主管，或法院（在极少的例子中）泄露消息来源的身份。

甚至如今已被视为常事的采访这一传统实践活动在开始时期也备受争议。批评家们声称，采访会毁掉报道，只有第一人称的观察才值得登上报纸。采访的批评者争辩说，如果新闻工作者采用了这种报道技巧，他们就滑入了一个道德泥潭，新闻就沦为富于进攻性的广告和受操纵的猎物，无法再为公众服务。记者的权力随着对采访的运用而增长，因为他们可以选择使用哪些引语，并决定收入哪些评论。随着采访这一新闻实践活动与客观性这一职业理想的同时发展，表明消息来源的身份成为公认的职业习惯（Schudson，1995，1978）。

在大众传播研究中，具体指出消息来源的行为对读者和观众来说扮演什么角色也一直受到质疑。这一领域最广为接受的发现之一，是受众倾向于将消息来源从信息中分离出来，这就是著名的"睡眠者"效果（Lowery and DeFleur，1988）。研究确认，大部分人倾向于记住所说的事实，而忘却他们听到它时的语境。从纳粹的主要鼓吹者约瑟夫·戈培尔（Joseph Goebbels）到当代政治顾问，从业者从本能上理解了这种将消息来源从信息中分离的人类倾向。但是读者和观众在道德上是独立自主的行动者。说明消息来源的身份使受众能够从内容和消息来源透露信息的动机两个方面来评价报道。最近，最高法院做出决定，允许政治行动委员会（用流行白话说就是 PACs）无限制地使用资金助力某位候选人，但是只能用在必须表明资助者身份的那类节目中，并且要有两秒钟的免责声明，说明该讯息并非来自该候选人。在大选季，获知受众观看的讯息的出资者意义重大。有些最尖锐的负面广告就来自这些政治行动委员会，而候选人可以声称对某一特定广告一无所知，甚至如果他们愿意，还可对广告的讯息表示痛惜。

提供和扣押信息的动机有时主要涉及政治报道，政治记者给匿名消息来源加上了一个弹性因素。"非正式"这个短语意味着新闻工作者引用的可能是消息来源所说的话，但是却同意隐去其身份。然而，"一位白宫高层人士"的归属可能意味着从总统本人到内阁官员，再到其他人脉丰富、受到任命的管理人员中的任何一人。"在幕后"这个短语意味着新闻工作者应当将获得的信息视为把事实置于具体环境中的助力。幕后信息还可能被用于追寻消息来源：拥有幕后信息的新闻工作者可能运用他们了解的情况让其他消息来源提供同样的信息以供公开。

新闻工作者继续争论是否允许消息来源提供的信息"不供发表"（off the record）或属于"深度背景"（on deep background）。对这些同义短语的严格理解意味着接收这种信息的新闻工作者可能不会明确引用某位消息来源的话，此外，可能不会利用他了解的情况从其他消息来源那里探查同样的信息。这种严格理解意味着主编命令记者在听到一位消息来源要求匿名时毫不犹豫地离开房间。新闻工作者宁可受牢狱之灾，也不透露消息来源的身份。不那么

232

严格的理解指出，同意不公开信息的新闻工作者可能不指名道姓或以任何方式透露消息来源的身份，但是可能利用信息本身从其他消息来源处获取类似或相关的信息。

直到最近，这种协议才通过面对面的交谈和协商得以达成。但是，互联网的出现和新闻工作者潜伏在网络各处的能力已经改变了这些动力。在网上冲浪以寻找消息来源或线索的新闻工作者在开始与另一位互联网用户"交谈"时，一定要注意在网上表明自己的职业身份。诸如公民新闻这样的概念也改变了新闻工作者-消息来源的关系。公民新闻工作者实际上扮演的是记者的角色，他们的作品常常被专业人员编辑。但是，大部分公民新闻计划并没有打算确认或监督公民新闻工作者是如何获取信息的。在有些情况下，公民新闻工作者所遵守的那套规则似乎和专业人士不同。

有些出版物，例如《华尔街日报》，坚持一个非正式的方针，即要求记者在开始网上交谈时表明自己的记者身份。这种要求背后的推理是，人们——在这个例子中是那些"远距离出现的"人们——需要了解与他们打交道的是正在开展职业工作的新闻工作者。因为新闻工作者都清楚地意识到被消息来源欺骗的隐患，所以"连线的"记者在成为谈话中有力量进行欺骗的一方时，应当对这些问题更为敏感。

这种职业身份的表明——在电话交谈开始时即表明身份的互联网版本——也引发了额外的职业问题。例如，也在网上冲浪的竞争者可能了解到一篇报道的方向甚或报道过程中的特定内容。这增加了其他新闻组织在实际发表之前了解到自己忽略了的报道或角度的机会。虽然此类关于竞争的考虑一直影响着新闻业，但是互联网使得了解其他新闻组织此刻的所作所为变得更容易、更快捷了。

无论是面对面，还是通过光纤，报道政治、法院和公共生活的其他领域的新闻工作者经常与熟识的消息来源就何时和如何公开信息达成非正式的协议。这种关系是必要的，但也是冒险的。许多新闻工作者都曾经不得不决定他们是否要为一篇特别重要的报道而"出卖消息来源"——透露一位在较早的报道中获准隐身幕后的消息来源的身份。

出卖消息来源意味着终结双方良好的工作关系。它被视为破坏承诺的一种形式。从历史上看，这种守诺并不是单行道。但是，消息来源操纵新闻工作者进而操纵新闻报道特别是在国家安全这样的问题上的能力带来了重大的伦理问题，就是那些我们在本书中的许多案例中都要求你思考的问题。

保持记者和消息来源之间的信任完好无损，是较大的新闻组织经常派调查性报道记者去报道出现在另一位记者报道领域内的特别敏感的新闻的原因之一。选派一位调查性报道记者使该领域记者的消息来源具名协议不受打扰，保证了在调查进行期间，日常的信息继续流动。对于使用匿名消息来源有一些重要的伦理判断。它们如下：

- 阻止对消息来源的身体或情感伤害。
- 保护消息来源的隐私，尤其是儿童和犯罪受害者。
- 鼓励对机构的报道，例如美国最高法院或军方，否则它们就可能对新闻审查，继而对公众审查关上大门。

新闻工作者使用最频繁的恰恰是最后这条判断。记者坚称，只有消息来源被允许匿名，他们才能提供有新闻价值的信息，否则他们的职业或人身安全就会有危险。虽然使用互联网作为报道工具并没有改变这些判断，但是，当非虚拟新闻工作者以前所未有的方式和消息来源共事时，它还是强调了透露身份的需要。思考可能是相同的，但是乍一看，促成这种思考的情景却大不相同。

互联网还给表明身份增加了新的层次——允许读者/观众评论已发表的报道和嵌入的链接，从而使读者和观众能够跟进额外信息。读者评论的动力至少有两种：第一，它能促进读者/听众/观众的参与，或许能使报道更加准确并增加趣味性；第二，经理们推理，参与将构建一个乐意为报道计划付费的受众基础。链接的理论根据更加直白：网络拥有无限空间，提供了链接以扩展报道，还提供了乐意跟进的读者。

但是，就像许多这类努力一样，当读者或观众获准对报道发表评论，就会产生一些无法预料的后果。读者评论有时并不准确，他们散布没有根据的谣言，催生了疯狂的阴谋。有时他们尖酸刻薄；读者们如此沉迷于人身攻击，以至于如果那些人身攻击出自新闻工作者，就会导致诽谤诉讼。新闻组织不得不出台一些方针，提倡文明和就事论事的评论——这听上去容易，做起来可不简单。例如，在报道 2012 年夏天的干旱和随之而来的野火时，一家城市报纸就该县城 40 多户人家遭到损失一事进行了报道，该报网站上出现的评论称那些县城居民是"土包子"，还有人毫无理由地质疑他们的出身。另外一些人说，诸如消防员这样的城市资源不应当用来帮助居住在城市边界之外的人。一个本来应当充满对那些家庭的同情的评论板块却给一些读者创造了机会，使他们得以匿名嘲弄那些移动房屋被毁的非城市居民。由于这样的例子，许多新闻组织都删除了匿名评论，虽然有些还允许读者使用"笔名"（nome de plume），但这种"处理"仍然要求一个真实的人提供真实认证信息进行登记。

其他组织已经开发并且倡导网上评论定级系统，让评论的读者将更愚蠢、更具敌意的评论贬斥到网站很不醒目的位置上，深埋在很多"页"之下。还有些出版物决定，对某些类别的报道不开放公共评论。这种网络甄别在很多方面都与从业者所称的"信源验证"相似。信源验证是一种职业技能，包括了解谁可信赖、处于何种语境，以便信息在发表之前可以得到核实并具有可信性，只不过这种行为的科技含量不那么高。

234

链接同样存在问题，部分原因是提供额外信息的动机有时和获利动机相融合。《哥伦比亚新闻评论》的一项研究发现，Gawker 网站极其倚重于借用的素材，并且经常不标明出处或者直接链接到原创信源。据《哥伦比亚新闻评论》的比尔·布鲁斯金（Bill Brueskin）称，Gawker 关于基督教科学组织派（Church of Scientology）的一个帖子从《圣彼得堡时报》（*St. Petersburg Times*）员工的作品中借用了大量材料。在一篇题名为《Gawker 的链接礼仪（或者毫无礼仪）》［Gawker's Link Etiquette（or Lack Thereof）］的文章中，布鲁斯金指出，Gawker 的那篇文章中大部分链接实际上连到了其他 Gawker 的作品中，而真正连到那篇《圣彼得堡时报》原创新闻的链接则被埋藏在该文末尾。布鲁斯金指出，他在 WSJ.com 工作时的一项早期研究表明，如果一个链接被埋藏在读者已经滚动了 2 或 3 屏的报道中，95％的人不会离开文章去点开链接。

为了对抗这种已被感知到的规则缺乏，有些主流新闻组织在 2009 年末做出努力，使某些新闻作品"不能被谷歌获得"（ungoogleable），也就是说，不能被某家搜索引擎获得，除非该媒介为专利作品支付了费用。这种处理接入来源的努力并未充分考虑到相关的伦理问题。将信息封锁在一个付费站点之后是否使新闻提供者开了历史倒车，并阻碍了始于 20 世纪末的网络信息自由流动？抑或这种做法只是驱使潜在读者去别处寻找相同信息——假设它随处可得？

在一次悲喜交加的交流中，一位邻居对现在已经歇业的《落基山新闻》记者说："好吧，你们的报纸离开了，我很难过，但是我还会在互联网上读你们的报纸。"包括信息核实和语境化在内的新闻采集过程代价高昂，而通过博客和搜索引擎获取其结果则显然免费，这位糊涂的丹佛居民并不是唯一一个无法理解和领会这二者之间的关联的读者。

最后，这就彻底成了凯文·培根（Kevin Bacon）[①] 游戏：多少分隔链接才算足够？如果通过点击一篇讲述地方清真寺的文章后面的多个链接，把读者和观众引向了一个宣扬仇恨的网站，谁应当为此负责？当新闻组织把链接植入报道时，应当进行何种尽职的调查？

方针选择：这一职业的角色

信息高速公路与诸如印刷报刊那样的媒介技术不同，它最初是政府出于政治原因而发展起来的。原始的互联网是一个计算机网络，首先被设计来支持军方，然后，在 20 世纪 60 年代得到重新组织，主要供全世界在大学和政府实验室里工作的科学家相互迅速和方便地交流。正如我们现在所知的，这个系统一直局限于知识界和军方的精英中，直到 80 年代初期，互联网才开始成形。

235

① 凯文·培根，美国演员，出演过 70 余部影片，但始终没有大红大紫。1994 年，他在接受杂志访问时说，自己和所有好莱坞演员都合作过，或者和某人的合作对象合作。这成为谷歌新闻组一个热门帖子"凯文·培根是宇宙中心"，凯文·培根也成为被讨论的对象。此后有人以他的名字命名了"六度分隔理论"："你和任何一个陌生人之间所间隔的人不会超过六个，也就是说，最多通过六个人你就能够认识任何一个陌生人。"后来，谷歌把该理论运用到其搜索引擎中，首先引入的就是针对凯文·培根的"培根指数"（Bacon number）。

　　这段不同寻常的历史——一个被"发明"来支持政府方针的大众媒介——使互联网难以既适合学术研究，又适合新闻业的需要。与作为私人发明物出现并保持私有财产身份的印刷报刊不同，历史上，互联网在初步设计和财政两方面一直欠政府良多。因为新闻工作者从未参与互联网的早期发展，所以将互联网用作以利润为导向的大众媒介这个观念还是近期的发明。将大众传播的概念嫁接到一个为政府所支持的传播而设计的系统上，伴随着引起一些尖锐问题的可能性。

　　互联网在政治方面的考虑是相当明确的：通过把学校、医院和图书馆相连接，政府扶持了一个基础设施，这个基础设施将促进教育和学习，从而提供受过更好教育的劳动力，并以此来增强经济。一般来说，受过更好教育的劳动力也被视为更有效率的劳动力，这既降低了国内生产成本，又使美国工人在全世界更具竞争力。

　　当然，受过更好教育的人口也具有军事意义：军方能够从更合格的应征者中挑选人员，操作越来越复杂的武器。因此，进一步的推理就是，通过扶持一个以各种明显和微妙的方式促进国家进步和发展的系统，联邦政府履行了它保护美国人不受国际和国内威胁的宪法职责。

　　互联网的这种概念也建立在伦理学理论之上。你可能还记得第 1 章中关于功利主义的讨论，最多数人的最大利益这个概念具有深刻的民主含义。理论上，连线的学校和图书馆应当为每一个美国人提供使用互联网的途径。实际上，有些图书馆已经尝试为无家可归者提供电子邮件地址和互联网接入。互联网的普遍接入也符合罗尔斯的理论——它允许最大限度的自由（途径），同时保护弱势群体（有色人种、穷人），这些群体可能无法享受美国社会中的许多其他利益，但是却可以使用互联网作为改善个人境遇，进而潜在地改善集体境遇的途径。

236

　　当然，新闻工作者和新闻事业不被包括在这种概念当中。然而，许多新闻工作者都争辩说，途径只是事情的一部分——如果人们搞不清信息的意义，让他们接近信息并没有好处。有些学者已经提出，随着互联网的发展，新闻业本身将从一种以收集事实为主的职业——现在任何人都可以做——变成一种将那些事实置于具体环境之中并赋予其意义的职业。

　　这种转变已有先例。在电视横扫美国，用比杂志更低的价格吸引广告主时，为了在综合类杂志的死亡潮中幸免于难，新闻杂志走向了语境报道和分析，摒弃了严格的事实报道。如果互联网的发展确实鼓舞报纸的发展沿着这样的路线，那么伦理思维就要求接近新闻的途径尽可能广泛地在人口中分配，并且在经济上依然负担得起。

　　当然，这种姿态使新闻工作者和美国社会中所有将互联网视为另外一个潜在利润中心的群体，包括越来越多的新闻工作者为之工作的跨国公司之间产生了分歧。美国有一个长期存在的传统，认为新闻事业和政府是不可调和的敌人，而目前信息高速公路带来了人们可以负担得起的新闻，有人坚决主张这些负担得起的新闻应当成为制定政策的一部分，这种观点对上述传统提出了挑战。

但是，伦理思考（在某些方面是政治思考）会指出，使每一个美国人都可能通过互联网接触新闻报道总的来说对于个人和社会都具有了不起的潜在价值。它还会使新闻工作者和政府成为伙伴，这对"新闻自由"的概念来说是一个真正的哲学转变。

最终，这样一种伙伴关系会要求新闻工作者自身在发展和贯彻立法方面发挥积极作用，而这将会影响他们的工作。这样一种态度转变还会要求哲学上发生一次转变，哲学的转变将新闻事业对政治社会的责任和工人对有利可图的媒介行业的责任置于同一个平面之上。

 ## 专业主义的意义

21 世纪初，"公民新闻业"受到传统媒体的热烈欢迎。它被视为"追上"和"抓住"正在离开报纸读者群的数码原住民一代的办法。公民新闻业也符合成本效益。公民新闻工作者实际上扮演的是记者的角色，他们的作品可能会被专业人士编辑，也可能不会。虽然公民新闻工作者往往对某个特定的公共政策、倡议或问题具有强烈兴趣，并且乐意就该问题撰写极具深度的报道或者发布极具深度的博客，然而他们似乎对美国民主政体中某些最基本的功能——教育、道路和高速公路、市议会和县议会——并无兴趣，不发布相关博客。总体而言，公民新闻工作者并不从事调查性报道。如果完全由公民新闻工作者决定新闻议程，那么无论以何种方式衡量，都不仅会导致新闻议程一边倒，而且还会使其充满鸿沟、缺乏客观性。

237

支持者将这一路径称为"第五等级"，声称其与第四等级并列，而第四等级是传统新闻和观点作为平衡政府权力所拥有的头衔。但是，基于互联网的第五等级有时扮演的是不受控制的暴民角色。博客空间提出了一些问题：在接受报酬已远非衡量标准的情况下，究竟谁是专业人士？谁是受众？谁，忠于什么理想？

正如贯穿本书的案例研究所指出的，新闻业和战略传播在讯息目的和渠道上已经如此水乳交融，以至于再也不可能通过渠道即报纸或者电视，或者目的即信息或者说服来区分伦理问题。但是，产业融合这一现实提出的伦理问题并不完全是新鲜的。我们认为互联网可以促进人们更好地思考不同的角色——包括个体的专业人士和个体的公民——之间的界限。

21 世纪，认为每个个体都能够扮演每个角色并得到同样结果的想法是非理性的。有些事确实最好留给专家来做，无论那是你的医生、你的会计，还是你的本地或者网上主编。就其最基本的层面而言，界定一个职业的标准并不是专业知识。看看所有那些你可以在网络上找到的医学信息，或者是营业执照。你不需要律师来润色一份简单的遗嘱或者其他许多类型的文件。你可以下载它们，在空白处填写就行。从根本上区分专业人士和业余人士的标准是价值观，以及在专业领域内是否有能力合乎伦理地思考。网络并没有改变这一点，它只是要求我们更加擅长于此。

【推荐书目】

Anderson，Chris. 2006. *The long tail：How the future of business is selling less of more*. New York：Hyperion.

Bugeja，Michael. 2005. *Interpersonal divide：The search for community in a technological age*. Oxford：Oxford University Press.

Godwin，Mike. 1998. *Defending free speech in the digital age*. New York：Times Books.

Halbert，Debora J. 1999. *Intellectual property in the information age*. Westport，CT：Quorum Books.

Negroponte，Nicholas. 1995. *Being digital*. New York：Alfred A. Knopf.

Shirky，Clay. 2009. *Here comes everybody：The power of organizing without organizations*. New York：Penguin.

【网上案例】www. mhhe. com/mediaethics8e

"The witch and the woods mystery：Fact or fiction?" by Karon Reinboth Speckman

"The Napster debate：When does sharing become thievery?" by Laura Riethmiller

"Digital sound sampling：Sampling the options" by Don Tomlinson

"Cry Wolf：*Time* magazine and the cyberporn story" by Karon Reinboth Speckman

"Filmmaking：Looking through the lens for truth" by Kathy Brittain McKee

"The Madonna and the Web site：Good taste in newspaper online forums" by Philip Patterson

"The case of Banjo Jones and his blog" by Chris Heisel

238

第 9 章　案例

案例 9-1　新闻第一，事实第二

李·威尔金斯（Lee Wilkins）

密苏里大学（University of Missouri）

最高法院的决议总是受到热切期待，但是没有一项比得上 2012 年夏天最高法院关于《患者保护与平价医疗法案》的合宪性判决。本案例的事实来自 SCOTUSblog 的出版人汤姆·戈尔茨坦（Tom Goldstein），这家网站报道最高法院事务，由彭博法律（Bloomberg Law）①出资。该博客的帖子经作者允许使用。

① 彭博法律创办于 2009 年，是以订阅为基础的网上法律研究服务。

新闻组织以各种各样的方式为报道最高法院的决议做准备。据 CNN 报道，CNN 努力了数周以确保该决议通过尽可能多的网络门户到达尽可能多的美国人手中。它曾经花费了大量时间充分考虑自己着重于优先获取报道的互联网战略。福克斯新闻也做出了类似的努力，尽管它的互联网战略还开发得不够。从律师转行为电视名人的梅根·凯利（Megyn Kelly）被福克斯派去报道这则新闻。CNN 则动用了一个包括制片人和直播记者在内的既有团队。

最高法院在互联网前线也一直积极主动。最高法院的技术员工准备将这一备受期待的决议上传到最高法院网站，这样每个人——从普通美国人到白宫官员——都能够看到。2012 年之前，最高法院的惯常做法是将决议复件用电子邮件发送给与该立法有关的团体，但是自 2012 年起，它开始完全依赖网站。决议正式宣布前一周，最高法院拒绝了 SCOTUSblog 的请求，不准备将决议用邮件发送给该组织。这实际上意味着唯一能够接触到该决议本身的人将是那些在决议宣布之时就在法庭上的人和那些访问该网站的人。最高法院做出一切努力确保网站本身在这个重要的日子保持正常运转。

但是，面对前所未有的信息需求，最高法院的网站瘫痪了。这意味着全美国都要依赖新闻媒体获取报道，没有其他方式独立证实新闻内容。

CNN 和福克斯新闻率先对决议进行了报道，称最高法院已判决该法案违宪。那些报道是在决议正式宣布 7 分钟后播出的。在 CNN，关于判决的最初报道甚至在现场制片人和该网管理人员开电话会议时就播出了。CNN 的社交媒体团队发布了推文和 RSS 源，明确称最高法院废止了该法案。

仅仅几秒钟之后，福克斯新闻在该电视网发表了一则通栏大标题，说"最高法院判决健康保险个人强迫令违宪"（Supreme Court finds health care individual mandate unconstitutional）。该电视网最有经验的新闻工作者之一比尔·哈默（Bill Hammer）被派去领导此次报道。10:08 前几秒，他在直播中说，健康保险个人强迫令被推翻了。福克斯评论员开始讨论这一判决对 2012 年总统选举的影响。

两家的报道巴拉克·奥巴马总统都看了。他还用扬声器电话接入了 SCOTUSblog 的电话会议。NPR 转播了 CNN 和福克斯新闻的报道，说该法律已经被废止，《赫芬顿邮报》也进行了相同的报道。《赫芬顿邮报》的社交媒体团队也报道了这则新闻，但是没有指出消息来源。

SCOTUSblog 的出版人汤姆·戈尔茨坦负责该网站的这一报道。该网站的法院报道在华盛顿特区备受尊敬，新闻行业也不例外，但是普通美国人对其知之甚少。决议被正式宣布的时候，戈尔茨坦就在最高法院的会议室，他发布的第一个帖子只是说法院已经提出了决议。

大约 90 秒之后，戈尔茨坦匆匆浏览决议，阅读决议中每一段的第一句，然后和负责撰写该博客大部分报道的同事莱尔·丹尼斯顿（Lyle Denniston）商议。丹尼斯顿和戈尔茨坦都认为：基于美国宪法的税收条款，最高法院支持该法案。于是 SCOTUSblog 报道说该法律获得了支持。该信息被 NPR 新闻博客转播，并注明消息来源是 SCOTUSblog。早上大约 10：20——新闻工作者得到决议后不到 20 分钟——哥伦比亚广播公司也准确地对该法律得到支持进行了报道。

在白宫，总统的顾问和戈尔茨坦就决议的焦点进行商议之后得出结论：他们要告诉总统，他签字生效的法案获判合宪。

SCOTUSblog 发表了事件报道后不久，CNN 和福克斯新闻开始着手一项讨厌的工作：回头清理它们最初的报道。CNN 把社交媒体当作报道过程的一部分而投入了太多努力，因此它播出的假报道的受众到达率远比福克斯新闻高。在这一事件中，CNN 的无缝新闻网络成了严重的缺点。

戈尔茨坦在他自己关于该事件的博客中说，CNN 和福克斯新闻犯了三个错误：第一，它们将复杂的决议当作突发新闻报道，尽管该法律本身要到 2014 年才生效；第二，许多人都认为这将会是一个复杂难懂的决议，但是这两家电视网并没有以"足够健全的程序安排"对此加以处理；第三，两家电视网似乎没有查看通讯社报道的一致观点，在这个例子中，那些报道是准确的。

微观问题：

（1）此事应当被视为一个突发新闻吗？

（2）能够接触到决议的记者应当对他们的主编说什么？

（3）主编们应当向报道该事件的记者询问什么？

中观问题：

（1）CNN 和福克斯新闻发现自己最初的报道有误后，应当播报哪类新闻？

（2）负责一般任务的记者是否不应当被指派去报道此事？换言之，是否只有深厚专业知识的新闻工作者才应当被指派去报道诸如此类的新闻？

（3）评估戈尔茨坦的观点：就这一报道而言，所有新闻工作者都应当对通讯社报道的准确性更具信心。你怎样或者你是否能区分通讯社的报道和打包新闻？

（4）如果你是经理，你怎样或你是否惩罚首发报道不准确的现场记者？

宏观问题：

（1）福克斯新闻的政治立场右倾。许多人说他们之所以相信最初的报道是因为他们和福克斯的政治意识形态一致。评价这种观点。

（2）此事之后不足两个月，CNN 的领导就辞职了。这类错误是否是那种严重到要辞职的错误？

（3）最高法院自己的网站瘫痪影响了这些事件，如果真是如此，你如何看待？你是否认为法院自身对于不准确的报道负有责任？

（4）比较此案例中相互矛盾的价值观：速度、利润和准确。运用伦理学理论，为你的地方电视台构建报道突发新闻的政策，要同时考虑到三个方面——速度、利润和准确。

■ 案例 9-2　你的就是我的：新闻集成的伦理

查德·佩因特（Chad Painter）

东新墨西哥大学（Eastern New Mexico University）

2008 年 6 月，《哈特福德报》在两轮裁员中从新闻部门砍掉了 95 个岗位，几乎占它新闻员工岗位的一半。但是，几个月后，为了填补网上新闻洞和减少员工留下的空白，该报开始从周边的日报集成当地新闻。

2009 年 8 月 29 到 30 日，《问询报》（*Journal Inquirer*）记者克里斯廷·麦克拉斯基（Christine McCluskey）搜索这份出版物的网站，发现 112 篇报道来自该报在康涅狄格州（Connecticut）的竞争对手《布里斯托尔报》（*Bristol Press*）、《新不列颠先驱报》（*New Britain Herald*）、《托灵顿登记公民报》（*Torrington Register-Citizen*）、《沃特伯里共和美国人》（*Waterbury Republican American*）和她自己的报纸（McCluskey，2009）。这些报道往往但并不总是注明原创来源。《布里斯托尔报》和《新不列颠先驱报》发行人迈克尔·E. 施罗德（Michael E. Schroeder）称这种行径"往好里说是剽窃，往坏里说是彻头彻尾地盗窃"（McCluskey，2009）。

《哈特福德报》的内容主任杰弗里·S. 莱文（Jeffrey S. Levine）这样解释该报的立场："集成是概述其他新闻来源的信息，最常见的做法就是将信息的一部分放到你的网站上，并链接到原始报道。"（McCluskey，2009）。他引用了该报编辑过程中的一个错误，"不恰当地省略了消息出处或者正确的标注，在某些情况下署上了我们《哈特福德报》记者的名字"，这番话可为剽窃指控提供佐证。

职业新闻工作者协会的行为规约规定"绝不剽窃"，美联社规约警告它的作者"不要剽窃"。南加利福尼亚大学安嫩伯格新闻学院的网上新闻伦理入门规定"不要偷窃他人作品，这种偷窃就是剽窃"（Niles，2009）。科瓦奇（Kovach）和罗森斯塔尔（Rosenstiel）称其为"追寻真相的纪律中看似简单实则强大的一条：自力更生"（2007，99）。

但是，集成不是非黑即白的问题。只要恰当地标注出处，发布另一家新闻组织的作品是否可接受？报纸、广播电视台和在线新闻的规定是否应当一致？像美联社这样的内容分享组织呢？

新闻业的核心原则之一就是核实的准则（Kovach and Rosenstiel，2007，79）。集成违背了这一原则，因为它可能不区分谣言、事实和猜测（Kovach and Rosenstiel，2007），也因为它没有考虑到独立证实事实。即便原创来源发表了撤回声明，但是如果集成者没能纠正或者收回惹是生非的报道，谎言和谣言就会因未经核实，四处散布。

但是，在新闻行当，集成并非一个新概念。

《时代》杂志就是一个臭名昭著的集成者。亨利·卢斯这份创刊于 1923 年 3 月 3 日的旗舰杂志旨在迅速概述新闻，但是它忙碌的读者中没有几个会猜到《时代》完全是在整理它订阅的几十份报纸的内容，"从《纽约时报》和《纽约世界报》（New York World）丰富多彩的版面上获取了最大份的免费午餐"（Swanberg，1972，58）。

广播，至少是在其婴儿期，严重依赖报纸以获得新闻报道的稳定来源。对报纸而言，最初要么和广播合作以获得额外的曝光量，要么就完全无视这个新媒介（Chester，1949）。随着 CBS 和 NBC 连锁广播电视网的兴起，以及来自广播的广告竞争日益增加，这种情况发生了变化。1933 年 4 月 24 日，美联社的成员单位"通过了一项决议，要求美联社董事会拒绝向任何连锁广播电台提供美联社新闻"（Chester，1949，255）。美国各州和全国报纸协会都在"忙着通过决议，限制新闻广播，主要原因是报纸不合时宜地向其广播行业的竞争者提供了免费新闻"（Hammargren，1936，93）。最终，法庭发表了意见，惩罚了最无耻地在广播中使用报纸内容的广播电台，指出其是不正当行为。

眼下，美联社正在和诸如谷歌新闻这样的网站就未经授权即使用其内容的行为进行斗争。2009 年 7 月，美联社宣布了若干计划，创建了"一个新闻注册系统，能够标注和追踪所有美联社的网上内容，从而保证按照条款使用"。美联社提出的这个追踪系统"将登记美联社发布的每条新闻的主要身份信息和该信息的使用条款，并利用一个内置的指示标志告知美联社该信息的使用情况"（AP. org，2009）。

美联社本身是一个合作机构，24 小时不间断地为 1 500 家美国日报成员、国际订户和商业顾客提供新闻内容（AP. org，2009）。近来，在过去与之竞争的报纸中出现了形成本地化的内容分享约定的趋势（Ricchiardi，2009）。报纸提出这种约定的主要原因是预算限制和美联社内容的价格。

但是，过去曾在芝加哥和旧金山担任过主编，如今撰写博客"一个新闻遗老的思考"（Reflections of a Newsosaur）的艾伦·马特（Alan Mutter）为那些感到多样性消失的人代言，他说："在有好多记者报道同一领域或者同一事件的地方，你就能获得多种多样的观点，每个人都将努力达到更高的报道水平。这是人之常情：竞争激发更好地工作。"（Ricchiardi，2009）

微观问题：

（1）恰当地标注是否能够解决集成的伦理问题？如果不能，你还有其他主意吗？

（2）如果新闻组织在特定条件下自愿提供内容以供集成，是否能够解决伦理问题？

中观问题：

（1）评估以下表述：客观性作为新闻的基础之一是基于这样的概念，即"那些报道新闻的人不受阻碍地发掘和讲述真相"，以及新闻工作者可以"不仅准确而且有说服力地讲述新闻"（Kovach and Rosenstiel，2007，53）。当集成者的媒体并不创作信息时，我们可以指望它们成为信息的监督者吗？

（2）从伦理角度而言，诸如《赫芬顿邮报》这样的内容集成者和诸如美联社这样存在已久的合作机构有何不同？

宏观问题：

（1）集成主要是一个经济问题还是一个伦理问题？如果像谷歌新闻这样的集成者为内容付费，问题是否就会得到解决？

（2）谁"拥有"新闻？一个媒体单位是否有权利要求消费者为其参与民主社会所需的信息付费？《权利法案》的制定者们是否在这个领域提示了某些线索？

案例 9-3　肮脏信息：粗野评论遇上数据机器人

弗雷德·武尔蒂（Fred Vultee）

韦恩州立大学（Wayne State University）

243

在详细讲述 2006 年《华盛顿邮报》关于国会游说丑闻的爆炸性报道时，该报的意见调查员德博拉·豪厄尔（Deborah Howell）触发了一场网络批评热潮。1 月 15 日，豪厄尔在自己每周一次的专栏中指出，共和党坚称"《华盛顿邮报》有意不为难任何民主党"。与此相反，她写道，不少报道"提到有些民主党人……拿了阿布拉莫夫（Abramoff）的竞选资金"。《华盛顿邮报》尚未发现任何"上层民主党人士受到调查"，她补充说，"但是敬请期待。本报道远未结束"。

她错了。没有民主党人从这场丑闻的中心、院外游说者杰克·阿布拉莫夫那里得到过竞选资金，尽管他曾经对自己的一些客户说献金目标既有共和党，也有民主党。豪厄尔在原始专栏发布一周之后才承认了自己的错误，并说阿布拉莫夫事件远非两党共涉的事件，而是"一场共和党丑闻"。

《华盛顿邮报》被铺天盖地的帖子打了个措手不及（仁慈地说也只能称其为不堪入目）。这些帖子淹没了专为开放公众评论所设的一个博客。穿行在这片熟悉的新闻纠错领域，《华盛顿邮报》发现自己身处一个不熟悉的局面：互联网已经将这个错误散布到了《华盛顿邮报》发行屏障以外的地方。

Washingtonpost.com 的公共讨论委员会评论员把处理这一错误的任务交给了豪厄尔，她为该网站写了一篇评论，结果没有几个人满意，反倒激怒了很多人："我听说许多读者对这一评论感到愤怒……两党都收了院外游说者杰克·阿布拉莫夫的钱。更准确的说法应当是阿布拉莫夫'试图'向两党献金。"

那些认为此事需要更为直截了当认错的人并不满意。评论的洪流汹汹涌入——其中有太多污言秽语和人身攻击，以至于《华盛顿邮报》在周四关闭了网站的公共评论。重新开放的时候，《华盛顿邮报》投入了远比之前更多的员工，对公共评论进行了远比之前更仔细的监督。

《华盛顿邮报》并非仅承受经济和社会压力。和大部分大都市报纸一样，它正在以惊人速度失去发行量和广告主——平均是这个行业几年前一个会计年度的 3 倍（Smolkin，2005）。年轻读者知道它的声名，但是对它的体积望而生畏，他们在其他地方寻找自己想要的信息时感到更轻松。

和其他许多报纸一样，《华盛顿邮报》积极探索将其新闻专业知识以互动的方式传播的办法——不管是体育、商业、政府还是国际报道，这涉及《华盛顿邮报》几乎一半的员工，而且人数还在增长。

对于《华盛顿邮报》来说，围绕此事的伦理问题在于报纸在一个共同体中扮演的角色之一是促进公开讨论。不受限制的讨论至关重要，因此受到法律判决的支持，而这样的法律判决对新闻业形成了保护，那么，媒体怎样可以做到既成为讨论的平台，又不让自己的作者暴露在下流的人身攻击之中？

《华盛顿邮报》对这个两难处境的回应激怒了一些直言不讳的批评家。《华盛顿邮报》的网络主编吉姆·布雷迪（Jim Brady）在 2006 年 2 月 12 日的一篇文章中总结那些批评，"我作为一名愚蠢的、无力的法西斯分子的生涯开始于 1 月 19 日。那一天，作为一名《华盛顿邮报》网站 washingtonpost.com 的执行主编，我关闭了我们一个博客的评论区"（Brady，2006）。豪厄尔的第一篇专栏发布后，主编们已经删除了几百条违反亵渎和人身攻击禁令的帖子。豪厄尔在该周中期的澄清反倒引发了更大的洪流，导致布雷迪决定关闭该博客的评论——这时已是另外一波评论，这一次是针对布雷迪的。

豪厄尔对《华盛顿邮报》记者说，她并没有请求网站关闭评论，她说："我是狂热的宪法第一修正案拥护者。"（Farhi，2006）布雷迪还指出这一冲突中的一些讽刺之处："阿布拉莫夫丑闻主要是由《华盛顿邮报》的报道率先揭露的——如果有人企图指控《华盛顿邮报》从共和党的白宫得到指令，这就是一个麻烦的事实。"

不过，豪厄尔专栏的一系列评论还是都被关闭了。当 Post. blog 的评论于 2 月重新开放时，附带了"最少但是严格的规则"。这些规则包括禁止人身攻击、禁止亵渎语言和禁止假装成为另外一名作者。网站安装了一个亵渎语言过滤软件，员工们被派去阅读涌入的讯息，"冒犯性的或者不恰当的"讯息都要立刻删除（Chandrasekaran，2006）。

微观问题：

（1）在发生这一问题之前，《华盛顿邮报》允许读者发布未经审查的讯息，这样做是否有错？

（2）在发生这一问题之后，《华盛顿邮报》安装亵渎语言过滤软件，并指派员工阅读涌入的讯息，这样做是否有错？

（3）你会如何处理《华盛顿邮报》的问题？

中观问题：

（1）该意见调查员进行原始报道时是否应当核实事实以避免措辞错误？还是说一名意见调查员的文章"超越了"编辑控制的边界？

（2）在发现了错误，同时讯息开始大量涌入之后，《华盛顿邮报》还应当报道这则新闻吗？

宏观问题：

（1）一份报纸的网站是一个应当向每个人开放而无须担心审查制度的论坛吗？

（2）在当代博客这个"观点的市场"，常规的诽谤规定是否适用？如果一份报纸未能审查其博客上的帖子，它对于其内容的责任是更大还是更小？

案例9-4　媒介探测器之下的死亡：埃塞俄比亚的阿努阿克种族屠杀

道格·麦吉尔（Doug McGill）

《麦吉尔报告》（*The McGill Report*）主编

我第一次了解到阿努阿克（Anuak）人的事是在明尼苏达州罗切斯特市（Rochester）的一个学校志愿担任ESL（English as a Second Language）课程教师之时。在我的ESL课上有6位苏丹移民，他们全都是苏丹内战的难民，其中有几个是"迷失男孩"（lost boys）——和自己那些已经在这个中西部地区找到避难所的家人分开的年轻人。

其中一个学生是个快30岁的男子，名叫欧邦·查姆（Obang Cham），ESL学校最初给我标明他是苏丹难民。但是，当欧邦的英语开始提高，我们一边喝咖啡一边聊天时，他告诉我一个另外的故事。他是一个名叫阿努阿克的小部落的成员，这个部落主要居住在埃塞俄比亚（Ethiopia）西部的偏远地区。他说，有1 000多名阿努阿克人居住在明尼苏达州。当我问他为什么他们要迁居到这里，他给了我一个答案，让我在付印之前花了9个月去核实，"埃塞俄比亚政府正在企图杀害他的同胞"。

我发现的第一件事是阿努阿克人不仅在明尼苏达州，而且在全世界都不为人所知。尽管阿努阿克人从20世纪90年代早期就一直在向明尼苏达州移民，但是全美没有一家主要的大都市报纸或者地方报纸写过关于他们的一个字。有没有可能是在此之前没有一个记者曾经见过并且和阿努阿克人聊过？如果他们这样做过，并且对此事——还未被报道的非洲种族屠杀——有所耳闻，为什么他们连只言片语都不发表呢？

按照欧邦的说法，他在 1992 年埃塞俄比亚士兵包围了他所在的叫迪马（Dimma）的村庄并且开始射杀阿努阿克人之后徒步逃离了该处。他说有 24 人死于那次袭击。20 世纪 90 年代早期和中期发生了多起类似的袭击，这就是那么多阿努阿克人如今生活在明尼苏达州的原因。然而，该州已经吸收了这个埃塞俄比亚部落中所有的精华——年轻、强壮的男性领导阶层和他们的妻子——却对此没有留意或者知觉。阿努阿克人在明尼苏达州和全世界都不为人所知。

2003 年 12 月 13 日下午，我的电话开始响个不停。我在过去几个月中见到的阿努阿克男子一个接一个地向我讲述令人恐惧的故事——就在那时，一场针对阿努阿克男女老少的定期屠杀正在进行。

他们用蜂窝电话和故乡村庄的朋友家人通话，通过电话能听到屠杀的声音——呼喊声、尖叫声、枪声、士兵吼叫声和人们的抽泣声、哭喊声。我的一些消息来源描述说听到士兵撞开房门高喊"放下电话"，接着就是一阵枪声，然后便是一片寂静。那天，我打了好几个小时电话，尽可能收集每一个细节。

通过蜂窝电话的联系，几十名阿努阿克人实际上都反反复复听到了同一件事——两辆军车满载身着制服的埃塞俄比亚士兵到达小镇，士兵下车后在村里挨家挨户搜索，叫出阿努阿克男人和男孩，将他们当街射杀。有时候，非阿努阿克市民或者皮肤颜色较浅的埃塞俄比亚"高地人"也会加入士兵队伍，高呼"今天是杀阿努阿克人日！"，用长矛、匕首和砍刀杀害受害者。

那天晚上以及接下来的好几天，我查看通讯社消息和美国、欧洲、非洲的各大日报网站，没有一个字提到那场据称的屠杀。埃塞俄比亚大使馆、埃塞俄比亚主要报纸和美国驻埃塞俄比亚的斯亚贝巴（Addis Ababa）使馆的网站：什么也没有。最后，大约在 12 月 17 日，埃塞俄比亚政府发布了一个简短的新闻通稿，报道说埃塞俄比亚西部发生的"部落暴力"已经导致几十人死亡。这和明尼苏达州的阿努阿克人所称的事实毫无相近之处，而他们是基于数百名目击者的陈述了解到的情况。埃塞俄比亚政府在新闻通稿里没有将责任归咎于埃塞俄比亚军队，而是归咎于部落争斗。我致电位于华盛顿的埃塞俄比亚大使馆的新闻发言人梅斯芬·安德烈亚斯（Mesfin Andreas）。"死亡发生在军队试图阻止人们相互残杀之时。"安德烈亚斯说。

在那个周末，第一批电话打入之后，全中西部的阿努阿克难民聚集在明尼苏达州圣保罗市的一家教堂讨论此次危机。我参加了聚会，在那里我遇到了数百名阿努阿克人，采访了大约 40 人，我的交谈对象只包括那些说屠杀发生之时直接在电话里和目击者通话的人。那天我听到的故事和一周前我在电话里听到

246

的故事完全相同。身着制服的埃塞俄比亚士兵用自动步枪实施屠杀，阿努阿克男人和男孩遭到杀戮，阿努阿克女人遭到强奸。他们从一幢房子走到另外一幢房子，有时手里拿着一份名单，指名道姓叫出某些阿努阿克男人。

死亡人数是数百人——不是数十人。

回到家，我致电一名埃塞俄比亚的阿努阿克幸存者。他住在发生屠杀的小镇甘贝拉（Gambella）。他说从自家的窗户看到身着制服的埃塞俄比亚士兵在街道上杀害阿努阿克男人。士兵列队经过他的房子时他躲在了床底下。他自己的儿子死于那次袭击。他说，就在和我通话时，他还能够看到甘贝拉街道上的一些尸体，在小镇一边的一个万人坑，数百具尸体散落成堆。他和其他阿努阿克幸存者清点过那些尸体，并留意了他们的死亡方式。他说，共计有 425 名死者，要么是头部或者背部中枪，要么是被长矛戳死和砍刀砍死。

作为一名为《纽约时报》工作了十年的前记者，我知道自己即便掌握了那么多素材，可能也无法在《纽约时报》发表这个报道。主要的问题是，我并没有真正待在埃塞俄比亚，也没有和任何真正的屠杀目击者进行过面对面的谈话。相反，我的消息来源是奇特的新型见证人——"以耳闻情况作证的人"：通过蜂窝电话听到屠杀的声音、听到直接目击屠杀者的陈述。我那时没有发现，直到今天也没有发现有媒体基于这种见证人的陈述报道过屠杀或者其他罪行。它们是我们当前奇特的超传播新世界的产物。

最后，我决定将自己听到的公之于众，并直指埃塞俄比亚军队。做出这一最终决定要归功于我作为一名新闻工作者的直觉和作为一名公民的良知。经过一周持续不断的报道，在采访了埃塞俄比亚的一名目击者、埃塞俄比亚大使馆发言人和数十位明尼苏达州的阿努阿克人后，我觉得自己对事件的了解已经接近真相，可以发表。而且我的良知告诉我，我有义务发表，因为甚至直到 12 月 22 日我最终发表此次屠杀的报道那一天，还没有一份新闻出版物如此做过——全世界任何地方都没有。如果我不发表，还有谁会？

就在我的报道出现在互联网上几天后，一个调查发生在世界各地的新种族屠杀案件的非政府监督组织"种族屠杀观察"（Genocide Watch）打了很多电话，并认为有必要雇用并派遣一名调查员前往埃塞俄比亚，核实我文章中的指控。2004 年 2 月 25 日，"种族屠杀观察"发表了该调查员基于对数十名甘贝拉屠杀目击者的采访撰写的报告《今天是杀阿努阿克人日》（Genocide Watch，2004）。该报道证实了《麦吉尔报告》文章中的所有指控，包括被杀的阿努阿克人的人数以及身着制服的埃塞俄比亚士兵实施了大部分杀戮的事实。

微观问题：

（1）使用搜索引擎，从麦吉尔的网站第一次发表该报道后，你能够找到多少关于阿努阿克种族被屠杀的内容？

（2）国际社会给予达尔富尔（Darfur）种族屠杀的注意引开了媒体和救援组

织对埃塞俄比亚局势的关注，这样说公正吗？

中观问题：

（1）麦吉尔紧接着去埃塞俄比亚寻访，但仍然无法使主流媒体接受这篇报道。这说明主流媒体组织是如何运作的？

（2）麦吉尔所做的报道若想被诸如美联社这样的主流媒体组织接受是否需要某种"确证"？

（3）麦吉尔从事新闻业多年，供职媒体包括《纽约时报》和彭博新闻社。但是，许多博主毫无新闻经验或训练。传统媒体对于始发于博客的报道抱有怀疑是否正当？公民是否应当抱有怀疑？

宏观问题：

（1）本案例说明谁是互联网时代的新闻工作者？

（2）你认为造成 425 人死亡的那场埃塞俄比亚屠杀在发生后数月都未得到主流媒体的报道是什么原因？为什么是一位明尼苏达州南部的博主爆出了这一报道？

（3）在报道发表之后，麦吉尔用电子邮件给散落在世界各地的阿努阿克部落社群成员发送了该报道。互联网对诸如此类的国际报道来说是否是更有效率的出口？

▌案例 9-5　出生即是正确

李·威尔金斯（Lee Wilkins）

密苏里大学（University of Missouri）

密苏里新闻学院广电新闻教授詹妮弗（Jennifer）和兰迪·里夫斯（Randy Reeves）为他们第二个孩子的出世而万分兴奋。每次胎检都很棒，"卡姆"（Cam）哥哥很兴奋，生产过程本身如预期般顺利。女宝宝乔丹（Jordan）生来快乐又健康——几乎毫无瑕疵。但是，在詹妮弗孕期中的某个时候，宝宝的脐带绕在了她的右胳膊上，抑制了这个正在发育的肢体的血液供应。出生的时候，乔丹的右胳膊还没有长到肘部。这是一个没有料到的问题，超声检查没有在她出生之前发现。乔丹的"缺陷"并不常见，没有几个婴儿刚出生就需要义肢。

詹妮弗·里夫斯是一位有才干而富于同情心的教师，她接受新技术，并尽全力将其纳入自己的课堂。但是，在新宝宝不到 3 个月的时候，詹妮弗将她的新闻和新媒体技能运用于她生命中的这个最新问题。她开通了博客"出生即是正确"（Born Just Right, http：//www.bornjustright.com/），这项工作要求学习一些编程和一点技术，为孩子有类似问题的父母提供经验分享，相互学习并建立社区。

正如詹妮弗所知的，运营博客是一个复杂而花时间的过程，她得在已经颇为劳神的教学工作以及同样劳神的为人妻母的生活中挤出时间。在最为流行的博客中有"妈妈博客"，妈妈们在这里分享抚育、孩子和家庭生活的心得。原创和维护

248

这样一个博客需要每天都付出努力。频繁更新是必需的，一天数次最好——如果一个博客想要出现在搜索引擎名单中的头几位。有些妈妈博客已经成为营利性的，那些博客往往包含某些面对儿童或其父母的特定产品的推广。寻找詹妮弗所需要的计算机程序以供某种互动也是一项工作；在运营该博客期间，她至少两次更改了博客的计算机架构，每次都是为了让自己发帖和他人评论更加容易。

詹妮弗心中所想并非典型的妈妈博客。她在寻找其他和自己面对同样挑战的父母——从获得州政府帮助来支付乔丹继续治疗的费用，到找到愿意为逐渐长大的孩子们制作义肢的人。据里夫斯所知，这是一笔未被保险充分覆盖的昂贵费用。

但是，该博客及其受众发展缓慢。詹妮弗说她的"博客"声音与她的新闻声音不同——博客声音更个人、更感性、更多聚焦于帮助乔丹这样一个单一问题。它还记录了乔丹生活中的里程碑和日常事件，包括照片。第一次芭蕾舞课、第一次独舞、得到第一个义肢、找到那些能够并愿意帮助她的人，这一切都成为博客的条目。但是，它还是新闻；其中包含大量信息，从一个需要并且珍视那些信息的人的视角，它公正地提供了关于政府计划和私人支持的事实，以及每个出生即是正确的孩子所面对的问题。

截至本书写作时，该博客已经拥有 3 200 个与众不同的访客。在博客世界，这足以吸引出资人，换言之，如果愿意，詹妮弗可以将她的博客变现。该博客还为詹妮弗带来一些专业回报——她获邀出席博客大会，讨论博客的开通和维护。她还将该博客用于课堂；事实上，在许多课上，里夫斯教授都要求自己的学生一周数次发表博客。她注意到，运营博客真的是写作练习，在特殊情况下可以增加学生毕业求职的获选机会。

此外，该博客也给整个里夫斯家带来一些非常好的机会。迪士尼在获知该博客之后，邀请他们全家在电影《海豚的故事》（*The Dolphin Tale*）上映的时候去拜访冬冬（Winter），那只生下来尾巴就没有发育完全，需要义肢的海豚。乔丹和冬冬比较他们的"人工"肢体。你可以在该博客上看到所有这些照片。

249　詹妮弗本人说该博客教会了她许多，而她能够在课堂上将这一切传递给学生。此外，它还给了她和她的女儿一个社区。詹妮弗并不确定自己创建的是有观点的新闻，一个不追求金钱的非营利媒体，还是一系列持续多年的说服性讯息。但是，只要乔丹继续许可，她就会继续这项工作。

微观问题：

（1）浏览该博客。你认为它是否侵犯了里夫斯一家的隐私？

（2）你认为康德和亚里士多德会如何评价这个博客？

（3）如果一个博客的创建人没有新闻训练和经验，你认为这样的博客是否同样能够成功？

中观问题：

（1）你认为将该博客变现是否会改变其特性？从忠诚和讲述真相的角度评价

你的答复。

（2）本案例研究写作完成之后，詹妮弗·里夫斯审查了它。这种方法合适吗？第 2 章的案例展现了关于记者和消息来源共同梳理引语的最新争论，从这个角度评价你的回答。在这些例子中，如果你的回答有所不同，请运用伦理学理论解释原因。

（3）从战略传播从业者的观点来看，詹妮弗能够或者应当如何合乎伦理地经营她的博客以帮助支付乔丹的各项费用，例如大学学费？为你的答复辩护。

（4）这个博客是否应当成为新闻报道的主题？

宏观问题：

（1）这个博客是新闻吗？还是战略传播？将你的答案和行业标准相联系。

（2）根据伦理原则评价"出生即是正确"所代表的观点及其内容。

案例 9-6　做得对，说得错

内奥米·韦斯布鲁克（Naomi Weisbrook）

密苏里大学（University of Missouri）

2007 年 7 月 20 日，布莱克娱乐电视（Black Entertainment Television，BET）推出一段名为《读书》（*Read a Book*）的短卡通视频。这段卡通视频鼓励各种生活技能，包括阅读、保持良好卫生、负责任地抚养和明智地使用金钱，看起来似乎是公共服务启事。这些讯息被纳入一首歌里，由卡通说唱歌手迪迈特（D'Mite）演唱。迪迈特的长相和当时的嘻哈音乐旷克乐（crunk）[①]之王里尔·乔恩（Lil' Jon）[②]惊人相似。与旷克乐的风格一致，视频中的歌词反反复复，充斥着下流话和黑人词汇。一个未经审查的版本在 YouTube 上流传，同时一个较为干净的版本在 BET 上放映。

这首歌是博玛尼·迪迈特·阿尔曼（Bomani D'Mite Armah）的创作成果，他是一名教育者，在华盛顿特区与年轻人共同工作。他创作了歌曲《读书》，因为"如果旷克正流行，我就做旷克"（Harris，2007）。阿尔曼在 MySpace 上发行了自己这首歌后不久引起了 BET 娱乐总裁雷金纳德·赫德林（Reginald Hudlin）的注意，他和阿尔曼签约将这首歌制作成一段视频（Martin，2007）。

除了下流话之外，这段视频还包含一些有可能冒犯受众的图像，包括女人们穿着臀部印有"BOOK"一词的裤子扭动屁股。还有一个图像是一本书装在自动武器的子弹夹里。

这段视频立刻在互联网上引起了骚动，YouTube 上的点击量超过 100 万，评论有 4 000 多条。有些评论是赞扬的，"［这段视频］讽刺性地展现了最初意在传递黑人文化重要讯息的说唱是如何堕落成除了暴力和性之外一无是处的讯息的。虽然，尽管这段视频同时播放了暴力和性图像，但是与其相反，它企图传递的是如何过上更好生活的积极讯息"（ROBOFISH）。

其他评论则是批评性的。CNN 主播托尼·哈里斯（Tony Harris）采访该视

① 在国内被译为旷课或旷克，属美国南部的一种嘻哈与电子结合的舞曲派对风格。没有深刻的思想，只有强烈的节奏和简单的旋律，似乎更受年轻人欢迎，曾经红极一时，但已经在走下坡路。

② 里尔·乔恩原名乔纳森·史密斯（Jonathan Smith），美国说唱歌手、制作人，嘻哈音乐子类旷克乐的创始人之一。

250

频导演泰里·迪里海（Tyree Dillihay）时，以一个尖锐的问题开始采访："你为它骄傲吗？"（Harris，2007）。杰西·杰克逊（Jesse Jackson）在他的彩虹推动联盟（Rainbow PUSH coalition）[①]网站上发布声明谴责《读书》，说："《读书》充斥着对积极价值观的不屑和有意无意地炫耀无知。说唱者显然目不识丁、蓬头垢面、傲慢无礼。那么谁会拿他的忠告当真呢？"

多数争议完全集中在这段视频企图说什么上。根据阿尔曼的说法，"这首歌首先是戏仿这种音乐风格，其次才是其隐藏的讯息"。在同一次采访中，阿尔曼开玩笑说，一个朋友告诉他，要想写一首旷克歌曲，作者必须啰里啰唆、咄咄逼人，以及"尽可能频繁地诅咒"（Martin，2007）。

但是，对于不熟悉旷克音乐的人来说，这种讽刺可能并不存在。一位非裔美国人父亲格雷格·福德（Greg Forde）在 CNN 关于《读书》的报道中着重指出，"讽刺之处——真正聪明的讽刺之处——在于，它说到了点子上，你还能意识到它的讽刺。那些不属于我们社群的人不会把它看作讽刺"（Harris，2007）。

对于那些没有辨识出这种讽刺的人而言，这段视频似乎只是在井井有条地将对非裔美国人的负面认识归类。事实上，按照《洛杉矶时报》的说法，"大部分讨论集中在非裔美国人的消极刻板形象上，而不是语言"（Braxton，2007）。消极的刻板形象包括使用枪支、男人坐在门廊上喝着"40 年代"（40 盎司一瓶的酒精）、从行驶的汽车上射击作案、不负责任地花钱装饰汽车轮辋、疏忽大意的抚养和糟糕的卫生。

但是，这段视频包含一些对非裔美国人历史的正面提及：有一些历史人物的图像，比如马丁·路德·金（Martin Luther King）[②]和一些书籍的封面，比如《紫色》（*The Color Purple*）和马娅·安杰卢的《我知道笼中鸟为何歌唱》（*I Know Why the Caged Bird Sings*）。

博玛尼·阿尔曼说他希望人们从他的歌曲中得到两种讯息：旷克音乐滑稽可笑，儿童应当阅读书籍。阿尔曼说，他收到了孩子们写给他的电子邮件，感谢他向他们证实接受教育很酷。家长也告诉他，听了他的歌之后，他们的孩子拿起了书。

微观问题：

（1）BET 在其网站上称提供"现代娱乐——从地道的、不道歉的黑人经验视角对年轻的黑人成年人讲话"。《读书》是否履行了这个承诺？为什么？

（2）如果可能，在网上找到这段视频，评论其中特定的词语和图像。《读书》中占主导地位的伦理价值观是什么？它是否成功地推行了那些价值观？

中观问题：

（1）提倡文化素养是"善的"信念。事实上，这是无可争议的善的信念；没有人会赞成无知而反对这一讯息。既然文化素养是全世界都认同的观念，那么提倡它的运动是否享有更大的创作自由？抑或必须更加谨慎？

① 由杰西·杰克逊创办的两家非营利组织——人民联合起来拯救人性（People United to Save Humanity，PUSH）和美国全国彩虹联盟（National Rainbow Coalition）合并而成，旨在追求社会公正、公民权利和政治参与。

② 马丁·路德·金（1929—1968），美国黑人民权运动领袖，基督教牧师，诺贝尔和平奖获得者。在其领导的声势浩大的民权运动的推动下，联邦最高法院裁决在公共交通中实行种族隔离制度违反宪法，国会通过了民权法和选举权法。他于 1968 年在田纳西州被种族主义分子杀害。

251

（2）讽刺要想发挥作用必须有一个参照点，这往往意味着利用刻板成见来表明观点。讽刺应当被用于诸如公共服务声明这样的亲社会方式吗？如果这一信念是计划生育，你的答案会发生怎样的变化？如果是已经深刻地分裂了社区的投票问题呢？

宏观问题：

（1）《读书》运动是推广信念的战略传播案例。优诺（Yoplait）①在自己的产品上使用粉色的盖子以支持乳腺癌研究就是另外一个"信念相关营销"的案例。评价信念相关营销这一概念。

（2）这一讯息面对的是儿童这个事实怎样改变了关于什么是被允许的、什么在伦理上是有问题的这样一些规则？面对特定受众，讯息创作者的责任和义务是否有所改变？

案例 9-7　寻找沃尔玛博客隐藏的真相

菲利普·帕特森（Philip Patterson）

俄克拉何马基督教大学（Oklahoma Christian University）

当你想到运作博客时，脑海中会浮现这样的形象：一个孤独的人在深夜狂热地敲出一篇日志，希望能得到几个忠实的读者。但是，如果你是世界上最大的连锁零售企业沃尔玛，你就可以买得起一些专业帮助，这恰好是该公司在至少两个博客上的所作所为，直到沃尔玛的公关公司被迫承认这一诡计。

在坦白之前，关于那些博客真实性的谣言已经在四处流传。在 cnnmoney. com 上一篇名为《公司博客运作：沃尔玛的笨办法》（Corporate Blogging：Walmart's Fumbles）的文章中，《财富》（Fortune）的高级撰稿人马克·冈瑟（Marc Gunther, 2006）向主流新闻界发布了这则新闻：

> 一个赞美沃尔玛的博客"在沃尔玛穿越美国"表面上由一男一女创建。他们开着一辆房车在全美国旅行，沿途停在沃尔玛的停车场里。结果发现，这个博客是由"为沃尔玛工作家庭联盟"（Working Families for Walmart）②——一个由爱德曼公关公司（Edelman public relations firm）组织、由公司出资的团体——承担费用的。不酷。

结果发现，这对夫妇是劳拉·圣·克莱尔（Laura St. Claire），一位自由撰稿人和一位美国财政部雇员，以及吉姆·思雷舍（Jim Thresher），《华盛顿邮报》的在职摄影师。他们创建的博客在每一站都发现了快乐的沃尔玛员工。然而，沃尔玛远非这个博客的幸运受益人，而是被揭露隐藏在这次旅途之后，为这对夫妇支付费用，包括租赁旅行房车、加油和博客写作费用（Gogoi, 2006）。沃尔玛背后是爱德曼，一个作为"为沃尔玛工作家庭联盟"运动的一部分而全美知名的公关公司。

① 总部设于美国的跨国酸奶品牌。

252

② 2005 年 12 月由沃尔玛和爱德曼公关公司共同组成的团体，用于赞美沃尔玛。这个团体不是非营利组织，出资方为沃尔玛，总部设于爱德曼公关公司的华盛顿特区办公室。

就在博主们纷纷表达对这个诡计的愤怒之时，爱德曼公关公司首席执行官理查德·爱德曼（Richard Edelman，2006）在自己的个人博客上致歉："我想承认，我们从一开始就未能对两位博主的身份保持透明，这是一个错误。这百分之百是我们的责任和错误，不是客户的。"他写道。

但是这对驾驶房车旅行的快乐夫妇并非唯一假冒的沃尔玛博客制造者。冈瑟的文章发表两天后，cnnmoney.com 在其网站上的一篇未署名文章《公关公司承认操纵公关博客》（PR Firm Admits It's Behind PR Blogs）中揭露了这种行径。这篇文章发布了以下信息：

> 一家公关公司已经承认自己是两个过去以沃尔玛的独立支持者身份示人的博客的幕后主使。根据该网站在周四公布的信息，博客"为沃尔玛工作家庭联盟"及其附属站点"带薪批评者"由爱德曼公关公司的 3 名雇员撰写，而沃尔玛是该公司的客户。周四之前，这些博客的作者还未暴露。但是网络批评家一直对这些博客声称自己是草根自发行为表示怀疑，并敦促提高其透明度。

爱德曼公关公司雇员最终承认自己还是另外两个站点博客的消息来源，为其创作有利于沃尔玛的报道，并设法反击其批评者。2006 年 10 月中旬，以下讯息出现在 www.forwalmart.com 上：

> 为了回应评论和电子邮件，我们已经在 www.forwalmart.com 的博客帖子上增加了作者署名。本站已经更新，但是读者可能要刷新页面才能获得新信息。

点击"米兰达"（Miranda）这个只有一个名字的署名，读者会发现如下信息："米兰达·格里尔（Miranda Grill）为爱德曼公关公司工作。她的客户之一是'为沃尔玛工作家庭联盟'"。同样的信息出现在 www.paidcritics.com 上。该网站的宣传语"揭露带薪批评者"出自一篇题为《paidcritics.com 的改变》（A CHANGE To PAIDCRITICS.COM）的帖子，颇具讽刺意味，由"布雷恩"（Brian）撰写。点击"布雷恩"这个署名，出现如下信息："布雷恩·麦克尼尔（Brian McNeill）为爱德曼公关公司工作。他的客户之一是'为沃尔玛工作家庭联盟'"。

爱德曼公关公司在其网站（www.edelman.com）上称，在 2006 年的财政年度里，该公司在全世界的 46 个办公室雇用了 2 220 名员工，开出了 305 000 000 美元的工资单。它被《公关周刊美国版》（PR Week US）提名为 2006 年"年度大型公关机构"。爱德曼公关公司网站上的"欢迎"页面包含该公司创办人、董事长丹尼尔·J. 爱德曼（Daniel J. Edelman）和总裁、首席执行官理查德·爱德曼对公司特征的描述：

253

> 我们是首家将公共关系应用于建立消费者品牌的公司。我们发明了媒体考察，创造了诉讼公关和环境公关，第一个使用免费消费者热线，第一

个将互联网用于危机管理。这只是开始。如今我们致力于此：使公共关系成为传播合唱团中的领袖学科，因为只有公共关系才能及时而透明地建立信誉和信任。

沃尔玛事件曝光一周后，爱德曼公关公司网站的"最新标题"栏目下丝毫没有提及此事。

微观问题：

（1）在《财富》杂志记者公布此新闻之前，爱德曼是否就应当在自己的网站上承认这一问题？此后他应当回应吗？

（2）你认为沃尔玛的行为有多普遍？例如，"草根"粉丝网站实际上领取名流或其公关人员的报酬，这可能吗？

（3）如果沃尔玛是对的——它的批评者都领取报酬，付钱给公关公司为沃尔玛说好话是否就是正当的？

中观问题：

（1）在"观点的市场"上，这种"鬼鬼祟祟"的公共关系类型是否有容身之地？

（2）公司企图造成关于产品的"骚动"以使讯息越过传统的广告媒体到达公众，在此过程中往往要给公关代理付费，这种行为被称为"病毒式营销"。沃尔玛事件和"病毒式营销"有何不同？

（3）一个产品制造商花钱上电视或者电影屏幕而不告知受众，被称为"产品植入"。沃尔玛事件与"产品植入"有何不同？

宏观问题：

（1）听说思雷舍卷入该事件后，《华盛顿邮报》执行主编要求他归还从旅行中得到的所有钱财，并把他的照片从博客中删除（Gogoi，2006）。对于他的行为还应当有其他处罚吗？如果他是用自己的时间进行旅行，情况会有所不同吗？如果每一个帖子都代表了他的真实观点，情况会有所不同吗？

（2）批评者呼吁博客提高透明度。爱德曼公关公司声称要运用"透明建立信誉和信任"。在公共关系中，透明意味着什么？此透明和新闻业中的透明有所不同吗？在这两个网站的交易中，爱德曼公关公司是透明的吗？

（3）芭芭拉·埃伦赖希（Barbara Ehrenreich）在她的《美国底层生活实录》（*Nickel and Dimed*）[①]一书中写了一个完全不同的关于沃尔玛工人境况的故事。为了获取素材，她在沃尔玛找了一份工作，并试图用得到的收入生活。她的畅销书严厉批评了沃尔玛对待其雇员的方式。她通过自己的作品获得版税，这和领取报酬的沃尔玛博主有所不同吗？如果是这样，怎样不同？埃伦赖希是新闻工作者吗？向诸如沃尔玛这样的公司施压是新闻工作者的任务吗？

① 美国专栏作家芭芭拉·埃伦赖希在1998年为了体验底层美国人民的生活，选择了六个不同的城市去打工。为了确保能真实体验当地底层人民生活，每到一处她隐瞒自己身份，断绝和过去朋友来往，全靠1 000美元的积蓄开始。结果她发现，六份工作都一样令人绝望，在沃尔玛打工时她甚至买不起沃尔玛促销的商品，穷人再努力也很难改变自己的命运。

艺术和娱乐的伦理尺度

学完本章后，你应当能够：

◇ 理解美学和卓越的职业表现之间的联系。

◇ 解释托尔斯泰的艺术原理，并运用它来解决问题，例如刻板成见。

◇ 理解大众文化中关于真理角色的争论。

在 20 世纪，媒介的主要用途从传播信息转向娱乐和普及文化。本章，我们将审视出现在美学领域的伦理问题。我们将把这些原则以及社会科学中的一些发现运用于艺术和娱乐行业，同时关注娱乐的创作者和消费者的责任。

古已有之的误解

柏拉图不喜欢诗人。他的推理简单易懂。诗人是做梦的人，是哲学家之王潜在的毁灭之因。他们是最危险的叛逆者，四处行走的造反家。他将他们阻拦在理想国之外。

柏拉图的怀疑仍活在当代。几乎每个星期都能看到关于某个艺术家或娱乐节目冒犯了他人的报道。对于以下现象，你或许至少熟悉其中几种：

● 英国审查者成功要求电影《饥饿游戏》（*The Hunger Games*）缩短了7 秒钟，因为其中有暴力内容。这样意味着英国 12 岁以上的儿童可以观看该影片。

● 囧司徒决定批评他自己的电视网——喜剧中心，因为它在一集有穆罕默德角色的《南方公园》（South Park）[①] 里用哔哔声盖过了对话。

● 试图阻止诸如《麦田守望者》（*Catcher in the Rye*）或《查泰莱夫人的情人》（*Lady Chatterley's Lover*）这样的书籍公开出版或被收入学校图书馆，因为其中包含太露骨的性描写。近来，《哈利·波特》系列作品是被试图查禁最成功和最不成功的焦点。这个运动主要由保守的基督徒领导。

● 争论政府是否应当资助某些人认为淫秽的艺术。

● 保守派和自由派呼吁抵制电视网及其广告主制作播出的据称令人厌恶的内容。

● 针对说唱歌手、电视制片人和电影制作人的愤怒。他们的恐同症、厌女症和时而油腔滑调的内容冒犯了许多人，但却能获得该行业最高奖项提名。

● 尽管这些例子来自西方，但是其他文化和政治体系表现出同样的趋势。2012 年，俄罗斯朋克乐队造反猫咪（Pussy Riot）[②] 因为批评了俄罗斯总统弗拉基米尔·普京（Vladimir Putin）的政策而获刑 2 年。

像柏拉图一样，那些限制这些艺术的人之所以如此，是因为他们对艺术家甚或受众以某种方法将情绪和逻辑联系起来，从而促成一种新的社会、文化或个人视野的力量心怀疑忌。

① 美国电视网喜剧中心制作的一部剪纸摆拍动画剧集，经常通过歪曲式的模仿来讽刺和嘲弄美国文化和社会时事的各个方面，挑战了许多根深蒂固的观念和禁忌并因其中的粗口、黑色幽默和超现实幽默而著名。1997 年首播，至 2015 年已播到第 19 季，目前已被喜剧中心续订至 23 季（截至 2019 年）。

② 由俄罗斯 5 名女子组成的乐队。

托尔斯泰和电视

托尔斯泰（Tolstoy）[③] 是柏拉图所惧怕的那种艺术家。他在自己著名的随笔《艺术是什么》（*What Is Art*）中提出，优秀的艺术有一个压倒一切的特点：它按照艺术家希望的方式将该艺术家的感觉传达给大众。

　　一个人为了唤起自身曾经经历过的感觉，便用语言所描述的行为、线条、色彩、声音或形式唤起了自身的这种感觉，并将其传递给他人，使他人感同身受——这就是艺术行为……艺术是这样一种人类行为：一个人可能有意识地运用某些外在的符号，将自己曾经经历过的感觉传递给他人，

③ 列夫·托尔斯泰（1828—1910），俄国作家和哲学家，其著名小说《战争与和平》和《安娜·卡列尼娜》具有深奥的哲学见解。他后期在道德伦理学上主张不要参与邪恶，对邪恶必须进行消极的抗争。

255

他人受到影响后产生了同样的感觉。

托尔斯泰的标准如此苛刻，以至于他拒绝承认莎士比亚和贝多芬的作品难以得到大众理解。托尔斯泰的基本理论格外适用于摄影师和摄像师，他们试图通过视觉形象，既告知信息，又唤起情感。来自第三世界的饥荒照片震撼人心，推动了国际救援行动。卡特里娜飓风受害者的电视图像导致美国联邦应急管理局（Federal Emergency Management Agency，FEMA）的一些高级官员辞职并影响了 2006 年的选举。诸如《天使在美国》（*Angels in America*）①、《艾滋病语录》（the AIDS quilt）这样的获奖戏剧，《费城故事》（*Philadelphia*）（汤姆·汉克斯在其中刻画了一个艾滋病受害者的形象，获得奥斯卡奖）这样的电影以及那些向艾滋病投降的著名艺术家的讣闻已经从理性上和感性上唤起了我们对这一疾病的关注。它们激发了行动。电视和电影纪录片通过统一的目的和技巧，使观众进一步意识到这一疾病带来的精神煎熬和无家可归的窘境，提出了重要的公共政策问题，有时还把我们逗笑。

这种作品使我们接触到了比日常生活中所见更为复杂的角色和情景，从而提醒读者和观众，艺术具有道德力量。通过思索这些虚构的角色，我们拓展了我们的道德想象。

不幸的是，托尔斯泰的主张——伟大的艺术是由受众对它的理解限定的——还包含着一个真正的困境。许多读者，甚至终托尔斯泰一生，都无法清楚地说出托尔斯泰在其著作《战争与和平》（*War and Peace*）中所写到的关于人性的深刻真理。更糟糕的是，我们可能无法将那些见识兜售给有时麻木冷漠的公众，或者一周一小时、一年 36 周地随时提供这样的见识。结果可能就是产生了失去了批判棱角、抄近路得出平庸见识的流行艺术。事实上，有些大众传播学者已经提出，流行艺术未说出口的目的是强化现状；他们说，大众文化磨损了我们的批判性思维能力。

今天，大众媒介已经成为这个时代主要的文化说书人。近半个世纪之前，埃吕尔（Ellul，1965）②争辩说，在当代社会，说书是稳定文化的必然而又理想的工具。这种"集中宣传"（propaganda of integration）并不是有意为之的谎言（这种谎言一般与宣传联系在一起），而主要是对人们所公认的文化习俗的传播。伊索寓言和早期的《麦加菲读本》（*McGuffey Readers*）③影响了美国几代人，其中包含的微妙（或直白）的讯息强化了社会结构。这就是娱乐媒介获得力量的源泉——不是通过外在讯息，而是通过潜在的、将成为社会公认的价值观的那些假设（如果不受到质疑的话）。例如，娱乐内容以一种负面的、非典型的方法不断描绘某些社会团体，结果展现了一幅扭曲的现实图画，从而强化了现状。例如，像穆斯林和福音派教徒（evangelical）这样大相径庭的团体对于无视相反证据执意强化文化刻板成见的描绘（或省略）都感到恼怒。

① 《天使在美国》是由 HBO 发行的 6 小时电视电影，该片由迈克·尼科尔斯执导，梅丽尔·斯特里普、本·申克曼等主演，于 2003 年上映。该片改编自同名舞台音乐剧，讲述了路易·爱恩森抛弃了自己得了艾滋病的同性恋爱人普莱尔·沃尔特后，时刻受到良心折磨的故事。

② 雅克·埃吕尔（1912—1994），法国社会学家和神学家，波尔多大学教授，一生出版和发表了 40 余本著作及数百篇文章。他 19 岁成为马克思主义者，22 岁成为基督徒，主要研究方向是现代技术对人类自由和宗教信仰的威胁。

③ 《麦加菲读本》是美国尽人皆知的一本书，由知识渊博的长老会牧师、教育学家威廉·麦加菲所著。至今，它仍是美国的畅销书之一，其销量已破亿。在这一读本中，麦加菲精心挑选了多篇精美的文章，教导人们应把和神建立亲密的联系作为最终的幸福目标，并在此基础上完善自我道德修养。在 19 世纪，这一读本是美国中小学教育的支柱，深深影响了美国的道德风尚，直到今天还有不少美国人能将其中的经典名句信手拈来。

256

257

258

何为艺术？

哲学家、社会学家和艺术家为艺术的意义已经争论了数百年。在工业革命之前，艺术是某种只有受过良好教育的人才能消费、生产和理解的东西。莫扎特（Mozart）必须俘获奥地利皇帝的耳朵，才能得到撰写歌剧的津贴。这种"高高在上"或"精英艺术"给社会提供了一个审视其自身的新方法。毕加索（Picasso）所画的 3 只眼睛的人或对身体部位的重新安排确实给西方文化提供了一种新的观察方法。米开朗琪罗（Michelangelo）的绘画和雕刻在文艺复兴时代也起到了同样的作用。但是，资助制度有缺陷。资助人可以限制主题，也可以限制形式，这个事实在电影《莫扎特传》（Amadeus）中得到描写：奥地利皇帝告诉莫扎特，他的作品《费加罗的婚礼》（The Marriage of Figaro）"音符太多"。艺术家们逐渐发现，如果他们能够让更多人为艺术创作"买单"，对艺术的控制就会回归到艺术家手中。于是，"大众艺术"的概念诞生了。学者们对于精英艺术和大众艺术的品质持不同意见；有人甚至称大众艺术不能被视为真正的艺术。虽然两种艺术都难以定义，但是以下清单列出了大众艺术与精英艺术以及文化的不同：

（1）大众艺术被艺术家有意识地调整到中间品位；精英艺术反映了艺术家的个人观点。

（2）大众艺术既不难解，也不复杂，还不深奥；精英艺术则具有这些特点。

（3）大众艺术迎合大部分人的经验；精英艺术探寻新的体验。

（4）大众艺术较少符合对卓越标准的明确定义，其标准与商业成功相联系；精英艺术极少有商业定位，它的卓越标准连贯而统一。

（5）大众艺术家知道受众期待娱乐和指导；精英艺术家寻求美学体验。

（6）大众艺术家承担不起冒犯目标受众的后果；精英艺术家发挥着社会批评家的作用，其作品挑战现实，甚至有时会触犯现状。

（7）大众艺术往往产生于民间艺术；精英艺术更多地来自文化中占主导地位的理性传统。

在这种扭曲中，至少有一些是因为压缩而自然产生的。就像橡胶这样的物质受到压缩后会改变形状一样，媒介信息也是如此。在一则广告中，广告文案撰稿人只有 15 秒钟的时间传递信息，他必须靠展现图书管理员、机械工或药剂师的刻板形象来达到目的。将刻板成见作为精神速记法的一种形式使用是媒介工作的自然方式，早在 1922 年，沃尔特·李普曼就在他的经典著作《公众舆论》（Public Opinion）中指出了这一点。李普曼说，我们都因"先定义、后观看"而有罪。

很快，我们就期待现实去仿效艺术。大众传播者了解刻板成见的力量，他们深深地把持并利用这些观念。根据托尼·施瓦兹（Tony Schwartz, 1973）的说法，广告信息通常是逆向构建的。传播者其实是从接收者知道的——或者自以为知道的——地方开始，然后构建一个与那种现实相匹配的信息。施瓦兹称其为拨动了"反应的和弦"。通过弹奏已经为公众深知的刻板成见这个和弦可以节省时间。挑战刻板成见则无此效果。于是，皮条客是非裔美国人，恐怖分子是中东人，没有人挑战那些未说出口的假设。受众了解到那是一个皮条客或恐怖分子，但是种族主义甚至更糟的观念也被根植下来。虽然这些形象符合艺术家的目的，但是它们是有问题的。

艺术与娱乐中的真理

在美学领域，没有哪个问题像真理在艺术中扮演什么角色一样，受到如此多的讨论，却得到如此少的结论。大部分哲学家似乎同意，艺术家并不局限于讲述字面意义上的真理。艺术家往往可以揭示以往深藏不露或不为人所注意的真理，从而提供看待世界或理解人性的新方式，这听起来非常真实。

但是，受众应当期待娱乐提供多少真理呢？受众应当期待真理有多娱乐呢？对于这些问题，人们有不同的观点。一个具有一致性的观点是对艺术根本没有真理要求。另一个具有一致性的观点是必须要有一个被所有人接受的真理。

有个事实可以调和这个问题：当真理和娱乐之间的界限暧昧不清时，受众往往并不在乎。囧司徒和斯蒂芬·科尔伯特都在喜剧中心电视网主持夜间讽刺新闻节目。调查表明，这些假新闻节目实际上对于18岁到30岁之间的年轻人而言是新闻内容的主要来源。这些节目主打对真正的政治人物的采访，包含真实事件的"真的"新闻镜头，并持有执照可以讽刺挖苦而非公正平衡，这一事实似乎对节目吸引的那部分人并没有造成影响。2004年大选中，囧司徒和CNN《交火》（Crossfire）[1]栏目主持人塔克·卡尔森进行了一次交流，显示出传统新闻和讽刺新闻之间的紧张关系。请看下面的方框：

① 《交火》的节目形式是两位分别代表"左"和"右"的评论员，再加两名"左"和"右"的嘉宾就一个话题进行讨论，提供政治光谱的两个方面。但是囧司徒指责其代表了政治光谱的两个极端。

259

当"假新闻"召唤"新闻业"

喜剧中心《每日秀》主持人囧司徒始终坚持自己是一名喜剧演员，而他报道的是"假新闻"。囧司徒追随的这种新闻融入娱乐节目的形式具有漫长的历史，它始于1939年奥森·韦尔斯（Orson Wells）的广播剧《星球大战》，并在如今的《周六夜现场》新闻节目中延续下来。

令囧司徒与众不同的是他的"假新闻"节目往往包含真正的新闻视频以及作家、新闻制作人和政治官员的直接引语。多次民意调查显示，18岁到30岁之间的年轻人从囧司徒的节目中获得了"一些"或者"大部分"公共事务信息。

他已经获得一项艾美奖、一项皮博迪奖，奖励他的节目提出了重要的公共问题。

同时，囧司徒继续作为喜剧演员工作，曾经主持奥斯卡颁奖典礼，这是一个永远贡献最高电视收视率的夜晚。因此，当囧司徒出现在《交火》中时，卡尔森、他的老板和受众都认为他们请来的是一名喜剧演员。但是囧司徒一点也不搞笑。相反，囧司徒痛斥卡尔森、《交火》和电视新闻媒体总体上在进行糟糕的政治表演，而不是完成自己的工作。媒体将总统选举的复杂性简化为每个党派的"赛马"，成百上千名新老媒体记者毫无差别地和候选人玩着"明白了"（gotcha）的日常游戏，结果使得囧司徒主持的这种嘲弄上述过程的节目不仅大受欢迎，而且可能相当必要。以下是那天晚上被讨论的意见（文字稿见 transcripts.cnn.com，2006 年 10 月 27 日）：

囧司徒："但是事情是这样的——你们在应该报道辩论的时候一直在表演，但是报道辩论才重要。"

卡尔森："你让约翰·克里（John Kerry）①上你的节目，你跪舔他的宝座，然后你还指责我们是党派的两轮牛车（partisan hackery）？"

囧司徒："绝对……你怎么啦？……你知道，我觉得有趣的是，你对公共话语有责任，但是惨的是你没做到。"

卡尔森："我觉得你应该去新闻学院找个工作。"

囧司徒："那应该是你。我想说的是，当人们上节目的时候只是不假思索、为了反对而反对地谈话……"

卡尔森："等等。我觉得你该搞笑了。来吧。搞笑吧。"

囧司徒："不。不。我不想让你拿我当猴耍……我每天都看你的节目。我都被折磨死了。"

卡尔森："我可以告诉你，爱它。"

囧司徒："它太——哦，看它太痛苦了。你知道，因为我们需要你的工作。你有这么好的机会去真正解构政客们的营销和战略。"

卡尔森："这真的是囧司徒吗？这究竟是什么？"

囧司徒："没错儿，这是一个看你的节目，然后再也无法忍受的人。我就是忍不了了。来吧，为我们工作，因为我们，作为人民……"

卡尔森："你怎么赚钱？"

囧司徒："人民——不好过……不过你夜里睡得着。"

①　约翰·福布斯·克里，美国第 68 届、69 届国务卿。2004 年作为民主党候选人参加总统大选，输给了乔治·布什。

艺术中应当有真理标准吗？强迫大众接受一个特定的道德"真理"在历史上许多文化和政治体制中都是普遍趋势。在《理想国》中，柏拉图让苏格拉底与允许儿童聆听"肤浅的故事……由肤浅的人所创作"的观点论战。第三帝国（The Third Reich）②焚烧被认为是不适合阅读的书籍。在美国历史上，这一论战

260

②　指希特勒统治下的纳粹德国（1933—1945）。

就图书馆藏书一事一直激烈进行着。诸如《哈克贝利·费恩历险记》（*Huckle-berry Finn*）、《人鼠之间》（*Of Mice and Men*）、《愤怒的葡萄》（*The Grapes of Wrath*）和《威尼斯商人》（*The Merchant of Venice*）这样长期受人尊敬并获过奖的经典著作如今面临着各种各样的学校制度的审查。美国图书馆协会（American Library Association）报告说，禁书事件每年都在增加，如今每年达到了 1 000 多例，而法院很少干涉。1982 年，美国最高法院承认了一个下级法院的裁决，自那以后再也没有审理过禁书案。

而电视在其问世的初期就开始遭到抗议。1951 年,《阿莫斯与安迪秀》（Amos 'n' Andy）① 的播出就遭到美国全国有色人种协进会（National Association for the Advancement of Colored People）的谴责，因为它"以刻板之见和贬损的态度描绘黑人"。20 世纪 60 年代，密西西比州杰克逊市（Jackson，Miss.）WLBT 电视台更新执照时受到联合基督教会（United Church of Christ）的成功挑战，理由是该电视台老板明显歧视非裔美国人。

20 世纪下半叶，各种各样的特殊利益团体用更加微妙的方法对娱乐节目施加影响。有些团体，例如支持拉美裔的组织诺索特罗斯（Nosotros）② 与电视网的官僚机构联系紧密，它们预先观看有潜在问题的娱乐节目剧集，并往往在其播出之前改变节目内容。并非所有抗议都涉及节目审查。有些人想要确保节目播出，例如鼓吹团体游说广告主和附属电视台确保某些节目或者有争议的角色在黄金时间播出。

《纽约时报》电视评论员杰克·古尔德（Jack Gould）在鼓吹团体形成势力的早期就提出了艺术可信性的问题，他提出，这种协议：

> 对于电视整体的良好状态具有潜在危险。一个非专业的外部团体介入戏剧生产，在给虚构角色命名、改变主要角色的重要性、变更故事线索等方面成功地加上了自己的愿望。（Montgomery，1989，21）

对于努力在这一媒体中进行创作的艺术家来说，电视网试图"平衡"相互竞争的鼓吹团体的利益，这种做法已经接近于再现资助制度，尽管它与政府作为资助者相比要复杂得多。

当政府资助岌岌可危时，针对内容的斗争就变得更加尖锐了。有些人争辩说，因为所有人都要缴纳税款，所以他们出资的节目就应当被所有人接受。诸如美国全国艺术基金会（National Endowment for the Arts）这样的联邦支持项目在国会一直遭到反复质询。保守派反对该基金会资助像摄影师罗伯特·马普尔索普（Robert Mapplethorpe）③ 这样的艺术家，他的作品混合了同性恋的场面和传统的犹太教与基督教共有的象征，激怒了许多人。最终，这些批评成为美国全国艺术基金会一名主管约翰·E. 弗龙迈耶（John E. Frohnmayer）辞职的一个因素。

政府也进行直接审查。无限广播公司（Infinity Broadcasting）曾多次因其

---

① 1951 年在哥伦比亚广播公司首播的喜剧系列片，1953 年停播。它原是 20 世纪 30 年代一出极为轰动的广播连续剧，以喜剧形式表现两个黑人的生活经历，主角由白人演员出演。1951 年改编成电视连续剧播出，由黑人演员主演，是最早主要由黑人演员主演的节目之一。后来因对待黑人的态度而被认为是电视史上"政治不正确"的节目，两年后停演。

② 成立于 1970 年的组织，致力于提高拉美裔人在美国娱乐业的形象，为拉美裔人提供表演艺术领域的就职和受教育机会。

③ 罗伯特·马普尔索普（1946—1989），美国著名的摄影师之一，他的作品题材包括男同性恋的情欲、静物花朵、孩童、肖像等，构图简洁利落且富有感性，明暗光影丰富，既高雅又富挑逗性。他的同性恋作品曾引发批评和取消预定展览的风波，但是也曾使某些展地出现了创纪录的参观人数。最终，他死于艾滋病。

音乐节目主持人霍华德·斯特恩（Howard Stern）在节目中用了亵渎和冒犯性的种族主义语言而被罚款数十万美元。斯特恩抗议说，联邦通信委员会的行动等于强制执行政治正确。但是其他人指出，斯特恩最常批评的是弱势人群和团体。2006 年，斯特恩离开了地面无线广播及其规则去了卫星广播，在那里他得到了丰厚报酬、艺术自由和少量的受众。

261

2006 年，随着《广播电视节目风化法案》（Broadcast Decency Enforcement Act）的颁布，国会将每一次被判有伤风化的节目的罚金从 27 500 美元提高到 325 000 美元。由于巨额罚金可能形成潜在的债务，像格莱美奖和奥斯卡奖这样的现场节目制片人都被迫在播出时稍加延时，以掩盖法院所称的"稍纵即逝的脏话"或者裸露。

 警事电视：娱乐、信息，还是新闻？

已故导演兼编剧帕迪·查耶夫斯基（Paddy Chayefsky）[①] 在其设计独特的奥斯卡获奖剧本《荧屏内外》（*Network*）中展望了一个分不清娱乐和新闻的界限、导致二者无法辨别的时代。但是，查耶夫斯基在一个细节上搞错了。新闻确实开始呈现出娱乐外貌（正如他所料，达到了极大的讽刺效果）；但是，他没有预见到，娱乐也开始在二者相遇的中间某处看上去像新闻。

想一想这些电视节目吧：《美国头号要犯》（America's Most Wanted），鼓励受众致电警方提供线索，帮助破案；《未解之谜》（Unsolved Mysteries），聚焦于犯罪和超自然现象；《惊爆内幕》（Inside Edition）以一种窥私的角度来看待对于传统电视网新闻来说"火辣得难以处理"的报道。同属这一类型的节目还包括《时事》（A Current Affair）、《硬拷贝》（Hard Copy）、《战警》（COPS）和《救援 911》（Rescue 911）以及其他大量派生产品。或者想一想《日界线》，它混淆了娱乐节目并在节目场景中假装拘捕自称的儿童性骚扰者包括看着他们被铐住带走，这一切都是为了娱乐。

接着，YouTube 来了，事实上没有什么事件能落在摄像机的范围之外，而业余人士拍摄的视频往往能够找到通向主流媒体的道路。

这些节目属于什么类型？当《美国头号要犯》追随一个为领赏而踏上去往墨西哥的非法旅程打算把一个全美皆知的罪犯带回国的人时，这是新闻还是娱乐？

目前，数十个这种伪新闻、伪警事、伪法庭节目正在同时生产。几乎没有哪个不受我们迷恋。这些被批评者称为"娱信"（infotainment）的节目在电视节目经理和受众中受到同样的欢迎。制片人热爱它们是因为这类节目制作相当便宜，比重播、新闻或者其他辛迪加节目贡献了更高的收视率。而受众喜欢它

① 帕迪·查耶夫斯基（1921—1981），美国著名作家、制片人和作曲家，参加过第二次世界大战并获得了紫心勋章。他所创作的流行歌曲有《马蒂》和《子夜》。

① 2004 年出品的剧情片，真实地再现了黑人灵魂乐歌手雷·查尔斯（Ray Charles）传奇的一生，刻画了这位灵魂乐之父异常人难以想象的坚强意志和美丽心灵。
② 2005 年在美国上映的影片，表现了美国摇滚乐之父约翰尼·卡什（J. R. Cash）的一生。
③ 2004 年在美国上映的影片，描述的是 1836 年得克萨斯为独立与墨西哥发生战争的故事。
④ 或译为《最后巨人》。美国 20 世纪福克斯公司于 1992 年出品的影片；以美国卡车司机工会领袖吉米·霍法（1913—1975?）的生平事迹为题材的传记片。霍法是个个性强、行事作风极具争议性的工会英雄。从 20 世纪 30 年代的经济大崩溃开始，他在工会及政坛历经了 40 年的奋斗。1957 年他开始担任国际卡车司机工会主席，被指控与黑社会有联系。1975 年 7 月失踪，据说被黑社会犯罪集团谋杀。出演霍法的男演员尼科尔森演得惟妙惟肖，使人对美国的工会影响政治的力量留下深刻印象。
⑤ 2000 年在美国上映的影片，讲述了美国 1962 年导弹危机的故事。
⑥ 丹尼·德维托，美国演员、导演、制片人，好莱坞极为成功的性格演员之一，以出演《飞越疯人院》成名，在美国之外以导演闻名。

们是因为这类节目使他们从重播的情景喜剧和千篇一律的体育节目中松了口气。辛迪加生产这种节目时就和植入式广告捆绑在一起，对电视台老板很有吸引力。事实上，在地方电视新闻节目收视率中总是垫底的地方电视台老板可以求助于《幸运之轮》（Wheel of Fortune）这样的游戏类节目，从而获得其新闻节目从未有过的收视率。

但是这类节目存在问题。一个男子同意上《珍妮·琼斯秀》（Jenny Jones Show）*。他知道将在节目中见到一个暗恋自己的人，但是直到节目录播时才发现那位自称的恋人是男性，后来他将其谋杀。在一次高度公开的审判后，该电视节目被免除任何谋杀责任，但是公众舆论对该节目是否有罪这一问题的态度泾渭分明。CNN 的南希·格雷斯（Nancy Grace）曾面对雪崩般的批评，因为她节目中的一位嘉宾在一次极其针锋相对的采访之后自杀了。

事实与娱乐的结合并不限于小荧屏。像《灵魂歌王》（*Ray*）①、《与歌同行》（*Walk the Line*）②、《阿拉莫之战》（*The Alamo*）③、《尼克松》（*Nixon*）、《霍法》（*Hoffa*）④和《惊爆 13 天》（*Thirteen Days*）⑤这样的影片都反映了某种基于事实的艺术视角。《霍法》的导演丹尼·德维托（Danny DeVito）⑥本想制作一部娱乐片，描绘这位富于争议性的失踪劳工领袖生平的重要事实，但是对于许多事件和人物进行了象征性的自由处理。德维托在《今日秀》中捍卫自己的改变，说他追求的是娱乐——"而不是坐下来读一本书"。

基于事实的影片和基于事实的电视节目在形式和内容上都有所不同，但是它们都同样以执照作为挡箭牌，既允许播出娱乐节目，同时又保持事实的权威——一个冒险的组合。将信息和娱乐结合起来有可能迷惑毫无疑心的既有受众。为了理解这种情况是如何发生的，我们就必须依靠"使用与满足"理论。简单地说，这一理论指受众成员将使用媒介满足某些愿望和需求。人们将某些东西带入信息，而他们带入信息的那些东西会对他们带走的东西产生影响。

例如，寻求新闻和信息是媒介的普遍用途，人们期待媒介满足日常生活所需——从交通到天气信息，再到政府新闻。娱乐是媒介另外一个普遍用途，娱乐媒介激起的欢笑、哭泣或者其他任何情绪，也就是托尔斯泰所说的受众的基本目的。

* 《珍妮·琼斯秀》是美国"垃圾脱口秀"的代表节目之一，1991 年开播，2003 年停播，由华纳兄弟电视发行公司发行。主持人珍妮·琼斯选择敏感刺激甚至耸人听闻的话题，尽力选择最有可能发生公开冲突的谈话主角。这类节目通常的策略就是在进行节目时带来"出其不意"的、为谈话参与者不愿公开见面的客人。它的取向完全低俗化，谈话只是幌子，暴露禁忌才是它吸引观众的要诀。譬如在节目里有几次都是妈妈在谈论自己的女儿发育过早或者穿得太暴露，让自己担心，看节目的人当然是醉翁之意不在酒。1995 年 3 月的一期节目的主题是暗恋和想入非非，制作人欺骗了 26 岁的男青年乔纳森·施密茨，说他的一个倾慕者会参与现场节目。当施密茨来到录播现场时才发现这个叫斯科特·阿莫杜尔的"暗恋者"居然是一个 32 岁的男同性恋，而且非常直白地、相当猥亵地对着镜头大谈自己对施密茨的性幻想。这期节目并没有播出，但施密茨深感自己被小人利用而怒不可遏。三天后，他买了一支霰弹枪来到阿莫杜尔的活动房，朝他身上打了两枪。施密茨被判二级谋杀且罪名成立，要服 25～50 年徒刑，而被害者的家人向《珍妮·琼斯秀》提出了 5 000 万美元赔偿金的起诉，最终该节目被判赔偿 2 500 万美元。

娱信保持着新闻的样貌，然而却播出与传统的"使用与满足"理论提及同样低级的娱乐内容。由于其表面上的权威（主播台、法庭、警区）和自吹自擂的重要性（例如"迄今已有 200 人获救！"），这些节目似乎对获取信息有所作用。但是，这些节目以娱乐执照作为挡箭牌，就可随意绕过准确、公正、平衡和其他通常与新闻相伴的标准，为了获得更高收视率而聚焦于更煽情的元素。

结果，具有根本缺陷的娱信被当作事实而获广泛接受。《纽约时报》专栏作家 A. M. 罗森塔尔（A. M. Rosenthal）将小报式电视节目比拟为购买"现货供应的"新闻节目。他补充说，购买此类节目的电视台应当加上这样的免责声明："不管本节目内容是什么，都与我们无关。"

电视真人秀：矛盾修辞法、利润中心和利用受众

他们吃驴蹄草、让家人为自己选择伴侣并习惯性地就自己的财政和实物资产情况撒谎。他们是天才的美国人。他们是《乔恩、凯特和他们的八个孩子》(Jon and Kate Plus 8)[①]。他们赛跑、他们跳舞、他们逃避。这一切构成了电视真人秀热，对黄金时间的娱乐节目造成了严重的损害。这股热潮开始于大获成功的《幸存者》(Survivor) 系列，该系列最初是一部夏季的替换节目，结果收获了令电视网经理们印象深刻的高收视率。《幸存者》迅速催生了其他真人秀，例如《极速前进》(Amazing Race)、《危险岛屿》(Danger Island)、《交换夫妻》(Wife Swap)、《奥斯本》(The Osbornes)、《挑战恐惧》(Fear Factor) 和《美国偶像》(American Idol)。

为什么涌向真人秀节目？收视率和金钱。30 多年来，传统电视网节目的受众份额被有线电视、数字录像设备和互联网瓜分。在巅峰期，最早的 3 家美国电视网 ABC、CBS 和 NBC 能够预计在任何一个夜晚吸引大约 90% 的美国家庭，其他家庭则收看一些初出茅庐的独立电视台播放的重播节目。如今，5 家广播电视网（包括福克斯和 CW）的受众在所有家庭中所占不到半数，且每季数量都在下滑。

接着，诸如 HBO、TNT 和 USA 这样的传统有线电视台开始涉足原创的有稿节目，进一步分流了有稿娱乐的受众，并常常一路横扫该行业的奖项。这一直接的艺术成功归因于纯粹的经济问题：一周安排几小时的优质电视节目比传统电视网多年来一直做的那样每晚安排 3 小时要容易。

使这个问题更加复杂的是，那些仍然在收看传统电视网的观众年龄较大，对广告主不具吸引力。对于电视网而言，电视真人秀是一个机会，把观众从有线电视和计算机拉回到它们的节目，而其成本比有稿电视剧集低。真人秀不仅吸引了观众，而且其吸引的观众年龄集中在 18 岁到 49 岁，这在优选人口中是收视率富矿，并且有力地刺激了更多真人秀节目的生产。

① 美国 2007 年开播的一档电视真人秀节目，讲的是一对美国夫妇和他们的 8 个孩子的故事。后该夫妇离婚，节目改名为《凯特和她的八个孩子》。

真人秀节目不仅流行，而且制作成本低廉。无须向撰稿人和为了级别或奖项工作的演员支付报酬。

但是，利用制作成本低廉的真人秀节目获得收视率已经产生了后果。诸如《海军罪案调查处》（NCIS）和《白领》（White Collar）这样的节目价格昂贵，往往需要时间寻找足够多的支持这些节目的受众。制片人希望得到一个播出足够剧集的机会——标准是60集或更多——从而进入有利可图的辛迪加市场并制作成DVD，在那里它们继续生存多年，并为最初的投资带来可观的回报。而电视网订购的是12集，同时保留晚些时候订购更多剧集的选择权——这个条款将撰稿人等与节目拴在一起，在地狱边缘生活，直到电视网做出续订或不续订的选择。

电视真人秀整块地吞噬电视网的时间表，迫使许多优质节目提前退出，并阻碍了更多节目的生产。如今的结果是，辛迪加电视台中的优质节目越来越少，优质节目制片人越来越难以将自己的产品加入如今充斥着真人秀的主要电视网的时间表。优质撰稿人逃向电影或者希望尝试有稿电视的有线频道。电视收看较少的夏季月份曾经是电视网尝试不同类型节目的机会，看看它们是否能够找到受众。如今，这个季节被交给了马上就能产生利润的"造星"节目，而对未来无所考虑。

如果真人秀还未增加这个国家的智识，至少已经增加了美国俚语。从政客到新闻记者，"投票离岛"（voted off the island）对于每个人而言都成了警句妙语。"你被解雇了"则从唐纳德·特朗普（Donald Trump）主演的《学徒》（The Apprentice）中进入了美国土语。

这种"新"电视真人秀其实是这一类型节目的第二春。第一次尝试发生在20世纪50年代，始于诸如《21》和《64 000美元的问题》（The ＄64 000 Question）这样的猜谜节目。这些节目大受欢迎，然而正如结果所示，是可以被操纵的。受欢迎的竞赛者事先得到了通识类问题的答案。受众看到的是有脚本的竞赛，获胜者已经被事先定好了。获胜者一周接一周地返场，有些人获得了全美国的追捧。并不令人惊讶，事先定好的获胜者是制片人相信能够维持或者提高收视率的那个人。在媒介历史上，人们称其为猜谜节目丑闻，紧随其后的是国会听证会，职业生涯甚至立法受到严重损害。

新真人秀遭遇一些同样的问题。当那些在一个或多个真人秀中领先的人实际上已被事先决定一事被发现，就成了全美国的新闻。很快，受众了解到，各种各样的真人秀参与者并不总是媒体菜鸟，而往往是从不同等级的新演员中招募的。更有甚者，对于说服受众相信真人秀的前提至关重要的"自发性"这一概念是假的。诸如《幸存者》、《百万富翁乔》（Joe Millionaire）[①]及其他类似节目的制片人经常摄制成百上千小时的视频，沿着事先定好的"故事线"将其编辑成所谓的自发节目。

有些真人秀的前提在法律上是有问题的，例如提议抓捕召妓的男子——真人"嫖客"——或者警察秀这样的系列，允许媒体拍摄发生在他人家里的逮捕，结果只是在稍后成功地遭到侵犯隐私的指控。有些节目因完全没有道德界限或者把我们变成了偷窥狂而不是传统的观众而引人注目。《诱惑岛》（Temptation

① 美国福克斯电视台2003年推出的相亲真人秀节目。节目里说乔继承了一笔100万美元的遗产，因此深受女士们的喜爱。节目安排了很多女人跟他约会，最后层层选择，剩下一个看起来真心爱他的女人。最后主办单位却对这位女士说："对不起，乔不是百万富翁，这一切都是虚构的，他是一个穷光蛋。"这个时候对这位女士来说，就是个考验了。嫁不嫁？如果不嫁的话，就代表你是拜金女；嫁的话，就要嫁个穷光蛋。这个女士到最后还是选择嫁给乔。两人结婚后，节目组奖励给这对新婚夫妇100万美元。

Island）将夫妻或恋人置于身体和情绪的双重危险，就为了娱乐受众。但是，他们即使生活遭到无可挽回的改变，仍然被美国人观看。

2009 年 6 月，创纪录的 1 060 万人转向 TLC 的《乔恩、凯特和他们的八个孩子》节目，发现乔恩和凯特·戈斯林（Kate Gosselin）正在叫停维系了 10 年的婚姻，其中还有几年为电视所记录。这是一档真人秀系列节目，主角是两个家长和八个孩子，他们生活在宾夕法尼亚州伯克斯县（Berks County）价值 110 万美元的家里，这个房子的一部分修建费用是电视资助的。离婚之时，这对夫妇提交的文件显示他们已经分居很久，提出离婚诉讼之前他们可能对公众隐瞒自己的婚姻状况达两年之久——律师们争辩说，离婚诉讼只是"法律术语"。在接受《人物》（*People*）杂志采访时，凯特并没有指责是无处不在的摄像机毁掉了她的婚姻，而是说，无论有没有这个 TLC 电视网最火节目之一的电视真人秀，离婚都会发生。

电视真人秀带来了一个重要的伦理问题：什么构成了真实？正如你在第 1 章读到的，真相的定义和真相与真实之间的关系在这一千年中一直在变化。电视真人秀更像《黑客帝国》里电脑生产出来的黑客帝国。电视真人秀利用参与者达到目的，与此同时，电视真人秀这个黑客帝国里的许多人得到了娱乐。

克里斯·邦顿（Kris Bunton）和温迪·怀亚特（Wendy Wyatt，2012）在对电视真人秀的伦理问题进行哲学探讨时提出了另外一些重要问题。例如，电视真人秀节目是否以模式化的形象表现参与者或者行为？即便参与者签署了长达20~30页的法律弃权声明书，电视真人秀节目是否就没有侵犯隐私？竞赛者是否能够合乎伦理地泄露节目所要求的那种途径？电视真人秀是否能够激励我们特别是如果我们有天赋，或者是否能够在原始环境和压力之下创建一个运作良好的团队？苏珊娜·科林斯（Suzanne Collins）的《饥饿游戏》三部曲以虚构形式呈现出这些同样的问题，而她的答案往往令人困扰。科林斯曾说，她写这一系列，部分是作为对电视真人秀的回应，而她早期受到的文学影响包括乔治·奥威尔的《1984》。

21 世纪早期是个可怕的时代，观看《百万富翁乔》搞砸自己的浪漫关系比找机会出去赴自己的初次约会要容易得多。但是，那可怕的初次约会有机会变好也有机会变坏——二者都不是百万富翁乔要面对的结果。在浪漫关系中，真相至关重要，因为人们靠它形成关联。电视真人秀是蒙在鼓里的人拥有的一段被策划、被编辑的经历。那个策划无关真相，甚至也无关个人。正如在黑客帝国之中，那是一个代码。

 纪录片制作者：艺术家还是新闻工作者？

或许没有哪个媒介类型像纪录片一样结合了艺术和新闻。事实上，如果你

265

请一个纪录片制作者——特别是初出茅庐的——定义其职业角色，导演、制片人和剪辑师很可能说他们生产的是艺术，只是有时看上去像新闻。然而，正如最近的学术研究和专业研讨会指出的（Aufderheide，2005），纪录片制作者和他们的新闻堂兄弟一样共享许多相同的伦理问题。但是，由于他们中的许多人要么是自学成才，要么是电影节目的产物，因此他们蓦然碰到同样的伦理问题时，相对而言缺乏指导。

纪录片制作者通常同意他们是真相的讲述者，但是他们追求真相的方式不一定是新闻工作者传统上所遵循的客观性。相反，纪录片制作者追求用语境影响之下的观点来讲述真相。我们能够合理地指出，实际上关于同一个主题，可以制作多部不同的纪录片——例如，俄勒冈州备受争议的协助自杀法——每一部都体现了一个观点。但是，纪录片制作者坚称，最佳纪录片有时承认并深刻检视与导演相反的观点。2011 年，《纽约时报》在言论版——社论版对页——开辟了一个新内容，邀请市民和从业者以短纪录片的形式提供关于公共重大事件的编辑评论。

266

纪录片以重要方式将事实和信仰、观点连接起来。纪录片制作者还要斟酌自己应该和影片主题纠缠多深。例如《生于妓院》（*Born into Brothels*）①导演、制片人泽娜·布里斯基（Zana Briski），她影片的一部分讲述了她通过个人的努力将印度性工作者的孩子送进学校，以使其摆脱贫困，并为加尔各答贫民窟提供可能的工作选择的故事。纪录片制作者往往自筹资金、花费数月，没有报酬地捕捉影像、场景和对话，从而构建一个叙事作品。对于新闻工作者来说，这种对唯一消息来源和观点的承诺是罕见的，而且会混淆真正的消息来源和朋友之间的界限。一方面，纪录片制作者担心会剥削、利用那些他们逐渐与之亲密的人；另一方面，他们又担心为唯一观点或者某个喜欢面对镜头的消息来源所困，理由是导演会失去对影片内容本身的控制。

剪辑也向纪录片制作者提出了一大串问题，从往往陷于快乐或者悲伤的惊心动魄的人物镜头到了为美学目的而要求显著省略和强化的叙事建构，如此种种，不一而足，结果使完成的影片悄悄偏离了影片制作者及其消息来源最初追求的真相或者不偏不倚的审视。添加音乐和档案式片段、构建叙事结构都需要长时间待在剪辑室里。因为纪录片越来越赚钱，它们已经需要在产品价值和后期制作工作中投入大量资金。筹集资金制作这类影片并不容易，而且纪录片制作人还担心在理性和艺术方面为出资人所困。

此外，情感在纪录片中占据一席之地。它们是意在激起受众回应的影片。战略传播从业者能识别出深嵌在许多纪录片中的行动召唤。纪录片制作者试图公开将情感、事实、逻辑和行动联系在一起，新闻极少采取这种方式（或许调查性报道除外）。与此同时，有一些真正的伦理问题并不能轻易地被这个太普通的回应化解："但是，我是一个艺术家。"在获得 2011 年奥斯卡奖的纪录片《监

① 第77 届奥斯卡最佳纪录片获奖影片，讲述了一群在印度加尔各答红灯区生活的性工作者的孩子们在导演的带领下，逐步接触和学习平面摄影的经过。

守自盗》（*Inside Job*）中，该片制片人指出，尚未有人因为催化了 2008 年大衰退的财务丑闻而坐牢。这部影片在艺术上取得了成功；但是，它的政治影响却比较弱。如果柏拉图今天还在世，毫无疑问，纪录片因其调查研究和艺术造诣将出现在当代民主共和政体的高度可疑名单中。

美学是一种态度

艺术家看待世界与常人不同。当大部分人仅仅感到有所需要时，艺术家就在以一种被某些人称为"浓缩的感性经验"工作了。这种审美态度注重所有感觉的紧密而完全的结合。审美态度就是一种坦率的世俗态度，一种同时需要情感和逻辑来达到特定结果的态度。

267

例如，戏剧受众知道，尤金·奥尼尔（Eugene O'Neill）[①]的戏剧"仅仅"是戏剧。但是，它们也给我们提供了对家庭在人类社会中所承担的角色的密切审视——对于每一位受众成员来说，这都是一种真实而个人的体验。正是这种密切审视给这些戏剧以感动人的力量。

① 尤金·奥尼尔（1888—1953），美国剧作家，1936 年诺贝尔文学奖得主，美国最杰出的戏剧家。代表作有《安娜·克利斯蒂》《琼斯皇》《毛猿》《榆树下的欲望》《奇异的插曲》《送冰人来了》《长夜漫漫路迢迢》等。

我们相信，中介信息的制作者，不管他们是电视情景喜剧的执行制片人，还是一张报纸版面的设计者，都拥有这种审美冲动。这些大众传播者很像建筑师。建筑师可以设计一幢完全可用的立方体建筑，一幢可以经受风吹雨打、可能用于特定目的的建筑。但是，伟大的建筑——伦敦的圣保罗大教堂（St. Paul's Cathedral）或蒙蒂塞洛（Monticello）的杰斐逊故居——能发挥更大的作用。它们为人类和谐地利用形式和功能的理性能力做出了贡献。

事实上，哲学家已经提出，是附加在一件日常的、可使用的作品上的美学特性将平庸与卓越区分开来。卓越拥有的这些特性被描述为：

- 欣赏产品所实现的功能。
- 欣赏最终的品质或形式。
- 欣赏表象之下的技术或技巧。

优秀美学作品的这三个特点同样可用于概括大众传播的优秀成果。

以报纸的天气版为例。《今日美国》彻底重校了天气版的规格，从细小的 5.5 磅黑白铅字改为彩色整版。他们理解已故政治专栏作家莫利·艾文斯（Molly Ivins）的评论：人们不谈论足球的时候就谈论天气。他们增加了天气版的版面，并用彩色进行印刷。他们增加了更多的信息，风格和形式更加清晰易懂。简而言之，他们赋予报纸的天气版以一种美学特性。虽然《今日美国》的许多内容都一直在遭受批评，但是其卓越的天气版却被争相仿效。

尽管大众传播从业人员不常被指认为艺术家，但是我们相信他们直觉地将美学标准作为出色的职业表现的一个组成部分。正如哲学家 G. E. 穆尔（G. E. Moore，1903，83）在他的《伦理学原理》（*Principia Ethica*）一书中指出的：

> 让我们想象一个极端美丽的世界。尽可能把它想象得美一些，在这个地球上安排你最喜爱的一切：山峦、河流、海洋、日出和日落、星星和月亮。想象这一切都以最精确的比例结合在一起，这样它们就不会相互冲突，但是每一样都增加了整体的美。然后，再想象一个你能想到的最丑陋的世界。就把它想象成一个垃圾堆，里边有不管出于什么原因，总之最让你感到恶心的一切东西，而且其整体可能没有一个可供弥补的因素……假设（所有）这一切都远离人类的预期，但是坚持认为这个丑陋世界的存在比美丽世界的存在要好仍然是非理性的。

268

"电影""压缩磁盘""诗歌""新闻报道""照片"或"广告文案"构成了穆尔所说的"世界"，我们相信你会继续凭直觉同意这种陈述。虽然我们可能对"是什么从形式和内容上具体地构成了美"持不同意见，但是卓越的美学标准仍然适用。

哲学家约翰·杜威指出："审美经验是一种表现形式，一种文明的生活记录和庆典，一个促进其发展的手段，也是对一种文明的质量的最终评判。"在 PBS 系列节目《电视的承诺》（The Promise of Television）的采访中，评论员比尔·莫耶斯（Bill Moyers，1988）说：

> 电视（television）的词根是"远处来的景象"（vision from afar），这就是它的主要价值。它带给我永远无法亲身经历的关于观点、梦想、想象和地理的短暂景象。所以，它使我接触了更广泛的世界。电视可以成为美化生活而不是贬低生活的力量。

尽管莫耶斯的评论是针对电视的，但是同样的论点也可以用于一本好书、一份好杂志、一段音乐或一部电影。而且，不管电视是美化人性的力量，还是贬低人性的力量，它都主要掌握在那些拥有它和为它工作的人手中。

【推荐书目】

Bunton, Kris, and Wendy Wyatt. 2012. *Reality television: A philosophical examination*. New York: Continuum International Publishing Group.

Calvert, Clay. 2000. *Voyeur nation: Media, privacy and peering in modern culture*. Boulder, Co: Westview Press.

Jensen, Joli. 2002. *Is art good for us?* Lanham, MD: Rowman & Littlefield, Publishers.

Medved, Michael. 1992. *Hollywood vs. America*. New York: HarperCollins Publishers.

Montgomery, Kathryn C. 1989. *Target: Prime time. Advocacy groups and the struggle over entertainment television*. New York：Oxford University Press.

Postman，Neil. 1986. *Amusing ourselves to death*：*Public discourse in the age of televi-sion*. New York：Penguin Books.

【网上案例】www. mhhe. com/mediaethics8e

"How to remember Malcolm X" by Dennis Lancaster

"Beavis and Butthead：The case for standards in entertainment" by Philip Patterson

"Joe Klein and the authorship of 'Primary Colors'" by Lee Wilkins

"'Bamboozled'：Truth (or prophesy) in satire" by Lee Wilkins

"Truth in filmmaking：Removing the ugliness from 'A Beautiful Mind'" by Philip Patterson

"Playing hardball：The Pete Rose-Jim Gray controversy" by Ben Scott

"How much coverage is appropriate? The case of the highly paid athlete" by Matt Keeney

"Up for debate：NBC news logo decorates 'The West Wing'" by Reuben Stern

第 10 章　案例

案例 10 - 1　《寻找小糖人》：艺术再发现

李·威尔金斯（Lee Wilkins）

密苏里大学（University of Missouri）

是什么造就了热门唱片从未被简化为一个公式。在 20 世纪 60 年代到 70 年代早期，数以百计的天才艺术家从未被一小群粉丝之外的人听说过，因为他们的唱片卖不出去。底特律（Detroit）的青年音乐家西斯托·罗德里格兹（Sixto Rodriguez）恰是如此。他制作了一张专辑——1970 年发行的《冷酷事实》（Cold Fact）——1971 年又发行了第二张。他的声音颇似詹姆斯·泰勒（James Taylor）[①]，歌词有着鲍勃·迪伦（Bob Dylan）[②]的锋芒和诗意，但是罗德里格兹的事业从未超出过底特律。多年以后，他的制作人——当年在汽车城活动、后来住在加利福尼亚——告诉丹麦纪录片制作者马利克·本德让劳尔（Malik Bendjelloul），罗德里格兹在美国卖出去的唱片数量准确地说是 6 张。

那是真的——可以这么说。他的制作人或许已经得知但是罗德里格兹无疑并不了解的是，专辑《冷酷事实》及其同名歌曲已经成为半个世界以外的年轻人的圣歌。在 20 世纪 70 年代早期的南非，罗德里格兹比猫王还要有名，比滚石卖出的唱片还要多，在那个国家，他已经成为想要挑战种族隔离政治制度的一代人的声音。他的两张唱片被认为极具煽动性，以至于政府审查者故意刮坏广播电台收藏的黑胶唱片，这样它们就不能在广播中播放了。在互联网时代之前，

269

① 詹姆斯·泰勒，美国民谣唱将。共发行 16 张录音室专辑、4 张精选集、4 张现场专辑，仅在美国的唱片销量就达 3 300 万张，共获得 5 项格莱美奖，2000 年入驻摇滚名人堂（Rock and Roll Hall of Fame）和创作人名人堂（Songwrit-ers Hall of Fame）。

② 鲍勃·迪伦，美国歌手、歌曲作者和作家。他对流行音乐和流行文化影响深远。他的许多著名作品出自 20 世纪 60 年代，记录了社会的动荡。他的许多作品成为美国民权运动和反战运动的圣歌。他的唱片销量超过 1 亿张，是有史以来卖出唱片最多的艺术家之一。他获得过无数奖项，包括 11 项格莱美奖、1 项金球奖和 1 项奥斯卡奖。他还入选了摇滚名人堂、明尼苏达州音乐名人堂等。2008 年获得 1 项普利策特别奖，表彰他对美国流行音乐和文化的深远影响。2012 年获得奥巴马总统颁发的总统自由勋章。

① 这个词来自一个德国民间故事，最有名的版本收在格林兄弟的《德国传说》中。故事发生在 1284 年，在德国一个名叫哈默尔恩（Hameln）的村落，来了一个外地人，自称捕鼠能手（中世纪多鼠疫，捉鼠那一行很吃香）。村民向他许诺，若能除去鼠患，有重酬。于是他奏起笛子，鼠群闻声随行，被诱至威悉河淹死。事成，村民反口，吹笛人离去。数周后，正当村民在教堂聚集之时，吹笛人回来，吹起笛子，孩子们闻声随行，被诱至一个山洞内，困在洞中而死。
② 鲍勃·迪伦的作品，写于 1964 年，著名的反战歌曲，美国民歌史上著名的歌曲之一。

罗德里格兹是一名地下花衣魔笛手（pied piper）①——每个人都知道他的歌，就像美国的某一代中每个人都知道《答案在风中飘荡》（The Answer Was Blowin' in the Wind）②。

他的南非粉丝还知道些别的：罗德里格兹死了。没人确知他是怎么死的，但是有一些相互矛盾的报纸报道说他是自杀的——五花八门，有的说他在舞台上点燃了自己以抗议种族隔离，有的说他开枪自尽。在一个摇滚音乐家——贾尼斯·乔普林（Janis Joplin）、吉米·亨德里克斯（Jimi Hendrix）、吉姆·莫里森（Jim Morrison）——过早死亡的时代，这似乎再正常不过了。罗德里格兹之死的神秘与假设在南非流传了 20 多年。但是，就在这个国家发生变化之时，他的主要由非洲人民组成的粉丝对他的死并没有忘怀，包括两位如今已人到中年、成为音乐记者的粉丝，他们开始了一次可能不会有结果的探寻，想要知道罗德里格兹究竟是怎么死的。

解答这个谜题成了本德让劳尔在 21 世纪初报道、拍摄和制作的纪录片《寻找小糖人》的焦点。这部影片记录了南非人（其中有一位昵称为糖果人）追寻罗德里格兹的努力，而结果极为震撼。

他们在互联网上发了一个帖子，询问关于这位音乐家之死的情况。罗德里格兹的成年女儿做了回应，她发电子邮件说，自己的父亲还在世，几十年一直住在底特律，靠繁重的建筑工作养活自己，他对自己在南非、在南非人民中的影响一无所知。当南非人找到罗德里格兹然后致电他时，他挂掉了电话，以为来电是个恶作剧。不过，幸好有这最初的联系，20 世纪 90 年代末，罗德里格兹最终前往南非，在那里，他的演唱会门票一售而空，他在成千上万名观众面前表演，他们能够唱出他每首歌的每个词。本德让劳尔报道了这一切，包括对罗德里格兹、他的女儿、他的南非粉丝的长篇采访，以及用甚至在下个世纪仍不过时的音乐作为贯穿全片的配乐。

但是，为了报道这个与众不同的、不可思议的神秘故事（罗德里格兹已经在许多年前就不再进行职业表演了），本德让劳尔做了一些他承认是不容易的妥协（根据 2012 年的私人交流）。为了追寻关于罗德里格兹本人的信息，本德让劳尔需要采访其前制作人——这位制作人从南非的销售中得到了一些版税。没有他的合作，影片无法推进，于是本德让劳尔决定不去触碰这位制作人潜在的财务诈骗问题，以便获得更多关于罗德里格兹早期唱片和艺术事业的信息。本德让劳尔本人的制作资金也紧紧巴巴——就在他拍摄这部影片之时，他在罗德里格兹的沙发上度过了若干夜晚以节省开销。而且，罗德里格兹本人对有些事也含含糊糊。例如，完成的纪录片从未提到过一次婚姻或者一位情人——尽管他有 3 个孩子出现在了影片里——也没有深入探讨为什么一个有如此惊人天赋的人——已知他是个奇迹——未能在 20 世纪末 21 世纪初充分利用这一点，无论是金钱上，还是艺术上。

270

这部纪录片于 2012 年 7 月在美国正式首映。罗德里格兹和本德让劳尔都接受了《纽约时报》和 NPR 的采访，受众由此得知罗德里格兹一直活跃在底特律政界，不止一次竞选过市长，均落败。罗德里格兹的美国艺术事业也开始起飞；他在西南之南（South by Southwest）① 这样的音乐节上开演唱会，他的音乐在新港爵士音乐节（Newport Jazz Festival）中得到报道。截至本书写作之时，这部影片还没有找到一个全国发行人，尽管它的片段以及罗德里格兹的音乐可以在互联网，也可以通过 iTunes 这样的音乐经销商获得。

① 美国得克萨斯州每年举办一次的音乐节。

微观问题：

（1）在打磨叙事时，本德让劳尔表现得更像一个特稿写作者，而非一名调查记者，即便是显然有些关于罗德里格兹版税报酬的事值得调查。从角色的视角来分析这个选择。这是一个为了讲好故事而剔除重要事实的案例吗？

（2）为了制作这部影片，电影制作人是否应当在真正意义上和拍摄对象生活在一起？运用伦理学理论证明你的答案正确。如果一名新闻工作者曾经和一个重要的消息来源做同样的事，你的反应是什么？

（3）这位电影制作人是否利用罗德里格兹作为实现目的的手段？

中观问题：

（1）这位电影制作人为了获得有关罗德里格兹生平中可能不那么体面的部分，应当努力到何种程度？

（2）罗德里格兹在镜头前说他是一个害羞的人。实际上，在他早年的底特律生涯中，他经常在一个叫"阴沟"（Sewer）的酒吧里背对着受众表演。像《寻找小糖人》这样的影片是否明显侵犯了他珍视的隐私？

宏观问题：

271

（1）基于上述事实和你能在互联网上找到的东西，分析流行文化的概念可能如何被用于解释罗德里格兹在美国的失败。

（2）今天，音乐家往往把音乐先放在网上，然后才放在街上，在这种环境下，你认为罗德里格兹和他的音乐能在美国找到受众吗？这有关系吗？

（3）这部纪录片是否对改变罗德里格兹的生活负有责任？导演在制作这部影片时是否应当关心这个潜在的问题？

案例 10-2 鲍勃·科斯塔斯和杰里·桑达斯基：体育是娱乐还是新闻？

李·威尔金斯（Lee Wilkins）

密苏里大学（University of Missouri）

体育新闻在某种方式上以自己的一套规则运转。首先，它对受众成员极为重要，所有涉足其中的人都能受益。有些研究指出，大约 30％ 的报纸读者读体育版，此外什么也不读。有线电视提供一揽子节目，便于体育迷追看他们最喜欢的体育运动（NFL①、NBA 和 MLB②都拥有许多频道）和运动队——都是按月收费的。ESPN 提供的电视节目收看人数最多，最近，NBC 和 CBS 也创办了全体育电视网。

体育记者是热心的支持者——支持他们的本地高中运动队获得职业特许权。为了支持本地，客观，甚至公正，有时都要往后靠。而且，钱是惊人的。2012 年创立的大学足球锦标赛系列被预计会很赚钱——计划超过 5 亿美元——以至于它肯定会在困难时期为电视网提供持续的收入来源。

而且，那笔收入也不会伤害到有着一流体育项目的大学。

在那些被指望赚钱的学校里有宾夕法尼亚州立大学（Pennsylvania State University），一所位于学院站的大学，拥有 44 000 名学生。在那里，传奇教练乔·佩特诺（Joe Paterno）已经领导这个项目超过 40 年。他是大学足球史上赢球最多的教练。他的学生运动员毕业后，有许多都继续踢职业足球，而他对宾夕法尼亚州立大学的忠诚已经不仅为运动部门而且为学校的学术任务筹集了数不清的美元。在佩特诺执教到七八十岁时，他的成功也可归功于他的全体人马，包括共事多年的防御协调员杰里·桑达斯基（Jerry Sandusky）。佩特诺和宾夕法尼亚州立大学的项目一直被视为大学体育管理和运作的模范。这个项目以及佩特诺和他的人马几乎没有受到批评报道。当地和全美国的体育记者随时带着宾夕法尼亚州立大学的故事作为大学体育"最佳实践"的范例。

272

2011 年秋天，当桑达斯基遭到指控并因猥亵儿童的罪名被逮捕时，这一切都分崩离析了。接下来他被指控猥亵儿童受到审判并被宣判有罪，如今在坐牢。桑达斯基通过他创办的慈善机构招募了一些青少年受害者。他的诱饵之一就是让那些青少年接近宾夕法尼亚州立大学的足球项目和设施，根据大陪审团的说法和法庭证词，桑达斯基被看到在那里猥亵男孩子。

根据同一份证词和前 FBI 探员路易斯·弗里（Louis Freeh）的独立调查，佩特诺一直知道这个问题，但他没有直面问题，而是敦促大学及其官员不要采取行动。丑闻本身如此严重，以至于任职 16 年的宾夕法尼亚州立大学校长都被开除了。国会和许多州立法机关都在考虑要立法将对儿童性虐待嫌疑案件知情不报的行为定为犯罪。这个国家开始讨论发现此类罪行然而放任其继续发生的成年人的伦理责任。

如果有一个媒介事件抓住了这个问题的实质以及这一丑闻的深度，那就是鲍勃·科斯塔斯（Bob Costas）在审判前对桑达斯基的采访。科斯塔斯被普遍认为是最好的体育记者，并以学识渊博和准备充分著称。他对桑达斯基的采访一共持续了 36 分钟，其中大约 8 分钟在 NBC 的夜间新闻杂志栏目《布雷恩·威廉斯摇滚中心》（Rock Center with Brian Williams）播出。（在 deadspin.com/bobcostas 上选 2011 年 11 月 14 日的剪辑片段就可以看到这次采访的一部分。还可以在那里找到全部采访和文字稿的链接。）在采访中，桑达斯基承认他和男孩子们"鬼混"，并且还说了另外一些被许多观众和批评家描述为令人毛骨悚然的话。科斯塔斯的问题则被描述为"尖锐"。他直截了当地问桑达斯基是否清白。科斯塔斯的采访得到了 2012 年艾美奖提名。

　　但是，这次采访以及该电视网对其的编辑并非没有争议。NBC 和科斯塔斯被批评在节目播出时删掉了以下谈话，而这一举动始终不为人所知，直到检察官要求将这次采访中被剪掉的片段呈堂作证之后才大白于天下。媒介批评家质疑桑达斯基在这一片段中已然承认有罪，虽然几分钟前他刚刚否认过。

　　19：00：28：00　但是这不正是你刚才描述的大量恋童癖的经典模式吗？就是说，他们获取年轻人的信任，但他们不必伤害每个年轻人。你要接触的男孩子即便不是数以千计，也是数以百计，但是对你的指控是，他们中至少有 8 个人受害。许多人相信还会出现更多。所以完全有可能你用某种不令人反感的方式帮助男孩儿 A，同时可怕地占男孩儿 B、C、D 和 E 的便宜。这可能吗？

　　杰里·桑达斯基：

　　19：01：01：00　嗯——你可以那么想。我不知道。（笑）就——我与那么多、那么多年轻人的关系而言，我会——我猜有许多年轻人会自告奋勇。还有更多自告奋勇的年轻人说，我的方式和——和我为他们所做的一切对他们的人生产生了非常积极的影响。我没有为性需求去物色我帮助过的每个年轻人。有很多人我并没有——我和我以各种方式帮助过的人几乎没有任何联系。

微观问题：

（1）体育记者是否应当进行这种采访，还是说最好把这样的采访留给调查记者？

（2）当地体育记者是否应当在他们当地的市场中寻找此类报道？

（3）基于你在网上获得的内容判断科斯塔斯是否侵犯了桑达斯基的隐私？这种侵犯恰当吗？

（4）科斯塔斯和其他新闻工作者还应当采访谁？

（5）你会将此次采访描述为公正的吗？用伦理学理论解释你的回答。

中观问题：

（1）NBC 应当在儿童很有可能收看的黄金时间播放此次采访吗？

（2）此次采访是否伤害了桑达斯基获得公正审判的宪法权利？根据你的答案思考，这是否意味着该电视网本来不应当尝试做这次采访？

（3）根据你对上一题的答案来评估该电视网省略掉的那一部分采访。

宏观问题：

（1）这类报道配得到奖项吗？如果是一名地方记者做了同样的采访，他是否会获得同样的提名？

（2）在你的社区，你会如何定义体育记者的角色？为这种定义方式提供伦理上的辩解。

（3）前面的问题都假设体育新闻与新闻有许多共同之处。如果体育新闻被视为娱乐，伦理标准是否会改变？应该改变吗？

案例 10-3　基本非艺术

米托·哈伯-埃文斯（Mito Habe-Evans）
密苏里大学哥伦比亚分校（University of Missouri-Columbia）

基本非艺术（hardly art）是一个独立唱片品牌，是 2007 年由位于西雅图的 Sub Pop 唱片公司（Sub Pop Records）创建的姐妹品牌。Sub Pop 创建于 1987 年，是垃圾摇滚（grunge rock）现场的先驱之一，包括发行了涅槃乐队（Nirvana）的第一张专辑，之后这个乐队就跳槽去了主要唱片品牌 Geffen/DGC。

尽管 Sub Pop 的定位风行一时，但却在财务上困难重重。这种另类音乐在 20 世纪 90 年代逐渐取得的商业成功意味着主要唱片品牌会和 Sub Pop 竞相签约有才华的音乐人。根据 Sub Pop 网站对自己的简介，其财务困难的部分原因是当它在一个日益拥挤的市场中寻求扩大生意的途径时，在各种项目中"不理智地在餐饮和巡演上进行花费"。最终，财务困难导致 Sub Pop 将其 49％的所有权卖给了华纳兄弟唱片公司（Warner Bros. Records）以换得现金流入（Sub Pop，2008）。

独立唱片品牌和主要唱片品牌使用的典型商业模式都是和艺术家签订多张专辑合约，提供金钱和资源用于录制、生产、制作、发行、巡演和推广，艺术家从唱片销售中获取版税——唱片公司就靠销售收回其最初的投资（Albini，1993）。在 Sub Pop 这个案例中，销售不足以收回最初的投资——特别是在较小品牌开始和较大、资金较充裕的品牌竞争之后。

另一方面，主要品牌能够通过压低艺术家的版税来收回投资。而艺术家往往即使获得一定成功，仍然负债累累。戴维·赫斯蒙德霍（David Hesmondhalgh，1999）将音乐行业的这种逻辑描述为"面向国际化，因为它的经济需要积累极其庞大、绝不节制的销量：发展、营销和录制的成本高昂；而重新制作每张拷贝的边际成本则非常低廉"。来自主要品牌的支持——如果它会来——已经演变成适者生存，音乐的强制商业化使得只有那些能制作出吸引最多数受众的音乐的艺术家才会在签约后得到音乐行业的支持。特别是当艺术家签订了多张专辑的合约，并陷入唱片公司的债务时，就必须寻找一种方式履行其合同义务，并赚到足够的钱以摆脱债务。

较小的、不够商业化的音乐缺乏支持，而独立唱片品牌的出现是对它的回应。这些品牌重视音乐家的艺术自主，然而也必须平衡它与财务可行性的需要。

利润虽不是独立唱片品牌唯一的动机，但是作为一个企业，为了生存，它仍然要当心不要赔钱。

Sub Pop 创办的基本非艺术这个姐妹品牌采用了一种新的商业模式，其基础是品牌与乐队按照 40%～60% 的比例分配净利润，这与该行业传统的版税系统截然不同。首先所有的成本都需要偿还，但是一旦偿清，乐队就能得到相当高比例的利润。由于相关双方在维持低成本方面都有既得利益，因此他们通力合作，决定什么样的额外活动——例如巡演和推广——值得额外的花费。他们没有用多张专辑合约来捆绑乐队和品牌，而是使用了一次性计划模式，允许小型乐队自主发行。基本非艺术总经理萨拉·穆迪（Sarah Moody）说："说到为什么我们要采用这样的模式，主要原因是想对艺术家友好，特别是对刚刚起步的乐队，次要原因是想看看这样做在财务上是否可行。"

截至现在，基本非艺术已经以这种模式发行了 6 张专辑，其运作尚未能充分获利，但是穆迪相信，如果算上最近这几个月，有两项计划将完全收回成本或者接近收回成本。她指出，第一批计划由于无法与其他计划分担广告费用而承担了额外义务，从而抬高了总预算。她看到，在采用相同的基本营销框架实施更多计划后，每一项计划分摊到的这一费用就降低了。"在此期间，还有大量其他机会提供给我们的乐队，帮助他们，"穆迪说，"不管是巡演，还是特许机会，或者其他类似的……所以，虽然让我们的艺术家得到利润是第一位的，但是每个人都明白必须要有一些耐心。"

275

微观问题：

（1）Sub Pop 的方式带给艺术表达什么样的价值？从本质上说，这些价值合乎伦理吗？

（2）从伦理角度来看，自由创作对于艺术家而言有多重要？对于那些把他们的作品推广给其他人的人而言呢？对于音乐爱好者呢？

中观问题：

（1）运用第 7 章中利益相关者和持股人理论的概念分析 Sub Pop 方法的伦理含义。

（2）评估独立音乐、电影等等在自己的创作中是否要考虑流行文化的规则，要考虑到什么程度？

（3）什么是独立音乐？它是简单的娱乐？还是长久的艺术？还是生意？还是这三者合一？你的答案——从伦理的角度看——根据你定义"独立"的方式会发生怎样的变化？

宏观问题：

（1）像这样的所有权和利润分享结构在大众媒介的其他领域，例如广告或公关机构或新闻组织的创作中是否也可行？你是否乐意为一个采用这种商业模式的组织工作？

（2）评价穆迪在以下陈述中的伦理主张："我愿意认为，我们品牌的另一个目标是创造一个艺术家感到舒适和知情的环境，感到仿佛他们可以从中建立事业，而不是为了生产利润一个接一个地抛出随随便便的记录。我们更愿意把乐队看作我们的伙伴。"

案例 10 - 4　　《辛德勒的名单》：记忆的角色

李·威尔金斯（Lee Wilkins）

密苏里大学哥伦比亚分校（University of Missouri-Columbia）

1982 年，导演史蒂文·斯皮尔伯格购买了澳大利亚小说家托马斯·基尼利（Thomas Keneally）转述"辛德勒的犹太人"（Schindler Jews）一事的版权。"辛德勒的犹太人"是波兰克拉科夫市（Krakow，Poland）的一群居民，大约有 1 100人。由于捷克斯洛伐克（Czech）的实业家奥斯卡·辛德勒（Oskar Schindler）愿意为他们的生存而哄骗、贿赂和威逼纳粹分子，他们从大屠杀中幸存下来。今天，辛德勒，一位天生的罗马天主教徒，在以色列以"正义的人"而闻名；他是唯一被葬在耶路撒冷（Jerusalem）的锡安山（Mount Zion）①公墓的纳粹党人。

① 犹太人的象征，历史上以色列的圣地。

276

1992 年，当斯皮尔伯格开始着手拍摄这部电影时，他本人和这个世界都已发生了变化。波斯尼亚正处于"种族清洗"中，非洲和远东的一些国家（比如尼泊尔）也是如此。一些调查指出：生活在那 10 年间的美国青少年中有一半以上从未听说过大屠杀；当时大约有 23％的美国人坚持认为，德国在本土及其占领地用毒气杀害 600 万犹太人和另外 500 万"不受欢迎的人"这样的事从来没有发生过。

"我认为，自己想创作这部影片的主要原因是把它当作一种回忆行为，"斯皮尔伯格对《亚特兰大新闻宪法报》（*Atlanta Journal-Constitution*）的电影主编说，"用于公开记录的回忆行为。很多观看我其他影片的人可能不看这部影片，但是它可能是那种有一天会在高中放映的影片。我还希望为我的孩子留下这个故事。我希望留给他们一笔关于犹太文化的遗产。"

与斯皮尔伯格的孩子一样，美国人看到的是对奥斯卡·辛德勒的良知进行的 3 小时 15 分钟的检验。辛德勒站在纳粹一边加入第二次世界大战，打算发一笔财。他雇用犹太人在他的搪瓷制品厂工作，因为他们的工资比奴隶还低。起初，他亲近纳粹分子以及纳粹党卫军是为了帮助自己购买和接管那家工厂。后来，当纳粹分子开始隔离，然后试图消灭克拉科夫市的犹太人口时，辛德勒运用他的个人魅力、他的关系以及他在战争中敛到的大部分财产，先给"他的"犹太工人贴上"对德国战争机器必不可少"的标签，然后将他们转移出德国，迁进捷克斯洛伐克，以保证他们的安全。辛德勒的工厂生产出的炸弹没有一发爆炸。

斯皮尔伯格在波兰的外景拍摄场地用黑白胶片摄制了这部影片。这部影片有浓厚的纪录片感觉，电影拍摄保持在目视高度。斯皮尔伯格往往亲自调准手动摄像机的焦距。希特勒只出现过一次——在某人书桌上的一张照片里。并且，通过集中刻画辛德勒，斯皮尔伯格捕捉到了一位挣扎中的英雄的良知。

正如基尼利在书中指出的，辛德勒是一个复杂的人。他努力和许多他鄙视的纳粹分子保持表面上的友谊。他是个享乐主义者，喜欢美食和贵重物品，以及与不是他妻子的女性发生肉体关系。被定为 R 级①的斯皮尔伯格的影片对这一切都有所刻画，包括有正面全身裸露的做爱场景和更多的集中营生活的远镜头，在这些镜头中，犹太难友被要求在卫兵面前裸奔，以确定谁身体健康能够工作，谁体力不支要被杀掉。

这部影片中最令人困扰的成分可能是斯皮尔伯格对根植于希特勒的"最后解决"（final solution）②思想的暴力和人类个体可以表现出的"平庸的邪恶"（the banality of evil）［汉娜·阿伦特的说法，用于描绘被宣告有罪的战争罪犯阿道夫·艾希曼（Adolph Eichmann）③］的刻画。由拉尔夫·法因斯（Ralph Fiennes）扮演的阿蒙·葛斯（Amon Goeth）——就是那个有些人指出的没有道德观念、极端反社会的劳工营司令官——是分裂人格的象征，辛德勒的工人就来自他的劳工营，其中很多人得以幸存。不管是纳粹分子搜寻躲藏在克拉科夫贫民区的犹太人，还是葛斯将随机射杀生活在他劳工营中的男男女女作为早饭前的运动，这部影片中的暴力都具有毁灭性，不仅因其残忍，而且因其随意。

当斯皮尔伯格的母亲对他说，拍摄"《辛德勒的名单》有益于犹太人"时，斯皮尔伯格回答道："那有益于我们所有人。"

批评家们好不容易才接受同一个人在执导《侏罗纪公园》（*Jurassic Park*）的同一年也可以拍摄《辛德勒的名单》这一事实，他们称赞这部影片的美学特性，并赞扬他以如此有力的方式重新讲述了大屠杀的故事。这部影片还给斯皮尔伯格带来数项奥斯卡奖，这一奖项曾将他排除在外，尽管他拍摄过多部成功的大众电影。该片发行之后，比尔·克林顿总统说，每一个美国人都应当观看它。

丽塔·肯普利（Rita Kempley）在《华盛顿邮报》撰文说，她看到辛德勒和斯皮尔伯格之间具有深层次的相似之处。"由利亚姆·尼森（Liam Neeson）倾情出演的辛德勒确实很像斯皮尔伯格本人，"她写道，"一个努力用商业影响力达到道德目的的人。"

微观问题：

（1）像《辛德勒的名单》这样的电影和像《旅途》（*Road Trip*）这样的电影应当同样被评为 R 级吗？

（2）对于《辛德勒的名单》这样的电影，影评家发挥什么作用才恰如其分？评价这部影片与评价斯皮尔伯格的其他成功影片，例如《E. T. 外星人》（*E. T.*）或《大白鲨》（*Jaws*）应当持不同标准吗？

① 即限制级。

② 第三帝国时期纳粹党对犹太人的集体屠杀方案。

③ 阿道夫·艾希曼（1906—1962），纳粹德国军官，盖世太保的犹太部门的头目（1939—1945）。他对在第二次世界大战中数以百万计的犹太人被杀负有重要责任，战后逃往南美，在 1960 年被以色列秘密组织逮捕，在以色列被审判和处决。

277

276

（3）你是否允许不满 17 岁的孩子观看这部影片？

中观问题：

（1）为了改变公众舆论，新闻报道是否应当聚焦于诸如波斯尼亚的种族清洗这样的事件？

（2）关注诸如家庭暴力或虐待儿童等社会问题的纪实影片是否是促使公众参与讨论或辩论此类严重问题的恰当方法？

（3）有人已经指出，某些历史事件，例如大屠杀或最近发生在卢旺达的种族屠杀，永远不应当成为娱乐节目的主题，因为娱乐永远捕捉不到曾经发生过的真实恐慌。你怎样评价这样的言论？

宏观问题：

（1）将《辛德勒的名单》一片中奥斯卡·辛德勒的道德发展与诸如《甘地》（Gandhi）这种影片中主要人物的道德发展相比较。

（2）约翰·杜威写到过"累积记忆"（funded memory），他用这个词来指一种文化如何记忆和重建其历史。在累积记忆中，娱乐节目扮演什么角色？在这种文化构建中，新闻节目扮演什么角色？

（3）托尔斯泰争辩说，优秀的艺术采取其他人可能会与艺术家经历同感的方式，将艺术家的感觉传递给大众。这部影片是如何达到那个目的的？

案例 10 - 5 汤姆·克鲁斯、凯蒂·赫尔姆斯和苏瑞·克鲁斯：名人拥有隐私吗？

李·威尔金斯（Lee Wilkins）

密苏里大学哥伦比亚分校（University of Missouri-Columbia）

278

有关名人的一个定义如下：因著名而著名的人。20 世纪末 21 世纪初最受欢迎的演员之一汤姆·克鲁斯（Tom Cruise）或许最适合这一定义。他在电影里的表演赢得了惊人的票房和一些极高的赞誉，但是他的真实生活，包括他的几次婚姻，被疯狂追逐。

当克鲁斯第一次与如今已经是他前妻的女演员凯蒂·赫尔姆斯（Katie Holmes）约会时，他在奥普拉·温弗瑞电视秀的采访沙发上上蹿下跳，宣布自己对她的喜爱。赫尔姆斯和克鲁斯经常在公共场合被拍摄，他们被狗仔摄影师无情追逐。他们的孩子苏瑞·克鲁斯（Suri Cruise）出生时没有照片，这是克鲁斯坚持的立场；他和他的前妻妮可·基德曼（Nicole Kidman）不让他们收养的两个孩子被拍到，直到小的那个长到 2 岁左右。

2012 年初，克鲁斯和赫尔姆斯离婚，受到多家媒体的公开报道。克鲁斯和赫尔姆斯都接受了采访和拍摄，特别是在 2012 年夏天他们分别带着女儿去纽约的旅游景点和佛罗里达的迪士尼世界旅行时。你在互联网上随便搜索一下，就能找到许多克鲁斯、赫尔姆斯和苏瑞·克鲁斯的照片。

微观问题：

（1）有些理论家暗示，对于名人而言，公开是他们的氧气，因此在隐私方面不应当遵从和其他人同样的伦理标准。分析这个论点，并运用伦理学理论支持不同的观点。

（2）媒体在这个时期发表克鲁斯和赫尔姆斯的照片合适吗？苏瑞的呢？

（3）从伦理上看，克鲁斯-赫尔姆斯的离婚细节和这段婚姻结束的这一事实有差别吗？运用伦理学理论为你的答案辩护。

中观问题：

（1）作为个人，克鲁斯和赫尔姆斯的性格会如何影响媒体对他们特别是他们的私生活的报道？

（2）拍摄苏瑞是否比拍摄她的父母更具侵犯性？照片对于新闻目的是必不可少的吗？

（3）对于像 TMZ 或者 Gawker 这样的小报化媒体来说，遵循的标准是否应当与更为主流的媒体有所不同？

（4）你如何解释小报化媒体报道汤姆·克鲁斯和与他取得同样甚至更高成就的汤姆·汉克斯（Tom Hanks）的不同？个人在其隐私中是否发挥作用？

宏观问题：

279

（1）你的推理如何运用于对迈克尔·杰克逊之死的报道？特别是对他使用毒品和被指控猥亵儿童——没有一项获得法院支持——的报道？同样的推理是否可以运用于公众人物，例如外交官、运动员或者经选举产生的官员？

（2）名人的照片增加了杂志销量和网页点击率。你认为在名人报道中，这些财务动机的权重是否高于伦理考量？应当如此吗？

（3）名人这一概念应当如何与大众和精英艺术概念相关联？从角色视角（新闻工作者、战略传播从业者、艺术家本人）评论你的分析。

（4）你认为康德会如何分析名人这一概念以及我们对名人的反应？

案例 10 - 6　仇恨广播：格调高雅的广播节目的外在限定

布雷恩·西蒙斯（Brian Simmons）

波特兰州立大学（Portland State University）

特雷弗·范·兰辛（Trevor Van Lansing）拥有会被某些人称为世界上最棒的工作。他受雇于一个西部大城市的广播电台 KRFP，这家电台全部都是谈话节目。他的节目在工作日的下午 3 点到 7 点播出，最近，他被评为下午驾驶时间段收听的广播节目第一名。很简单，范·兰辛是当地最受欢迎的广播名人。他也是最受争议的人物。

每天下午，范·兰辛都会提出一个大致议题供讨论，然后接入听众的电话讨论该议题。但是，兰辛的议题（以及他的听众的电话）总是围绕着一个反复出现的主题：一个碰巧喜欢发表意见的白种人，加盎格鲁-撒克逊新教徒（Anglo-Saxon Protestant）看世界——顽固不化，心胸狭隘。

对他的近期节目进行的采样具有代表性。星期一，范·兰辛讨论的是，居住在印第安纳（Indiana）一个小镇的一位女性辞去了便利店的工作，继续领取救济金，因为联邦救济金比她在私人企业工作获得的工资要高。范·兰辛说："所有这些不负责任的妓女都一样。她们和某个建筑工人睡完觉，然后就成天坐在屋子里看奥普拉·温弗瑞，指望纳税人为自己支付这一切。"

听众的电话潮水般涌向电台，发表着同样激烈的言论，或者支持或者反对范·兰辛的评论。星期二，种族歧视的议题出现了（这总是范·兰辛最喜欢的议题）。根据范·兰辛的说法："那些非洲人指望我们美国人为过去200年的错误做出补偿。忘记它吧。不可能。如果他们这么喜欢美国，就让他们别用'民权拐杖'，和白人在平等的基础上竞争吧。"

280

当一名非裔美国人打进电话质疑范·兰辛的想法时，这位主持人回答道："你干吗不告诉你的同伴，要像我们白人一样，为他们想要得到的东西工作？不管怎样，你们所做的就是从你们不喜欢的人那里偷东西，然后带走他们的女人。"

星期三，范·兰辛痛批教育："今天学校存在的问题就是我们这类人都被灌输了奇思怪想。我的意思是，我们对我们的孩子说，同性恋没有问题、我们是从猩猩进化来的、俄罗斯人是我们的朋友。这一切从我们把女性选进学校董事会、让那些男同性恋进入教室起就开始了。真恶心。"

星期四主要是范·兰辛和一位支持人工流产的积极分子之间的交锋。有一次他们同时喊叫起来，电话中充斥着污言秽语和人身攻击。相比较而言，星期五风平浪静，只有几个愤怒的犹太人、女性和摩门教徒（Mormon）不怕麻烦地打进电话。

批评家一直称范·兰辛的节目令人气愤、缺乏品位、粗鲁不堪、种族主义色彩浓、淫秽下流和麻木不仁。支持者则说该节目具有启蒙意义、清新可人、有教育意义和发人深省。所有人都同意的一点是，该节目是真正的摇钱树。范·兰辛的总经理注意到，自从他受雇之后，该台的收听率急剧蹿升，广告收入增长了三倍。

事实上，范·兰辛的知名度催生了很多促销现象，T恤衫、汽车保险杠贴纸以及其他个人随身物品都被设计来推销该广播台。"没错儿，特雷弗是备受争议，但是在这个行当，这是好现象。"KRFP的总经理说，"范·兰辛太出色了，今年他会比美国总统挣得还多。另外，那只是个噱头。"

范·兰辛看到他节目中存在的内容和风格的问题了吗？"瞧，"他说，"广播是一个行业。受众想要什么，你就得给他们什么。我所做的一切就是他们想要什么，我就给他们什么。如果他们想要更和蔼、更文雅的态度，我就会给他们。"他继续说："别冲我发火。感谢上帝，我们生活在一个像我这样的人都可以表达意见的国家。听我节目的人有时候就是喜欢听到我的意见，而这就是宪法第一修正案的内容，对吧？"

最后，范·兰辛指出，如果人们确实受到他的冒犯，他们总是可以换台的。"我没有强迫这些人听。"他辩护说，"如果他们不喜欢，就让他们去别处吧。"

其他人不同意。一个男女同性恋权利团体美国全国理解另类生活方式联合会（National Coalition for the Understanding of Alternative Lifestyles）称范·兰辛的节目是"应受斥责的"。"特雷弗·范·兰辛在用宪法第一修正案做掩护。他在电台所说的话并不是言论；它不是为了解决实际问题而是为了激起人们的仇恨，简单又直白。"该团体的领导人说，"他的节目远远地背离了我们奠基者的原意。"

美国全国妇女组织的一位代表补充说："范·兰辛在强化一些危险的、有破坏性的、令人作呕的、使人厌恶的刻板成见。娱乐必须有界限。"

微观问题：

（1）你会受到范·兰辛节目的冒犯吗？如果是，为什么？

（2）如果该电台在范·兰辛的节目之后立刻播出一档由一位观点积极的主持人主持的节目，范·兰辛的节目是否会不那么令人厌恶？

（3）说唱歌手痞子阿姆（Eminem）①的歌词与范·兰辛的激昂演说是否有相似之处？艺术家是否要服从不同的约束？

中观问题：

（1）谁应当承担监督这类节目的责任？范·兰辛？KRFP 电台？联邦通信委员会？法院？受众？

（2）范·兰辛的所作所为的法律权利和伦理意义之间如果存在区别的话，那是什么？

（3）法律学者玛丽·马特苏达（Mari Matsuda，1989，11）一直号召对种族主义言论进行严格的法律约束。她指出："法律不做出伤害补偿的地方一般都是女性、儿童、有色人种和穷人生活的地方。"她争辩说，相较于传统上一直在运用的其他检验标准，对种族主义言论的内容进行限制更能保护公民自由。这种论点可以应用于娱乐节目吗？

（4）在美国当代媒介图景上，谈话广播被认为是右翼的大本营，而主要日报中的大部分内容则被认为受到左翼控制。本案例的证据是否证明了这个广为人知的假设？整个媒介系统倾向于政治派别的一侧，这种布局能否有效服务于民主？

① 痞子阿姆，美国说唱歌手，1997 年推出第一张专辑以来佳作不断，获得多项格莱美奖，是专辑销量最高的说唱歌手之一。 *281*

宏观问题：

（1）如果艺人只是"受众想要什么就给他们什么"，是否就可以不负伦理责任？范·兰辛的高收听率是否能证明他的行为正确，因为显然许多人都同意他的看法？

（2）范·兰辛狭隘的世界观与将金发碧眼的女性按成见刻画成木讷、偏执的蓝领工人的电视情景喜剧有什么不同？

（3）范·兰辛说，像他这样的家伙可以主持广播节目是件了不起的事。容忍是否是民主的方法之一？如果是这样，那么容忍有限度吗？谁设定这些界限？

（4）最高法院法官威廉·O. 道格拉斯（William O. Douglas）曾经说过："如果我们想要在美国拥有心灵的自由，我们就必须生产出一代能够将容忍各种观点当作一种美德的男男女女。"民主社会应当如何处理不受欢迎的观点，尤其是当这些不受欢迎的观点通过大众媒介表达出来的时候？

案例 10 - 7   众包一本书：约翰·莱勒、鲍勃·迪伦和非虚构真相

菲利普·帕特森（Philip Patterson）

俄克拉何马基督教大学（Oklahoma Christian University）

2012 年 7 月约翰·莱勒（Jonah Lehrer）从《纽约客》辞职的时候，他是职业快车道上最近一个承认或者被指控多项新闻重罪的年轻人：剽窃、编造引语，以及将旧材料当作新材料重复使用。莱勒辞职的当天，承诺给"犹太生活新解读"的杂志《平板》（The Tablet）及其网站发表了迈克尔·莫伊尼汉（Michael Moynihan）的文章，指控他在其第三本书《想象：创造力如何发挥作用》（Imagine：How Creativity Works）中捏造引语。

2012 年 6 月，莱勒入职《纽约客》的第一天，也就是自一个月之前开始的一系列事件中，《平板》的这篇文章后果最严重。此前，莱勒在《连线》杂志担任博主（他仍然保留这个职位），还是 NPR 的撰稿人，主要关注科学新闻。他之前出版的两本非虚构书籍《我们如何做决定》（How We Decide）和《普鲁斯特是神经科学家》（Proust Was a Neuroscientist）好评如潮，提高了他的科学声誉。

2012 年 6 月 12 日，媒介博主吉姆·罗密尼斯克（Jim Romenesko）在一个帖子中指出，莱勒为《纽约客》写的一篇名为《聪明人为什么傻》（Why Smart People Are Stupid）的博客中实际上重复使用了他在此前[①]为《华尔街日报》写的一篇帖子中的材料。几个小时之后，《纽约杂志》（New York Magazine）的博客"每日英特尔"（Daily Intel）从《连线》、《纽约时报杂志》（New York Times Magazine）和其他出版物中发现了另外一些莱勒自我复制的例子。《纽约客》允许莱勒留下。重复利用自己的素材是个麻烦的问题，但是在职业上显然并不致命。

① 原文为 2012 年 10 月，结合上下文来看该日期有误。

但是，莫伊尼汉提出的问题触及更深层。莫伊尼汉自我描述为鲍勃·迪伦的发烧友，他在阅读莱勒的《想象》时，对迪伦介绍该书的引语感到非常好奇。莱勒引用迪伦谈论创作过程的话："此事难以描述。这就是你有话要说的感觉。"

但是，莫伊尼汉对迪伦的这段引语一无所知，进一步调查也没有找到补充证据。这就麻烦了，因为迪伦发表的每一句话都可以在网上找到，而且众所周知，这位艺术家本人不愿意接受追加的采访或者为他的个人创作过程提供解释。于是，莫伊尼汉给莱勒发邮件，问他在哪里找到的那些引语。接下来大约三周，莱勒的解释越来越模糊不清，莫伊尼汉在自己的文章中详细叙述了这个过程，并得出了结论：莱勒编造了那些引语。莫伊尼汉贴出自己的文章后，莱勒知道自己不但要向他的读者解释，还要向他的雇主解释。

> 现在，谎言结束了。我明白自己的位置岌岌可危。我想向每一个对我感到失望的人道歉，特别是我的主编和读者。我还欠莫伊尼汉先生一个真诚的道歉。我会尽最大努力更正这个事实，保证处理好我误引的文字和错误。我已经辞去了《纽约客》在职撰稿人的职位。

《纽约客》主编戴维·雷姆尼克（David Remnick）说："这个局面极其令人悲伤，但是，最终，最重要的是，我们的出版物的诚信和我们为之奋斗的一切的诚信。"

巴诺书店（Barnes & Noble, Inc.）[①] 把《想象》从存货清单上剔除，莱勒的出版商霍顿米夫林哈考特集团（Houghton Mifflin Harcourt）叫停了该书的装运，并把它从电子书市场上撤回。

① 美国最大的实体书店。

微观问题：

（1）约翰·莱勒的欺骗行为是被一家小型出版物及其网站揭露的。你认为为什么大型的、更主流的媒体没有发现并且仍然在 2012 年 6 月、7 月之前发表他的文章？

（2）莱勒的宗教取向是 www.tabletmag.com 追踪这一报道的一个因素吗？他的宗教信仰与这一报道有关吗？

（3）丑闻发生时，莱勒 31 岁。他的一个辩护者暗示，这是年轻和经验不足导致的错误。评价这一意见。

中观问题：

（1）五个自我剽窃的博客仍然留在《纽约客》的网站上，附有一个编者按，声明这些作品在其他地方也有发表，并给读者提供了如何找到那些文章的信息。《纽约客》是否应当简单地删除那些帖子？

（2）互联网提倡的理念之一就是"个人品牌"的发展。莱勒的事业怎样反映了这一"个人推广"战略？对于尝试创建自己个人品牌的新闻工作者来说，可预见的伦理问题是什么？对于那些雇用他们的媒体来说呢？

宏观问题：

（1）莱勒用自己的旧作品冒充新作品和用别人的作品冒充自己的作品之间有差别吗？

（2）巴诺书店把《想象》（《纽约时报》称其为"逃亡的畅销书"）从市场撤出的这种行为使公众失去了阅读一本关于创造性的书籍的机会，而这本书在主要出版物中得到了一些有利的评论。巴诺书店是否应当让它的顾客自己做出决定？

（3）如今是否所有新闻工作者都可以期待像莱勒那样被"众包"？对于这些目的，众包的潜在含义是什么？众包对特定的新闻计划应当发挥多大的影响？对众包有限制吗？

第11章

成为有道德的成人

学完本章后，你应当：

◇ 了解皮亚杰（Piaget）和科尔伯格（Kohlberg）描述的道德发展阶段。

◇ 理解关怀伦理学。

◇ 理解成人的道德发展阶段。

 导论

毕业并非教育过程的完结，它仅仅标志着一个新的学习阶段的开始。大学生不仅要为进入劳动大军或者在劳动力市场获得提升而武装自己，还应当成为终生的学习者。

道德发展也是如此。没有什么"道德毕业"，从而标志着你是一个正直的人，在人生的个人和职业困境中能够做出正确的抉择。它是一个终生的进阶过程——你已经上了一些台阶，其他的还在前方。你现在所处的位置受到年龄和经验的限制，但是你现在之为人并不会是你十年之后之为人。在这十年当中，

284

你会增加见识。成长或许会改变你的决定。这个过程不仅不可避免，而且令人期待。当代学术研究指出，道德发展始于智力加强的大脑（Gazzaniga，2011）。

这一章的设计就是为你提供一些道德发展的心理学理论。它试图帮助你确认自己的发展阶段，不但确认你现在身在何处，而且确认你愿意去往何处。

关于道德发展的基本假设：以权利为基础的传统

285

当人可以学习批判性思考的时候，就可以发展道德（Clouse，1985）。学者们基于以下前提做出这一判断：

第一，*道德发展产生在个人的内心*。不论是外在因素，还是合乎道德的行为，都不能导致真正的道德发展。人们在意识到自己以特定方式行事的理由时，道德就开始发展了。

第二，*道德发展与理性发展是平行的*。尽管二者的发展可能会有细微的不同，但是在一个人获得一定的理性总量之前，道德不可能有什么发展。出于这个原因，我们不要求儿童和限制行为能力人承担法律和社会期待的责任。虽然一个人可以智力出众而不讲道德，但是反之却不可能。

第三，*道德发展按照一系列普遍、恒定和等级不同的阶段发生*。每一层次都建立在较低层次之上，不能跳过中间阶段。就像婴儿在走之前先爬，说话之前先牙牙学语一样，一个人在前进到较高阶段之前必须经过道德发展的早期阶段。

① 劳伦斯·科尔伯格（1927—1987），美国儿童发展心理学家。他继承并发展了皮亚杰的道德发展理论，着重研究儿童道德认知的发展，提出了"道德发展阶段"理论，在国际心理学界、教育界引起了很大反响。

② 让·皮亚杰（1896—1980），瑞士心理学家，日内瓦心理学派创始人，提出"发生认识论"，在国际心理学界有很大影响，主要著作有《儿童的语言和思维》《发生认识论》等。

286

第四，*道德发展要经历冲突*。正如道德发展理论家劳伦斯·科尔伯格（Lawrence Kohlberg）①指出的（1973，13）："一个人从一个阶段走向下一个阶段的根本原因在于，以后的阶段能解决目前的发展阶段无法解决的问题和矛盾。"正如一个婴儿学习靠哭泣之外的战略来得到满足，发展道德就是当旧的、更基本的战略不再管用时，学习更加复杂的行为。

道德发展领域最为权威的两位专家分别在不同的时间、不同的地点工作，然而却得到了惊人相似的结论。让·皮亚杰（Jean Piaget）②于 20 世纪 30 年代在瑞士通过观察小男孩玩弹珠进行研究，劳伦斯·科尔伯格则在 20 世纪 60 年代研究哈佛大学学生。他们因为在认定和描述道德发展的阶段方面所做的工作而经常被称为"阶段理论家"（stage theorists）。

皮亚杰的成果

皮亚杰观察 3 岁到 12 岁之间的男孩玩弹珠，然后在访谈中检测自己对他们在操场上的行为的假设。下面的加框文字代表了皮亚杰理论的基本要点。

皮亚杰的道德发展阶段论

早期发展（2 岁前）

● 对弹珠的兴趣完全在于肌肉运动，例如，把弹珠放进嘴里。

第一阶段——自我中心（3 岁到 7 岁）

● 儿童忙于"平行游戏"，不存在所有人都接受的明确规则。

● 道德推理是"我这样做是因为我觉得它是正确的"。

第二阶段——他律（7 岁到 8 岁）

● 儿童只承认个人责任，通过惩罚而被迫服从。

● 每一个游戏者都努力获胜。

● 规则由外部权威人物——一般是较大儿童——传下来，被视为不可违反、不可打破的。

● 这些儿童不理解规则背后的道理。

第三阶段——自治（从 11 岁开始）

● 儿童将那些规则内化，他们理解了规则背后的道理。

● 他们逐渐形成正义理想，并能够区别个人责任与集体责任。

● 他们确保儿童中的公平竞争。

● 儿童能改变规则以顺应更大的责任体系。

● 权威是内在的。

● 儿童理解了超越特定时间和情况的普遍伦理原则。

5～7 岁的儿童根本不真正玩一个弹珠游戏。他们自创规则，并随玩伴和游戏的不同而变化，将弹珠当作可触摸的物体进行探索并以此为乐。他们对游戏的看法完全以自我为中心。

皮亚杰发现，较小的男孩（七八岁）确实会遵守规则，玩的时候好像违反那些规则就会导致惩罚。男孩们相信，那些规则是永恒的，是从一些"其他人"那里传下来的，"美德"就来自对那些规则的尊敬。处于道德发展这一阶段的男孩相信"正确就是服从成人的意愿，错误就是拥有自己的意愿"（Piaget，1965，193）。

儿童在 11 岁左右逐渐形成自治观念，由此进入了下一个道德发展阶段。他们开始理解那些规则背后的道理，并明白那些道理（例如，公平竞争和互惠互利）是规则本身的基础。处在道德发展这一阶段的儿童明白，规则并不是发源于一些外部权威，而是从他们的内部逻辑中获得力量。

这些儿童已经将规则和规则背后的道理内化。理解这些规则使他们可以合理地为违反规则进行辩护。例如，处于道德发展这一阶段的儿童允许比他们小得多的儿童将大拇指放进弹珠圈里，这明显违反了规则。但是较小的男孩手也较小、较无力，较大的男孩通过给予他们位置上的优势而——用当代语言来说——"填平了比赛场地"。他们确保了如果严格遵守规则就无法达到的公平。

虽然皮亚杰的研究对象是儿童，但是我们可以看到，成人往往也表现出道德发展的这些阶段特征。

以一名摄像师为例。他的首要动机是获得精彩的镜头，而不管与其共事的那些人或其报道对象持什么观点。这名新闻工作者就在一个以自我为中心的道德框架中工作，首要强调"我"想什么、"我的"判断和什么对"我"有益。

刚入行的新闻工作者可能往往处于发展的他律阶段，他们发现自己操心的是分毫不差地遵守伦理规约。这位新闻工作者了解规则并遵守规则，永远不会接受赠品或考虑发表强奸受害人的姓名。这样做违反了组织方针，而他律的个人主要受外部影响的驱动。

就像处在道德发展第三个阶段的男孩更愿意改变规则以确保游戏对所有人都公平一样，处在道德发展最后阶段的新闻工作者也更愿意违反职业标准，如果这样做会促成更好的新闻事业。处在道德发展这一阶段的新闻工作者已经将合乎伦理的职业行为内化和普遍化到如此程度，以至于可以出于可靠的、合乎伦理的理由而违反某些规则。

但是，人们很少独自停留在道德发展的一个单一阶段。新情况往往导致人们短时间倒退回道德发展的上一个阶段，直到经过足够的学习，可以顺利理解新情况为止。或许互联网的即时性和社交网站的力量在一开始会导致这样的倒退。但是，在任何一个案例中，即便处于新的语境，这种倒退也不包括在大部分情况下会受到道德谴责的行为，例如撒谎或杀人。

科尔伯格的成果

哈佛心理学家劳伦斯·科尔伯格以大学生为对象，绘制了道德发展的六个阶段。下面的加框文字勾勒出科尔伯格的道德发展阶段模式，它们被分成三个水平。

科尔伯格的道德发展六阶段
水平 1：前因循水平（preconventional）
阶段 1：他律性道德（heteronymous morality）是简单服从的表现。
阶段 2：个人主义（individualism）是私利的体现。只有当规则肯定能有益于个人私利时才遵守，也允许其他人拥有同样的自由。开始出现互利和公正，但只是采用实用主义的方式。

> **水平 2：因循水平**（conventional）
>
> **阶段 3：人际协调**（interpersonal conformity）就是遵从他人对某人的角色（例如"兄弟""女儿""邻居"等）的期望。"为善"（being good）很重要，"希望他人如何待己，就要如何待人"成为标准。
>
> **阶段 4：社会体系**（social systems）就是认同一个人必须履行自己赞成的职责。履行职责、尊重权威、保持社会秩序都是这一水平的目标。除非有法律与其他固有的社会职责发生冲突的极端情况，否则必须单方面支持法律。
>
> **水平 3：后因循水平**（postconventional）
>
> **阶段 5：社会契约与个人权利**（social contract and individual rights）开始意识到，人应当遵守任何通过合理程序达成的法律。社会契约要求我们支持法律，即便它与我们的最大利益有冲突，因为它们的存在是为绝大多数人提供最大利益。但是，有些价值观，例如生命和自由，高居于任何多数观点之上。
>
> **阶段 6：普适伦理原则**（universal ethical principles）由每个个体自己选出并引导着自身。要遵守这些原则，即便它们与法律有冲突。引导个人的原则包括人权平等，以及尊重个人作为人类的尊严，不论其种族、年龄、社会经济地位或对这个社会的贡献。

科尔伯格设计了一套超长的访谈问题，以便确定个体学生达到了道德发展的哪一阶段。他认为，只有少数人例如苏格拉底、甘地、马丁·路德·金或特雷莎嬷嬷（Mother Teresa）能达到道德发展的第六阶段。他相信，大部分成人一生中的大部分时间处于因循水平的两个阶段。他们受到社会期望的推动。

做正确的事、履行职责和遵守社会契约是科尔伯格阶段模式的基石。根据科尔伯格的安排，正义——以及由此引发的道德——是一种感觉功能。随着你的成长，会有比过去更多的行为符合义务王国的要求。例如，对于处在初级阶段的个人来说毫无互利这个概念，然而对于处在道德发展较高阶段的人而言互利则是必要的品格。反之，对于新手而言逃避惩罚的行为是值得称赞的，然而对于处在更高阶段的新闻主任来说它可能并不值得赞扬。学生越向科尔伯格模式的高阶段进步，他们就越会认为，道德原则应服从于个人理解，服从于能够被普遍化的环境因素。

科尔伯格的阶段模式是描述性的，而非预言性的。它没有预言任何个体将会如何发展，但是却指出大部分人将如何发展。考虑到新闻工作者言论自由的工作理念、讲述真相的专业职责和他们对公众及公众利益负有的义务，科尔伯格模式有足够的理由被推荐给新闻工作者。但是，科尔伯格的工作也不是没有问题。他的研究至少有两个方面让其他道德发展理论家感到困扰。

许多学者都已提出，任何一种道德发展的普适理论都应当允许并非圣徒或宗教领袖的人达到道德发展的最高阶段。虽然或许我们只期望圣徒在大部分时间以圣徒的方式行事，但是历史却充斥着普通人为了某些更高尚的伦理原则而甘冒个人或职业危险的例子。有些人感到，科尔伯格的设想——与皮亚杰的不同——过于局限。

更令人困扰的是，在重复研究中，男性在道德发展阶段上不断获得高于女性的分数。科尔伯格工作中的性别偏见促成了关于道德发展不同概念的讨论，这种讨论建立在社群的概念上，而不是来自以权利为基础的传统。它被称为"关怀伦理学"（ethics of care）。

关于道德发展的平行假设：关怀伦理学

研究关怀伦理学的心理学家至少对皮亚杰和科尔伯格的两个基本假设持不同意见。首先，道德发展并不总是按照一系列普遍、恒定和等级不同的阶段发生。其次，道德成长通过对社群概念的理解而发生，而不仅仅是通过冲突。以权利为基础进行研究的学者相信，道德发展产生于对"我"这个概念的正确理解。关怀伦理学的支持者则说，道德发展产生于对"我们"这个概念的理解。

卡罗尔·吉利根（Carol Gilligan，1982）的著作是对关怀伦理学最为清楚的解释。吉利根对正在决定是否接受人工流产的女性进行了研究。她在倾听她们谈话时了解到，他们的伦理选择建立在关系基础上。这些女性首先考虑的是如何维持一种关系。吉利根指出，有道德的成人是看到了"我"和"他人"之间关系的人。这些女性以一种"不同的声音"（different voice）来谈论她们的伦理抉择。和许多女性主义伦理学家一样，吉利根推断，伦理思考产生于生活体验，而非自上而下的道德结构或者规则体系。

例如，吉利根用科尔伯格的经典困境来解释女性的想法：绝望男人和贪婪药剂师的例子。在此剧情中，一个配偶患上晚期疾病的男人没有足够的钱购买一种昂贵的救命药。当他向药剂师解释这种情况时，该药剂师拒绝将药给他。

在科尔伯格的体系中，一个处于道德发展最高阶段的男性经过理性思考而实施了偷药这个犯罪行为以获取更大的善在伦理上是被允许的。但是，女性不常做出这样的特殊抉择。相反，他们的推理是，最合乎伦理的做法是与该药剂师建立关系，形成一个社群，在这个社群里，该药剂师视自己为一个积极的部分。这些女性的推理是，在那种情况下，该药剂师为了维持这种关系，最终会将药给那个男人。

吉利根提出，在伦理上，女性的这种逻辑依据与科尔伯格模式所期望的一样复杂精密。但是，不同之处在于它看重不同的伦理价值观。不论那些价值观是作为女性被西方文化社会化的结果出现（这一言论经常被用来评判吉利根的

290

成果），还是仅仅反映了不同的思想，它们都处于学术争论之中。对于我们的目的来说，这种差别的根源——不管它是否确实与性别相联系——没有思想本身的内容重要。

吉利根的道德发展观念并不完全与各个阶段相联系。与她的理论最接近的或许是社群主义（见第 1 章的描述），它强调与社区的关系，并渴求社会正义。

如果要根据吉利根的成果设计出不同的阶段，就应当像这样：

- 第一，其道德责任是关怀他人先于自己的关怀伦理；
- 第二，承认权利伦理，包括在做出伦理抉择时考虑自己的权利；
- 第三，从关注善（女性受到的教育是关心他人是善，而男性受到的教育是"关心自己"是善）走向关注真理。

吉利根观察到，完整的道德发展意识要求有能力"（使用）两种不同的语言，即保护人与人距离的权利语言和维持关系的责任语言"（Gilligan，1982，210）。

当代新闻工作者一直在与关系问题作斗争。因为我们的职业主要基于对各种法律文件所概括的权利的理解，所以新闻工作者的道德推理几乎总是使用以权利为基础的方法（例如，你可能在学习一门媒介法律课程的同时或者在其之后马上学习这门伦理课程）。但是，这种以权利为基础的历史性偏见已经导致新闻工作者犯下了一些深刻的错误，包括对待消息来源和读者的傲慢态度和不愿意真正为任何人负责的决定。

如果作为一种职业的新闻事业在伦理方面正在逐步成熟（或者甚至在经济上幸存），它就必须将自己视为一种工具，帮助人们成为他们可以成为的公民，并帮助重建和维持已经日渐分崩离析的社区。

1992 年，在警方野蛮审讯之后，致命的暴乱①袭击了洛杉矶的街道（查看"罗德尼·金"来了解这起历史事件的信息）。审判一周之后，《新闻周刊》作者乔·克莱因撰写了题为《谁的价值观》（Whose Values）的文章，其中写道：

> 50 年代，电视使这个国家团结；当时有无数个夜晚，全美国似乎迷恋同一个节目——米尔顿·伯利（Milton Berle）②、《我爱露西》（I love Lucy)③，对了，还有《奥西和哈丽特》（Ozzie and Harriet)④。但是，有线电视却起了完全相反的作用，将受众分成一个个小人口团体……事实上，如果你属于任何一个可以辨认的亚团体——黑人、韩国人、信奉正统派基督教的人、体育迷、政治瘾君子——现在就可能得到确属你自己的广播电视台的服务，并阅读你自己的杂志，而不必冒险步入美国主流社会。这些选择令人兴奋，但是也使人疏远。其中的基本原则是离心的：市场分割瞄准的是那些将人们区分开的特性，而不是强调我们的共性。这是发生在发达世界的重新部落化，与发生在东欧、非洲和亚洲的重新部落化一样（Klein，

① 1992 年因法院陪审团裁定殴打据说驾车超速的黑人罗德尼·金的四名洛杉矶白人警察无罪而在该市引起的暴乱。该次暴乱造成 50 多人死亡，600 多座建筑被焚，是 1965 年瓦茨暴乱以来最为严重的一次种族暴乱。

② 米尔顿·伯利，美国喜剧演员，5 岁上无声电影银幕，20 世纪 30 年代表演广播喜剧，40 年代成为美国第一个电视大明星，外号"电视先生"。喧哗热闹、频用双关语、穿着奇异为其表演特色。

③ 1951—1957 年每星期一晚上由哥伦比亚广播公司播出的情景喜剧，为 20 世纪 50 年代收视率最高的电视节目。

④ 1952—1965 年奥西·纳尔逊夫妇所演的电视连续剧，现可指代正派、可敬的中产阶级中年夫妇。

1992，21-22）。

20 世纪 90 年代末期，一场名为"公民新闻事业"的运动轰轰烈烈地开展，其目的是要让新闻业重新触及人们的日常生活。如今，"参与"成了流行词，这是一次广泛的职业探索，旨在培育关心公民生活的读者/观众和听众社区，并运用媒体作为分享普遍思想和促进改变的方式。

 ## 成长为一名有道德的从业者

20 世纪 70 年代，明尼苏达大学心理学教授詹姆斯·雷斯特（James Rest）用科尔伯格的道德发展模式创造了一个纸笔测验，以测量各种职业的道德发展。接下来的岁月里，这个名为"确定问题测试"（Defining Issues Test，DIT）的测验被用在 40 000 多个从业人员身上，包括医生、护士、牙医、会计、哲学家和神学家、美国海岸护卫队（U. S. Coast Guard）成员、外科医生、兽医、研究生、初中生、坐牢者和其他人。那些被测者阅读 4～6 个故事，然后被要求做出一个主人公应当做出的决定，之后列出影响那个决定的各个因素。由于这个测试以科尔伯格的工作为基础，那些信赖普适原则以及思考正义问题的被测者获得较好的分数。大部分接受 DIT 测试的人得到的分数在科尔伯格的范围里被称作因循道德推理——在他的量表上是阶段 3 或者阶段 4。

威尔金斯和科尔曼（Wilkins and Coleman，2005）请新闻工作者接受 DIT 测试，并将新闻工作者的得分和其他职业从业者的得分相比较。新闻工作者在 DIT 测试中表现很好，得分仅低于其他三个职业：哲学家/神学家、医科学生和执业医师。由于在 DIT 上获得高分的唯一最大预测因素是教育，而新闻工作者作为一个群体，其正式受教育的水平低于另外三个得分"高于"他们的职业，因此这个发现意义重大。其他职业，例如整形医生，在这一测试上得分比新闻工作者低。在接下来的研究中（Coleman and Wilkins，2009），公关从业人员在 DIT 测试中也表现不错。

DIT 中的故事并没有针对某个特定职业，但是能确定人们如何思考"普遍的"道德问题。当新闻工作者被展示一些直接与新闻有关的故事时，例如，涉及隐藏摄像机的使用或者是否发表有关儿童的恼人照片等问题，他们的得分甚至更高。在这些测试中，新闻工作者的得分在科尔伯格的道德发展模式中往往可以达到阶段 4 和阶段 5。在一个有趣的边注中，学者们发现在伦理困境中，如果有一张关于某些利益相关者的可视图片，例如一张照片，就能提高伦理推理。

其他学者研究了新闻工作者的伦理抉择。调查性报道记者对他们的报道对象做出道德判断，哪怕他们在谈论自己的工作时也不愿意放弃职业客观性

（Ettema and Glasser，1998）。另外一项研究发现被起诉侵犯隐私的新闻工作者并不经常思考他们的报道会导致什么伦理问题（Voakes，1998）。这会导致迂回的、模棱两可的结论，而实实在在的思考则免于新闻工作者惹上官司。

最后，研究表明，新闻工作者确实在是什么构成了他们职业中的"优良工作"方面意见一致——他们强调讲出真相、承担政府监督者的角色、进行调查性报道以及尊重采访对象。然而，新闻工作者认为，对这个职业的优良传统威胁最大的单一因素就是日益增加的获利压力。新闻工作者陷入混乱，因为他们的任务包括相互矛盾的利益——既要服务公众，又要创造利润（Gardner，Csikszenthmihalyi and Damon，2001）。这一冲突如何解决是当今新型运作面对的关键问题。

你由此处去往何方？

佩里（Perry，1970）假定，大学生的主要收获之一是从简单、二元的（对与错）生活观念进步到更为复杂、成熟和相对论的观念。佩里说，学生不仅必须承认相对主义世界中存在多样性和不确定性，而且必须为他们从各种唾手可得的"正确"选项（例如，职业、价值观、信仰等等）中做出的选择承担义务。

与肉体发展不同，道德发展并不属于遗传的巧合。每个人都与其他任何人一样，以完全平等的意识自由发展，但是极少有人能完全发挥潜质。科尔伯格（1973）称，我们站在比我们现处道德判断阶段高一级的阶段来理解讯息。通过"志存高远的倾听"——选择一个处于较高水平的角色榜样——你可以进步到道德发展的较高阶段。这个论点并不新鲜。事实上，亚里士多德就提出过，可以通过观察具备美德的人来学习美德。

本书使用了案例研究方法。在这些案例研究中，在道德成长中最重要的决定因素是答案之后的推理，而非答案本身（Clouse，1985）。*道德发展的一个重要部分是对动机而非后果的认识，这是决定一个行为是否合乎伦理的重要因素。*

埃利奥特用以下情节生动地解释了这种差异。想象一个情景：你可以面试并选择你隔壁的住户。当你询问琼斯她对谋杀有何感觉时，她回答说，她不会杀人，因为如果被抓住，她就得进监狱。当你面试史密斯时，他说他不会杀人，因为他相信生命是神圣的。你不需要考虑就能决定选择哪个邻居。埃利奥特总结道："伦理学涉及对行为的对与错的判断，但是动机同样重要。有些行为理由比起其他理由似乎更好些或更差些。"（Elliott，1991，19）

针对上述引语，我们还可以补充："有些正当理由比其他理由更加深刻地植根于数百年的伦理思考。"本书的目标——或许是你的教授为这门课程设定的几个目标之一——是保证你的选择不仅仅"正确"，就像代代相传的争论，而且要保证你的选择建立在经得起时间考验的伦理学理论基础上，并且不屈从于当下难以预测的流行想法。科尔伯格和皮亚杰的工作指出，你的旅程还未结束，实际上你的旅程*已经*开始。运用你现在已经获得的一系列工具，你已经拥有一个难得的机会去抵达目的地。

【推荐书目】

Belenky，Mary F. et al. 1988. *Women's ways of knowing：The development of self，voice and mind*. New York：Basic Books.

Coles，Robert. 1986. *The moral life of children*. New York：Atlantic Monthly Press.

Ettema，James，and Theodore Glasser. 1998. *Custodians of conscience：Investigative journalists and public virtue*. New York：Columbia University Press.

Gardner，H.，Mihaly Csikszenthmihalyi，and William Damon. 2001. *Good work：When excellence and ethics meet*. New York：Basic Books.

Gazzaniga，Michael，S. 2011. *Who's in charge? Free will and the science of the brain*. New York：HarperCollins.

Gilligan，Carol. 1982. *In a different voice：Psychological theory and women's development*. Cambridge，MA：Harvard University Press.

Levinson，Daniel J. 1978. *Seasons of a man's life*. New York：Alfred A. Knopf.

Wilkins，Lee，and Renita Coleman. 2005. *The moral media*. Mahwah，NJ：Lawrence Erlbaum Associates.

参考文献

Albini, S. (1993). "The problem with music." Retrieved November 14, 2008, from Negativland Web site: **http://www.negativland.com/albini.html.**

Alderman, E., and Kennedy, C. (1995). *The right to privacy.* New York: Alfred A. Knopf, Inc.

Anderson, C. (2006). *The long tail: How the future of business is selling less of more.* New York: Hyperion.

Ansen, D. (2006, October 23). "Inside the hero factory." *Newsweek,* pp. 70–71.

APME. (2009). *The Associated Press Statement of News Values and Principles.* Retrieved September 10, 2009, from **http://www.apme.com/news/news_values_statement. shtml.**

Arendt, H. (1970). *The human condition.* Chicago: University of Chicago Press.

Aristotle. *The Nicomachean ethics.* Book II 4–5 (1973). Trans. by H. Rackham. Ed. by H. Jeffrey. Cambridge, MA: Harvard University Press.

Associated Press Ethics Statement. (2012). Retrieved August 22, 2012, from **http://wwwapme. com/?page=EthicsStatement.**

Associated Press. (2009). *Associated Press to build news registry to protect content.* Retrieved September 10, 2009, from **http://www.ap.org/pages/about/pressreleases/ pr_072309a.html.**

Aufderheide, P. (2005). *Reclaiming fair use.* Oxford, England: Oxford University Press.

Auletta, K. (1991). *Three blind mice: How the TV networks lost their way.* New York: Random House.

Axelrod, R. (1984). *The evolution of cooperation.* New York: Basic Books.

Bagdikian, B. H. (1990). *The media monopoly* (3rd ed.). Boston: Beacon Press.

Baker, S., and Martinson, D. (2001). "The TARES test: Five principles of ethical persuasion." *Journal of Mass Media Ethics, 16*(2 & 3), pp. 148–175.

Baldasty, G. J. (1992). *The commercialization of news in the nineteenth century.* Madison: University of Wisconsin Press.

Belenky, M., et al. (1988). *Women's ways of knowing: The development of self, voice and mind.* New York: Basic Books.

Benoit, W. (1999). *Seeing spots: A functional analysis of presidential television advertisements.* Westport, CT: Praeger.

Berger, A. (1989). *Seeing is believing.* Mountain View, CA: Mayfield Publishing Co.

Berger, J. (1980). *About looking.* New York: Pantheon Books.

Bok, S. (1978). *Lying: Moral choice in public and private life.* New York: Random House.

——. (1983). *Secrets: On the ethics of concealment and revelation.* New York: Vintage.

Booth, C. (1999, November 15). "Worst of times." *Time,* pp. 79–80.

Borden, S. (2009). *Journalism as practice: MacIntyre, virtue ethics and the press.* Burlington, VT: Ashgate Publishing.

Bovée, W. (1991). "The end can justify the means—but rarely." *Journal of Mass Media Ethics, 6,* pp. 135–145.

Brady, J. (2006, February 12). "Blog rage." *Washington Post,* p. B1.

Braxton, G. (2007, August 24). "Right words to inspire reading?" *The Los Angeles Times*. Retrieved from **http://www.latimes.com.**

Brooks, D. E. (1992). "In their own words: Advertisers and the origins of the African-American consumer market." (A paper submitted to the Association for Education in Journalism and Mass Communications), Montreal, Canada, August 5–8.

Bryant, G. (1987, Spring–Summer). "Ten-fifty P.I.: Emotion and the photographer's role." *Journal of Mass Media Ethics*, pp. 32–39.

Bugeja, M. (2005). *Interpersonal divide: The search for community in a technological age*. Oxford, England: Oxford University Press.

Bunton, K., and Wyatt, W. (2012). *Reality television: A philosophical examination*. New York: Continuum International Publishing Group.

Calvert, C. (2000). *Voyeur nation: Media, privacy and peering in modern culture*. Boulder, CO: Westview Press.

Carey, J. W. (1989, Autumn). "Review of Charles J. Sykes' Profscam." *Journalism Educator*, p. 48.

Cassier, E. (1944). *An essay on man*. New Haven, CT: Yale University Press.

Chandrasekaran, R. (2006). "Comments resuming in *Post* blog." *Washington Post*. Retrieved February 17, 2012, from **http://www.Poynter.org.**

Chester, G. (1949). "The press–radio war: 1933–1935," *Public Opinion Quarterly*, pp. 252–264.

Christians, C. G. (1986). "Reporting and the oppressed." In D. Elliott (ed.), *Responsible journalism* (pp. 109–130). Newbury Park, CA: Sage Publications, Inc.

Christians, C. G. (2010). "The ethics of privacy." In Christopher Meyers (ed.), *Journalism ethics: A philosophical approach* (pp. 203–214). Oxford, England: Oxford University Press.

Christians, C. G., Ferré, J. P., and Fackler, M. (1993). *Good news: Social ethics and the press*. New York: Longman.

Christians, C.G., Glasser, T., McQuail, D., and Nordenstreng, K. (2009). *Normative theories of the media: Journalism in democratic societies*. Champagne: University of Illinois Press.

Christians, C. G., Glasser, T. L., McQuail, D., Nordenstreng, K., and White, R. A. (2009). "Part Three: Roles." In *Normative theories of the media: Journalism in democratic societies* (pp. 139–218). Urbana: University of Illinois Press.

Clegg, A. (2005). "Dove gets real." Retrieved from **http://www.brandchannel.com.**

Clouse, B. (1985). *Moral development*. Grand Rapids, MI: Baker Book House.

Coleman, A. D. (1987, Spring–Summer). "Private lives, public places: Street photography ethics." *Journal of Mass Media Ethics*, pp. 60–66.

Coleman, R., and Wilkins, L. (2009, July 3). "The moral development of public relations practitioners: A comparison with other professions." *Journal of Public Relations Research, 21*, pp. 318–340.

Coles, R. (1986). *The moral life of children*. New York: Atlantic Monthly Press.

The Commission on Freedom of the Press. (1947). *A free and responsible press*. Chicago: University of Chicago Press.

Cranberg, G., Bezanson, R., and Soloski, J. (2001). *Taking stock*. Ames: Iowa State University Press.

Crouse, T. (1974). *The boys on the bus: Riding with the campaign press corps*. New York: Ballantine.

Cunningham, B. (2003, July–August). "Re-thinking objectivity." *Columbia Journalism Review*, pp. 24–32.

Davies, J. C. (1963). *Human nature in politics*. New York: John Wiley & Sons.

Deuze, M. (2008). "The changing nature of news work: Liquid journalism and monitorial citizenship." *International Journal of Communication, 2*, pp. 848–865.

Dewey, J. (2005/1932). *Art as experience*. New York: Penguin Putnam Inc.

de Toqueville, A (1985). *Democracy in America*. New York: George Dearborn and Co.

Dionne, E. J. (1991). *Why Americans hate politics.* New York: Simon & Schuster.

———. (1996). *They only look dead.* New York: Simon & Schuster.

Dyck, A. (1977). *On human care.* Nashville, TN: Abingdon.

Elliott, D. (1986). "Foundations for news media responsibility." In D. Elliott (ed.), *Responsible journalism* (pp. 32–34). Newbury Park, CA: Sage Publications, Inc.

———. (1991, Autumn). "Moral development and the teaching of ethics." *Journalism Educator,* pp. 19–24.

Ellul, J. (1965). *Propaganda* (K. Kellen and J. Lerner, Trans.). New York: Alfred A. Knopf.

Etcoff, N., Orbach, S., Scott, J., and D'Agostino, H. (2004, September). "The real truth about beauty." A paper commissioned by Dove, A Unilever Beauty Brand. New York: Strategy One.

Ettema, J., and Glasser, T. (1998). *Custodians of conscience: Investigative journalists and public virtue.* New York: Columbia University Press.

Fallows, J. (1996). *Breaking the news: How the media undermine American democracy.* New York: Pantheon.

Fancher, M. (2004, April 18). "Powerful photograph offered chance to tell an important story." *Seattle Times,* p. A1.

Farhi, P. (2006, January 28). "Deluge shuts down *Post* blog." *Washington Post,* p. A8.

Festinger, L. (1957). *A theory of cognitive dissonance.* Stanford, CA: Stanford University Press.

Fischer, C. T. (1980). "Privacy and human development." In W. C. Bier (ed.), *Privacy: A vanishing value?* (pp. 37–46). New York: Fordham University Press.

Fitzpatrick, K., and Bronstein, C. (2006). *Ethics in public relations: Responsible advocacy.* Thousand Oaks, CA: Sage Publications, Inc.

Fletcher, G. P. (1993). *Loyalty: An essay on the morality of relationships.* New York: Oxford University Press.

Fry, D. (ed.). (1983). *The adversary press.* St. Petersburg, FL: The Modern Media Institute.

Fuss, P. (1965). *The moral philosophy of Josiah Royce.* Cambridge, MA: Harvard University Press.

Gazzinga, M. S. (2011). *Who's in charge? Free will and the science of the brain.* New York: HarperCollins.

Gans, H. (1979). *Deciding what's news: A study of CBS Evening News, NBC Nightly News, Newsweek and Time.* New York: Vintage.

Gardner, H., Csikszenthmihalyi, M., and Damon, W. (2001). *Good work: When excellence and ethics meet.* New York: Basic Books.

Genocide Watch. (2004, February 24). "Today is the day of killing Anuaks." Retrieved from **http://www.genocidewatch.org.**

Gert, B. (1988). *Morality, a new justification of the moral rules.* New York: Oxford University Press.

Gilligan, C. (1982). *In a different voice: Psychological theory and women's development.* Cambridge, MA: Harvard University Press.

Godwin, M. (1998). *Defending free speech in the digital age.* New York: Times Books.

Goffman, E. (1959). *The presentation of self in everyday life.* New York: Anchor.

Gogoi, P. (2005, August 17). "From reality TV to reality ads." Retrieved from **http://www.businessweek.com.**

Gogoi, P. (2006, October 17). "Wal-Mart vs. the blogosphere." Retrieved from **http://www.businessweek.com.**

Gormley, D. W. (1984). "Compassion is a tough word." *Drawing the Line,* pp. 58–59. Washington, DC: American Society of Newspaper Editors.

Gramm, B., and J. Weisman (2003, March 4). "Display of 5 POWs draws firm rebuke." *Washington Post,* p. A1.

Grcic, J. M. (1986). "The right to privacy: Behavior as property." *Journal of Values Inquiry,*

20, pp. 137–144.

Grunig, L., Toth, E., and Hon, L. (2000). "Feminist values in public relations." *Journal of Public Relations Research, 12*(1), pp. 49–68.

Gulati, G. J., Just, M. R., and Crigler, A. N. (2004). "News coverage of political campaigns." In L. L Kaid (ed.), *Handbook of political communication research* (pp. 237–256). Mahwah, NJ: Lawrence Erlbaum Associates.

Gunther, M. (2006, October 18). "Corporate blogging: Wal-Mart fumbles." Retrieved from **http://www.cnnmoney.com.**

Gurevitch, M., Levy, M., and Roeh, I. (1991). "The global newsroom: Convergences and diversities in the globalization of television news." In P. Dalhgren and C. Sparks (eds.), *Communication and citizenship.* London. Routledge.

Gutwirth, S. (2002). *Privacy and the information age.* Lanham, MD: Rowman & Littlefield Publishers, Inc.

Hadley, C. (2006). Personal interview with case study author.

Haiman, F. (1958). "Democratic ethics and the hidden persuaders." *Quarterly Journal of Speech, 44,* pp. 385–392.

Halberstam, D. (2001). *War in a time of peace.* New York: Scribner.

Halbert, D. J. (1999). *Intellectual property in the information age.* Westport, CT: Quorum Books.

Hammargren, R. (1936). "The origin of the press–radio conflict," *Journalism Quarterly, 13,* pp. 91–93.

Hanson, K. (1986). "The demands of loyalty." *Idealistic Studies, 16,* pp. 195–204.

Harris, T. (Producer). (2007, September 1). *CNN Newsroom.* Atlanta: Cable News Network.

Hart, A. (2003, July–August). "Delusions of accuracy." *Columbia Journalism Review,* p. 20.

Hemmel, P. (2006, June 11). Personal interview with author.

Hendrickson, E., and Wilkins, L. (2009). "The wages of synergy." *Journalism Practice, 3*(2). pp. 3–21.

Herman, E. S., and Chomsky, N. (2002). "The propaganda models." In *Manufacturing consent: The political economy of the mass media* (pp. 1–36). New York: Pantheon.

Hesmondhalgh, D. (1999). "Indie: The institutional politics and aesthetics of a popular music genre." *Cultural Studies, 13*(1), pp. 34–61.

Hess, S. (1981). *The Washington reporters.* Washington, DC: The Brookings Institution.

Hickey, N. (2001, November–December). "The cost of not publishing." *Columbia Journalism Review.*

Hickey, N. (2003, July–August). "FCC: Ready, set, consolidate." *Columbia Journalism Review,* p. 5.

Hobbes, T. (1958). *The Leviathan* (Reprints from 1651). New York: Bobbs-Merrill.

Hodges, L. W. (1983). "The journalist and privacy." *Social Responsibility: Journalism, Law, Medicine, 9,* pp. 5–19.

———. (1986). "Defining press responsibility: A functional approach." In D. Elliott (ed.), *Responsible journalism,* (pp. 13–31). Newbury Park, CA: Sage Publications, Inc.

———. (1997). "Taste in photojournalism: A question of ethics or aesthetics? In *Media Ethics: Issues and Cases,* 3rd ed. New York: McGraw-Hill, pp. 37–40.

Hollifield, C. A., and Becker, L. B. (2009). "News media performance in hyper-competitive markets: An extended model of effects." *International Journal on Media Management, 8,* pp. 60–69.

Jamieson, K. H. (1992). *Dirty politics.* New York: Oxford University Press.

———. (2000). *Everything you think you know about politics . . . and why you're wrong.* New York: Basic Books.

Jensen, J. (2002). *Is art good for us?* Lanham, MD: Rowman & Littlefield, Publishers.

Journal of Mass Media Ethics. (1987, Spring–Summer). Special issue on photojournalism.

Kaid, L. L. (1992). "Ethical dimensions of political advertising." In R. E. Denton (ed.), *Ethical dimensions of political communication* (pp. 145–169). New York: Praeger.

Kim, G., and Paddon, A. (1999, September). "Digital manipulation as new form of evidence of actual malice in libel and false light cases." *Communications and the Law, 21,* p. 3.

Klein, J. (1992, June 8). "Whose values?" *Newsweek,* pp. 19–22.

Koehn, D. (1998). *Rethinking feminist ethics.* New York: Routledge.

Kohlberg, L. (1973). "The contribution of developmental psychology to education." *Educational Psychologist, 10,* pp. 2–14.

Kovach, B., and Rosenstiel, T. (2007). *The elements of journalism: What news people should know and the public should expect.* New York: Three Rivers Press.

Lacy, S. (1989, Spring). "A model of demand for news: Impact of competition on newspaper content." *Journalism Quarterly,* pp. 40–48, 128.

Lebacqz, K. (1985). *Professional ethics: Power and paradox.* Nashville, TN: Abingdon Press.

Lee, S. T. (2005). "Predicting tolerance of journalistic deception." *Journal of Mass Media Ethics, 20*(1), pp. 22–42.

Leigh, D., and L. Harding (2011). *WikiLeaks: Inside Julian Assange's war on secrecy.* London: Guardian Books.

Leiss, W., Kline, S., and Jhally, S. (1986). *Social communication in advertising: Person, products and images of well-being.* New York: Methuen Publications.

Lester, P. (1991). *Photojournalism: An ethical approach.* Hillsdale, NJ: Lawrence Erlbaum Associates.

———. (1992). *Photojournalism: An ethical approach.* Hillsdale, NJ: Lawrence Erlbaum Associates.

———. (1996). *Images that injure.* Westport, CT: Greenwood Press.

———. (2003). *Images that injure.* Westport, CT: Greenwood Press.

Levinson, D. J. (1978). *Seasons of a man's life.* New York: Alfred A. Knopf, Inc.

Linsky, M. (1986). *Impact: How the press affects federal policymaking.* New York: W. W. Norton.

Lippmann, W. (1922). *Public opinion.* New York: Free Press.

———. (1982). *The essential Lippmann.* Cambridge, MA: Harvard University Press.

Lowery, S., and DeFleur, M. (1988). *Milestones in mass communication research* (2nd ed.). New York: Longman.

Manly, L. (2005, October 3). "U.S. network TV shows turn props into dollars." *International Herald Tribune,* pp. A14, 16.

Martin, E. (1991). "On photographic manipulation." *Journal of Mass Media Ethics, 6,* pp. 156–163.

Martin, M. (2007, September 17). "Man behind BET's 'Read a Book' responds to critics." *Tell Me More @ NPR News.* Interview streamed from **http://www.npr.org.**

Marx, G. T. (1999). "What's in a name." *The Information Society, 15*(2), pp. 99–112.

Matsuda, M. (1989). "Public response to racist speech: Considering the victim's story." *Michigan Law Review, 87,* pp. 2321–2381.

May, William F. (2001). *Beleaguered rulers: The public obligation of the professional.* Louisville, KY: Westminster John Knox Press.

McChesney, R. (1991). *Rich media, poor democracy: Communication politics in dubious times.* Champaign–Urbana: University of Illinois Press.

———. (1997). *Corporate media and the threat to democracy.* New York: Seven Stories Press.

McCluskey, C. (2009, August 29–30). "At best plagiarism, at worst outright theft: *Courant* covers towns with other papers' reporting." *Journal Inquirer.*

Medved, Michael. (1992). *Hollywood vs. America.* New York: HarperCollins Publishers.

Merrill, J. C. (1974). *The imperative of freedom: A philosophy of journalistic autonomy.* New York: Hastings House.

Meyers, C. (2003). "Appreciating W.D. Ross: On duties and consequences." *Journal of Mass Media Ethics, 18*(2), pp. 81–97.

Mill, J. S. (1859). *On liberty.*

Mills, C. W. (1956). *The power elite.* New York: Oxford University Press.

Mills, K. (1989, Winter). "When women talk to women." *Media and Values,* p. 12.

Molotch, H., and Lester, M. (1974). "News as purposive behavior: On the strategic use of routine events, accidents and scandals." *American Sociological Review, 39,* pp. 101–112.

Montgomery, K. C. (1989). *Target: Prime time. Advocacy groups and the struggle over entertainment television.* New York: Oxford University Press.

Moore, G. F. (1903). *Principia ethica.*

Moyers, B. (1988). Quoted in "The·promise of television," episode 10. Produced by PBS.

National Association of Broadcasters. (1985). *Radio: In search of excellence.* Washington, DC: NAB.

Negroponte, N. (1995). *Being digital.* New York: Alfred A. Knopf.

Nelkin, D. (1987). *Selling science: How the press covers science and technology.* New York: W. H. Freeman.

Nerone, J. C. (1995). "Social responsibility theory." In *Last rights: Revisiting four theories of the press.* Urbana: University of Illinois Press.

Neville, R. C. (1980). "Various meanings of privacy: A philosophical analysis." In W. C. Bier (ed.), *Privacy: A vanishing value?* (pp. 26–36). New York: Fordham University Press.

Newsom, D., Turk, J. V., and Kruckeberg, D. (1996). *This is PR: The realities of public relations.* Belmont, CA: Wadsworth.

Newton, J. (2000). *The burden of visual truth: The role of photojournalism in mediating reality.* Hillsdale, NJ: Lawrence Erlbaum Associates.

Niles, R. (2009). "What are the ethics of online journalism?" *Online Journalism Review.* Retrieved September 10, 2009, from **http://www.ojr.org.**

Nissenbaum, H. (2010). *Privacy on context: Technology, policy and the integrity of social life.* Stanford, CA: Stanford Law Books.

O'Toole, J. (1985). *The trouble with advertising.* New York: Times Books.

Oldenquist, A. (1982). "Loyalties." *Journal of Philosophy, 79,* pp. 73–93.

Orwell, G. (1949). *1984.* San Diego: Harcourt Brace Jovanovich.

Patterson, P. (1989). "Reporting Chernobyl: Cutting the government fog to cover the nuclear cloud." In L. M. Walters, L. Wilkins, and T. Walters (eds.), *Bad tidings: Communication and catastrophe.* Mahwah, NJ: Lawrence Erlbaum Associates.

Patterson, T. (1980). *The mass media election.* New York: Prager.

Perry, W. (1970). *Forms of ethical and intellectual development in the college years.* New York: Holt, Reinhart & Winston.

Pfanner, E. (2005, October 3). "Product placements cause a stir in Europe." *International Herald Tribune,* pp. A14–A15.

Piaget, J. (1965). *The moral judgment of the child.* Translated by Marjorie Gabain. New York: Free Press.

Picard, R. (1988). *The ravens of Odin: The press in the nordic nations.* Ames: Iowa State University Press.

Picard, R. G. (2010). *The economics of financing media companies.* New York: Fordham University Press.

Plaisance, P. L. (2002). "The journalist as moral witness: Michael Ignatieff's·pluralistic philosophy for a global media culture." *Journalism: Theory, Practice & Criticism, 3*(2), pp. 205–222.

Plato. *The republic.*

Pojman, L. (1998). *Ethical theory: Classical and contemporary readings.* Belmont, CA: Wadsworth Publishing Co.

Postman, N. (1986). *Amusing ourselves to death: Public discourse in the age of television* New York: Penguin Books.

Powell, T. F. (1967). *Josiah Royce.* New York: Washington Square Press, Inc.

Privacy Implications of Online Advertising Full Committee. (2008, July 9). Retrieved from http://commerce.senate.gov/public/index.cfm?FuseAction=Hearings.Hearing& Hearing_ID=e46b0d9f-562e-41a6-b460-a714bf370171.

Radin, M. J. (1982). "Property and personhood." *Stanford Law Review, 34*(5), pp. 957–1015.

Rainey, J. (2006, September 14). "Local leaders urge owner of the *Times* to avoid cuts." Retrieved from **http://www.latimes.com.**

Rainville, R., and McCormick, E. (1977). "Extent of racial prejudice in pro football announcers' speech." *Journalism Quarterly, 54,* pp. 20–26.

Rawls, J. (1971). *A theory of justice.* Cambridge, MA: Harvard University Press.

Rawls, J. (1999). *A theory of justice.* Cambridge, MA: Harvard University Press.

Reaves, S. (1987, Spring–Summer). "Digital retouching: Is there a place for it in newspaper photography?" *Journal of Mass Media Ethics,* pp. 40–48.

———. (1991). Personal correspondence to the author quoted in digital alteration of photographs in consumer magazines. *Journal of Mass Media Ethics, 6,* pp. 175–181.

Reid, T., and Doran, J. (2003, March 24). "Mistreating prisoners is a war crime, says Bush." *The Times* (London), p. 2.

Ricchiardi, S. (2009). "Share and share alike; once considered unthinkable, content-sharing arrangements are proliferating rapidly, often uniting newspapers long seen as bitter rivals." *American Journalism Review, 31.1* (February–March), 28(8).

Rieder, R. (1999, November–December). "A costly rookie mistake." *American Journalism Review,* p. 6.

Robinson, M., and Sheehan, G. (1984). *Over the wire and on TV.* New York: Basic Books.

ROBOFISH. (n.d.). *Read a Book (Dirty Version).* Comment posted.

Rosen, J. (2000). *The unwanted gaze: The destruction of privacy in America.* New York: Random House.

Rosenthal, A. M. (1989, October 10). "Trash TV's latest news show continues credibility erosion." Syndicated column by *New York Times* News Service.

Ross, W. D. (1930). *The right and the good.* Oxford, England: Clarendon Press.

———. (1988). *The right and the good.* Indianapolis, IN: Hackett Publishing.

Royce, J. (1908). *The philosophy of loyalty.* New York: Macmillan.

Rush, G., and Molloy, J. (2003, May 16). "Cut and cover." *New York Daily News,* p. D1.

Russell, B. (ed.). (1967). *History of Western philosophy.* New York: Touchstone Books.

Sabato, L. J. (1992). *Feeding frenzy: How attack journalism has transformed American politics.* New York: Free Press.

Sabato, L. J. (2000). "Open season: How the news media cover presidential campaigns in the age of attack journalism." In D. A. Graber (ed.), *Media power in politics* (4th ed., pp. 161–171). Washington, DC: CQ Press.

Salmon, F. (2006, March 27). "Blood money." Retrieved from **http://www.democracynow .org.**

Sandel, M. J. (1982). *Liberalism and the limits of justice.* Cambridge, MA: Harvard University Press.

Sandel, M. J. (2012). *What money can't buy: The moral limits of markets.* New York: Farrar, Straus and Giroux.

Schoeman, F. D. (ed.). (1984). *Philosophical dimensions of privacy: An anthology.* Cambridge, MA: Harvard University Press.

Schudson, M. (1978). *Discovering the news.* New York: Basic Books.

———. (1984). *Advertising: The uneasy persuasion.* New York: Basic Books.

———. (1995). *The power of news.* Cambridge, MA: Harvard University Press.

Schwartz, T. (1973). *The responsive chord.* Garden City, NY: Anchor Press.

Seabrook, J. (2003, July 7). "The money note." *New Yorker,* p. 46.

Seelye, K. (2006, October 5). "Publisher is fired at *Los Angeles Times.*" Retrieved from **http://www.nytimes.com.**

Shaw, D. (1999, December 20). "Journalism is a very different business—Here's why." *Los Angeles Times,* p. V3.

Shirky, C. (2009). *Here comes everybody: The power of organizing without organizations.* New York: Penguin.

Shoemaker, P. J., and Reese, S. D. (1996). *Mediating the message: Theories of influences on mass media content.* White Plains, NY: Longman.

Smith, C. (1992). *Media and apocalypse.* Westport, CT: Greenwood Press.

Smolkin, R. (2005, April–May). "Reversing the slide." *American Journalism Review.*

Society of Professional Journalists. (2009). *SPJ Code of Ethics.* Retrieved September 10, from **http://www.spj.org/ethicscode.asp.**

Society of Professional Journalists Code of Ethics. (2012). Retrieved August 22, 2012, from **http://www.spj.org/ethicscode.asp.**

Spence, E. A., Alexandra, A., Quinn, A., and Dunn, A. (2011). *Media, markets and morals.* London, England: Wiley-Blackwell.

Spencer, J. (2001, October 1). "Decoding bin Laden." *Newsweek.*

Stanard, A. (2006, October 12). "Facebook privacy charges raise student ire." Retrieved from **http://www.detnews.com.**

Stone, I. F. (1988). *The trial of Socrates.* Boston: Little, Brown and Co.

Sub Pop Records. (2008). "The Sub Pop story." Retrieved November 14, 2008, from Sub Pop Records Web site: **http://www.subpop.com/artists/sub_pop.**

Sunstein, C. (2001). *Republic.com.* New Haven, CT: Princeton University Press.

Swanberg, W. A. (1972). *Luce and his empire.* New York: Scribner.

Szarkowski, J. (1978). *Mirrors and windows.* New York: Museum of Modern Art.

Thorson, E., Duffy, M., and Schumann, D. (2007). "The Internet waits for no one." In D. W. Schumann and E. Thorson (eds.), *Internet advertising: Theory and research* (pp. 3–14). New York: Routledge.

Tolstoy, L. N. (1960). *What is art?* (Almyer Maude, Trans.). New York: MacMillan Publishing Company, p. 96.

Tomlinson, D. (1987). "One technological step forward and two legal steps back: Digitalization and television news pictures as evidence in libel." *Loyola Entertainment Law Journal, 9,* pp. 237–257.

Toulmin, S. (1988, Summer). "The recovery of practical philosophy." *The American Scholar,* p. 338.

van den Hoven and J. Weckert, eds. (2008). *Information technology and moral philosophy.* Cambridge, England: Cambridge University Press.

Voakes, P. S. (1998). "What were you thinking? A survey of journalists who were sued for invasion of privacy." *Journalism and Mass Communications Quarterly, 75*(2), pp. 378–393.

Vonnegut, K. (1952). *Player piano.* New York: Dell Publishing Co.

Wallace, T. (2012, August 8). "Komen breast cancer foundation president resigns; founder shifts roles." Retrieved August 9, 2012, from **http://nola.com/business.**

Ward, S. J. (2004). *The invention of journalism ethics.* Montreal, Canada: McGill-Queens University Press.

Ward, S. J., and H. Wasserman (2010). *Media ethics beyond borders: A global perspective.* New York: Routledge.

Weaver, D. H., Beam, R. A., Brownlee, B. J., Voakes, P. S., and Wilhoit, G. C. (2007). *The American journalist in the 21st century: U.S. news people at the dawn of a new millennium* (LEA's Communication Series). Mahwah, NJ: Lawrence Erlbaum Associates.

Werhane, P. (2006). "Stockholder ethics in health care." Presented to the Association of Applied and Professional Ethics, February 2006, San Antonio, TX.

Wilkins, L. (1987). *Shared vulnerability: The mass media and American perception of the Bhopal disaster.* Westport, CT: Greenwood Press.

Wilkins, L., and Christians, C. G. (2001). "Philosophy meets the social sciences: The nature of humanity in the public arena." *Journal of Mass Media Ethics, 16*(2 & 3), pp. 99–120.

Wilkins, L., and Coleman, R. (2005). *The moral media.* Mahwah, NJ: Lawrence Erlbaum

Associates.

Williams, B. (2009). "The ethics of political communication." In L. Wilkins and C. G. Christians (eds.), *Handbook of mass media ethics*. New York and London: Taylor & Francis.

Winslow, D. (2004). "Peter Turnley's photo-essays to debut in *Harper's Magazine*." Retrieved from **http://www.digitaljournalist.org.**

Woodward, K. (1994, June 13). "What is virtue?" *Newsweek,* pp. 38–39.

索 引

(所注页码为英文原书页码，即本书边码)

图书在版编目（CIP）数据

媒介伦理学：问题与案例：第8版/（美）菲利普·帕特森，（美）李·威尔金斯著；李青藜译.—北京：中国人民大学出版社，2018.1
（新闻与传播学译丛.国外经典教材系列）
书名原文：Media Ethics：Issues and Cases，8e
ISBN 978-7-300-25442-5

Ⅰ.①媒… Ⅱ.①菲…②李…③李… Ⅲ.①传播媒介-伦理学 Ⅳ.①G206.2

中国版本图书馆 CIP 数据核字（2018）第 003337 号

新闻与传播学译丛·国外经典教材系列

媒介伦理学

问题与案例

（第 8 版）

[美] 菲利普·帕特森（Philip Patterson）　著
　　李·威尔金斯（Lee Wilkins）

李青藜　译

Meijie Lunlixue

出版发行	中国人民大学出版社		
社　址	北京中关村大街 31 号	**邮政编码**	100080
电　话	010 - 62511242（总编室）	010 - 62511770（质管部）	
	010 - 82501766（邮购部）	010 - 62514148（门市部）	
	010 - 62515195（发行公司）	010 - 62515275（盗版举报）	
网　址	http://www.crup.com.cn		
	http://www.ttrnet.com（人大教研网）		
经　销	新华书店		
印　刷	北京昌联印刷有限公司		
规　格	215 mm×275 mm　16 开本	**版　次**	2018 年 1 月第 1 版
印　张	20.75 插页 2	**印　次**	2018 年 1 月第 1 次印刷
字　数	391 000	**定　价**	69.80 元

教师反馈表

麦格劳-希尔教育集团（McGraw-Hill Education）是全球领先的教育资源与数字化解决方案提供商。为了更好地提供教学服务，提升教学质量，麦格劳-希尔教师服务中心于 2003 年在京成立。在您确认将本书作为指定教材后，请填好以下表格并经系主任签字盖章后返回我们（或联系我们索要电子版），我们将免费向您提供相应的教学辅助资源。如果您需要订购或参阅本书的英文原版，我们也将竭诚为您服务。

★基本信息

姓		名		性别	
学校			院系		
职称			职务		
办公电话			家庭电话		
手机			电子邮箱		
通信地址及邮编					

★课程信息

主讲课程		原版书书号		中文书号	
学生人数		学生年级		课程性质	
开课日期		学期数		教材决策者	
教材名称、作者、出版社					

★教师需求及建议

提供配套教学课件（请注明作者／书名／版次）	
推荐教材（请注明感兴趣领域或相关信息）	-
其他需求	
意见和建议（图书和服务）	-
是否需要最新图书信息	是、否
是否有翻译意愿	是、否
系主任签字/盖章	

麦格劳-希尔教育教师服务中心
地址:北京市东城区北三环东路 36 号环球贸易中心 A 座 702 室教师服务中心 100013
电话:010-57997618/57997600
传真:010-59575582

教师服务信箱：instructorchina@mheducation.com
网址:www.mheducation.com

出教材学术精品　育人文社科英才

中国人民大学出版社读者信息反馈表

尊敬的读者：

　　感谢您购买和使用中国人民大学出版社的＿＿＿＿＿＿＿＿＿＿一书，我们希望通过这张小小的反馈卡来获得您更多的建议和意见，以改进我们的工作，加强我们双方的沟通和联系。我们期待着能为更多的读者提供更多的好书。

　　请您填妥本表后，寄回或传真回复我们，对您的支持我们不胜感激！

1. 您是从何种途径得知本书的：

　❏书店　❏网上　❏报刊　❏朋友推荐

2. 您为什么决定购买本书：

　❏工作需要　❏学习参考　❏对本书主题感兴趣

　❏随便翻翻

3. 您对本书内容的评价是：

　❏很好　❏好　❏一般　❏差　❏很差

4. 您在阅读本书的过程中有没有发现明显的专业及编校错误，如果有，它们是：＿＿＿＿＿＿

＿＿

＿＿

5. 您对哪些专业的图书信息比较感兴趣：＿＿＿＿＿＿＿＿＿＿＿＿＿＿＿＿＿＿＿＿＿＿＿＿

＿＿

6. 如果方便，请提供您的个人信息，以便于我们和您联系（您的个人资料我们将严格保密）：

　　您供职的单位：＿＿＿＿＿＿＿＿＿＿＿＿＿＿＿＿＿＿＿＿＿＿＿＿＿＿＿＿＿＿＿＿

　　您教授的课程（教师填写）：＿＿＿＿＿＿＿＿＿＿＿＿＿＿＿＿＿＿＿＿＿＿＿＿＿

　　您的通信地址：＿＿＿＿＿＿＿＿＿＿＿＿＿＿＿＿＿＿＿＿＿＿＿＿＿＿＿＿＿＿＿＿

　　您的电子邮箱：＿＿＿＿＿＿＿＿＿＿＿＿＿＿＿＿＿＿＿＿＿＿＿＿＿＿＿＿＿＿＿＿

请联系我们：

电话：(010) 62515637

传真：(010) 62510454

E-mail：gonghx@crup.com.cn

通信地址：北京市海淀区中关村大街 31 号　100080

中国人民大学出版社人文出版分社